掌握海量成语 活学历史文化 提升表达能力

让你出口成章的
成语接龙
游戏大全

尤许许 杨喻娟 编著

北京联合出版公司
Beijing United Publishing Co.,Ltd.

图书在版编目（CIP）数据

让你出口成章的成语接龙游戏大全 / 尤许许，杨喻娟编著 . -- 北京：北京联合出版公司，2017.3（2020.12 重印）

ISBN 978-7-5502-9293-2

Ⅰ . ①让… Ⅱ . ①尤… ②杨… Ⅲ . ①汉语—成语—通俗读物 Ⅳ . ① H136.31-49

中国版本图书馆 CIP 数据核字 (2016) 第 299364 号

让你出口成章的成语接龙游戏大全

编　　著：尤许许　杨喻娟

责任编辑：宋延涛

封面设计：彼　岸

责任校对：赵宏波

北京联合出版公司出版

（北京市西城区德外大街83号楼9层　100088）

德富泰（唐山）印务有限公司印刷　新华书店经销

字数649千字　　720mm×1020mm　　1/16　　29印张

2017年3月第1版　　2020年12月第5次印刷

ISBN 978-7-5502-9293-2

定价：75.00元

前言

　　成语是汉语言文学中最璀璨、最精华的语言之一，是诸多语言种类当中最具有韵味，最有内涵的汉语财富，是博大精深的中国传统文化里最有特色的微观景色，也是华夏文明当中凝聚了先人智慧与才华的宝贵遗产。

　　成语有其固定的结构形式和固定的说法，表示一定的意义，在语句中是作为一个整体来应用的。它们有很大一部分是从古代相承沿用下来的，在用词方面往往不同于现代汉语，它代表了一个故事或者典故。成语又是一种现成的话，跟俗语、谚语相近，但是也略有区别。成语大都出自书面，属于文语性质的。其次在语言形式上，成语是约定俗成的四字结构，字面不能随意更换，但是随着历史发展与文化变迁，也出现了一些不同于四字的成语，有三个字的，比如莫须有、安乐窝、敲竹杠等；五个字的，比如礼多人不怪、欲速则不达、三思而后行等；还有六个字、七个字、八个字甚至多达十四个字的，成语在语言表达中有生动简洁，形象鲜明的特点。

　　由于成语历史悠久，并且在流传过程中又不断地融进了中华民族几千年的政治、经济、文化、军事、典礼制度、风土人情、道德风尚和人们的志向兴趣等，所以，不仅有着汉语言文学独特的魅力，同时也蕴含着华夏文明的历史渊源和灿烂文化。可以说成语既华美简约又微言大义，既包罗万象又隽永深刻。

　　成语因其有长达几千年的传承历史，因此它的数量相当巨大，据不完全统计约有 30000 条之多。这么大的数量给人们提供的了同样多数量的信息与知识，也为人们日常运用提供了方便。可是，这么多的成语学起来就麻烦了，不仅数量庞大而且单调无味。

　　那么，怎样既能尽量多的掌握成语又不至于学起来太枯燥呢？所谓寓教于乐，所以把学习成语游戏化、娱乐化不失为一个解决问题的好方法。而在各种有关成语的游戏中，成语接龙是最具特色也是最广泛的文化娱乐活动，因此，我们把成语接龙作为学习成语的秘籍。

　　本书囊括了三千多个成语，为了增加学习兴趣，我们把这些成语分成了15个小接龙，还分别设置了等级，每学完一章，就可以获得相应的等级头衔，如牙牙学语、话语连篇、能说会道、出口成章等，直到最后就可以获得成语之王的桂冠。我们在成语接龙后面安排了每个成语的意思解释、相关的历史典故、成语出处，最后还有趣味练习题，可以说融学习、实用和娱乐于一体，让读者可以快乐地学习，轻松地掌握大量成语及相关知识。

　　希望每个读者都能在玩转成语接龙的同时领略成语的文化内涵、现实意义，感受其几千年流传下来的价值，品读它们的风雅智慧。

　　希望本书能成为你出口成章的帮手！

　　希望本书能成为你才高八斗的工具！

　　希望本书能成为你博古通今的催化剂！

目录

第一步

成语接龙

胸有成竹　竹报平安　安富尊荣　荣华富贵　贵耳贱目　目中无人
人中骐骥　骥子龙文　文质彬彬　彬彬有礼　礼贤下士　士饱马腾
腾云驾雾　雾里看花　花言巧语　语重心长　长此以往　往返徒劳
劳而无功　功成不居

成语解释

胸有成竹：原指画竹子要在心里有一幅竹子的形象。后比喻在做事之前已经拿定主意。

竹报平安：竹报，旧时的家信。比喻平安家信。

安富尊荣：安定富足，尊贵荣华。也指安于富裕安乐的生活。

荣华富贵：荣华，草木开花，比喻兴盛或显达。形容有钱有势。

贵耳贱目：贵，重视；贱，轻视。重视传来的话，轻视亲眼看到的现实。比喻相信传说，不重视事实。

目中无人：眼里没有别人。形容骄傲自大，看不起人。

人中骐骥（qí jì）：骐骥，良马。比喻才能出众的人。

骥子龙文：骥子，千里马；龙文，骏马名，旧时多指神童。原为佳子弟的代称。后多比喻英才。

文质彬彬：文，文采；质，实质；彬彬，形容配合适当。泛指文采和实质兼备，也形容人文雅朴实。

彬彬有礼：彬彬，文雅的样子。形容文雅有礼貌。

礼贤下士：对有才有德的人以礼相待，降低自己的身份去结交有识之士。

士饱马腾：军粮充足，士气旺盛。

腾云驾雾：乘着云，驾着雾。原指传说中会法术的人乘云雾飞行，后形容奔驰迅速或头脑发昏。

雾里看花：原形容年老视力差，看东西模糊，后比喻看事情不真切。

花言巧语：原指铺张修饰、内容空泛的言语或文辞。后多指用来骗人的虚伪动听的话。

语重心长：话深刻有力，情意深长。

长此以往：长期这样下去。

往返徒劳：徒劳，白花力气。来回白跑。

劳而无功：花费了力气，却没有收到成效。

功成不居：居，承当，占有。原意是任其自然存在，不去占为己有。后形容立了功而不把功劳归于自己。

胸有成竹

北宋时候，有一个著名的画家，名叫文与可，他最擅长的就是画竹子。

文与可为了画好竹子，常年在竹林里钻来钻去。三伏天气，日头像一团火，烤得地面发烫。可是文与可照样跑到竹林对着太阳的那一面，站在炙热的阳光底下，全神贯注地观察竹子的变化。他一会儿用手指头量一量竹子的节把有多长，一会儿又记一记竹叶有多密。汗水湿透了他的衣衫，脸上也都是汗，可是他连抹都不抹一下，就跟没事儿人似的。

有一回，忽然刮起了一阵狂风。接着，电闪雷鸣，眼看着一场暴雨就要来临。人们都纷纷往家跑。可就在这时候，坐在家里的文与可，急急忙忙抓过一顶草帽，往头上一扣，往山上的竹林里奔去。他刚走出大门，大雨就跟用脸盆泼水似的下开了。

文与可一心要看风雨当中的竹子，哪里还顾得上雨急路滑！他撩起袍襟，爬上山坡，奔向竹林。他气喘吁吁地跑进竹林，没顾上抹一下流到脸上的雨水，就聚精会神地观察起竹子来了。只见竹子在风雨的吹打下，弯腰点头，摇来晃去。文与可细心地把竹子受风雨吹打的姿态记在心头。

由于文与可长年累月地对竹子做了细微的观察和研究，竹子在春夏秋冬四季的形状有什么变化；在阴晴雨雪天，竹子的颜色、姿势又有什么两样；在强烈的阳光照耀下和在明净的月光映照下，竹子又有什么不同；不同的竹子，又有哪些不同的样子，他都摸得一清二楚。所以，他画起竹子来，根本用不着画草图。

成语练习

1.请在下面的括号里填上正确的数字。

（　）光（　）色　　　（　）心（　）意　　　（　）上（　）下

（　）言（　）鼎　　　（　）平（　）稳　　　（　）霄云外

（　）（　）大顺　　　（　）拜之交　　　（　）全（　）美

2.带颜色的成语。

红　蓝　白　紫　绿　黑　黄　灰　青

花（　）柳（　）　　　一清二（　）　　　（　）田生玉

万（　）千（　）　　　雨过天（　）　　　（　）道吉日

昏天（　）地　　　心（　）意冷　　　（　）（　）不接

第二步

成语接龙

居官守法　　法外施仁　　仁浆义粟　　粟红贯朽　　朽木死灰　　灰飞烟灭

灭绝人性　　性命交关　　关门大吉　　吉祥止止　　止于至善　　善贾而沽

沽名钓誉　　誉不绝口　　口蜜腹剑　　剑戟森森　　森罗万象　　象箸玉杯

杯弓蛇影　　影影绰绰

成语解释

居官守法：旧指做官要遵守法律法规。

法外施仁：旧时指宽大处理罪犯。

仁浆义粟：指施舍给人的钱米。

粟红贯朽：粟，小米；红，指腐烂变质；贯，穿线的绳子；朽，腐烂。谷子变色了，钱串子损坏了。形容太平时期富饶的情况。

朽木死灰：枯干的树木和火灭后的冷灰。比喻心情极端消沉，对任何事情无动于衷。

灰飞烟灭：比喻事物消失净尽。

灭绝人性：完全丧失人所具有的理性。形容极端残忍，像野兽一样。

性命交关：交关，相关。形容关系重大，非常紧要。

关门大吉：指商店倒闭或企业破产停业。

吉祥止止：第一个止字是留止的意思，第二个止字是助词。指喜庆。

止于至善：止，达到；至，最，极。达到极完美的境界。

善贾而沽：贾，通"价"。善贾，好价钱；沽，出卖。等好价钱卖出。比喻怀才不遇，等有了赏识的人再出来做事。也比喻有了肥缺，才肯任职。

沽名钓誉：沽，买；钓，用饵引鱼上钩，比喻骗取。用某种不正当的手段捞取名誉。

誉不绝口：不住地称赞。

口蜜腹剑：嘴上说得很甜美，心里却怀着害人的主意。形容两面派的狡猾阴险。

剑戟（jǐ）森森：比喻人心机多，很厉害。

森罗万象：森，众多；罗，罗列；万象，宇宙间各种事物和现象。指天地间纷纷罗列的各种各样的景象。形容包含的内容极为丰富。

象箸（zhù）玉杯：象箸，象牙筷子；玉杯，犀玉杯子。形容生活奢侈。

杯弓蛇影：将映在酒杯里的弓影误认为蛇。比喻因疑神疑鬼而引起恐惧。

影影绰绰：模模糊糊，不真切。

成语故事

杯弓蛇影

从前有个做官的人叫乐广。他有位好朋友，一有空就要到他家里来聊天儿。有一段时间，他的朋友一直没有露面。乐广十分惦念，就登门拜望。

乐广到了那位朋友家，只见朋友半坐半躺地倚在床上，脸色蜡黄。乐广这才知道朋友生了重病，就问他的病是怎么得的。朋友支支吾吾不肯说。经过乐广再三追问，朋友才说："那天在您家喝酒，看见酒杯里有一条青皮红花的小蛇在游动。当时恶心极了，想不喝吧，您又再三劝饮，出于礼貌，不好拒绝您的好意，只好十分不情愿地饮下了酒。从此以后，心里就总是觉得肚子里有条小蛇在乱窜，想要呕吐，什么东西也吃不下去。到现在病了快半个月了。"

乐广心生疑惑，酒杯里怎么会有小蛇呢？但他的朋友又分明看见了，这是怎么回事儿呢？回到家中，他在室内踱步，分析原因。这时他看见墙上挂着一张青漆红纹的雕弓，灵机一动：是不是这张雕弓在捣鬼？于是，他斟了一杯酒，放在桌子上，移动了几个位置，终于看见那张雕弓的影子清晰地投映在酒杯中，随着酒液的晃动，真像一条青皮红花的小蛇在游动。为了解除朋友的疑惑，乐广马上用轿子把朋友接到家中。请他仍旧坐在上次的位置上，仍旧用上次的酒杯为他斟了满满一杯酒，问道："您再看看酒杯中有什么东西？"那个朋友低头一看，立刻惊叫起来："蛇！蛇！又是一条青皮红花的小蛇！"乐广哈哈大笑，指着壁上的雕弓说："您抬头看看，那是什么？"朋友看看雕弓，再看看杯中的蛇影，恍然大悟，顿时觉得浑身轻松，心病也全消了。

 **成语练习**

1. 对应歇后语连线。

井底吹喇叭	一步登天
火烧眉毛	低声下气
孙大圣翻跟头	任重道远
叫花子跳崖	迫在眉睫
演古戏打破锣	穷途末路
挑着扁担长征	陈词滥调

2. 叠字成语，下面的成语都是含有重叠字的成语，请你把它们补充完整。

（ ）（ ）有礼　　（ ）（ ）绰绰　　（ ）（ ）来迟

文质（ ）（ ）　　（ ）（ ）碌碌　　剑戟（ ）（ ）

（ ）（ ）无闻　　衣冠（ ）（ ）　　喜气（ ）（ ）

第三步

 成语接龙

跋扈自恣	恣意妄为	为所欲为	为人作嫁	嫁祸于人	人情冷暖
暖衣饱食	食不果腹	腹背之毛	毛手毛脚	脚踏实地	地老天荒
荒诞不经	经纬万端	端倪可察	察言观色	色若死灰	灰头土面
面有菜色	色授魂与				

 **成语解释**

跋扈自恣：形容为所欲为，无所忌惮。

恣意妄为：任意胡作非为，常指极端地固执己见和偏爱自己的习惯，常含有一种几乎难以抑制的反复无常的意味。

为所欲为：为，做；欲，想。做想要做的事。指想干什么就干什么。

为人作嫁：原意是说穷苦人家的女儿没有钱置备嫁衣，却每年辛辛苦苦地用金线刺绣，给别人做嫁衣。比喻空为别人辛苦。

嫁祸于人：嫁，转移。把自己的祸事推给别人。

人情冷暖：人情，指社会上的人情世故；冷，冷淡；暖，亲热。指人情多变，随着对方地位的高低变化而表现出冷漠或亲热。

暖衣饱食：形容生活宽裕，衣食丰足。

食不果腹：果，充实，饱。指吃不饱肚子。形容生活贫困。

腹背之毛：比喻无足轻重的事物。

毛手毛脚：毛，举动轻率。形容做事粗心，不细致。

脚踏实地：脚踏在坚实的土地上。比喻做事踏实，认真。

地老天荒：指经历的时间极久。

荒诞不经：荒诞，荒唐离奇；不经，不合常理。形容言论荒谬，不合情理。

经纬万端：比喻头绪极多。

端倪可察：端倪，线索。事情已经可以看出眉目来了。

察言观色：观察别人的言语和脸色，以揣摩其心意。

色若死灰：比喻脸色惨白难看。

灰头土面：满头满脸沾满尘土的样子。也形容懊丧或消沉的神态。

面有菜色：形容因饥饿而显得营养不良的样子。

色授魂与：色，神色；授、与，给予。形容彼此用眉目传情，心意投合。

 成语故事

嫁祸于人

据《史记·赵世家》记载：赵孝成王四年，韩国上党太守冯亭派使者求见赵王，说："韩国不能防守上党，想把上党纳入秦。上党的官民都甘心归附赵国，不愿意归附秦国。现有城邑十七座，愿全部纳入赵国，任凭大王赏赐官民。"赵王听了非常高兴，就召见平阳君赵豹，询问他："冯亭要把上党纳入赵国，接受它可以吗？"赵豹说："现在秦国正像蚕吃桑叶般慢慢侵吞韩国土地，从中间隔断了韩国，不让韩国与上党相通，自以为可以稳坐而接受上党的土地。韩国之所以不把上党让给强大的秦国而主动送给赵国，实质上是想嫁祸给我们赵国。强大的秦国天天在打主意而得不到，弱小的赵国却坐收其利，这是无故之利，有害无益。"但是赵王没有采纳赵豹的意见，派军队占领了上党，后来果然导致秦赵之战，赵国惨败。

 成语练习

1.寻找近义词，请把下面意思相近的两个成语写在一起。

富甲一方　　恣意妄为　　真心实意　　天长地久　　夕阳西下　　怒发冲冠
日薄西山　　勃然大怒　　胡作非为　　富可敌国　　地老天荒　　情真意切

_____　　　　_____

_____　　　　_____

2.猜灯谜，请根据谜面，写出正确的成语。

战后庆功会——论（　）行（　）

叶公惊倒，心跳停止——来（　）去（　）

忠——（　）（　）下怀

卧倒——设身（　）（　）

最滑稽的钓鱼——缘（　）求（　）

第四步

 成语接龙

与民更始　始乱终弃　弃瑕录用　用兵如神　神会心融　融会贯通
通宵达旦　旦种暮成　成人之美　美人迟暮　暮云春树　树大招风
风中之烛　烛照数计　计日程功　功德无量　量才录用　用行舍藏
藏头露尾　尾大不掉

成语解释

与民更始：更始，重新开始。原指封建帝王即位改元或采取某些重大措施。后比喻改革旧状。

始乱终弃：乱，淫乱，玩弄。先乱搞，后遗弃。指玩弄女性的恶劣行径。

弃瑕录用：原谅过去的过失，重新录用。

用兵如神：调兵遣将如同神人。形容善于指挥作战。

神会心融：犹言融会贯通。

融会贯通：融会，融合领会；贯通，贯穿前后。把各方面的知识和道理融化汇合，得到全面透彻的理解。

通宵达旦：通宵，通夜，整夜；达，到；旦，天亮。整整一夜，从天黑到天亮。

旦种暮成：比喻收效极快。

成人之美：成，成全；美，指好的事。成全别人的好事。

美人迟暮：原意是有作为的人也将逐渐衰老。比喻因日趋衰落而感到悲伤怨恨。

暮云春树：表示对远方友人的思念。

树大招风：比喻人出了名或有了钱财就容易惹人注意，引起麻烦。

风中之烛：在风里晃动的烛光。比喻随时可能死亡的老年人。也比喻随时可能消灭的事物。

烛照数计：用烛照着，按数计算。比喻料事准确。

计日程功：计，计算；程，估量，考核；功，成效。工作进度或成效可以按日计算。形容进展快，有把握按时完成。

功德无量：功德，功业和德行；无量，无法计算。旧时指功劳恩德非常大。现多用来称赞做了好事。

量才录用：根据才能，录取任用。

用行舍藏：用，任用；舍，不被任用。任用就出来做事，不得任用就退隐。这是早时世大夫的处世态度。

藏头露尾：藏起了头，露出了尾。形容说话躲躲闪闪，不把真实情况全部讲出来。

尾大不掉：掉，摇动。尾巴太大，掉转不灵。旧时比喻部下的势力很大，无法指挥调度。现比喻机构庞大，指挥不灵。

成语故事

美人迟暮

"美人迟暮"出自战国时期楚国屈原的《离骚》："惟草木之零落兮，恐美人之迟暮。"

在《离骚》中，作者以美人喻楚怀王，以香草自喻，抒发自己的政治抱负，希望得到君王的重用或劝慰君王勤于政事。这两句话的意思是希望楚王趁着年华正当，改掉以前治国中不好的方法，走向更好的前路。后人用"美人迟暮"比喻因日趋衰落而感到悲伤怨恨。

 **成语练习**

1. 请把下面的成语根据四季分类，把描述同一个季节的成语写在一起。

鹅毛大雪　春暖花开　冰天雪地　秋高气爽　烈日炎炎　李白桃红
骄阳似火　北雁南飞　暑气熏蒸　数九寒天　草长莺飞　枫林如火

春：_____

夏：_____

秋：_____

冬：_____

第五步

成语接龙

掉以轻心　心急如焚　焚琴煮鹤　鹤发童颜　颜面扫地　地上天官
官逼民反　反裘负刍　刍荛之见　见微知著　著作等身　身强力壮
壮志凌云　云消雨散　散兵游勇　勇猛精进　进退失据　据理力争
争长论短　短小精悍

成语解释

　　掉以轻心：掉，抛落，指放过；轻，轻率。对事情采取轻率的漫不经心的态度，不重视。

　　心急如焚：心里急得像着了火一样。形容非常着急。

焚琴煮鹤：把琴当柴烧，把鹤煮了吃。比喻糟蹋美好的事物。

鹤发童颜：仙鹤羽毛般雪白的头发，儿童般红润的面色。形容老年人气色好。

颜面扫地：比喻面子丧失干净。

地上天宫：比喻社会生活繁华安乐。

官逼民反：在反动统治者的残酷剥削和压迫下，人民无法生活，被迫奋起反抗。

反裘（qiú）负刍（chú）：反裘，反穿皮衣；负，背；刍，柴草。反穿皮袄背柴。比喻为人愚昧，不知本末。

刍荛（ráo）之见：刍荛，割草打柴的人。认为自己的意见很浅陋的谦虚说法。

见微知著：微，隐约；著，明显。见到事情的苗头，就能知道它的实质和发展趋势。

著作等身：形容著述极多，叠起来能跟作者的身高相等。

身强力壮：形容身体强壮有力。

壮志凌云：壮志，宏大的志愿；凌云，直上云霄。形容理想宏伟远大。

云消雨散：比喻一切都成了过去。

散兵游勇：勇，清代指战争期间临时招募的士兵。原指没有统帅的逃散士兵。现指没有组织的集体队伍里独自行动的人。

勇猛精进：原意是勤奋修行。现指勇敢有力地向前进。

进退失据：前进和后退都失去了依据。形容无处容身。也指进退两难。

据理力争：依据道理，竭力维护自己方面的权益、观点等。

争长论短：长、短，指是与非。争论谁是谁非。多指在不是很重要的事情上过于计较。

短小精悍：形容人身躯短小，精明强悍。也形容文章或发言简短而有力。

成语故事

反裘负刍

魏文侯外出游历，看见路上有个人反穿着皮衣背草料，魏文侯就问他："你为什么反穿着皮衣背草料啊？"那人回答说："我爱惜我皮衣上的毛，为了保护它们，所以我反着穿皮衣。"魏文侯说："难道你不知道如果皮被磨光了，毛也就没地方依附了吗？"

第二年，东阳官府送来上贡的礼单，上交的钱增加了十倍。大夫全来祝贺。魏文侯说："这不值得你们来向我祝贺的。打个比方，这同那个在路上反穿皮衣背柴火的人没有什么不一样，既爱惜皮衣上的毛，而又不知道那个皮没有了，毛就无处附着这个道理。现在我的田地没有扩大，官民没有增加，而钱却增加了十倍，这一定是因为士大夫的计谋才征收到的。我听说过这样的话：百姓生活不安定，帝王也就不能安坐享乐了。你们这样逼着百姓上交钱税，他们的生活就会变得艰难，而我怎么能安心享用这些钱财呢？所以这不是你们应该祝贺我的。"

成语练习

1.请把下面的成语和它们所形容的事物连在一起。

辞旧迎新　　　　　　风景

雕梁画栋　　　　　　学习

山清水秀　　　　　　过年

姹紫嫣红　　　　　　惊讶

偃旗息鼓　　　　　　房屋

悬梁刺股　　　　　　花园

目瞪口呆　　　　　　战争

2.请根据下面的俗语把成语补充完整。

观音菩萨,年年十八。——长生（ ）（ ）

半路杀出个程咬金。——（ ）人（ ）料

迅雷不及掩耳。——措（ ）不（ ）

眼观六路,耳听八方。——（ ）聪（ ）明

第六步

成语接龙

悍然不顾　顾影自怜　怜香惜玉　玉液琼浆　浆酒霍肉　肉薄骨并
并行不悖　悖入悖出　出奇制胜　胜任愉快　快马加鞭　鞭辟入里
里出外进　进寸退尺　尺寸可取　取巧图便　便宜行事　事与愿违
违心之论　论功行赏

成语解释

悍然不顾:悍然,凶残蛮横的样子。凶暴蛮横,不顾一切。

顾影自怜：顾，回来看；怜，怜惜。回头看看自己的影子，怜惜起自己来。形容孤独失意的样子，也指自我欣赏。

怜香惜玉：惜、怜，爱怜；玉、香，比喻女子。比喻男子对所爱女子的照顾很体贴。

玉液琼浆：琼，美玉。用美玉制成的浆液，古代传说饮了它可以成仙。比喻美酒或甘美的浆汁。

浆酒霍肉：把酒肉当作水浆、豆叶一样。形容饮食的奢侈。

肉薄骨并：肉和肉相迫，骨和骨相并。形容战斗的激烈。

并行不悖（bèi）：悖，违背，冲突。同时进行而不相冲突。

悖入悖出：悖，不正当。用不正当的手段得来的财物，也会被别人用不正当的手段拿去。也指以悖乱的方式对人，必然会遭到悖乱的报应。

出奇制胜：出奇兵战胜敌人。比喻用对方意料不到的方法取得胜利。

胜任愉快：胜任，能力足以担任。指有能力担当某项任务或工作，而且能很好地完成。

快马加鞭：跑得很快的马再加上一鞭子，使马跑得更快。比喻快上加快，加速前进。

鞭辟入里：鞭辟，鞭策，激励。形容做学问切实。也形容分析透彻，切中要害。

里出外进：形容不平整、不整齐。

进寸退尺：进一寸，退一尺。比喻得到的少，失掉的多。

尺寸可取：比喻有些许长处。这是认为自己有才能的谦虚说法。

取巧图便：使用手段谋取好处，图得便宜。

便宜行事：便宜，方便，适宜。指可以根据实际情况斟酌处理，不必请示。

事与愿违：事实与愿望相反。指原来打算做的事没能做到。

违心之论：与内心相违背的话。

论功行赏：论，按照。按功劳的大小给予奖赏。

出奇制胜

在春秋战国时期，乐毅和田单都是十分有名的将领。两人都精通兵法，擅长布阵打仗。有一次，他们俩碰巧在战场上对垒，田单带领齐国的军队，乐毅带领燕国部队。两军在即墨这个地方交战。乐毅把田单的军队包围了，田单和他的军队被困在了城里，乐毅为了减少士兵的伤亡，没有再继续攻打。田单在城中，也没有放松一点，他为了鼓舞战士的士气，不让他们惊慌，就和他们同吃同睡，让他们知道将领和自己在一起。

但是，三年过去了，田单的军队供给成了很大的问题，他们还是坚持不住了。而就在这时，燕国的国君死了，新的国君随即即位。田单灵机一动，想出了一个突围的好办法。他先派人到燕国散布谣言，说乐毅的种种坏话，扬言乐毅要起兵反燕或是要归顺他国。新即位的燕王不了解情况，加上乐毅兵权在握，屡立战功，人多势众，遭到了燕国大臣的妒忌，新燕王怕他功高盖主就把乐毅撤职了。乐毅在战地知道自己得罪了权贵，恐怕凶多吉少，就直接逃到赵国避难去了。

田单顺利地达到了第一个目的。于是又派人到与自己对垒的燕军中散播谣言说："即墨人最怕被别人挖祖坟。祖坟一挖，他们就会惊慌失措，一定会使军心大乱。乐毅走后，担任燕军将领的是一个无能的小人，只会溜须拍马，他听到了这样的传言就真的相信了，叫人去挖了即墨人的祖坟，结果即墨的军民非常气愤，立誓要报仇雪恨，跟燕军拼命，打仗的士气一下子就提高了。田单看敌军首领昏庸无能，齐军士气涌动，作战的时机已经成熟，于是就假装向燕军投降。那个燕国将领还以为是自己叫人挖坟导致齐军投降，非常高兴。而就在此时，田单在城里命令士兵把刀子绑在牛角上，把鞭炮绑在牛尾巴上用彩色的绸子包住牛的全身。当齐军步行到燕军的附近时，单田就下令点燃鞭炮。牛听到鞭炮的声音都受了惊，发疯似的冲向燕军，吓得燕军四处逃跑。就这样燕军被打败了。司马迁后来在写史书时评价这次战争用了"出奇制胜"四个字。

成语练习

1. 请从十二生肖中选择正确的动物填在括号里。

鼠 牛 虎 兔 龙 蛇 马 羊 猴 鸡 狗 猪

狼心（　）肺　　　守株待（　）　　　对（　）弹琴

（　）狗不如　　　杯弓（　）影　　　（　）到成功

贼眉（　）眼　　　闻（　）起舞　　　（　）飞凤舞

尖嘴（　）腮　　　顺手牵（　）　　　（　）落平阳

第七步

成语接龙

赏心悦目　目光如豆　豆蔻年华　华而不实　实事求是　是古非今

今愁古恨　恨之入骨　骨腾肉飞　飞檐走壁　壁垒森严　严阵以待
待理不理　理屈词穷　穷原竟委　委曲求全　全力以赴　赴汤蹈火
火烧火燎　燎原烈火

成语解释

赏心悦目：赏心，指心情舒畅；悦目，看了舒服。指看到美好的景色而心情愉快。

目光如豆：眼光像豆子那样小。形容目光短浅，缺乏远见。

豆蔻年华：豆蔻，多年生草本植物，开淡黄色的花，常比喻处女。指女子十三四岁时的青春年华。

华而不实：华，开花。花开得好看，但不结果实。比喻外表好看，内容空虚。

实事求是：指从实际对象出发，探求事物的内部联系及其发展的规律性，认识事物的本质。通常指按照事物的实际情况，客观地对待和处理问题。

是古非今：是，认为对；非，认为不对，不以为然。指不加分析地肯定古代的，否认现代的。

今愁古恨：愁，忧愁；恨，怨恨。古今的恨事。形容感慨极多。

恨之入骨：恨到骨头里去。形容痛恨到极点。

骨腾肉飞：腾，跳跃。形容奔驰迅速。也形容神魂飘荡。

飞檐走壁：旧小说中形容有武艺的人身体轻捷，能够跳上房檐，越过墙壁。

壁垒森严：壁垒，古代军营四周的围墙；森严，整齐，严肃。原指军事戒备严密。现也用来比喻彼此界限划得很分明。

严阵以待：指做好充分战斗准备，等待着敌人。

待理不理：要理不理。形容对人态度冷淡。

理屈词穷：屈，短，亏；穷，尽。由于理亏而无话可说。

穷原竟委：穷，彻底追寻；原，源头；竟，穷究，追究；委，末尾。比喻深入探求事物的始末。

委曲求全：委曲，曲意迁就。勉强迁就，以求保全。也指为了顾全大局而让步。

全力以赴：赴，前往。把全部力量都投入进去。

赴汤蹈火：赴，奔向；汤，开水；蹈，踩。沸水敢蹚，烈火敢踏。比喻不避艰险，奋勇向前。

火烧火燎：燎，烧。被火烧烤。比喻心里非常着急或身上热得难受。

燎原烈火：好像大火在原野上燃烧，使人无法接近。比喻不断壮大，不可抗拒的革命力量。

成语故事

赴汤蹈火

东汉末年,诸侯割据,刘表拥兵十万,称雄荆州(今湖南、湖北)。他看起来儒雅可亲,其实是一个内心多疑,优柔寡断的人。当时,曹操和袁绍的实力最强,他们分别使伎俩争取刘表,刘表总是口头应允,实际上却按兵不动,在混乱的局势中观望踟蹰。

刘表的做法,引起了他属下的不满。有一天,从事中郎韩嵩谏道:"曹、袁相持不下,将军举足轻重,应择善而从。若想有大作为,可乘两雄争斗之机举事;不然的话,也应择善而从。倘若继续犹豫暧昧,他们势必都会移恨于您,您也就无法保持中立了。"韩嵩又说:"曹操明哲,为天下贤俊所拥戴,势在必胜。他一旦击败了袁绍,就会移兵进攻江汉,那时将军您就难以抵抗了。所以归附曹操乃是万全之策。"刘表仍狐疑不决,他说:"如今天下大乱,未知所定,我也难以适从。目前曹操住在许昌,你替我前去观察一下他们的动静虚实,如何?"韩嵩说:"我是您的臣下,自当为您效劳,虽赴汤蹈火,死无所辞。如果将军已做出'上顺天子,下归曹公'的决策,那么派我进京是完全正确的。如果您主意未定,就派我进京,天子封我一官,我就是天子之臣,按道义就不能再为将军效死了。那时,将军就不要为难我了。"刘表听了,仍模棱两可,含糊其辞地要他去一趟再说。

韩嵩到了京师后,拜见了曹操。受曹操控制的汉献帝封他为侍中并任零陵太守。韩嵩前去向刘表辞行。

刘表得知后,认为这是对自己的叛逆,于是召集部属,并令军队守卫在厅堂内,准备当众处斩韩嵩。

韩嵩一进来,刘表就骂道:"韩嵩逆贼,竟敢叛我!"

韩嵩毫不畏惧,正气凛然地说:"嵩早已有言在先。今日之事,是将军负嵩,不是嵩负将军!"刘表顿时哑口无言。

刘表的妻子见此情景,便悄悄地劝谏道:"韩嵩是本地颇有声势的人物,况且他理直气壮,诛杀他恐怕难以服众。"刘表自知理亏,只得下令赦免了韩嵩的死罪。

成语练习

1. 趣味成语连线。

最牛的整容术　　　　　一步登天

最长的口水　　　　　　偷天换日

最强的记忆力　　　　　度日如年

最大的脚步	改头换面
最厉害的贼	垂涎三尺
最长的一天	丢盔弃甲
最狼狈的士兵	过目不忘

2.请从下面的成语中找出意思相反的一对，填在空白处。

十万火急　鸦雀无声　笑口常开　重于泰山　无法无天　人声鼎沸

愁眉苦脸　轻于鸿毛　奉公守法　流芳百世　不紧不慢　遗臭万年

_____　　_____

_____　　_____

_____　　_____

成语接龙

火烧眉毛	毛羽零落	落井下石	石破天惊	惊惶失措	措置裕如
如运诸掌	掌上明珠	珠沉玉碎	碎琼乱玉	玉碎珠沉	沉渣泛起
起早贪黑	黑更半夜	夜雨对床	床头金尽	尽态极妍	妍姿艳质
质疑问难	难乎其难				

成语解释

火烧眉毛：火烧到眉毛。比喻事到眼前，非常急迫。

毛羽零落：比喻失去了帮手或亲近的人。

落井下石：看见人要掉进陷阱里，不伸手救他，反而推他下去，又扔下石头。比喻乘人有危难时加以陷害。

石破天惊：原形容箜篌的声音，忽而高亢，忽而低沉，出人意料，有难以形容的奇境。后多比喻文章议论新奇惊人、事态发展出人意料。

惊惶失措：失措，失去常态，不知所措。由于惊慌，一下子不知怎么办才好。

措置裕如：措置，处理，安排；裕如，从容不迫，很有办法的样子。形容处理事情从容不迫。常用来称赞人有办事的才能和经验。

如运诸掌：像放在手心里摆弄一样。形容事情办起来非常容易。

掌上明珠：比喻十分钟爱的人。多比喻受父母疼爱的儿女，特指女儿。

珠沉玉碎：比喻美女的死亡。

碎琼乱玉：指雪花。

玉碎珠沉：美玉破碎，珠宝沉没。比喻美女的死亡。

沉渣泛起：已经沉底的渣滓重新浮上水面。比喻已经绝迹了的腐朽、陈旧事物又重新出现。

起早贪黑：起得早，睡得晚。形容辛勤劳动。

黑更半夜：指深夜。

夜雨对床：在风雨或风雪之夜，两人当床相对谈心。指亲友或兄弟久别重逢，在一起亲切交谈。多用于久别重逢或临别之前。

床头金尽：床头钱财耗尽。比喻钱财用完了，生活受困。

尽态极妍：尽，极好；态，仪态；妍，美丽。容貌姿态美丽娇艳到极点。

妍姿艳质：形容女子的体态容貌很美。

质疑问难：心存疑问向人提出以求得解答。

难乎其难：非常困难。

成语故事

落井下石

韩愈和柳宗元是中国两位杰出的文学家。大名鼎鼎的唐宋八大家中，唐朝有两位，这两位就是韩愈和柳宗元。韩愈长柳宗元七岁，而柳宗元却死在韩愈之前，仅活了四十六岁。

韩愈是柳宗元的好朋友。柳宗元去世后，韩愈写下了《柳宗元墓志铭》。韩愈在铭文中先概述了柳氏先生的事迹，然后叙说柳宗元仕途的不幸和在文学上的成就。

柳宗元被贬官柳州（今广西柳州市地区）时，刘禹锡也将同时被贬往播州（今贵州遵义市地区）。当时播州新建，地处偏远，生活艰苦，瘴疠（zhàng lì）时作，"非人所居"；而刘禹锡则上有高龄老母，"万无母子俱往之理"。于是，柳宗元不避罪上加罪的危险，上书朝廷，请求以柳州换播州。

对于这件事，韩愈在铭文中激动地指出："呜呼！士穷乃见节义。"这是韩愈给柳宗元崇尚仁义、忠厚待友的崇高评价。接着，韩愈笔锋陡转，描述群小的行径。这些人平时和睦相处，常在一块儿吃吃喝喝，脸上总是堆满笑容，有时还握着对方的手，蹦出几句心里话，这一切全像是最真实的，好像他最值得信任。但是，一旦遇到毛发般的蝇头利益，这种人便立即翻脸不认人，好像压根儿就不认识你。"落陷阱，不一引手援，反挤之，又下石焉"——看到有人要掉进井里，不立即拉他一把，反而把他挤下井，还往井里扔石头。这种行为连禽兽都干不出来，他自己却洋洋然以为拣了个大便宜。两相对比，最后，韩愈得出结论说，这号人如果得知子厚（柳宗元）的高风义举，多少也应该有点惭愧吧。

 **成语练习**

1.请选择正确的气候补充成语。

风 霜 雨 雪 云 雷 雾

狂（ ）暴（ ）　　大（ ）纷飞　　冷若冰（ ）

（ ）里看花　　大（ ）倾盆　　暴跳如（ ）

（ ）（ ）变幻　　吞（ ）吐（ ）　　冰（ ）聪明

2.请把下面括号中错误的字用"\"划掉。

山崩地（裂、列）　　怀（璧、壁）其罪　　心如（止、只）水

迫不得（已、巳）　　眉（飞、非）色舞　　九（霄、宵）云外

穷途日（暮、慕）　　池鱼之（殃、秧）

第九步

 成语接龙

难以为继　继往开来　来龙去脉　脉脉相通　通才硕学　学究天人

人之常情　情见势屈　屈打成招　招摇过市　市井之徒　徒劳往返

返老还童　童牛角马　马首是瞻　瞻前顾后　后顾之忧　忧国奉公

公子王孙　孙康映雪

成语解释

难以为继：难于继续下去。

继往开来：继，继承；开，开辟。继承前人的事业，开辟未来的道路。

来龙去脉：本指山脉的走势和去向。现比喻一件事的前因后果。

脉脉相通：血管彼此相通。比喻关系密切。

通才硕学：学识通达渊博的人。

学究天人：有关天道人事方面的知识都通晓。形容学问渊博。

人之常情：一般人通常有的感情。

情见势屈：情，真情；见，通"现"，暴露；势，形势；屈，屈曲。指军情已被敌方了解，又处在劣势的地位。

屈打成招：屈，冤枉；招，招供。指无罪的人冤枉受刑，被迫招认有罪。

招摇过市：招摇，张扬炫耀；市，闹市，指人多的地方。指在公开场合大摇大摆显示声势，引人注意。

市井之徒：市井，街市；徒，人，含贬义。旧指做买卖的人或街道上没有受过教育的人。

徒劳往返：徒劳，白花力气。来回白跑。

返老还童：由衰老恢复青春。形容老年人充满了活力。

童牛角马：童牛，没有角的牛；角马，长角的马。比喻不伦不类的东西。也比喻违反常理，不可能存在的事物。

马首是瞻：瞻，往前或向上看。看着我马头的方向，决定进退。比喻追随某人行动。

瞻前顾后：看看前面，又看看后面。形容做事之前考虑周密慎重。也形容顾虑太多，犹豫不决。

后顾之忧：来自后方的忧患。指在前进过程中，担心后方发生问题。

忧国奉公：心怀国家，努力做好工作。

公子王孙：旧时贵族、官僚的子弟。

孙康映雪：比喻读书非常刻苦。

成语故事

市井之徒

在古代，开一口井是非常困难的事，为了水源，人们就会聚居在井的附近，渐渐就成为当时的市集，称为市井。市井之徒就是指混迹于市井、身份低微的贩夫走卒，当时刘邦做泗水亭亭长时，他是一个身份低微的小官吏，和他称兄道弟的朋友中，夏侯婴是一个赶马车的，樊哙是杀狗的屠狗之辈，在当时来说，他们是典型的市井之徒。

唐朝的李密有一首《淮阳感怀》诗:樊哙市井徒,萧何刀笔吏。一朝时运会,千古传名谥。

返老还童

晋朝人葛洪撰写的《神仙传》一书中,有一则关于淮南王刘安"返老还童"的故事。

刘安,袭父封为淮南王,好文学,曾奉汉武帝之命作《离骚传》。

相传,刘安自青年时代起,就喜好求仙之道。受封淮南王以后,更是四处派人打听防止衰老的法术,访寻长生不老之药。有一天,忽然有八位白发银须的老翁求见,说是他们有防止衰老的法术,并说还要把长生不老之药献给淮南王。刘安一听,大喜过望,知是仙人求见,急忙开门迎见,一看却是八个老翁,不禁哑然失笑:"你们自己都那样老了,我又怎么可以相信,你们有防老之法术呢?这分明是骗人!"说完,叫守门人把他们撵走。

八个老汉互相望了一眼,哈哈笑道:"淮南王嫌我们年老吗?好吧!那么,请你再仔细地看看我们吧!"说完,八个老翁一眨眼工夫,忽然全变成儿童了。

已经年老的人,一下子回复到了儿童时期,这是全然不可能的,所以这仅仅是传说故事而已。

马首是瞻

春秋时,晋悼公联合了十二个诸侯国攻打秦国,指挥联军的是晋国的大将荀偃。

荀偃原以为十二国联军攻秦,秦军一定会惊惶失措,前来求和。不料秦景公已经得知十二国的联军军心不齐,士气不振,所以毫不胆怯,并不想求和。荀偃没有办法,只得准备打仗,他向全军将领发布命令说:"明天早晨,鸡一叫就开始驾马套车出发。各军都要填平水井,拆掉炉灶。作战的时候,全军将士都要看我的马头来定行动的方向。我奔向哪里,大家就跟着奔向哪里。"

想不到荀偃的下军将领认为,荀偃这样的指令太专横了,反感地说:"晋国从未下过这样的命令,为什么要听他的?好,他马头向西,我偏要向东。"

将领的副手说:"他是我们的头儿,我听他的。"于是也率领自己的队伍朝东而去。这样一来,全军顿时混乱起来。

荀偃失去了下军,仰天叹道:"既然下的命令不能执行,就不会有取胜的希望,一交战肯定让秦军得到好处。"他只好下令将全军撤回去。

 **成语练习**

1. 下面的成语都是"AABB"式的,请把它们补充完整。

吞吞（　）（　）　　原原（　）（　）　　堂堂（　）（　）

昏昏（　）（　）　　（　）（　）葱葱　　（　）（　）暮暮

（ ）（ ）兢兢　　（ ）（ ）艾艾　　　（ ）（ ）总总

（ ）（ ）洒洒

2. 请在空白处填入恰当的时间词。

晨　夜　朝　暮

（ ）秦（ ）楚　　　三更半（ ）　　　（ ）钟（ ）鼓

美人迟（ ）　　　（ ）深人静　　　（ ）气蓬勃

（ ）昏定省　　　（ ）花夕拾

雪上加霜　霜露之病　病病歪歪　歪打正着　着手成春　春蚓秋蛇

蛇口蜂针　针锋相对　对簿公堂　堂堂正正　正中下怀　怀璧其罪

罪大恶极　极天际地　地丑德齐　齐心协力　力不胜任　任重道远

远见卓识　识文断字

成语解释

雪上加霜：比喻接连遭受灾难使受害程度加深。

霜露之病：因感受风寒而引起的病。

病病歪歪：形容病体衰弱无力的样子。

歪打正着：比喻方法本来不恰当，却侥幸得到满意的结果。也比喻原意本不在此，却凑巧和别人的想法符合。

着手成春：着手，动手。一着手就转成春天。原指诗歌要自然清新。后比喻医术高明，刚一动手病情就好转了。

春蚓秋蛇：比喻字写得不好，弯弯曲曲，像蚯蚓和蛇爬行的痕迹。也形容草书书法神奇多变。

蛇口蜂针：比喻恶毒的言辞和手段。

针锋相对：针锋，针尖。针尖对针尖。比喻双方在策略、论点及行动方式等方面尖锐对立。

对簿公堂：在官府公堂上受审问，后来指在法庭上对质或上法庭打官司。

堂堂正正：堂堂，盛大的样子；正正，整齐的样子。原形容强大整齐的样子，现也形容光明正大。也形容身材威武，仪表出众。

正中下怀：正合自己的心意。

怀璧其罪：怀，怀藏。身藏璧玉，因此获罪。原指财能致祸。后也比喻有才能而遭受忌妒和迫害。

罪大恶极：罪恶大到了极点。

极天际地：形容十分高大。

地丑德齐：丑，同类。地相等，德相同。比喻彼此条件一样。

齐心协力：形容认识一致，共同努力。

力不胜任：胜任，能担当得起。能力担当不了。

任重道远：任，负担；道，路途。担子很重，路很远。比喻责任重大，要经历长期的奋斗。

远见卓识：有远大的眼光和高明的见解。

识文断字：断字，能判断出是什么字。能认得的字，指有一点文化知识。

成语故事

怀璧其罪

战国时，齐国有一位臣子叫张丑，在燕国做人质，燕王要杀死他，他乘机逃走了。快要逃离燕国的疆界时，却被守卫边境的小吏捉住。这时张丑心生一计，恐吓小吏说："燕王之所以要杀死我，就是因为有人说我藏有宝珠；他想得我的宝珠，但是我现在已经没有了，燕王不肯相信。现在你捉住我，如果我在燕王面前说宝珠被你抢去了，吞到肚子里了，那燕王一定会杀死你，剖你的肚子，割你的肠子，君王们都是很贪心的，只知道财利。我迟早都要死，但是你也难逃一死，不如你把我放了，这样咱们都不用送命了。"小吏想了想觉得他说的有道理，于是就把他放走了。

成语练习

1. 请选择正确的成语填在横线上，使句子通顺。

针锋相对　落井下石　齐心协力　胸有成竹　问心无愧

（1）不管别人怎么说，你只要＿＿＿＿＿＿＿就好了。

（2）大家都是同学，应该团结友爱，你们不要跟仇人似的，处处＿＿＿＿＿＿＿。

（3）对这次考核，他＿＿＿＿＿＿＿，一定会顺利通过。

（4）看到朋友有困难应该尽力帮助，不要做＿＿＿＿＿＿＿的小人。

（5）相信只要我们团结一致，＿＿＿＿＿＿＿，一定能渡过这次难关。

2.请根据下面的要求把成语归类。

眉开眼笑　大发雷霆　毛骨悚然　欢天喜地　泫然欲泣　胆战心惊

怒火冲天　欣喜若狂　惊恐万分　悲痛欲绝　泪如雨下　谈虎色变

怒目切齿　欢歌笑语　悲愁垂涕　惶恐不安　雷霆之怒　喜上眉梢

代表高兴的成语：＿＿＿＿＿＿＿＿＿＿＿＿＿＿＿＿＿＿＿＿

代表悲伤的成语：＿＿＿＿＿＿＿＿＿＿＿＿＿＿＿＿＿＿＿＿

代表害怕的成语：＿＿＿＿＿＿＿＿＿＿＿＿＿＿＿＿＿＿＿＿

代表愤怒的成语：＿＿＿＿＿＿＿＿＿＿＿＿＿＿＿＿＿＿＿＿

第一步

成语接龙

字斟句酌　酌盈剂虚　虚舟飘瓦　瓦釜雷鸣　鸣锣开道　道不拾遗
遗大投艰　艰苦朴素　素丝羔羊　羊肠小道　道听途说　说长道短
短兵相接　接踵而至　至死不变　变本加厉　厉行节约　约定俗成
成仁取义　义形于色　色色俱全　全军覆灭　灭此朝食　食日万钱
钱可通神

成语解释

字斟句酌：斟、酌，反复考虑。指写文章或说话时慎重细致，一字一句地推敲琢磨。

酌盈剂虚：拿多余的弥补不足的或亏损的。

虚舟飘瓦：比喻没有实用价值的东西。

瓦釜雷鸣：瓦釜，沙锅，比喻庸才。声音低沉的瓦釜发出雷鸣般的响声。比喻无德无才的人占据高位，威风一时。

鸣锣开道：封建时代官吏出门时，前面开路的人敲锣喝令行人让路。比喻为某种事物的出现，制造声势，开辟道路。

道不拾遗：遗，失物。路上没有人把别人丢失的东西拾走。形容社会风气好。

遗大投艰：遗、投，交给。指交给重大艰难的任务。

艰苦朴素：指吃苦耐劳、勤俭节约的作风。

素丝羔羊：指正直廉洁的官吏。

羊肠小道：曲折而极窄的路。多指山路。

道听途说：道、途，路。路上听来的、路上传播的话。泛指没有根据的传闻。

说长道短：议论别人的好坏是非。

短兵相接：短兵，刀剑等短兵器；接，交战。指近距离搏斗。比喻面对面地进行激烈的斗争。

接踵（zhǒng）而至：指人们前脚跟着后脚，接连不断地来。形容来者很多，络绎不绝。

至死不变：到死不改变。现常用在坏的方面。

变本加厉：本，本来的；厉，猛烈。指比原来更加发展。现指情况变得比本来更加严重。

厉行节约：厉，严格。严格地实行节约。

约定俗成：指事物的名称或社会习惯往往是由人民群众经过长期社会实践而确定或形成的。

成仁取义：成仁，杀身以成仁德；取义，舍弃生命以取得正义。为正义而牺牲生命。

义形于色：形，表现；色，面容。仗义不平之气在脸上流露出来。

色色俱全：各种各样的东西都很齐全。

全军覆灭：整个军队全部被消灭。比喻事情彻底失败。

灭此朝食：朝食，吃早饭。先把敌人消灭掉再吃早饭。形容急于消灭敌人的心情和必胜的信心。

食日万钱：每天饮食要花费上万的钱。形容饮食极奢侈。

钱可通神：有了钱连鬼神也可以买通。比喻金钱的魔力极大。

成语故事

灭此朝食

春秋时，鲁成公二年的春天，齐顷公统率大军，进攻鲁国，接着又乘胜进攻卫国。鲁、卫两国都向晋国求援，晋景公就派郤（xì）克为中军主将，领兵前去抵抗齐军。

六月间，晋国和鲁、卫两国的联军，挺进到靡笄山（在今山东长清县境）下。齐顷公却不把他们放在眼里，派人出阵挑战。齐将高固也冲进晋军，耀武扬威，回营后，还在全营各处走马兜圈，高叫："欲勇者，贾余余勇！"接着双方约定：明天早晨决战。

第二天，双方军队在鞌（ān）（今山东历城县境）列阵会战。齐顷公嚷道："等我们歼灭了敌人再回来吃早饭！"他连战马身上的甲都不披，就冲进战场。这一场战斗非常激烈，结果齐军却吃了败仗，骄傲的齐顷公险些被俘。

齐顷公说的"歼灭了敌人再回来吃早饭"这句话，从藐视敌人、鼓励斗志来说，倒是句豪言壮语。后来，这句话变作"灭此朝食"，成为一句成语，形容急于消灭敌人的心情和必胜的信心。

成语练习

1.请写出下面的数字成语。

一（ ）（ ）（ ）　　二（ ）（ ）（ ）　　三（ ）（ ）（ ）

四（ ）（ ）（ ）　　五（ ）（ ）（ ）　　六（ ）（ ）（ ）

七（ ）（ ）（ ）　　八（ ）（ ）（ ）　　九（ ）（ ）（ ）

十（ ）（ ）（ ）　　百（ ）（ ）（ ）　　千（ ）（ ）（ ）

万（ ）（ ）（ ）

2.请把下面的成语补充完整。

天（ ）地（ ）　　　天（ ）地（ ）　　　天（ ）地（ ）

天（ ）地（ ）　　　（ ）山（ ）水　　　（ ）山（ ）水

（ ）山（ ）水　　　（ ）山（ ）水　　　（ ）风（ ）雨

（ ）风（ ）雨　　　（ ）风（ ）雨　　　（ ）风（ ）雨

第二步

成语接龙

神施鬼设　　设身处地　　地平天成　　成年累月　　月白风清　　清静无为

为期不远　　远交近攻　　攻其不备　　备多力分　　分寸之末　　末学肤受

受宠若惊　　惊涛骇浪　　浪子回头　　头疼脑热　　热火朝天　　天高地厚

厚貌深情　　情同骨肉　　肉眼惠眉　　眉来眼去　　去伪存真　　真赃实犯

犯上作乱

成语解释

神施鬼设：形容诗文十分精妙。

设身处地：设，设想。设想自己处在别人的那种境地。指替别人的处境着想。

地平天成：平，治平；成，成功。原指大禹治水成功而使天之生物得以有成。后常比喻一切安排妥帖。

成年累月：成，整；累，积聚。一年又一年，一月又一月。形容时间长久。

月白风清：形容幽静美好的夜晚。

清静无为：道家语。春秋时期道家的一种哲学思想和治术。指一切听其自然，人力不必强为。

为期不远：期，日期，期限。指快到规定或算定的日子。

远交近攻：联络距离远的国家，进攻邻近的国家。这是战国时秦国采取的一种对外策略。后也指待人处世的一种手段。

攻其不备：其，代词，指敌人。趁敌人还没有防备时进攻。

备多力分：防备的地方多了，力量就会分散。

分寸之末：比喻微少、细小。

末学肤受：指学问没有从根本上下功夫，只学到一点皮毛。

受宠若惊：宠，宠爱，赏识。因为得到宠爱或赏识而又高兴，又不安。

惊涛骇浪：涛，大波浪；骇，使惊怕。汹涌吓人的浪涛。比喻险恶的环境或尖锐激烈的斗争。

浪子回头：浪子，不务正业的游荡子弟。不务正业的人改邪归正，悔过自新。

头疼脑热：泛指一般的小病。

热火朝天：形容群众性的活动情绪热烈，气氛高涨，就像炽热的火焰朝天燃烧一样。

天高地厚：原形容天地的广大，后形容恩德极深厚。也比喻事情的艰巨、严重，关系的重大。

厚貌深情：外貌厚道而深藏其思想感情，不流露于外表或言辞。

情同骨肉：形容关系密切如一家人。

肉眼惠眉：比喻见识浅陋。

眉来眼去：形容用眉眼传情。

去伪存真：除掉虚假的，留下真实的。

真赃实犯：赃物是真的，罪犯是确实的。泛指犯罪的证据确凿。

犯上作乱：犯，冒犯尊长。指冒犯尊长或地位高的人，搞叛逆活动。

成语故事

浪子回头

明朝的时候，有一个财主年过半百，才喜得贵子，取名为天宝。天宝长大后游手好闲，挥金如土，老财主怕儿子这样下去保不住家业，便请了个先生教他明白事理，轻易不让他出门。在先生的管教下，天宝渐渐地变得知书识礼了。不久，天宝的父母不幸双双辞世，天宝的学业从此中断。

等天宝的先生一走，天宝小时候认识的狐朋狗友又找上门来。天宝故态萌发，整日花天酒地，不到两年，万贯家财花了个精光，最后落得靠乞讨为生。直到这时，天宝才后悔自己过去的生活，决定痛改前非。一天晚上，他借书回来，因地冻路滑，再加上一天粒米未进，一跤跌倒后，再也没有力气爬起来，不一会儿，就冻僵在路旁。

这时，一个姓王的员外正好路过，见天宝拿着一本书，冻僵在路旁，不禁起了怜爱之心，便命家人救醒天宝。天宝被救醒后，王员外问清了他的家世，对他很同情，便把他留在身边，打算让天宝做女儿蜡梅的先生，对此天宝求之不得，赶紧拜谢了王员外救命之恩。从此，天宝就留在王员外家勤勤恳恳地教蜡梅读书识字。

蜡梅长得如花似玉，而且温柔贤淑。天宝刚开始只管教书，时间一长，不禁犯了老毛病，对蜡梅想入非非，动手动脚。蜡梅气得找父亲哭诉一番，王员外听后不动声色。他怕这件事传到外面，对女儿的名声有影响，便写了一封信，把天宝叫来，对他说："天宝，我有一件急事需要你帮忙。"天宝说："员外对我恩重如山，无论什么事，我决不推辞！"王员外说："我有一个表兄，住在苏州一孔桥边，烦你到苏州把这封信送给他。你这就起程吧！"说完，又给天宝二十两银子作为盘缠，天宝虽然不想离开蜡梅，但也无可奈何，只好快快地上路。

谁知到苏州，到处都是孔桥，天宝找了半个多月，也没找到王员外表兄的住处，眼看着盘缠快花完了，他打开信一瞧，不禁羞惭万分，只见信上写着四句话："当年路旁一冻丐，今日竟敢戏蜡梅。一孔桥边无表兄，花尽银钱不用回！"

看完信后，天宝想投河自尽，但他转念一想：王员外非但救了我的命，还保住了我的名声，我为什么不能挣二十两银子，还给王员外，当面向他请罪呢？于是，天宝振作精神，白天帮人家干活，晚上挑灯夜读。三年下来，他不但积攒了二十两银子，而且变成了一个博学的才子，这时，恰恰开科招考，天宝进京应试，一举中了举人，于是，他星夜兼程，回去向王员外请罪。

到了王员外家，天宝"扑通"一声跪倒，手捧一封信和二十两银子，对王员外说他有罪。王员外一见面前的举人是天宝，赶紧接过书信和银子，一看原来信是三年前他写的那封。不过，在他那四句话后又添了四句："三年表兄未找成，恩人堂前还白银，浪子回头金不换，衣锦还乡做贤人。"

王员外惊喜交加，连忙扶起天宝，对他问寒问暖，又亲口把蜡梅许给天宝。

从此，"浪子回头金不换"这句俗语便流传开来。人们也用"浪子回头"来形容不务正业的人改邪归正，悔过自新。

成语练习

1.请在括号里填上恰当的反义词，将成语补充完整。

（　）行（　）效　　瞻（　）顾（　）　　（　）（　）逢源

（　）同（　）异　　辞（　）迎（　）　　（　）妆（　）抹

僧（　）粥（　）　　（　）（　）曲直　　眼（　）手（　）

（　）（　）不得　　（　）（　）自知　　（　）年（　）成

第三步

成语接龙

十面埋伏　　伏低做小　　小试锋芒　　芒刺在背　　背井离乡　　乡壁虚造
造化小儿　　儿女情长　　长歌当哭　　哭天抹泪　　泪干肠断　　断鹤续凫
凫趋雀跃　　跃然纸上　　上树拔梯　　梯山航海　　海枯石烂　　烂若披锦
锦绣前程　　程门立雪　　雪虐风饕　　饕餮之徒　　徒劳无功　　功败垂成
成千上万

成语解释

十面埋伏：设伏兵于十面以围歼敌军。

伏低做小：形容低声下气，巴结奉承。

小试锋芒：锋芒，刀剑的尖端，比喻人的才干、技能。比喻稍微显示一下本领。

芒刺在背：芒刺，细刺。像有芒和刺扎在背上一样。形容内心惶恐，坐立不安。

背井离乡：背，离开；井，古制八家为井，引申为乡里，家宅。离开家乡到外地。

乡壁虚造：即对着墙壁，凭空造出来的。比喻无事实根据，凭空捏造。

造化小儿：造化，指命运；小儿，小子，轻蔑的称呼。这是对于命运的一种风趣说法。

儿女情长：指过分看重爱情。

长歌当哭：长歌，长声歌咏，也指写诗；当，当作。用长声歌咏或写诗文来代替痛哭，借以抒发心中的悲愤。

哭天抹泪：形容哭哭啼啼。

泪干肠断：形容伤心到极点。

断鹤续凫（fú）：断，截断；续，接；凫，野鸭。截断鹤的长腿去接续野鸭的短腿。比喻行事违反自然规律。

凫趋雀跃：像野鸭那样快跑，像鸟雀那样跳跃。形容十分欢欣的样子。

跃然纸上：活跃地呈现在纸上。形容文学作品叙述描写真实生动。

上树拔梯：拔，抽掉。诱人上树，抽掉梯子。比喻引诱人上前而断绝他的退路。

梯山航海：登山航海。比喻长途跋涉，经历险远的旅程。

海枯石烂：海水干涸、石头腐烂。形容历时久远。多用作誓词，表示坚定的意志永远不变。

烂若披锦：形容文辞华丽。

锦绣前程：像锦绣那样的前程。形容前途十分美好。

程门立雪：程，程颐，宋代理学家；立，侍立。旧指学生恭敬受教。比喻尊师。

雪虐风饕（tāo）：虐，暴虐；饕，贪残。又是刮风，又是下雪。形容天气非常寒冷。

饕餮（tiè）之徒：比喻贪吃的人。

徒劳无功：白付出劳动而没有成效。

功败垂成：垂，接近，快要。事情在将要成功的时候遭到了失败。

成千上万：形容数量很多。

成语故事

芒刺在背

公元前87年汉武帝死后，他年仅八岁的小儿子刘弗陵即位。史称汉昭帝。按照武帝的遗诏，由大司马大将军霍光、御史大夫桑弘羊等辅政，掌握朝廷军政大权。

昭帝的寿命不长，二十一岁就死了。他没有儿子，于是霍光把武帝的孙子刘贺立为皇帝。后来，霍光发现刘贺生活放荡不堪，整天寻欢作乐，经过与大臣们商量，就把刘贺废掉了，另立武帝的曾孙刘询为帝。这就是汉宣帝。不过刘询也非常清楚，霍光的权势很大，自己的生死存废完全决定于他，因此对他很害怕。刘询即位后做的一件大事，就是去谒见祖庙。到了那一天，宣帝乘坐一辆装饰华丽的马车，霍光就坐在马车一侧陪侍，皇帝见霍光身材高大，脸容严峻，不由自主地觉得非常畏惧，惶恐不安，就像有芒刺在背上那样难受。此后，宣帝见到霍光，总是小心翼翼。

公元前68年霍光病死，乘车时再也没有他陪侍，宣帝才感到无拘无束，行动自由了。

程门立雪

杨时从小就聪明伶俐，四岁入村学，七岁就能写诗，八岁就能作赋，人称神童。他十五岁时攻读经史，熙宁九年登进士榜。他一生立志著书立说，曾在许多地方讲学，备受欢迎。居家时，长期在含云寺和龟山书院，潜心攻读，写作教学。

有一年，杨时赴浏阳县令途中，不辞劳苦，绕道洛阳，拜师程颐，以求学问上进一步深造。有一天，杨时与他的学友游酢，因对某问题有不同看法，为了求得一个正确答案，他俩一起去老师家请教。

时值隆冬，天寒地冻，浓云密布。他们行至半途，朔风凛凛，瑞雪霏霏，冷飕飕的寒风肆无忌惮地灌进他们的领口。他们把衣服裹得紧紧的，匆匆赶路。来到程颐家时，适逢先生坐在炉旁打坐养神。杨时二人不敢惊动打扰老师，就恭恭敬敬侍立在门外，等候先生醒来。

这时，远山如玉簇，树林如银妆，房屋也被上了洁白的素装。杨时的一只脚冻僵了，冷得发抖，但依然恭敬侍立。过了良久，程颐一觉醒来，从窗口发现侍立在风雪中的杨时，只见他通身披雪，脚下的积雪已一尺多厚了，赶忙起身迎他俩进屋。

此后，"程门立雪"的故事就成为尊师重道的千古美谈。

 成语练习

1.下面这些字最少能拼成八个成语，请你把拼出的成语写出来，越多越好。

金 长 上 枝 弓 歌 海 刚 展 名 当 不 石 然 招 眉
阿 烂 花 气 跃 榜 吐 之 纸 题 枯 鸟 扬 正 哭 惊

_____

_____

_____

2. 成语灯谜。

十五看玫瑰——（　）好（　）圆

乱扣帽子——张（　）李（　）

绿林军——（　）（　）皆兵

固——食（　）不（　）

九寸——得（　）进（　）

放焰火——百花（　）（　）

未关水龙头——（　）（　）自流

七人皆失踪——（　）（　）乌有

成语接龙

万象森罗　罗雀掘鼠　鼠窃狗盗　盗憎主人　人莫予毒　毒手尊前
前因后果　果于自信　信赏必罚　罚不当罪　罪恶昭彰　彰善瘅恶
恶贯满盈　盈科后进　进退两难　难分难解　解甲归田　田月桑时
时和年丰　丰取刻与　与世偃仰　仰人鼻息　息息相通　通权达变
变化无穷

成语解释

万象森罗：指天地间纷纷罗列的各种各样的景象。

罗雀掘鼠：原指张网捉麻雀、挖洞捉老鼠来充饥的窘困情况，后比喻想尽办法筹措财物。

鼠窃狗盗：像老鼠少量窃取，像狗钻油偷盗。指小偷小摸。

盗憎主人：主人，物主。盗贼憎恨被他所盗窃的物主。比喻邪恶的人憎恨正直的人。

人莫予毒：莫，没有；予，我；毒，分割，危害。再也没有人怨恨我、伤害我了。形容劲敌被消灭后高兴的心情。

毒手尊前：泛指无情的打击。

前因后果：起因和结果。泛指事情的整个过程。

果于自信：果，果敢。形容过分自信。

信赏必罚：信，确定；必，一定。有功劳的一定奖赏，有罪过的一定惩罚。形容赏罚严明。

罚不当罪：当，相当，抵挡。处罚和罪行不相当。指惩罚过轻。

罪恶昭彰：昭彰，明显。罪恶非常明显，人所共见。

彰善瘅（dàn）恶：彰，表明，显扬；瘅，憎恨。表扬好的，憎恶坏的。

恶贯满盈：贯，穿钱的绳子；盈，满。罪恶之多，犹如穿线一般已穿满一根绳子。

形容罪大恶极，到受惩罚的时候了。

　　盈科后进：泉水遇到坑洼，要充满之后才继续向前流。比喻学习应步步落实，不能只图虚名。

　　进退两难：前进和后退都难。比喻事情无法决定，因而难以行动。

　　难分难解：指双方争吵、斗争、比赛等相持不下，难以分开。有时也形容双方关系十分亲密，分不开。

　　解甲归田：解，脱下；甲，古代将士打仗时穿的战服。脱下军装，回家种地。指战士退伍还乡。

　　田月桑时：泛指农忙季节。

　　时和年丰：和，和平；年，年成；丰，盛，多。风调雨顺，五谷丰登。

　　丰取刻与：刻，刻薄；与，给予。取之于民的多，用之于民的少。多形容残酷地剥削。

　　与世偃仰：偃仰，俯仰。指没有一定的主张，随大流。

　　仰人鼻息：仰，依赖；息，呼吸时进出的气。依赖别人的呼吸来生活。比喻依赖别人，不能自主。

　　息息相通：呼吸也相互关联。形容彼此的关系非常密切。

　　通权达变：通、达，通晓，懂得；权、变，权宜，变通。做理能适应客观情况的变化，懂得变通，不死守常规。

　　变化无穷：穷，尽，终结。形容不断变化，没有止境。

人莫予毒

　　公元前632年，晋国和楚国发生了一场争夺霸权的战争。晋国军队在城濮（卫国地名，今山东鄄城西南）摆开阵势；楚国联合陈、蔡两国的军队，气势汹汹地攻打过来。

　　楚国的统帅是令尹（宰相）子玉，他率领着同族的六百名亲兵坐镇中军，左军由楚国掌管军事的司马子西统帅，右军由大夫子上统领。就在这次出征的时候，楚成王就一再告诫子玉，千万不可轻敌，晋国的国君晋文公是一个在国外流亡多年，经受过很多磨炼，经验丰富的人，跟他打仗不要轻率。

　　可是总想打个胜仗好在楚王面前显示自己的子玉，一到阵前就把这些话全忘了，他看见自己的队伍旌旗森严、列队整齐，就夸耀地说："今天一定可以消灭晋军了！"

　　可晋军呢？经过周密筹划，晋文公亲率中军指挥战斗。他派大夫胥臣，用奇计，把虎皮蒙在马身上，首先进攻陈、蔡两国的军队。陈、蔡两军，还没有弄清楚是咋回事，就被打得四散奔逃。接着，晋将狐毛又把自己率领的左军装扮为中军，开战不久，就接连往后败退，诱敌深入；晋军还在战车的后面拖着树枝子，弄得路上尘土飞扬，假装逃跑很狼狈的样子。楚军果然中计，子玉当即紧跟追击。这时，晋文公率中军从中间出其不意地截击楚军，狐毛也回转身来夹攻子玉，于是楚国的左军又被打败了。紧跟着楚军就被打得大败。

子玉打了大败仗，楚成王非常生气，便派使臣对他说："你带兵打了败仗，身边的同族亲兵都战死了。你如果回国，对他们的父母怎样交代呢？"子玉自己也早已料到，打了败仗，楚成王是不会饶恕自己的，于是便在回国途中自杀了。

晋文公听说子玉自杀的消息后，非常高兴，觉得一下子可除掉心腹之患了。他情不自禁地对身边的将士说："莫予毒也已！"意思是说从今以后没有谁能危害我争霸中原了。

成语练习

1. 成语找朋友，请把意思相近的成语写在一起。

乱七八糟	精神抖擞	杂乱无章	名垂后世	独占鳌头	七零八落
急如星火	容光焕发	画蛇添足	名列前茅	迫在眉睫	徒劳无功
金榜题名	火烧眉毛	青史留名	多此一举	神采飞扬	流芳千古

_____

_____

_____

2. 请把下面的成语补充完整。

匹夫无罪，_____　　　　二人同心，_____

_____，百战不殆　　　　_____，焉知非福

八仙过海，_____　　　　生于忧患，_____

第五步

成语接龙

穷途末路　路不拾遗　遗臭万年　年深日久　久悬不决　决一死战

战天斗地　地利人和　和而不唱　唱筹量沙　沙里淘金　金屋藏娇

娇生惯养　养精蓄锐　锐不可当　当头棒喝　喝西北风　风雨同舟

舟中敌国　国色天香　香火因缘　缘木求鱼　鱼龙混杂　杂七杂八

八拜之交

成语解释

穷途末路：穷途，处境困窘。形容到了无路可走的地步。

路不拾遗：遗，失物。路上没有人把别人丢失的东西捡走。形容社会风气好。

遗臭万年：遗臭，留下不好的名声。恶名一直流传，永远被人唾骂。

年深日久：形容时间久远。

久悬不决：拖了很久，没有决定。

决一死战：决，决定；死，拼死。对敌人拼死决战。

战天斗地：战、斗，泛指斗争。形容征服和改造大自然的英雄气概。

地利人和：地利，地理的优势；人和，得人心。表示优越的地理条件和群众基础。

和而不唱：赞同别人的意见，不坚持自己的说法。

唱筹量沙：把沙当作米，量时高呼数字。比喻安定军心，制造假象来迷惑敌人。

沙里淘金：淘，用水冲洗，滤除杂质。从沙里淘出黄金。比喻好东西不易得。也比喻做事费力大而收效少。也比喻从大量的材料里选择精华。

金屋藏娇：娇，汉武帝刘彻的表姐陈阿娇。汉武帝幼小时喜爱阿娇，并说要让她住在金屋里。指以华丽的房屋让所爱的妻妾居住，泛指对娇妻美妾特别宠爱。也指娶妾。

娇生惯养：娇，爱怜过甚；惯，纵容，放任。从小就被溺爱、娇养惯了。形容受到父母过分的爱护。

养精蓄锐：养，保养；精，精神；蓄，积蓄；锐，锐气。保养精神，蓄积力量。

锐不可当：锐，锐气；当，抵挡。形容勇往直前的气势，不可抵挡。

当头棒喝：佛教禅宗祖师接待初学的人常常用棒一击或大喝一声，促他醒悟。比喻严厉警告，促使人猛醒过来。

喝西北风：指没有东西吃。

风雨同舟：比喻共同经历患难。

舟中敌国：同船的人都成为敌人。比喻大家反对，十分孤立。

国色天香：原形容颜色和香气不同于一般花卉的牡丹花。后也形容女子的美丽。

香火因缘：香和灯火都用于供佛，因此佛教用来比喻彼此意志相投。

缘木求鱼：缘木，爬树。爬到树上去找鱼。比喻方向或办法不对，不可能达到目的。

鱼龙混杂：比喻坏人和好人混在一起。

杂七杂八：形容东西非常混杂，或事情非常杂乱。

八拜之交：八拜，原指古代世交子弟谒见长辈的礼节。旧时朋友结为兄弟的关系。

成语故事

唱筹量沙

南朝宋文帝元嘉七年（公元430年）十一月檀道济被授予督征讨诸军事，奉命率众伐北魏。

第二年一月，檀道济等自清水（清水即济水，位于今山东西部）赴救滑台（今河南滑县）。北魏将领叔孙建、长孙道生率众截击。

二月底，檀道济率军进至济水（黄河水道）。在二十多天里，与北魏军进行三十余次战斗，多获胜利。不久，檀道济军抵达历城（今山东济南市郊），遭叔孙建等骑兵部队的截击，所带粮秣也被焚烧，因而难以继续前进。这时，北魏部将安颉、司马楚之等乘机专攻滑台。滑台守将朱修之坚守数月，终因供应不继，困顿不堪，滑台为北魏所占，修之被俘。檀道济得知滑台失陷，又无粮秣接济，欲救不能，准备撤返。

此时，檀道济部下有投降北魏的士兵，将宋军缺粮的情况据实告诉以后，北魏军立即追赶，企图一举歼灭檀道济。当檀道济率军撤退到今邯郸市曲周县境内时，被追击的魏军包围。

檀道济命令士卒量取沙子，并大声报出数量，然后把仅有的粮食盖在沙上，佯示粮足，以迷惑魏军。北魏军望见宋军一堆一堆的"粮食"，以为宋军并不缺粮，故将投降过来的宋兵视为"间谍"而杀掉。

为了扭转局势，檀道济又心生一计，令士卒全穿上盔甲，唯有他一人穿白色衣服，带领部队从容出走。北魏军认为，檀道济及其部队在被包围的情况下，如此不慌不忙地撤走，一定预设有伏兵，故不敢近前聚歼。就这样，檀道济军得以安全返回。

成语练习

1.请根据下面的俗语把相应的成语连接起来。

有什么病吃什么药	得过且过
无事家中坐，祸从天上来	各持己见
做一天和尚撞一天钟	对症下药
公说公有理，婆说婆有理	胡说八道
神不知，鬼不觉	飞来横祸
睁眼说瞎话	鬼神莫测

2. 请将成语和它所形容的人连线。

朝气蓬勃

老当益壮

天真烂漫　　　　　儿童

身强体壮

鹤发鸡皮　　　　　青年

风华正茂

老态龙钟　　　　　老人

乳臭未干

后生可畏

第六步

成语接龙

交头接耳　　耳鬓厮磨　　磨砖成镜　　镜花水月　　月旦春秋　　秋高气爽

爽然若失　　失惊打怪　　怪诞不经　　经久不息　　息事宁人　　人言啧啧

啧有烦言　　言必有中　　中庸之道　　道路以目　　目瞪口呆　　呆头呆脑

脑满肠肥　　肥马轻裘　　裘弊金尽　　尽力而为　　为富不仁　　仁至义尽

尽心竭力

成语解释

交头接耳：交头，头靠着头；接耳，嘴凑近耳朵。形容两个人凑近低声交谈。

耳鬓（bìn）厮磨：鬓，鬓发；厮，互相；磨，擦。耳与鬓发互相摩擦。形容相处亲密。

磨砖成镜：把砖石磨成镜子。比喻事情不能成功。

镜花水月：镜里的花，水里的月。原指诗中灵活而不可捉摸的意境，后比喻虚幻的景象。

月旦春秋：比喻评论人物的好坏。

秋高气爽：形容秋季晴空万里，天气清爽。

爽然若失：爽然，茫然；若失，像失去依靠。形容心中无主、空虚怅惘的神态。

失惊打怪：形容大惊小怪。也形容神色慌张或动作忙乱。

怪诞不经：怪诞，离奇古怪；不经，不合常理。指言语奇怪荒唐，不合常理。

经久不息：经过长时间停不下来。

息事宁人：息，平息；宁，使安定。原指不生事，不骚扰百姓，后指调解纠纷，使事情平息下来，使人们平安相处。

人言啧啧：人们不满地议论纷纷。

啧有烦言：啧，争辩；烦言，气愤不满的话。形容议论纷纷，报怨责备。

言必有中：中，正对上。指一说话就能说到点子上。

中庸之道：指不偏不倚，折中调和的处世态度。

道路以目：在路上遇到不敢交谈，只是以目示意。形容人民对残暴统治的憎恨和恐惧。

目瞪口呆：形容因吃惊或害怕而发愣的样子。

呆头呆脑：呆，呆板，不灵活。形容思想、行动迟钝笨拙。

脑满肠肥：脑满，指肥头大耳；肠肥，指身体胖，肚子大。头部丰满，肚腹肥胖。形容饱食终日，无所用心，以致徒有外观而实无内涵。

肥马轻裘（qiú）：裘，皮衣。骑肥壮的马，穿轻暖的皮衣。形容阔绰。

裘弊金尽：皮袍破了，钱用完了。比喻境况困难。

尽力而为：尽，全部用出。用全部的力量去做。

为富不仁：为，做，引申为谋求。意为致富与行仁义难以并存，后指富人唯利是图，不讲仁义。

仁至义尽：至，极，最。竭尽仁义之道。指人的善意和帮助已经做到了最大限度。

尽心竭力：竭，用尽。用尽心思，使出全力。形容做事十分努力。

成语故事

道路以目

周厉王统治时期，施政暴虐，老百姓怨声四起。邵公就对周厉王说："老百姓已经受不了啦。"结果周厉王就派人秘密监听那些对朝廷有不满政见的人，听到了不好的言论，就杀无赦。这样一来，举国上下再不敢对国事评头论足了，就是相互见面，也不乱搭腔，而是在路上用目光交流。周厉王高兴地对邵公说："我能够统一思想，不再有人敢胡言乱语。"邵公说："您这是强行封老百姓的嘴，哪里是老百姓真就没有自己的想法了啊。要知道，防民之口，甚于防川。川壅而溃，伤人必多，老百姓也是一样的道理啊！"当然，这番话周厉王听不进去，老百姓还是敢怒不敢言。后人便用"道路以目"形容人民对残暴统治者的憎恨和恐惧。

 **成语练习**

1. 根据地名猜成语。

重庆——双（　）临（　）　　　　旅顺——一（　）风（　）

宁波——风（　）浪（　）　　　　开封——（　）（　）无缺

桂林——（　）枝（　）叶　　　　洛阳——夕阳（　）（　）

新疆——（　）疆（　）上　　　　青岛——（　）水（　）山

长春——长（　）不（　）　　　　太原——（　）（　）已乱

2. 请根据下面这首诗把成语补充完整。

春晓

唐·孟浩然

春眠不觉晓，处处闻啼鸟。

夜来风雨声，花落知多少。

（　）回大地　　　　（　）花宿柳　　　　不知（　）（　）

（　）以利害　　　　（　）以继日　　　　礼尚往（　）

（　）吹（　）打　　　忍气吞（　）　　　（　）（　）流水

（　）书达理　　　　（　）见（　）怪

第七步

 成语接龙

力透纸背　　背道而驰　　驰名中外　　外合里差　　差强人意　　意在言外

外圆内方　　方底圆盖　　盖世无双　　双管齐下　　下车伊始　　始终如一

一蹶不振　振臂一呼　呼风唤雨　雨沐风餐　餐风露宿　宿弊一清

清心寡欲　欲取姑予　予取予求　求神问卜　卜昼卜夜　夜不闭户

户枢不蠹

成语解释

力透纸背：透，穿过。形容书法刚劲有力，笔锋简直要透到纸张背面。也形容诗文立意深刻，词语精练。

背道而驰：背，背向；道，道路；驰，奔跑。朝相反的方向跑去。比喻彼此的方向和目的完全相反。

驰名中外：驰，传播。形容名声传播得极远。

外合里差：比喻口是心非。

差强人意：差，尚，略；强，振奋。勉强使人满意。

意在言外：语言的真正用意没有明白说出来，细细体会就知道。

外圆内方：圆，圆通；方，方正。比喻人表面随和，内心严正。

方底圆盖：方底器皿，圆形盖子。比喻事物不相合。

盖世无双：盖，压倒，超过。才能或武艺当代第一，没有人能比得上。

双管齐下：管，指笔。原指手握双笔同时作画。后比喻做一件事两个方面同时进行或两种方法同时使用。

下车伊始：下车，指新官到任；伊，文言助词；始，开始。旧指新官刚到任。现比喻带着工作任务刚到一个地方。

始终如一：自始至终一个样子。指能坚持，不间断。

一蹶（jué）不振：蹶，栽跟头；振，振作。一跌倒就再也爬不起来。比喻遭受一次挫折以后就再也振作不起来。

振臂一呼：振，挥动。挥动手臂呼喊。多用在号召。

呼风唤雨：旧指神仙道士的法力。现比喻人具有支配自然的伟大力量。也可形容反动势力猖獗。

雨沐风餐：形容在外奔走劳苦，生活不得安定。

餐风露宿：风里吃饭，露天睡觉。形容旅途或野外工作的辛苦。

宿弊一清：多年的弊病一下就肃清了。

清心寡欲：清，清净；寡，少；欲，欲望，需求。保持心地清净，减少欲念。

欲取姑予：姑，暂且；予，给予。要想夺取他些什么，得暂且先给他些什么。指先付出代价以诱使对方放松警惕，然后找机会夺取。

予取予求：予，我。原指从我这里取，从我这里求（财物）。后指任意索取。

求神问卜：迷信的人遇有疑难，求神鬼帮助，或靠卜卦解决。

卜昼卜夜：卜，占卜。形容夜以继日地宴乐无度。

夜不闭户：户，门。夜里睡觉不用闩上门。形容社会治安情况良好。

户枢不蠹（dù）：流动的水不会发臭，经常转动的门轴不会被虫蛀。比喻经常运动的东西不容易受侵蚀。也比喻人经常运动可以强身。

成语故事

卜昼卜夜

敬仲，即春秋时陈国的公子完，同陈宣公是兄弟。陈宣公为了立宠姬所生的儿子款为太子，便把已立为太子的大儿子御寇杀了。敬仲是站在御寇一边的，因此不能在陈国安身立足，便投奔齐国。齐桓公很恭敬地接待敬仲，拜他为"卿"。敬仲谦虚地说："我是投奔贵国的客人，蒙您收留，让我在这里舒舒服服地住下，我已经非常感激了，怎敢高居卿位，让人笑我不知足呢！"齐桓公觉得他很懂道理，便改聘为"工正"，请他担任管理各种工匠的职务。但是对他的待遇，仍不同于一般官员。齐桓公经常找他谈天、游玩。

有一次，齐桓公到敬仲家里去，敬仲拿出酒来招待他，桓公喝得很高兴，直到天快黑了，还叫人点灯，要继续喝。敬仲婉言劝止，说道："臣卜其昼，未卜其夜，不敢！"意思是说我只准备白天陪您玩，却没有打算继续到夜晚，恕我不敢久留您！

由于这段故事，后来形容游宴无度，不计时间，从白昼到黑夜，又从黑夜到白昼，连续不休地玩乐，就叫"卜昼卜夜"。

成语练习

1. 趣味填空。根据前面的提示将后面的成语补充完整。

最危险的游戏——玩（　）自（　）

最有学问的人——（　）（　）不知

最穷的人——（　）无（　）有

最简单的牢房——画（　）为（　）

最大的渔网——一网（　）（　）

最难受的学习方式——悬（　）刺（　）

最高的人——（　）天（　）地

2. 反义成语对对碰。

另眼相看——一（　）（　）仁

赫赫有名——默默（　）（　）

（　）（　）俱到——顾此失彼

良师益友——（　）朋（　）友

情同（　）（　）——不共戴天

宽宏大量——（　）（　）鸡肠

（　）强（　）弱——恃强凌弱

第八步

 成语接龙

蠹众木折　折槁振落　落落大方　方寸已乱　乱琼碎玉　玉洁冰清

清风明月　月盈则食　食言而肥　肥遁鸣高　高朋满座　座无虚席

席卷天下　下不为例　例直禁简　简明扼要　要价还价　价值连城

城狐社鼠　鼠腹鸡肠　肠肥脑满　满腹狐疑　疑神疑鬼　鬼哭神号

号啕大哭

成语解释

蠹众木折：蛀虫多了，木头就要折断。比喻不利的因素多了，就能造成灾祸。

折槁振落：把枯树枝折断，把枯树叶摇下来。比喻轻易不费力。

落落大方：落落，坦率、开朗的样子。形容言谈举止自然大方。

方寸已乱：心已经乱了。

乱琼碎玉：指雪花。

玉洁冰清：像玉那样洁白，像冰那样清净。形容人心地纯洁，品行端正。

清风明月：只与清风、明月为伴。比喻不随便结交朋友。也比喻清闲无事。

月盈则食：盈，满；食，通"蚀"。月亮圆的时候就容易发生月食。比喻事物盛到极点就会衰落。

食言而肥：食言，失信。指不守信用，只图自己占便宜。

肥遁（dùn）鸣高：退隐不做官，自以为清高。

高朋满座：高，高贵。高贵的朋友坐满了席位。形容宾客很多。

座无虚席：虚，空。座位没有空着的。形容出席的人很多。

席卷天下：形容力量强大，控制了全国。

下不为例：下次不可以再这样做。表示只通融这一次。

例直禁简：法律或禁令简单明了，人民就容易理解和遵守。

简明扼要：指说话、写文章简单明了，能抓住要点。

要价还价：买卖东西，卖主要价高，买主给价低，双方要反复争议。也比喻在进行谈判时反复争议，或接受任务时讲条件。

价值连城：连城，连在一起的许多城池。形容物品十分贵重。

城狐社鼠：社，土地庙。城墙上的狐狸，社庙里的老鼠。比喻依仗权势作恶，一时难以驱除的小人。

鼠腹鸡肠：喻气量狭小，只考虑小事，不顾大体。

肠肥脑满：肠肥，指身体胖，肚子大；脑满，指肥头大耳。形容不劳而食的人吃得饱饱的，养得胖胖的。

满腹狐疑：一肚子怀疑。形容疑虑很多，极不相信。

疑神疑鬼：形容人多疑。

鬼哭神号：形容哭喊声非常凄惨尖厉或声音巨大，使人心惊。

号啕大哭：放声大哭。

成语故事

食言而肥

春秋时，鲁国大夫孟武伯，说话一贯无信，鲁哀公对他很不满。有一次，鲁哀公在五梧举行宴会，孟武伯照例参加，有个名叫郭重的大臣也在座。这郭重长得很肥胖，平时颇受哀公宠爱，因而常遭孟武伯的嫉妒和讥辱。这次孟武伯借着向哀公敬酒的机会，又向郭重道："你吃了什么东西这样肥胖啊？"

鲁哀公听了，很是厌恶，便代替郭重答道："食言多也，能无肥乎！"这句话分明是反过来讽刺孟武伯惯于说话不算数，而且在宴会上当着群臣之面，出于国君之口，孟武伯顿时面红耳赤，感到万分难堪。

"食言而肥"这个成语就是从此而来，形容说话不算数，不守信用，只图自己便宜。若表示坚决履行诺言，说话一定算数，即为"决不食言"。

成语练习

1. 请把下面的成语按照要求分类。

鸠占鹊巢　指鹿为马　鸾凤和鸣　狂蜂浪蝶　鱼死网破　狼狈为奸

池鱼之殃　九牛一毛　虾兵蟹将　鸿鹄之志　亡羊补牢　鲸波鳄浪

天上飞的：_____

水里游的：_____

地上跑的：_____

2. 请圈出下面成语中的错别字并写出正确的。

归心似剑（　　）　　落花留水（　　）　　株光宝气（　　）　　歌舞生平（　　）

心恢意冷（　　）　　价值连成（　　）　　用心恨苦（　　）　　纸上谈冰（　　）

山穷水近（　　）　　一针见雪（　　）　　周中敌国（　　）　　目不识盯（　　）

第九步

成语接龙

哭笑不得　得心应手　手忙脚乱　乱箭攒心　心如止水　水磨工夫

夫唱妇随　随才器使　使贪使愚　愚昧无知　知书达礼　礼尚往来

来者不拒　拒谏饰非　非异人任　任人唯亲　亲密无间　间不容发

发指眦裂　裂土分茅　茅塞顿开　开路先锋　锋芒所向　向隅而泣

泣下如雨

成语解释

哭笑不得：哭也不是，笑也不是。形容处境尴尬。

得心应手：得之于手而应之于心。称心手相应，运用自如。形容技艺纯熟或做事顺手如意。

手忙脚乱：形容遇事慌张，不知如何是好。

乱箭攒心：攒，积聚。乱箭一齐射在心上，比喻内心非常痛苦。

心如止水：心像静止不动的水一样平静。多形容坚持信念，不为外界所动。

水磨工夫：掺水细磨。形容工作深入细致，费时很多。

夫唱妇随：随，附和。原指封建社会认为妻子必须服从丈夫，后比喻夫妻和好相处。

随才器使：根据长处，安排适当的工作。

使贪使愚：使，用；贪，不知足；愚，笨。用人所短，为己服务。也形容利用人的不同特点，以发挥他的长处。

愚昧无知：形容又愚笨又没有知识。

知书达礼：知、达，懂得。有文化，懂礼貌。形容有教养。

礼尚往来：尚，注重。指礼节上应该有来有往。现也指以同样的态度或做法回答对方。

来者不拒：拒，拒绝。对于有所求而来的人或送上门来的东西概不拒绝。

拒谏（jiàn）饰非：谏，直言规劝；饰，掩饰；非，错误。拒绝劝告，掩饰错误。

非异人任：异人，别人；任，承担。不是别人的责任。表示某事应由自己负责。

任人唯亲：任，任用；唯，只；亲，关系密切。指用人不问人的德才，只选跟自己关系亲密的人。

亲密无间：间，缝隙。关系亲密，没有隔阂。形容十分亲密，没有任何隔阂。

间不容发：空隙中容不下一根头发。比喻与灾祸相距极近或情势危急到极点。

发指眦（zì）裂：发指，头发直竖；眦裂，眼眶裂开。头发向上竖，眼睑全张开。形容非常愤怒。

裂土分茅：古代分封诸侯时，用白茅裹着的泥土授予被封的人，象征授予土地和权力。

茅塞顿开：茅塞，比喻人思路闭塞或不懂事；顿，立刻。原来心里好像有茅草堵塞着，现在忽然被打开了。形容思想忽然开窍，立刻明白了某个道理。

开路先锋：原指古代军队中先行开路和打头阵的将领。现比喻进行某项工作的先遣人员。

锋芒所向：向，指向。指斗争中矛头所指的地方。

向隅（yú）而泣：向，对着；隅，墙角；泣，小声地哭。一个人面对墙角哭泣。形容没有人理睬，非常孤立，只能绝望地哭泣。

泣下如雨：眼泪像雨一样流了下来。形容伤心到极点。

成语故事

间不容发

西汉的辞赋家枚乘，是吴王刘濞的谋士，他见刘濞积蓄力量准备反叛，便上书劝谏。原来，刘濞是汉朝开国皇帝刘邦的侄子。刘邦称帝后，把他的亲属分封到各地当诸侯王，并赋予这些诸侯很大的权力。时间长了，诸侯王与朝廷尖锐对立，成为朝廷的严重威胁。为此，文帝、景帝两代逐步削减王国封地。刘濞对此不服，阴谋反叛，引起了枚乘对这件事的关切。枚乘在上书中分析了反叛的严重后果。他举例说，如果在一根线上吊千钧（古代三十斤为一钧）重物，这重物悬在空中，下面是无底的深渊，那最笨的人也知道它极其危险。接着他又指出，马将受惊骇就打鼓吓它，线将断又吊上更重的东西，其结果必然是马坠入深渊无法救援，线在半空断掉无法连接。这情势的危急程度，就像两者距离极近，中间容不下一根头发。尽管枚乘以及其他一些谋士反复劝谏，吴王刘濞还是不听，决定谋反，于是枚乘等人离开刘濞，前去投奔梁孝王刘武。

**成语练习**

1.请判断下面的词语哪些能写成"AABB"式的成语，并写在横线上。

天空　浩荡　冷清　美丽　慌张　轰烈　坚定　疲惫
勤恳　陶醉　风雨　是非　勇敢　便宜　吹打　上下

_____

_____

第十步

成语接龙

雨丝风片　片言折狱　狱货非宝　宝山空回　回光返照　照本宣科

科班出身　身价百倍　倍日并行　行动坐卧　卧薪尝胆　胆破心寒
寒木春华　华不再扬　扬长而去　去粗取精　精诚团结　结党营私
私心杂念　念兹在兹　兹事体大　大势所趋　趋炎附势　势不两立
立此存照

成语解释

雨丝风片：形容春天的微风细雨。

片言折狱：片言，极少的几句话；折狱，判决诉讼案件。原意是能用简单的几句话判决讼事。后指能用几句话就断定双方争论的是非。

狱货非宝：指法官断狱受贿赂，也难逃法网。

宝山空回：走进到处是宝物的山里，却空手出来。比喻根据条件，本来应该有丰富的收获，却一无所得。多指求知。

回光返照：指太阳刚落山时，由于光线反射而发生的天空中短时发亮的现象。比喻人死前精神突然兴奋。也比喻事物灭亡前夕的表面兴旺。

照本宣科：照，按照；本，书本；宣，宣读；科，科条，条文。照着本子念条文。形容讲课、发言等死板，没有发挥，不生动。

科班出身：比喻具有受过正规教育或训练的资格。

身价百倍：身价，指社会地位。指名誉地位一下子大提高。

倍日并行：倍、并，加倍。一天走两天的路程。形容日夜赶路。

行动坐卧：泛指人的举止和风度。

卧薪尝胆：薪，柴草。睡觉睡在柴草上，吃饭睡觉都尝一尝苦胆。形容人刻苦自励，发奋图强。

胆破心寒：形容由于恐惧而服帖的样子。

寒木春华：寒木不凋，春华吐艳。比喻各具特色。

华不再扬：已开过的花，在一年里不会再开。比喻时间过去了不再回来。

扬长而去：大模大样地径自走了。

去粗取精：除去杂质，留取精华。

精诚团结：精诚，真诚。一心一意，团结一致。

结党营私：党，集团；营，谋求。坏人集结在一起，谋求私利，专干坏事。

私心杂念：为个人利益打算的种种想法。

念兹在兹：兹，此，这个。泛指念念不忘某一件事情。

兹事体大：这件事性质重要，关系重大。

大势所趋：大势，指整个局势。整个局势发展的趋向。

趋炎附势：趋，奔走；炎，热，比喻权势。奉承和依附有权有势的人。

势不两立：两立，双方并立。指敌对的双方不能同时存在。比喻矛盾不可调和。

立此存照：照，查考，察看。写下字据保存起来，以作凭证。

片言折狱

春秋时期，孔子的学生子路身强力壮，他总是跟随孔子，为他驾车做侍卫。子路性情正直忠贞，十分孝顺他的母亲。他为人十分诚实，坦率公正，答应办到的事一定立即就办，决不拖延。孔子对子路的赞语是："片言可以折狱者，其由也与？"意思是只听了单方面的供词就可以判决案件的大概只有仲由（即子路）吧。

1. 选择成语填在恰当的地方，使句子通顺连贯。

照本宣科　去粗取精　火烧眉毛　势不两立　难言之隐

（1）他咬牙切齿地说："从此我和你_____。"

（2）对待所学的知识应该灵活运用，不能生搬硬套，_____。

（3）你能不动作快点？这都_____了，你还磨磨蹭蹭的!

（4）你这次违反规定，是不是有什么_____啊？

（5）从西方传来的文化并不全是美好的，我们要_____，有选择地吸收利用。

2. 请按照要求把下列成语归类。

风流倜傥　山珍海味　飞阁流丹　玉树临风　风和日丽　饕餮大餐
富丽堂皇　风雨交加　龙肝凤髓　沉鱼落雁　亭台楼阁　风轻云淡

描述人物的：_____

描述天气的：_____

描述食物的：_____

描述建筑的：_____

话语连篇

一

成语接龙

照猫画虎	虎背熊腰	腰缠万贯	贯朽粟陈	陈词滥调	调嘴学舌
舌剑唇枪	枪林弹雨	雨过天青	青出于蓝	蓝田生玉	玉卮无当
当场出彩	彩凤随鸦	鸦雀无闻	闻风而起	起死回生	生拉硬扯
扯篷拉纤	纤芥之疾	疾风迅雷	雷打不动	动辄得咎	咎由自取
取辖投井	井井有条	条三窝四	四衢八街	街头巷尾	尾生之信

成语解释

照猫画虎：比喻照着样子模仿。

虎背熊腰：背宽厚如虎，腰粗壮如熊。形容人身体魁梧健壮。

腰缠万贯：腰缠，指随身携带的财物；贯，旧时用绳索穿钱，每一千文为一贯。比喻钱财极多。

贯朽粟（sù）陈：钱串子断了，谷子烂了。比喻非常富有。

陈词滥调：陈，陈旧、陈腐；滥，浮夸不合实际。指陈腐、空泛的论调。

调嘴学舌：调嘴，耍嘴皮。指背地里说人闲话，搬弄是非。

舌剑唇枪：舌如剑，唇像枪。形容争辩激烈，言辞锋利，针锋相对，各不相让。

枪林弹雨：枪杆像树林，子弹像下雨。形容战斗激烈。

雨过天青：雨后转晴。也比喻政治上由黑暗到光明。

青出于蓝：青，靛青；蓝，蓼蓝之类可以提取蓝色染料的草。青是从蓝草里提炼出来的，但颜色比蓝更深。比喻学生超过老师或后人胜过前人。

蓝田生玉：蓝田，地名，在陕西省，古时蓝田出产美玉。旧时比喻贤父生贤子或名门出贤弟子。

玉卮（zhī）无当：玉杯没有底。比喻事物华丽而不实用。

当场出彩：旧戏表演杀伤时，用红色水涂抹，装作流血的样子，叫做出彩。比喻当着众人的面败露秘密或显出丑态。

彩凤随鸦：凤，凤凰；鸦，乌鸦。美丽的凤鸟跟了丑陋的乌鸦。比喻女子嫁给才貌配不上自己的人。

鸦雀无闻：连乌鸦麻雀的声音都没有。形容非常静。

闻风而起：闻，听到；风，风声，消息。一听到风声，就立刻起来响应。

起死回生：把快死的人救活。形容医术高明。也比喻把已经没有希望的事物挽救过来。

生拉硬扯：比喻牵强附会，生拖死拽。

扯篷拉纤：指用不正当的手段为人撮合或说情而从中取利的行为。

纤芥（jiè）之疾：比喻不必在意的小毛病。

疾风迅雷：形容事情的发生和发展，像暴风急雷那样猛烈而迅速。

雷打不动：形容态度坚定，不可动摇。也形容严格遵守规定，决不变更。

动辄（zhé）得咎（jiù）：辄，即；咎，过失，罪责。动不动就受到指摘或责难。

咎由自取：咎，灾祸。灾祸或罪过都是自己招来的。指自作自受。

取辖投井：比喻挽留客人极坚决。

井井有条：井井，形容有条理。形容说话办事有条有理。

条三窝四：搬弄是非，挑拨离间。

四衢（qú）八街：指大城市街道非常多。

街头巷尾：指大街小巷。

尾生之信：尾生，古代传说中坚守信约的人，他为守约而甘心淹死。比喻只知道守约，而不懂得权衡利害关系。

成语故事

青出于蓝

荀子的《劝学》篇中有这样一句话："青，取之于蓝而青于蓝；冰，水为之而寒于水。"荀子用青与蓝、冰与水的关系来比喻学生如果能用功研究学问，坚持不懈地努力，就可以比他的老师更有成就。后人常用这几句话来比喻学生胜过老师、后人胜过前人。

南北朝时期的李谧（mì）学习很用功，少年时代就读了很多书，他的老师孔璠（fán）学问本来也不错，可是几年以后，李谧就胜过了老师。那时，孔璠反过来要向李谧请教了。同学们作了一首歌谣道：

青成蓝，蓝谢青；

师何常，在明经。

起死回生

扁鹊是春秋战国时期人，本名秦越人。据传他少时曾从长桑君学医，擅长诊脉，能够洞察内腑五脏的症结，医术极为高明。

一次扁鹊到了虢（guó）国，听说虢国太子暴亡，正准备装殓。于是他赶到宫门询问情况。在详细了解了太子的病后，扁鹊告诉太子的侍从官，称自己能够让太子复活。侍从官认为他所说是无稽之谈，人死哪有复生的道理。扁鹊长叹一声说："如果不相信我的话，可试着让我诊视太子，应该能够听到他耳鸣、看见他的鼻子肿了，并且大腿及至阴部还有温热之感。"侍从官闻言赶快入宫禀报，虢君大惊，亲自出来迎接扁鹊。

扁鹊说："太子所得的病，就是所谓的'尸厥'。人接受天地之间的阴阳二气，阳主上主表，阴主下主里，阴阳和合，身体健康。现在太子阴阳二气失调，内外不通，上下不通，导致太子气脉纷乱，面色全无，失去知觉，形静如死，其实并没有死。"

扁鹊命弟子协助用针砭进行急救，刺太子三阳五会诸穴。不久太子果然醒了过来。扁鹊又将方剂加减，使太子坐了起来。又用汤剂调理阴阳，二十多天，太子的病就痊愈了。这件事传出后，人们都说扁鹊有起死回生的绝技。

成语练习

1. 请把下面的成语补充完整。

千（　）万（　）　　　千（　）万（　）　　　千（　）万（　）

千（　）万（　）　　　千（　）万（　）　　　千（　）万（　）

千（　）万（　）　　　千（　）万（　）　　　千（　）万（　）

千（　）万（　）　　　千（　）万（　）　　　千（　）万（　）

千（　）万（　）　　　千（　）万（　）　　　千（　）万（　）

2. 请在下面空白处填上恰当的动作词。

（　）眉（　）眼　　　拳（　）脚（　）　　　（　）牙（　）爪

（　）耳（　）腮　　　手（　）足（　）　　　（　）手（　）足

盲人（　）象　　　（　）心（　）胆　　　（　）耳（　）铃

（　）苗助长　　　（　）水（　）源　　　狼（　）虎（　）

第二步

 成语接龙

信口开河　河山带砺　砺山带河　河清难俟　俟河之清　清汤寡水
水滴石穿　穿云裂石　石沉大海　海立云垂　垂涎欲滴　滴水成冰
冰清玉洁　洁身自好　好肉剜疮　疮痍满目　目不识丁　丁公凿井
井中视星　星旗电戟　戟指怒目　目指气使　使羊将狼　狼心狗肺
肺石风清　清夜扪心　心织笔耕　耕当问奴　奴颜婢膝　膝痒搔背

成语解释

信口开河：比喻随口乱说一气。

河山带砺：砺，磨刀石；山，泰山；带，衣带；河，黄河。黄河细得像条衣带，泰山小得像块磨刀石。比喻时间久远，任何动荡也决不变心。多用为誓词。

砺山带河：义同"河山带砺"。

河清难俟（sì）：俟，等待。很难等到黄河水清。比喻时间太长，难以等待。

俟河之清：等待黄河变清。比喻期望的事情不能实现。

清汤寡水：形容菜肴水太多，粗糙没有味道。

水滴石穿：水不停地滴，石头也能被滴穿。比喻只要有恒心，不断努力，事情就一定能成功。

穿云裂石：穿破云天，震裂石头。形容声音高亢嘹亮。

石沉大海：石头沉到海底。比喻从此没有消息。

海立云垂：形容文辞气魄极大。

垂涎欲滴：涎，口水。馋得连口水都要滴下来了。形容十分贪婪的样子。

滴水成冰：水滴下去就结成冰。形容天气十分寒冷。

冰清玉洁：像冰那样清澈透明，像玉那样洁白无瑕。比喻人的操行清白。多用于女子。

洁身自好：保持自己纯洁，不同流合污。也指怕招惹是非，只顾自己好，不关心公众事情。

好肉剜疮（wān chuāng）：比喻无事生非，自寻烦恼。

疮痍（yí）满目：疮痍，创伤。满眼创伤。比喻眼前看到的都是遭受破坏的景象。

目不识丁：连最普通的"丁"字也不认识。形容一个字也不认得。

丁公凿井：比喻传来传去而失真。

井中视星：从井里看天上的星星。比喻眼光短浅，见识狭隘。

星旗电戟：军旗像繁星，剑戟如闪电。比喻军容之盛。

戟指怒目：指着人，瞪着眼。形容大怒时斥责人的神态。

目指气使：目指，动一下眼睛来指物；气使，用嘘气声指使人。用眼神和气色指使人。形容骄横傲慢的样子。

使羊将狼：将，统率，指挥。派羊去指挥狼。比喻不足以统率指挥。也比喻使仁厚的人去驾驭强横而有野心的人，这要坏事。

狼心狗肺：形容心肠像狼和狗一样凶恶狠毒。

肺石风清：百姓可以站在上面控诉地方官。比喻法庭裁判公正。

清夜扪（mén）心：清，清静；扪，按，摸。指深夜不眠，进行反省。

心织笔耕：比喻靠卖文生活。

耕当问奴：比喻办事应该向内行请教。

奴颜婢膝：奴颜，奴才的脸，满面谄媚相；婢膝，侍女的膝，常常下跪。指表情和动作奴才相十足。形容对人拍马讨好卑鄙无耻的样子。

膝痒搔背：膝部发痒，却去搔背。比喻力量没有使在点子上。

成语故事

狼心狗肺

传说有一天，扁鹊去伏牛山为民治病，走到东刘碑东北面山坡上，看到草丛中有一具尸首，像是刚死不久。他想把他救活，可是心肺已坏。正在犹豫，忽然一只狼从这里路过，他用手术刀一投，将狼扎死，取了它的心，安在尸首腔内；又见一只狗也从这里过，于是捉住它又取了它的肺安在尸首腔内，经过抢救，尸首活了。猛地站起来抓住扁鹊道："盗贼，还我财物！"扁鹊说："是我救你的命，怎么还说我是盗贼？岂有此理！"那人拉住扁鹊死死不放，口口声声喊道："还我财物！"扁鹊无奈，只有和他同去阳城见官。

阳城县令姓白，听了二人申诉，对扁鹊道："你趁他熟睡之际，盗他所带财物，尚未离去，被他醒后捉住，速将财物还他。"扁鹊道："此人为狼心狗肺。如若不信，当场查验。"县令点头应允。扁鹊说："把他的内脏打开看看。"那人胆怯，不愿意。扁鹊说："看看我封的刀口也可。"那人解开怀，果然一眼看出，有新缝刀口在身。县令惊呆了，那人还想狡辩下去。这时，扁鹊一跺脚，却飘然而去……白县令急忙追赶，直追到石淙山顶，却见他面朝东方，盘腿而坐，叫他起来，他却不言语了。县令命人查看扁鹊治病的地点，果有死狼死狗还在。只是一个没有心，一个没有了肺。他说："那人真是狼心狗肺呀！"

1. 请把下面的成语补充完整。

（　）（　）重重　　　　（　）（　）非非　　　　（　）（　）欲坠

（　）（　）翼翼　　　　（　）（　）睽睽　　　　（　）（　）奕奕

（　）（　）济济　　　　（　）（　）脉脉　　　　（　）（　）事事

（　）（　）俱全　　　　（　）（　）相关　　　　（　）（　）不忘

2. 根据歇后语补充成语。

瓮中捉鳖——十（　）九（　）

三代人出门——扶（　）携（　）

戴着斗笠打伞——多（　）一（　）

蚌壳里取珍珠——（　）财（　）命

老鼠钻进书柜里——咬（　）嚼（　）

司马昭之心——路人（　）（　）

第三步

背信弃义	义无反顾	顾全大局	局促不安	安步当车	车载斗量
量力而为	为渊驱鱼	鱼游釜中	中馈犹虚	虚有其表	表里如一
一呼百诺	诺诺连声	声罪致讨	讨价还价	价增一顾	顾盼自雄

雄心壮志　志美行厉　厉兵秣马　马工枚速　速战速决　决一雌雄

雄才大略　略见一斑　斑驳陆离　离弦走板　板上钉钉　钉嘴铁舌

成语解释

背信弃义：背，违背；信，信用；弃，扔掉；义，道义。违背诺言，不讲道义。

义无反顾：为了正义而勇往直前，丝毫没有犹豫回顾。

顾全大局：指从整体的利益着想，使不遭受损害。

局促不安：局促，拘束。形容举止拘束，心中不安。

安步当车：安步，缓缓步行。以从容的步行代替乘车。

车载斗量：载，装载。用车载，用斗量。形容数量很多，不足为奇。

量力而为：按照自己力量的大小去做，不要勉强。

为渊驱鱼：原比喻残暴的统治迫使自己一方的百姓投向敌方。现多比喻不会团结人，把一些本来可以团结过来的人赶到敌对方面去。

鱼游釜中：釜，锅。鱼在锅里游。比喻处境危险，快要灭亡。

中馈（kuì）犹虚：指没有妻子，家务无人操持。

虚有其表：虚，空；表，表面，外貌。空有好看的外表，实际上不行。指有名无实。

表里如一：表，外表；里，内心。外表和内心像一个东西。形容言行和思想完全一致。

一呼百诺：一人呼唤，百人应答。形容有钱有势，仆从或响应者很多。

诺诺连声：一声接一声地答应。形容十分恭顺的样子。

声罪致讨：宣布罪状，并加讨伐。

讨价还价：讨，索取。买卖东西，卖主要价高，买主给价低，双方要反复争议。也比喻在进行谈判时反复争议，或接受任务时讲条件。

价增一顾：原意是卖不出去的好马，被伯乐看中了，就增加了十倍的价钱。比喻本来默默无闻，遇到赏识的人而抬高了身价。

顾盼自雄：左看右看，自以为了不起。形容得意忘形的样子。

雄心壮志：伟大的理想，宏伟的志愿。

志美行厉：志向高远，又能砥砺操行。

厉兵秣（mò）马：厉，同"砺"，磨；兵，兵器；秣，喂牲口。磨好兵器，喂好马。形容准备战斗。

马工枚速：工，工巧；速，速度快。原指枚皋文章写得多，司马相如文章写得好。后用于称赞各有长处。

速战速决：用快速的战术结束战局。也比喻用迅速的办法完成任务。

决一雌雄：雌雄，比喻高低、胜负。指较量一下胜败高低。

雄才大略：非常杰出的才智和谋略。

略见一斑：略，大致；斑，斑点或斑纹。比喻大致看到一些情况，但不够全面。

斑驳陆离：斑驳，色彩杂乱；陆离，参差不一。形容色彩纷杂。

离弦走板：比喻言行偏离公认的准则。

板上钉钉：在石板上钉上铁钉。比喻事情已经决定，不能改变。

钉嘴铁舌：形容嘴硬，不认错，不服输。

成语故事

厉兵秣马

春秋时期，秦国派杞子、逢孙、杨孙三人领军驻守郑国，却美其名曰为：帮助郑国守卫其国都。

公元前 628 年冬天，杞子秘密报告秦穆公，说他已"掌其北门之管"，即掌握了郑国国都北门的钥匙，如果秦国进攻郑国，他做内应便可顺便地占领这个都城。秦穆公接到杞子的密报后，觉得机不可失，便不听大夫蹇（jiǎn）叔的劝阻，立即派孟明视、西乞术、白乙丙三位将军率兵进攻郑国。

秦军经过长途跋涉后，终于来到离郑国不远的滑国，刚好被郑国在这里做生意的商人弦高碰到。弦高一面派人向郑穆公报告，一面到秦军中谎称自己是代表郑国前来慰问秦军的。弦高说："我们君王知道你们要来，特派我送来一批牲畜犒劳你们。"弦高的这一举动，引起了袭郑秦军的怀疑，使秦国怀疑郑国已做好了准备，所以进军犹豫不决。

郑穆公接到了弦高的报告后，急忙派人到都城的北门查看，果然看见杞子的军队"束载、厉兵、秣马矣"，即人人扎束停当，兵器磨得雪亮，马喂得饱饱的，完全处于一种作为内应的作战状态。对此，郑穆公派皇子向杞子说："很抱歉，恕未能好好款待各位。你们的孟明视就要来了，你们跟他走吧！"杞子等人见事情已经败露，便分别逃往齐国和宋国去了。孟明视得知此消息后，也怏怏地下令撤军。

成语"厉兵秣马"即来自于典故中"束载、厉兵、秣马矣"，指准备战斗。

成语练习

1. 请写出与下面的成语意思相近的成语，至少两个，越多越好。

忘恩负义：_____

锦上添花：_____

趁火打劫：_____

袖手旁观：_____

洗心革面：_____

家喻户晓：_____

2. 猜灯谜，写成语。

癞蛤蟆想吃天鹅肉——好（　）骛（　）

杜鹃声声杜鹃开——（　）语（　）香

野火烧不尽，春风吹又生——（　）处（　）生

剪不断，理还乱——难（　）难（　）

黑夜钻进死胡同——日（　）穷（　）

八仙醉酒——（　）（　）颠倒

第四步

成语接龙

舌挢不下	下马看花	花样翻新	新陈代谢	谢天谢地	地久天长
长枕大被	被宠若惊	惊天动地	地大物博	博采众长	长才广度
度日如年	年登花甲	甲冠天下	下落不明	明刑不戮	戮力同心
心心相印	印累绶若	若有所失	失张失智	智圆行方	方枘圆凿
凿凿有据	据为己有	有眼无珠	珠光宝气	气味相投	投鼠忌器

成语解释

舌挢（jiǎo）不下：挢，翘起。翘起舌头，久久不能放下。形容惊讶或害怕时的神态。

下马看花：比喻停下来，深入实际，认真调查研究。

花样翻新：指独出心裁，创造新花样。

新陈代谢：陈，陈旧的；代，替换；谢，凋谢，衰亡。指生物体不断用新物质代

替旧物质的过程。也指新事物不断产生发展，代替旧的事物。

　　谢天谢地：表示目的达到或困难解除后满意轻松的心情。

　　地久天长：时间长，日子久。

　　长枕大被：长形的枕头，宽的被褥。比喻兄弟友爱。

　　被宠若惊：指受到意外的恩遇而顿觉吃惊不安。

　　惊天动地：惊，惊动；动，震撼。使天地惊动。形容某个事件的声势或意义极大。

　　地大物博：博，丰富。指国家疆土辽阔，资源丰富。

　　博采众长：博采，广泛搜集采纳。从多方面吸取各家的长处。

　　长才广度：指才能出众、器量宏大的人。

　　度日如年：过一天像过一年那样长。形容日子很不好过。

　　年登花甲：花甲，指六十岁。古代用干支纪年，六十年为一个甲子，又因干支名号错综参互，故称花甲。年纪已到六十岁。

　　甲冠天下：甲冠，第一。称雄天下。形容人或事物十分突出，无与伦比。

　　下落不明：下落，着落，去处。指不知道要寻找的人或物在什么地方。

　　明刑不戮（lù）：指刑罚严明，人民就很少犯法而被杀。

　　戮力同心：戮力，并力；同心，齐心。齐心合力。

　　心心相印：心，心意，思想感情；印，符合。彼此的心意不用说出，就可以互相了解。形容彼此思想感情完全一致。

　　印累绶（shòu）若：形容官吏身兼数职，声势显赫。

　　若有所失：好像丢了什么似的。形容心神不定的样子。也形容心里感到空虚。

　　失张失智：举止失措、失神落魄的样子。

　　智圆行方：圆，圆满，周全；方，端正，不苟且。知识要广博周备，行事要方正不苟。

　　方枘（ruì）圆凿：枘，榫头；凿，榫眼。方枘装不进圆凿。比喻格格不入，不能相合。

　　凿凿有据：凿凿，确实。有确实的证据。

　　据为己有：将别人的东西拿来作为自己的。

　　有眼无珠：珠，眼珠。没长眼珠子。用来责骂人瞎了眼，看不见某人或某事物的伟大或重要。

　　珠光宝气：珠、宝，指首饰；光、气，形容闪耀着光彩。旧时形容妇女服饰华贵富丽，闪耀着珍宝的光色。

　　气味相投：气味，比喻性格和志趣；投，投合。指人思想作风相同，彼此很合得来。

　　投鼠忌器：投，用东西去掷；忌，怕，有所顾虑。想用东西打老鼠，又怕打坏了近旁的器物。比喻做事有顾忌，不敢放手干。

成语故事

投鼠忌器

汉代贾谊主张改革政治，为此受到一些权贵的反对和打击，一再受贬。后来，贾谊写了著名的奏章《论政事疏》,呈给汉文帝。在奏章中,他系统地说明了自己的政治见解。他的主张之一，就是要求汉文帝实行严格的等级制度。他认为，皇帝是至高无上的，皇帝下边的大小官吏，好比一级一级的台阶，应该界限分明，不可混淆，做到尊卑有序。百姓犯了罪，可用在脸上刺字、割鼻子、砍脚、鞭打等手段去惩治，而王侯大臣犯了法则不能采用这些刑罚，应当用"廉耻节礼"等封建道德进行约束。王侯大臣犯了天大的罪，也只可赐他们一死（命其自杀），因为他们是皇帝身边的达官贵人。在奏章中，贾谊引用一个谚语："欲投鼠而忌器。"对于王侯大臣们的处罚也是这样。他们是皇帝身边的人，对他们施用惩治老百姓的刑罚，会损害皇帝的尊严。

成语练习

1. 请根据下面的提示写出对应的成语。

受伤的大雁，弓箭，害怕　　　＿＿＿＿＿＿＿＿

光亮，打洞，读书　　　　　　＿＿＿＿＿＿＿＿

鸡蛋，石头，不自量力　　　　＿＿＿＿＿＿＿＿

剩下的，房梁，声音　　　　　＿＿＿＿＿＿＿＿

木头，写字，王羲之　　　　　＿＿＿＿＿＿＿＿

草屋，刘备，诸葛亮　　　　　＿＿＿＿＿＿＿＿

第五步

成语接龙

器宇轩昂　　昂首阔步　　步履维艰　　艰苦卓绝　　绝少分甘　　甘雨随车

车水马龙　龙马精神　神不守舍　舍己救人　人才辈出　出丑扬疾

疾风劲草　草草收兵　兵不血刃　刃迎缕解　解甲休士　士饱马腾

腾空而起　起承转合　合而为一　一抔黄土　土阶茅屋　屋乌之爱

爱莫能助　助我张目　目挑心招　招风惹草　草长莺飞　飞阁流丹

成语解释

器宇轩昂：形容人精力充沛，风度不凡。

昂首阔步：昂，仰，高抬。抬起头迈开大步向前。形容精神抖擞，意气风发。

步履维艰：指行走困难行动不方便。

艰苦卓绝：卓绝，极不平凡。坚忍刻苦的精神超过寻常。

绝少分甘：好吃的东西让给人家，不多的东西与人共享。形容自己刻苦，待人优厚。

甘雨随车：车行到哪里，及时雨就下到哪里。旧时称颂地方官的政治措施的话。

车水马龙：车像流水，马像游龙。形容来往车马很多，连续不断的热闹情景。

龙马精神：龙马，古代传说中形状像龙的骏马。比喻人精神旺盛。

神不守舍：神魂离开了身体，比喻丧魂失魄，心神不安定。

舍己救人：舍己，牺牲自己。不惜牺牲自己去救别人。

人才辈出：辈出，一批一批地出现。形容有才的人不断涌现。

出丑扬疾：暴露丑恶。

疾风劲草：在猛烈的大风中，只有坚韧的草才不会被吹倒。比喻只有经过严峻的考验，才知道谁真正坚强。

草草收兵：马马虎虎地就收了兵。比喻工作不负责任，不细致，不慎重。

兵不血刃：兵，武器；刃，刀剑等的锋利部分。兵器上没有沾上血。形容未经战斗就轻易取得了胜利。

刃迎缕解：比喻顺利解决。

解甲休士：卸下盔甲让士兵休息。指不再战斗。

士饱马腾：军粮充足，士气旺盛。

腾空而起：腾空，向天空飞升。向高空升起。

起承转合：起，开头；承，承接上文加以申述；转，转折；合，结束。泛指文章的做法。也比喻固定呆板的形式。

合而为一：把散乱的事物合在一起。

一抔（póu）黄土：一抔，一捧。一捧黄土。借指坟墓。现多比喻不多的土地或没落、渺小的反动势力。

土阶茅屋：泥土的台阶，茅草的房屋。比喻住房简陋。

屋乌之爱：因为爱一个人而连带喜爱他屋上的乌鸦。比喻爱一个人而连带关心与他有关系的人或物。

爱莫能助：爱，爱惜；莫，不。虽然心中关切同情，却没有力量帮助。

助我张目：张目，睁大眼睛，比喻张扬气势。比喻得到别人的赞助，声势更加壮大。

目挑心招：挑，挑逗；招，指勾引。眉目传情，心神招引。

招风惹草：比喻招惹是非。

草长莺飞：莺，黄鹂。形容江南暮春的景色。

飞阁流丹：飞阁，架空建造的阁道；流丹，彩饰的漆鲜艳欲流。凌空建造的阁道涂有鲜艳欲流的丹漆。形容建筑物的精巧美丽。

一抔黄土

汉文帝时官为廷尉的张释之是历史上著名的法官。他公正廉明，判案总是依法论处。张释之初涉官场时，任骑郎，相当于禁军军官，平时守卫皇宫，他在这个位置上整整干了十年，没有得到升迁，这在当时是很少见的事情。丞相袁盎知道张释之是可用之才，向皇帝推荐，张释之升任仆射谒者，级别、俸禄都有了相应的提高，不久，又升为公车令。有一次，太子与梁王共乘一辆车入朝，行至司马门时，没有按规定下马步行，宫门卫士见是太子违反规定，都视而不见。张释之立即上前，加以制止，并立即向皇帝检举。这件事惊动了皇太后。皇太后下特旨，赦免皇太子的罪行。张释之奉旨，才允许太子及梁王入宫。

这件事使汉文帝很震动，觉得张释之确实不是平庸之辈，立即下旨将张释之升任中大夫，当年又被任命为九卿之一的廷尉，主管全国的司法工作。有一次，汉文帝出巡，车驾经过渭桥时，突然有个人从桥下走出来，将皇帝的车马惊吓了一跳，险些翻车。皇帝很生气，命人将这件事移交廷尉定罪。后来，皇帝问起处理结果。张释之报告说，已经作了罚款处理。皇帝大为恼怒，认为处罚太轻。

张释之解释说："法律是这样规定的，我不能不尊重法律而加重处罚。"文帝沉思好一会儿才说："你做得对。"

不久，又有人偷窃高帝庙中的一只玉环，事发被捕。张释之将小偷判处死刑。文帝又生气了，认为应将小偷的全家处斩。张释之将帽子摘下来谢罪，然后说："破坏皇帝陵墓才犯灭门之罪，如有人偷挖皇陵一把土，您将用什么法律加以惩处呢？"皇帝听后哑口无言请求太后同意后，批准了张释之的处理意见。后世多用这个成语来比喻极其微贱的事物或没落渺小的东西。也引申为坟墓或祖坟。

成语练习

1. 请根据俗语补充成语。

冰冻三尺，非一日之寒。——日（　）月（　）

你走你的阳关道，我过我的独木桥。——分（　）（　）镳

站得高，看得远。——高（　）远（　）

明人不做暗事。——（　）明（　）大

屋漏偏逢连夜雨。——（　）不（　）行

得饶人处且饶人。——（　）（　）大量

2. 请将下面的成语和与之有关的人连线。

凿壁偷光	曹植
黄袍加身	荆轲
怒发冲冠	秦始皇
才高八斗	匡衡
图穷匕见	刘禅
焚书坑儒	蔺相如
草船借箭	赵匡胤
乐不思蜀	诸葛亮

第六步

成语接龙

丹凤朝阳	阳春白雪	雪操冰心	心急如火	火尽薪传	传经送宝
宝山空回	回肠荡气	气冲牛斗	斗怪争奇	奇光异彩	彩衣娱亲
亲如骨肉	肉跳心惊	惊弓之鸟	鸟枪换炮	炮凤烹龙	龙蛇飞动
动人心弦	弦外之音	音容笑貌	貌合心离	离心离德	德高望重
重财轻义	义不容辞	辞微旨远	远年近日	日不我与	与人为善

成语解释

丹凤朝阳：比喻贤才逢明时。

阳春白雪：原指战国时代楚国的一种较高级的歌曲。比喻高深的不通俗的文学艺术。

雪操冰心：志行品德高尚纯洁。

心急如火：心里急得像着了火一样。形容非常着急。

火尽薪传：火虽烧完，柴却留传下来。比喻思想、学术、技艺等世代相传。

传经送宝：经，经典，经验。把成功的经验和办法传送给别人。

宝山空回：走进到处是宝物的山里，却空手出来。比喻根据条件，本来应该有丰富的收获，却一无所得。多指求知。

回肠荡气：回，回转；荡，动摇。使肝肠回旋，使心气激荡。形容文章、乐曲十分婉转动人。

气冲牛斗：气，气势；牛、斗，即牵牛星和北斗星，指天空。形容怒气冲天或气势很盛。

斗怪争奇：指以奇怪取胜。

奇光异彩：奇妙的光亮和色彩。

彩衣娱亲：传说春秋时有个叫老莱子的隐士，很孝顺，七十岁了有时还穿着彩色衣服，扮成幼儿，引父母发笑。后作为孝顺父母的典故。

亲如骨肉：形容关系密切如一家人。

肉跳心惊：身上肉跳，心里吃惊。形容担心祸事临头或遇到非常可怕的事，十分害怕不安。

惊弓之鸟：被弓箭吓怕了的鸟不容易安定。比喻经过惊吓的人碰到一点动静就非常害怕。

鸟枪换炮：形容情况或条件有很大的好转。

炮凤烹（pēng）龙：烹，煮；炮，烧。形容菜肴极为丰盛、珍奇。

龙蛇飞动：仿佛龙飞腾，蛇游动。形容书法气势奔放，笔力劲健。

动人心弦：把心比作琴，拨动了心中的琴弦。形容事物激动人心。

弦外之音：原指音乐的余音。比喻言外之意，即在话里间接透露，而不是明说出来的意思。

音容笑貌：谈笑时的容貌和神态。用以怀念故人的声音容貌和神情。

貌合心离：表面上关系很密切，实际上是两条心。

离心离德：心、德，心意。思想不统一，信念也不一致。指不一条心。

德高望重：德，品德；望，声望。道德高尚，名望很大。

重财轻义：指看重财利而轻视道义。

义不容辞：容，允许；辞，推托。道义上不允许推辞。

辞微旨远：辞，文辞，言辞；微，隐蔽，精深；旨，意思，目的。言词隐微而表达的意思很深远。

远年近日：过去至现在；长期以来。

日不我与：时日不等待我。极言应抓紧时间。

与人为善：与，偕同；为，做；善，好事。跟别人一同做好事。现指善意帮助人。

成语故事

彩衣娱亲

春秋时期，楚国有一个隐士，叫老莱子。他非常孝顺父母，想尽一切办法讨父母的欢心，使他们健康长寿。他七十岁时父母还健在，为了不让父母见他有白发而伤感，他就做了一套五彩斑斓的衣服穿在身上，走路时装成小儿跳舞的样子使父母高兴。

德高望重

北宋时期出身贫寒的读书人富弼二十六岁踏上仕途，竭尽全力为朝廷尽忠。

宋仁宗庆历二年，北方的契丹率兵压境，要求宋朝割让关南大片领土。国难当头，富弼受命前往契丹宫中谈判。在交涉中，他不顾个人安危，慷慨陈词，成功地劝说契丹放弃割地要求，维护了北宋王朝的利益。

六年后，黄河决口，河北七十万灾民背井离乡，涌向京东。当时贬官到青州的富弼听说后，连忙张贴榜文募集粮食，运往各灾区散发，帮灾民渡过难关。事后，百姓们纷纷称颂他的功绩。

他始终以朝廷及百姓的利益为重，先后担任仁宗、英宗、神宗三朝宰相，在处理外交、边防及赈济灾民方面取得显著成就，司马光称颂他为"三世辅臣，德高望重"。

成语练习

1. 请选择正确的词补充成语。

雀　蝶　鹤　鸟

一石二（　）　　　鸦（　）无声　　　风声（　）唳

（　）尽弓藏　　　（　）长凫短　　　狂蜂浪（　）

（　）屏中选　　　黄（　）伺蝉　　　庄周梦（　）

小（　）依人　　　焚琴煮（　）　　　招蜂引（　）

2. 请根据诗句写出成语。

欲觉闻晨钟，令人发深省。_____

春风得意马蹄疾，一日看尽长安花。_____

桃花流水窅然去，别有天地非人间。_____

两朝出将复入相，五世迭鼓乘朱轮。_____

长淮横溃祸非轻，坐见中流砥柱顷。_____

春色满园关不住，一枝红杏出墙来。_____

第七步

成语接龙

善罢甘休　休休有容　容头过身　身非木石　石赤不夺　夺眶而出

出谷迁乔　乔龙画虎　虎踞龙盘　盘马弯弓　弓折刀尽　尽善尽美

美意延年　年高望重　重气徇名　名垂后世　世济其美　美女簪花

花好月圆　圆首方足　足不履影　影形不离　离经叛道　道殣相望

望眼欲穿　穿房入户　户告人晓　晓以利害　害群之马　马尘不及

成语解释

善罢甘休：轻易地了结纠纷，心甘情愿地停止再闹。

休休有容：形容君子宽容而有气量。

容头过身：只要头容得下，身子就过得去。比喻得过且过。

身非木石：指自身并不是毫无感情的人。

石赤不夺：石质坚硬，丹砂色鲜红，均不可改变。比喻意志坚定不移。

夺眶而出：眶，眼眶。眼泪一下子从眼眶中涌出。形容人因极度悲伤或极度欢喜而落泪。

出谷迁乔：从幽深的溪谷出来，迁上了高大的乔木。比喻地位上升。

乔龙画虎：形容假心假意地献殷勤。

虎踞龙盘：形容地势雄伟险要。

盘马弯弓：驰马盘旋，张弓要射。形容摆开架势，准备作战。后比喻故作惊人的姿态，实际上并不立即行动。

弓折刀尽：比喻战斗力没有了，无法可想。

尽善尽美：极其完善，极其美好。指完美到没有一点儿缺点。

美意延年：美意，美好的心情；延年，处长寿命。心情美好乐观而无忧患的人，能够健康长寿。

年高望重：年纪大，声望高。

重气徇名：重视义气，慕求声名。

名垂后世：好名声流传后代。

世济其美：指后代继承前代的美德。

美女簪（zān）花：簪，插戴。形容书法娟秀。也比喻诗文清新秀丽。

花好月圆：花儿正盛开，月亮正圆满。比喻美好圆满。多用于祝贺人新婚。

圆首方足：代指人类。

足不履影：比喻循规蹈矩。

影形不离：形影不离，比喻关系密切。

离经叛道：指思想、言行背离儒家经典和规范。也指背离占统治地位的思想和行为规范。

道殣（jìn）相望：殣，饿死。道路上饿死的人到处都是。

望眼欲穿：眼睛都要望穿了。形容盼望殷切。

穿房入户：在人家内室里出出进进。形容和主人的关系极为密切。

户告人晓：让每家每人都知道。

晓以利害：把事情的利害关系给人讲清楚。

害群之马：危害马群的劣马。比喻危害社会或集体的人。

马尘不及：比喻赶不上，跟不上。

成语故事

害群之马

有一次，黄帝要到具茨（cí）山去拜见贤人大隗（wěi）。方明、昌寓在座一左一右护卫，张若、他朋在前边开路，昆阍（hūn）、滑稽在车后随从。他们来到襄城原野时，迷失了方向，七位圣贤都迷了路，找不到一个人指路。

这时，他们正巧遇到一个放马的孩子，便问他："你知道具茨山在哪吗？"孩子说："当然知道了。""那么你知道大隗住在哪里吗？"那孩子说："知道。"黄帝说："这孩子真叫人吃惊，他不但知道具茨山，还知道大隗住在哪里。那么我问你，你是否知道如何治理天下呢？"孩子推辞不说。黄帝又继续追问。孩子说："治理天下，就像你们在野外遨游一样，只管前行，不要无事生非，把政事搞得太复杂。我前几年在尘世间游历，常患头昏眼花的毛病。有一位长者教导我说：'你要乘着阳光之车，在襄城的原野上遨游，忘掉尘世间的一切。'现在我的毛病已经好了，我又要开始在茫茫世尘之外畅游。治理天下也应当像这样，我想用不着我来说什么。"黄帝说："你说得太含糊了，究竟该怎样治理天下呢？""治理天下，和我放马又有何不同呢？只要把危害马群的马驱逐出去就行了。"

黄帝大受启发，叩头行了大礼，称牧童为天师，再三拜谢，方才离开。

 **成语练习**

1. 趣味填空。

最小的针——（　）（　）不入

最有效的锄草方式——斩（　）除（　）

最犹豫的棋手——（　）（　）不定

看书最快的人——（　）目（　）行

最大的容器——包罗（　）（　）

最危险的笑容——笑里（　）（　）

第八步

成语接龙

及宾有鱼	鱼传尺素	素未谋面	面红耳热	热火朝天	天人之际
际会风云	云悲海思	思潮起伏	伏低做小	小恩小惠	惠而不费
费尽心机	机关算尽	尽忠报国	国士无双	双宿双飞	飞灾横祸
祸从天降	降格以求	求同存异	异名同实	实至名归	归真返璞
璞玉浑金	金玉锦绣	绣花枕头	头没杯案	案牍劳形	形单影只

成语解释

及宾有鱼： 用别人的鱼请客。比喻借机培植私人势力。

鱼传尺素： 尺素，古代用绢帛书写，通常长一尺，因此称书信。指传递书信。

素未谋面： 谋面，见面。指平素没有见过面。

面红耳热： 形容因紧张、急躁、害羞等而脸上发红的样子。

热火朝天： 形容群众性的活动情绪热烈，气氛高涨，就像炽热的火焰照天燃烧一样。

天人之际： 天，自然规律；人，人事；际，际遇。自然和人事之间的相互关系。

际会风云： 遭逢到好的际遇。

云悲海思： 如云似海的愁思。

思潮起伏： 思想活动极频繁。

伏低做小： 形容低声下气，巴结奉承。

小恩小惠： 为了笼络人而给人的一点好处。

惠而不费： 惠，给人好处；费，耗费。给人好处，自己却无所损失。

费尽心机： 心机，计谋。挖空心思，想尽办法。

机关算尽： 机关，周密、巧妙的计谋。比喻用尽心思。

尽忠报国： 为国家竭尽忠诚，牺牲一切。

国士无双： 国士，国中杰出的人物。指一国独一无二的人才。

双宿双飞： 宿在一起，飞在一起。比喻相爱的男女形影不离。

飞灾横祸： 意外的灾祸。

祸从天降： 降，落下。比喻突然遭到了意外的灾祸。

降格以求： 格，规格，标准。降低标准去寻求。

求同存异： 求，寻求；存，保留；异，不同的。找出共同点，保留不同意见。

异名同实： 名称不同，实质一样。

实至名归： 实，实际的成就；至，达到；名，名誉；归，到来。做出了实际的成就，自然就有声誉。

归真返璞（pú）： 去除外饰，回复淳朴的本质。

璞玉浑金： 比喻天然美质，未加修饰。多用来形容人的品质淳朴善良。

金玉锦绣： 指精美珍贵的东西。也比喻巧妙的计策。

绣花枕头： 比喻徒有外表而无学识才能的人。

头没杯案： 头伏在酒杯和桌子间。比喻尽情欢乐，不拘形迹。

案牍（dú）劳形： 案牍，公文。文书劳累身体。形容公事繁忙。

形单影只： 形，身体；只，单独。只有自己的身体和自己的影子。形容孤独，没有同伴。

成语故事

鱼传尺素

尺素，古代用绢帛书写，通常长一尺。相传古时用绢帛写信而装在鱼腹中传给对方，后来改以鲤鱼形状的函套装书信，于是，"鱼传尺素"成了传递书信的一个代名词。

宋代秦观有词《踏莎行》："雾失楼台，月迷津渡，桃源望断无寻处。可堪孤馆闭春寒，杜鹃声里斜阳暮。驿寄梅花，鱼传尺素，砌成此恨无重数。郴（chēn）江幸自绕郴山，为谁流下潇湘去？"

祸从天降

唐懿（yì）宗的爱女同昌公主因病医治无效死亡，他迁怒于医官，以"用药无效"的罪名将韩宗召、康仲殷及两家族人三百多人全部投入监狱。宰相兼刑部侍郎刘瞻上书劝谏，认为他们已经尽力，这是祸从天降，惩罚没有犯罪的人，刘瞻因此被贬为康州刺史。

尽忠报国

北周宣帝时御史大夫颜之仪经常苦苦劝谏宣帝不要暴政，被宣帝冷落。宣帝死后，朝中大臣刘日方、郑泽造假遗诏让杨坚做丞相辅助小皇帝治理国家，颜之仪极力反对，誓死要尽忠报国，被杨坚贬到西疆当郡守。但是后来杨坚还是表扬了颜之仪的大义。

成语练习

1. 请选择正确的身体部位词语填空。

头 脑 手 脚 目 耳

（　）忙（　）乱　　　　　　（　）昏（　）涨　　　　　　（　）聪（　）明

（　）踏实地　　　　　　　　出人（　）地　　　　　　　　垂（　）丧气

束（　）就擒　　　　　　　　绞尽（　）汁　　　　　　　　（　）提面命

（　）不点地　　　　　　　　举（　）无亲　　　　　　　　（　）（　）一新

七（　）八（　）　　　　　　琳琅满（　）　　　　　　　　（　）满肠肥

2. 请把括号里错误的字用"\"划掉。

脱（颖、影）而出　　　　　　（平、凭）心而论　　　　　　话不投（机、计）

信笔涂（鸦、鸭）　　　　　　（屈、曲）打成招　　　　　　（负、付）荆请罪

博大（精、经）深　　　　　　破（釜、斧）沉舟　　　　　　小家（碧、璧）玉

第九步

成语接龙

只字不提	提心吊胆	胆大心细	细枝末节	节用裕民	民脂民膏
膏唇试舌	舌锋如火	火伞高张	张冠李戴	戴月披星	星移斗转
转祸为福	福至心灵	灵丹圣药	药笼中物	物以类聚	聚蚊成雷
雷厉风行	行将就木	木本水源	源源不断	断烂朝报	报冰公事
事预则立	立身处世	世外桃源	源源不绝	绝甘分少	少不更事

成语解释

只字不提：只，一个。一个字也不谈起。比喻有意不说。

提心吊胆：形容十分担心或害怕。

胆大心细：形容办事果断，考虑周密。

细枝末节：末节，小事情，小节。比喻事情或问题的细小而无关紧要的部分。

节用裕民：裕，富足。节约用度，使人民过富裕的生活。

民脂民膏：脂，油脂；膏，脂肪。比喻人民用血汗换来的财富。

膏唇试舌：用膏涂嘴唇，用巾揩舌头。比喻非常想把心里的话说出来。

舌锋如火：比喻话说得十分尖锐。

火伞高张：火伞，比喻夏天太阳酷烈；张，展开。形容夏天烈日当空，十分炎热。

张冠李戴：把姓张的帽子戴到姓李的头上。比喻认错了对象，弄错了事实。

戴月披星：身披星星，头顶月亮。形容早出晚归，辛勤劳动，或日夜赶路，旅途辛苦。

星移斗转：斗，北斗星。星斗变动位置。指季节或时间的变化。

转祸为福：把祸患变为幸福。指把坏事变成好事。

福至心灵：福，幸运。意思是人运气来了，心也变得灵巧了。

灵丹圣药：灵，灵验。非常灵验、能起死回生的奇药。比喻幻想中的某种能解决一切问题的有效方法。

药笼中物：药笼中备用的药材。比喻备用的人才。

物以类聚：同类的人或事物常聚在一起。

聚蚊成雷：许多蚊子聚到一起，声音会像雷声那样大。比喻说坏话的人多了，会使人受到很大的损害。

雷厉风行：厉，猛烈。像雷那样猛烈，像风那样快。比喻执行政策法令严厉迅速。也形容办事声势猛烈，行动迅速。

行将就木：行将，将要；就，到……去；木，指棺材。指人寿命已经不长，快要进棺材了。

木本水源：树的根本，水的源头。比喻事物的根本或事情的原因。

源源不断：形容接连不断。

断烂朝报：断烂，形容陈腐杂乱；朝报，古代传抄皇帝诏令和官员奏章之类的文件。指陈旧、残缺，没有参考价值的历史记载。

报冰公事：旧时官场指清苦的差使。

事预则立：指无论做什么事，事前有准备就会成功，没有准备就要失败。

立身处世：立身，做人；处世，在社会上活动，与人交往。指人在社会上待人接物的种种活动。

世外桃源：原指与现实社会隔绝、生活安乐的理想境界。后也指环境幽静生活安逸的地方。借指一种空想的脱离现实斗争的美好世界。

源源不绝：源源，水流不断的样子。形容接连不断。

绝甘分少：绝，拒绝，引申为不享受；甘，好吃的；分少，把少量好吃的东西让给人家。形容自己生活刻苦，待人优厚。

少不更事：少，年轻；更，经历。年纪轻，没有经历过什么事情。指经验不多。

 成语故事

物以类聚

春秋战国时，齐宣王昭告天下贤士来帮助他治理齐国。有一个叫淳（chún）于髡（kūn）的贤士在一天内给他推荐了七个有才能的人，齐宣王经过问答，果然个个本领高强。齐宣王觉得非常奇怪，就问淳于髡说："我听说人才是很难等到的，在千里之内的土地上，如果能找着一个贤士那就不得了了。现在你却在一天之内，推荐了七个贤士，照此下去，贤士不是多得连齐国都容纳不下了吗？"

淳于髡听后说："鸟是同一类的聚居在一起；兽也是同一类的走在道上。要找柴胡和桔梗这类药材，如果到洼地里去找，一辈子也不会找到一株，但是如果到山的北面去寻，那就可以用车装运了。这是因为天下的生物都是同一类的聚在一起，我淳于髡可算是个贤士吧，所以您叫我推荐贤士，就像是到河里打水、用打火石打火一样容易，我还准备给您再推荐一批贤士，哪里会只有这七个呢！"后来，人们把他说的话概括为"物以类聚"。现在，常用来比喻趣味相投的人总是自然而然地聚在一起，含有贬义。

行将就木

春秋初，晋国吞并了邻近一些小的诸侯国，成为一个大国。当时，年老的国君晋献公宠爱妃子骊姬，打算将来让她生的儿子继位。他听了骊姬的坏话，将太子申生逼死了。骊姬还要陷害申生的两个异母兄长公子重耳和夷吾。他俩只得逃走。重耳先逃到他的封地蒲城，晋兵闻讯而来。蒲城人要抵抗，重耳说服他们别这样做，并且逃往狄国。跟他一起去的有他的舅舅狐偃，还有赵衰等人。狄国出兵攻打一个部落，俘获了叔隗和季隗姐妹俩，随即把她俩都送给了重耳。重耳自己娶了季隗，生下伯条、叔刘两个孩子；把叔隗嫁给赵衰，生下个孩子叫赵盾。

后来，从晋国秘密传来一个坏消息：晋国的主公要派人谋刺重耳。原来，与重耳一起出逃的公子夷吾在献公去世后，借助秦国的力量回到晋国继位，史称晋惠公。他怕兄长重耳回国争位，派出刺客谋害重耳。重耳得知这个消息后，决定逃到齐国去。临走前的晚上，他对妻子季隗说："夷吾派人来谋害我，我打算再逃到齐国去。你留在这里抚养孩子，等我二十五年不回来，你再嫁人吧。"季隗伤心地回答说："我已经二十五岁了，再过二十五年，就要进棺材了，还嫁什么人！我一直在这里等待你就是了。"重耳到了齐国，齐桓公把一位姓姜的姑娘嫁给他，还赠给他二十辆用四匹马驾的大车。重耳对这样的生活感到满足，但跟随他的人都认为不该老待在这里，姜氏也认为重耳应该离开。她和狐偃商议后把重耳灌醉，载上车送出齐国。一行人到曹国、宋国、郑国和楚国，都没有被接纳下来。后来到秦国，秦穆公热情接待了他们，并把五个女儿嫁给了重耳。恰好这一年夷吾生病死去，秦穆公派军队护送重耳回晋国即位，史称晋文公。

 **成语练习**

1.请把下面的成语补充完整。

不（　）不（　）　　　不（　）不（　）　　　不（　）不（　）

不（　）不（　）　　　自（　）自（　）　　　自（　）自（　）

自（　）自（　）　　　自（　）自（　）　　　大（　）大（　）

大（　）大（　）　　　大（　）大（　）　　　大（　）大（　）

一（　）一（　）　　　一（　）一（　）　　　一（　）一（　）

一（　）一（　）

2.请选择正确的词语补充成语。

江　河　湖　海

翻（　）倒（　）　　　（　）清（　）晏　　　五（　）四（　）

（　）光山色　　　　　天涯（　）角　　　　过（　）之鲫

砺带（　）山　　　　　（　）山如画　　　　襟（　）带（　）

（　）枯石烂　　　　　过（　）拆桥　　　　浪迹（　）（　）

第十步

成语接龙

事不师古	古今中外	外强中干	干城之将	将机就机	机杼一家
家常便饭	饭糗茹草	草木皆兵	兵连祸结	结结巴巴	巴三览四
四面楚歌	歌功颂德	德厚流光	光阴似箭	箭在弦上	上好下甚
甚嚣尘上	上下交困	困知勉行	行若无事	事倍功半	半夜三更
更仆难数	数典忘祖	祖宗成法	法不徇情	情有可原	原始要终

成语解释

事不师古：形容做事不吸取前人经验。

古今中外：指从古代到现代，从国内到国外。泛指时间久远，空间广阔。

外强中干：干，枯竭。形容外表强壮，内里空虚。

干城之将：干城，盾牌和城墙，比喻捍卫者。指保卫国家的大将。

将机就机：利用顺便的机会。

机杼（zhù）一家：指文章能独立经营，自成一家。

家常便饭：指家中日常的饭食。也比喻常见的事情。

饭糗（qiǔ）茹草：饭、茹，吃；糗，干粮；草，指野菜。吃的是干粮、野菜。形容生活清苦。

草木皆兵：把山上的草木都当作敌兵。形容人在惊慌时疑神疑鬼。

兵连祸结：兵，战争；连，接连；结，相连。战争接连不断，带来了无穷的灾祸。

结结巴巴：形容说话不流利。也比喻凑合、勉强。

巴三览四：比喻说话拉扯，没有中心。

四面楚歌：比喻陷入四面受敌、孤立无援的境地。

歌功颂德：歌、颂，颂扬。颂扬功绩和德行。

德厚流光：德，道德，德行；厚，重；流，影响；光，通"广"。指道德高，影响便深远。

光阴似箭：光阴，时间。时间如箭，迅速流逝。形容时间过得极快。

箭在弦上：箭已搭在弦上。比喻为形势所迫，不得不采取某种行动。

上好下甚：上面的喜爱什么，下面的人就会对此爱好得更加厉害。

甚嚣尘上：甚，很；嚣，喧嚷。人声喧嚷，尘土飞扬。原形容军中正忙于准备的状态。后形容对某事议论纷纷。多含贬义。

上下交困：指国家和百姓都处于困难的境地。

困知勉行：困知，遇困而求知；勉行，尽力实行。在不断克服困难中求得知识，有了知识就勉力实行。

行若无事：行，行动，办事；若，好像。指人在紧急关头，态度镇定，毫不慌乱。有时也指对坏人坏事听之任之，满不在乎。

事倍功半：指工作费力大，收效小。

半夜三更：古时将一夜分为五更，三更约现在深夜十一时至次日一时。泛指深夜。

更仆难数：更，换；仆，原指替主人接待宾客的人，即傧相，后指仆人；数，说。意为换了几班侍者，有关问题仍回答不完。形容人或事物很多，数也数不过来。

数典忘祖：数，数着说；典，指历来的制度、事迹。谈论历来的制度、事迹时，把自己祖先的职守都忘了。比喻忘本。也比喻对于本国历史的无知。

祖宗成法：指先代帝王所制定而为后世沿袭应用的法则。

法不徇情：法，法律；徇，偏私；情，人情，私情。法律不徇私情。指执法公正，不讲私人感情。

情有可原：按情理，有可原谅的地方。

原始要终：原，探究，追究；要，求。探求事物发展的始末。

成语故事

四面楚歌

公元前202年，项羽和刘邦原来约定以鸿沟（在今河南荣县境贾鲁河）东西边作为界限，互不侵犯。后来刘邦听从张良和陈平的规劝，觉得应该趁项羽衰弱的时候消灭他，就又和韩信、彭越、刘贾会合兵力追击正在向东开往彭城（即今江苏徐州）的项羽部队。经过几次激战，最终韩信使用十面埋伏的计策，布置了几层兵力，把项羽紧紧围在垓下（在今安徽灵璧县东南）。这时，项羽手下的兵士已经很少，粮食又没有了。夜间听见四面围住他的军队都唱起楚地的民歌，不禁非常吃惊地说："刘邦已经得到楚地了吗？为什么他的部队里面楚人这么多呢？"说着，心里已丧失了斗志，便从床上爬起来，在营帐里面喝酒，以酒解忧，自己吟了一首诗，诗曰："力拔山兮气盖世，时不利兮骓（zhuī）不逝，骓不逝兮可奈何，虞兮虞兮奈若何。"诗中充满了悲伤和无奈。最后虞姬自刎于项羽的马前，项羽英雄末路，带了八百余名骑士突围，最终只余下二十八人。他感到无颜面对江东父老，最终自刎于江边，刘邦独揽天下。后人用"四面楚歌"形容人们遭受各方面攻击或逼迫的人事环境，而陷于孤立窘迫的境地。

成语练习

1.请根据下面这段话的意思选择恰当的成语填空。

枯枝败叶　亭亭玉立　大地回春　冰天雪地　绿草如茵　纷纷扬扬　枝繁叶茂

春天到了，＿＿＿＿＿＿＿＿＿＿＿，万物复苏，田野里一派生机勃勃的景象。夏天到了，湖里的荷花＿＿＿＿＿＿＿＿＿＿，芳香扑鼻，岸上＿＿＿＿＿＿＿＿＿＿，各种树木＿＿＿＿＿＿＿＿＿＿，郁郁葱葱。秋天到了，北雁南飞，曾经的绿树红花如今只剩下＿＿＿＿＿＿＿＿＿＿，一片萧条。冬天到了，＿＿＿＿＿＿＿＿＿＿的雪花把街道、房屋都染成了白色，人们都躲在屋子里，谁也不想在这＿＿＿＿＿＿＿＿＿＿里活动。

2.请将下列成语与和它对应的词语连线。

风华正茂　　　　　　勤奋

门可罗雀　　　　　　信用

闻鸡起舞　　　　　　谨慎

一诺千金　　　　　　年轻

巧夺天工　　　　　　冷清

如履薄冰　　　　　　医术

妙手回春　　　　　　技艺

第一步

成语接龙

终焉之志　志洁行芳　芳年华月　月晕而风　风卷残云　云布雨润

润屋润身　身单力薄　薄暮冥冥　冥顽不灵　灵蛇之珠　珠沉沧海

海底捞月　月下花前　前尘影事　事败垂成　成风之斫　斫轮老手

手不应心　心知肚明　明知故问　问道于盲　盲人摸象　象齿焚身

身不由主　主客颠倒　倒凤颠鸾　鸾翔凤集　集苑集枯　枯木逢春

成语解释

终焉之志：在此安身终老的想法。

志洁行芳：志向高洁，品行端正。

芳年华月：芳年，妙龄。指美好的年华。

月晕而风：月晕，月亮周围出现的光环。月亮出现光环，就是要刮风的征候。比喻见到一点迹象就能知道它的发展趋向。

风卷残云：大风把残云卷走。比喻一下子把残存的东西一扫而光。

云布雨润：比喻教化远播。

润屋润身：用为恭贺新屋落成的题词。

身单力薄：人少力量不大。

薄暮冥冥：傍晚时天气昏暗。

冥顽不灵：冥顽，愚钝无知；不灵，不聪明。形容愚昧无知。

灵蛇之珠：即隋珠。原比喻无价之宝。后也比喻非凡的才能。

珠沉沧海：珍珠沉在大海里。比喻人才被埋没。

海底捞月：到水中去捞月亮。比喻去做根本做不到的事，只能白费力气。

月下花前：本指游乐休息的环境。后多指谈情说爱的处所。

前尘影事：指往事。

事败垂成：事情在快要成功的时候失败了。

成风之斫（zhuó）：形容技艺高超。

斫轮老手：斫轮，斫木制造车轮。指对某种事情经验丰富的人。

手不应心：犹言力不从心。心里想做，可是力量够不上。

心知肚明：心里明白但不说破，形容心中有数。

明知故问：明明知道，还故意问人。

问道于盲：向瞎子问路。比喻向什么也不懂的人请教，不解决问题。

盲人摸象：比喻对事物只凭片面的了解或局部的经验，就乱加猜测，想做出全面的判断。

象齿焚身：焚身，丧生。象因为有珍贵的牙齿而遭到捕杀。比喻人因为有钱财而招祸。

身不由主：身体不由自己做主。

主客颠倒：比喻事物轻重大小颠倒了位置。

倒凤颠鸾（luán）：比喻顺序失常。旧小说用来形容男女交欢。

鸾翔凤集：集，群鸟停歇在树上。鸾鸟、凤鸟都飞过来了。比喻优秀的人才汇聚到一起。

集苑集枯：集，栖息；苑，茂盛的树木；枯，枯树。有些鸟栖于茂盛的树木，有些鸟栖于枯树。比喻人的志趣不同，趋向各异。

枯木逢春：逢，遇到。枯干的树遇到了春天，又恢复了活力。比喻垂危的病人或事物重新获得生机。

成语故事

盲人摸象

在很久很久以前，有一个很有智慧的国王，名叫"镜面"。在他的国家里，除了他一人信奉佛法的真理之外，臣民们却信仰那些旁门左道，就好像怀疑日月的光明，反而去相信萤火的微亮一样。因此，这位国王常常感到很苦闷，他想："我总得想出一个办法来教育他们，使他们舍邪归正才好！"

有一天，国王突然召集他的臣子说："你们去把国境内所有生下来就瞎了眼睛的人，找到宫里来吧！"于是这些臣子们便奉命分头在国内遍处找寻，隔了不多几天，臣子们都带着寻找到的瞎子回来了。镜面王很高兴地说："好极了，你们再去牵一头象，送到那些盲人那里去吧！"许多臣民听见了这个消息都十分奇怪，不知道国王今天将要做些什么事，因此，大家都争先恐后地赶来参观。

镜面王在心里暗暗地欢喜："真好，今天该是教育他们的机会了。"于是他便叫那些盲人去摸象的身体：有摸着象脚的，有摸着象尾的，有摸着象头的……

国王便问他们："你们看见了象没有？"盲人们争着说："我们都看见了！"国王又问："那么你们所看见的象是怎样的呢？"

摸着象脚的盲人说："王啊！象好像木臼。"

摸着象尾的说："不，它像绳子！"

摸着象腹的说："像瓮呀！"

摸着象背的说："像床！"

摸着象耳的盲人争着说："像簸箕。"

摸着象头的说："像一只笆斗！"

摸着象牙的盲人说："像萝卜。"

摸着象鼻的人说："像杵。"

……

因为他们生来从没有看见过象是什么样的动物，难怪他们所摸到的，想到的，都错了。但是他们还是各执一词，在王的面前争论不休。

于是，镜面王哈哈大笑地说："盲人呀盲人！你们又何必争论是非呢？你们仅仅看到了一点，就认为自己是对了吗？唉！你们没有看见过象的全身，自以为是得到了象的全貌，就好比没有听见过佛法的人，自以为获得了真理一样。"接着国王又问一众来参观的人说："臣民们啊！专门去相信那些琐屑的浅薄的邪论，而不去研究切实的、整体的佛法真理，和那些盲人摸象，有什么两样呢？"

从此，全国臣民便改邪归正，都虔诚地信奉佛教了！

成语练习

1. 请用数字把下面的成语补充完整。

闻（　）知（　）　　　身怀（　）甲　　　网开（　）面

（　）拜之交　　　九九归（　）　　　（　）（　）其德

志在（　）方　　　（　）大皆空　　　约法（　）章

（　）月流火　　　（　）分明月　　　低（　）下（　）

（　）月授衣　　　（　）拿（　）稳　　　（　）（　）佳人

成语接龙

春山如笑	笑里藏刀	刀山火海	海外奇谈	谈笑封侯	侯门如海
海阔天空	空室清野	野草闲花	花容月貌	貌合神离	离乡背井
井蛙之见	见仁见智	智勇双全	全受全归	归马放牛	牛骥同皂
皂白不分	分香卖履	履舄交错	错彩镂金	金城汤池	池鱼之殃
殃及池鱼	鱼烂而亡	亡羊补牢	牢不可破	破颜微笑	笑逐颜开

 成语解释

春山如笑：形容春天的山色明媚。

笑里藏刀：形容对人外表和气，内心却阴险毒辣。

刀山火海：比喻极其危险和困难的地方。

海外奇谈：海外，中国以外；奇谈，奇怪的说法。比喻没有根据的、荒唐的言论或传闻。

谈笑封侯：说笑之间就封了侯爵。旧时形容获得功名十分容易。

侯门如海：侯门，旧指显贵人家；海，形容深。侯门像大海那样深邃。比喻旧时相识的人，后因地位悬殊而疏远隔绝。

海阔天空：像大海一样辽阔，像天空一样无边无际。形容大自然的广阔。比喻言谈议论等漫无边际，没有中心。

空室清野：在对敌斗争时，把家里的东西和田里的农产品藏起来，使敌人到来后什么也得不到，什么也利用不上。

野草闲花：野生的花草。比喻男子在妻子以外所玩弄的女子。

花容月貌：如花似月的容貌。形容女子美貌。

貌合神离：貌，外表；神，内心。表面上关系很密切，实际上是两条心。

离乡背井：背，离开；井，古制八家为井，引申为乡里，家宅。离开家乡到外地。

井蛙之见：见，见解。井底之蛙那样狭隘的见解。比喻狭隘短浅的见解。

见仁见智：对同一个问题，不同的人从不同的立场或角度有不同的看法。

智勇双全：又有智谋，又很勇敢。

全受全归：封建礼教认为人的身体来自父母，应当终身洁身自爱，以没有受过污辱损害的身体回到父母生我时那样。

归马放牛：把作战用的牛马牧放。比喻战争结束，不再用兵。

牛骥（jì）同皂：皂，牲口槽。牛跟马同槽。比喻不好的人与贤人同处。

皂白不分：不分黑白，不分是非。

分香卖履（lǚ）：旧时比喻人临死念念不忘所爱的妻妾。

履舄（xì）交错：鞋子杂乱地放在一起。形容宾客很多。

错彩镂金：错，涂饰；镂，雕刻。形容诗文的辞藻十分华丽。

金城汤池：城、池，城墙和护城河；汤，热水。金属的城墙，滚水的护城河。比喻坚固无比、防守严密的城市或工事。

池鱼之殃：比喻受牵连而遭到的祸害。

殃及池鱼：比喻无缘无故地遭受祸害。

鱼烂而亡：鱼腐烂从内脏起。比喻国家因内部祸乱而灭亡。

亡羊补牢：亡，逃亡，丢失；牢，关牲口的圈。羊逃跑了再去修补羊圈，还不算晚。比喻出了问题以后想办法补救，可以防止继续受损失。

牢不可破：牢，牢固。异常坚固，不可摧毁。也用在指人固执己见或保守旧习。

破颜微笑：形容心领神会。

笑逐颜开：逐，追随；颜，脸面，面容；开，舒展开来。笑得使面容舒展开来。形容满脸笑容，十分高兴的样子。

成语故事

侯门如海

唐朝有个人叫崔郊，住在汉水之上，他的姑姑有个女仆容貌端庄，并且擅长音乐。因为贫穷，他姑姑就把这女仆卖给了连帅，卖了四十一万钱，分别的时候，两人远远斜眼相看深情对望。崔郊思念她思念到不能控制的地步。那个女仆因为过寒食节跟随别人回来探望老家的人，正好崔郊正站在柳树荫下，两人见面后都马上泪流满面，立下海誓山盟。崔郊写了一首诗给她："公子王孙逐后尘，绿珠垂泪滴罗巾。侯门一入深如海，从此萧郎是路人。"有一个仇恨崔郊的人，把这首诗写在了连帅的座位上。连帅看到诗以后，让人把崔郊找来。一见到崔郊的面，连帅马上握住他的手说："'侯门一入深如海，从此萧郎是路人'这是你的大作吗？"崔郊点头。于是连帅让女仆跟崔郊一起回去了。

 **成语练习**

1. 叠字成语填空。

（　）（　）欲试　　　（　）（　）不乐　　　（　）（　）有词

（　）（　）自喜　　　（　）（　）道来　　　（　）（　）不忘

（　）（　）不舍　　　（　）（　）私语　　　（　）（　）无闻

（　）（　）珠玑　　　（　）（　）入扣　　　（　）（　）不绝

（　）（　）高升　　　（　）（　）一息　　　（　）（　）如生

2. 请根据下面的提示用成语把歇后语补充完整。

一只手吹笛子——（　）此（　）彼

秀才看不起秀才——（　）（　）相轻

大象上的跳蚤——微不（　）（　）

太阳低下竖竹子——立（　）见（　）

吃罢黄连劝儿媳——（　）口（　）心

开水煮冰棍——（　）为（　）有

三月里扇扇子——满面（　）（　）

卖糖的看戏——（　）举（　）得

第三步

 成语接龙

开宗明义　义薄云天　天南地北　北辕适楚　楚囚对泣　泣不成声

声嘶力竭　竭泽而渔　渔人之利　利令智昏　昏天黑地　地丑力敌

敌力角气　气贯长虹　虹销雨霁　霁风朗月　月露风云　云开见天

天末凉风　风车雨马　马到成功　功德圆满　满城风雨　雨旸时若

若合符节　节衣缩食　食古不化　化整为零　零打碎敲　敲冰求火

成语解释

开宗明义：开宗，阐发宗旨；明义，说明意思。指说话、写文章一开始就讲明主要意思。

义薄云天：正义之气直上高空。形容为正义而斗争的精神极其崇高。

天南地北：一在天之南，一在地之北。形容地区各不相同。也形容距离极远。

北辕（yuán）适楚：北辕，车子向北行驶；适，到。楚在南方，赶着车往北走。比喻行动与目的相反。

楚囚对泣：楚囚，原指被俘到晋国的楚国人，后泛指处于困境、无计可施的人。比喻在情况困难、无法可想时相对发愁。

泣不成声：哭得噎住了，出不来声音。形容非常伤心。

声嘶力竭：嘶，哑；竭，尽。嗓子喊哑，气力用尽。形容竭力呼喊。

竭泽而渔：泽，池、湖。掏干了水塘捉鱼。比喻取之不留余地，只图眼前利益，不作长远打算。也形容暴君对人民的残酷剥削。

渔人之利：渔人，比喻第三者。比喻双方争执不下，两败俱伤，让第三者占了便宜。

利令智昏：令，使；智，理智；昏，昏乱，神志不清。因贪图私利而失去理智，把什么都忘了。

昏天黑地：形容天色昏暗。也比喻社会黑暗混乱。

地丑力敌：指土地相似，力量相当。

敌力角气：指以力气相斗。

气贯长虹：贯，贯穿。正义的精神直上高空，穿过彩虹。形容精神极其崇高，气概极其豪壮。

虹销雨霁（jì）：虹，彩虹；销，同"消"，消失；霁，本指雨止，也引申为天气放晴。彩虹消失，雨后天晴。

霁风朗月：和风明月。比喻宽厚祥和的气氛。

月露风云：比喻无用的文字。

云开见天：乌云消散，重见天日。比喻社会由乱转治，由黑暗转向光明。

天末凉风：天末，天的尽头；凉风，特指初秋的西南风。原指杜甫因秋风起而想到流放在天末的挚友李白。后常比喻触景生情，思念故人。

风车雨马：指神灵的车马。亦用以比喻迅疾、快速。

马到成功：形容工作刚开始就取得成功。

功德圆满：功德，佛教用语，指诵经、布施等。多指诵经等佛事结束。比喻举办事情圆满结束。

满城风雨：城里到处刮风下雨。原形容重阳节前的雨景。后比喻某一事件传播很广，到处议论纷纷。

雨旸（yáng）时若：指晴雨适时，气候调和。

若合符节：比喻两者完全吻合。

节衣缩食：节、缩，节省。省吃省穿。形容节约。

食古不化：指对所学的古代知识理解得不深不透，不善于按现在的情况来运用，跟吃东西不消化一样。

化整为零：把一个整体分成许多零散部分。

零打碎敲：形容以零零碎碎、断断续续的办法做事。

敲冰求火：敲开冰找火。比喻不可能实现的事。

 成语故事

楚囚对泣

钟仪为楚共王时期（公元前601年至前560年）楚国设在郧（yún）邑的行政长官，称作"郧公"，楚共王七年（公元前584年），楚令尹子重率兵攻打郑国，钟仪随军出征，由于战败，钟仪沦为战俘，郑国把他抓住后，又转送晋国，成了"楚囚"。在被囚期间，钟仪怀念故国，不忘家乡，他想到楚国的战败，不禁潸然泪下，爱国之情，溢于言表。

过了两年的囚禁生活，到楚共王九年（公元前582年），晋景公见到"楚囚"钟仪，他问别人道："兵器库里那个头戴南方式帽子的人是谁？"随从回答说："那人是郑国转送来的楚囚。"景公对这个被关押了两年，还仍然带着自己国家帽子的人，十分感佩。他下令把钟仪释放出来，并立即召见，以示抚慰。其间，晋景公问起钟仪的家世，钟仪回答："我的先世是职业乐师。"景公当即要他奏乐，钟仪拿起琴，演奏起楚国的乐曲。景公有些不高兴地又问："你知道楚共王这人怎样？"钟仪回答说："这不是小人所能知道的。"拒不评论楚共王的为人和其他的事。晋国大夫文子知道后说："这个楚囚，真是既有学问，又有修养，弹的是家乡调，爱的是楚君王，有诚有信，不忘根本。这样的人，应该放他回去，让他为晋楚两国修好起一些作用。"景公采纳了文子的意见，放了钟仪。

钟仪回到楚国后，如实向共王转达了晋国愿意与楚国交好的意愿，并建议两国罢战休兵。共王采纳了钟仪的意见，与晋国重归于好。

东晋时期，王导说："我们应该帮助王室，攻克神州，怎么能像楚囚一样相对而泣呢？"

 **成语练习**

1. 请把下面意思相近的成语写在一起。

鬼斧神工　墨守成规　信口雌黄　众望所归　喜新厌旧　巧夺天工
食古不化　胡言乱语　泥古不化　见异思迁　人心所向　悬梁刺股
朝三暮四　凿壁偷光　信口开河　孙康映雪　匠心独运　深得人心

_____

_____

_____

2. 猜谜，请选择正确的谜底写在括号里。

孤芳自赏　后来居上　投笔从戎　格格不入　原封不动　一帆风顺

退信——（　　　　　）

外人莫进御花园——（　　　　　　）

轻舟已过万重山——（　　　　　　）

秀才当兵——（　　　　　）

呲呲——（　　　　　）

叠罗汉——（　　　　　）

 成语接龙

火树银花　花晨月夕　夕阳西下　下笔有神　神采飞扬　扬汤止沸
沸沸扬扬　扬幡招魂　魂不附体　体无完肤　肤皮潦草　草庐三顾
顾盼神飞　飞鹰走狗　狗吠非主　主情造意　意马心猿　猿猴取月
月黑风高　高耸入云　云蒸霞蔚　蔚为大观　观眉说眼　眼馋肚饱
饱食暖衣　衣架饭囊　囊空如洗　洗耳恭听　听而不闻　闻鸡起舞

成语解释

火树银花：火树，火红的树，指树上挂满灯彩；银花，银白色的花，指灯光雪亮。形容张灯结彩或大放焰火的灿烂夜景。

花晨月夕：有鲜花的早晨，有明月的夜晚。指美好的时光和景物。

夕阳西下：指傍晚日落时的景象。也比喻迟暮之年或事物走向衰落。

下笔有神：指写起文章来，文思奔涌，如有神力。形容文思敏捷，善于写文章或文章写得很好。

神采飞扬：形容兴奋得意，精神焕发的样子。

扬汤止沸：把锅里开着的水舀起来再倒回去，使它凉下来不沸腾。比喻办法不彻底，不能从根本上解决问题。

沸沸扬扬：沸沸，水翻滚的样子；扬扬，喧闹、翻动的样子。像沸腾的水一样喧闹。形容人声喧闹。

扬幡（fān）招魂：迷信做法，挂幡招回死者的灵魂。比喻宣扬或企图恢复已经死亡的旧事物。

魂不附体：附，依附。灵魂离开了身体。形容极端惊恐或在某种事物诱惑下失去常态。

体无完肤：全身的皮肤没有一块好的。形容遍体都是伤。也比喻理由全部被驳倒，或被批评、责骂得很厉害。

肤皮潦草：形容不扎实，不仔细。

草庐三顾：顾，拜访。刘备为请诸葛亮，三次到草庐中去拜访他。后用此典故表示帝王对臣下的知遇之恩。也比喻诚心诚意地邀请或过访。

顾盼神飞：左右顾视，目光炯炯，神采飞扬。

飞鹰走狗：放出鹰狗去追捕野兽。指打猎游荡的生活。

狗吠非主：比喻臣子各忠于自己的君主。

主情造意：指为首的、主谋的人。

意马心猿：形容心思不定，好像猴子跳、马奔跑一样控制不住。

猿猴取月：比喻愚昧无知。也比喻白费力气。

月黑风高：比喻没有月光风也很大的夜晚。也比喻险恶的环境。

高耸入云：耸，直立，高起。高高地直立，直入云端。形容建筑物、山峰等高峻挺拔。

云蒸霞蔚：蒸，上升；蔚，弥漫。像云霞升腾弥漫。形容景物灿烂绚丽。

蔚为大观：蔚，茂盛；大观，盛大的景象。形容事物丰富多彩，形成盛大壮观的景象。形容事物美好繁多，给人一种盛大的印象。

观眉说眼：比喻挑眼，说闲话。

眼馋肚饱：形容人贪得无厌。

饱食暖衣：饱食，吃得饱；暖衣，穿得暖。形容生活宽裕，衣食丰足。

衣架饭囊：装饭的口袋，挂衣的架子。比喻没有能力，干不了什么事的人。

囊空如洗：口袋里空得像洗过一样。形容口袋里一个钱也没有。

洗耳恭听：洗干净耳朵恭恭敬敬听别人讲话。请人讲话时的客气话。指专心地听。

听而不闻：听了跟没听到一样。形容不关心，不在意。

闻鸡起舞：听到鸡叫就起来舞剑。后比喻有志报国的人及时奋起。

成语故事

洗耳恭听

传说，上古时代的尧，想把帝位让给许由。许由是个以不问政治为"清高"的人，不但拒绝了尧的请求，而且连夜逃进箕山，隐居不出。

当时尧还以为许由谦虚，更加敬重，便又派人去请他，说："如果坚决不接受帝位，则希望你能出来当个九州长"。不料许由听了这个消息，更加厌恶，立刻跑到山下的颍水边去，掬水洗耳。

许由的朋友巢父也隐居在这里，这时正巧牵着一条小牛来给它饮水，便问许由干什么。许由就把消息告诉他，并且说："我听了这样的不干净的话，怎能不赶快洗洗我清白的耳朵呢！"巢父听了，冷笑一声说道："哼，谁叫你在外面招摇，造成名声，现在惹出麻烦来了，完全是你自讨的，还洗什么耳朵！算了吧，别玷污了我小牛的嘴！"说着，牵起小牛，径自走向水流的上游去了。

据《巢县志》记载，古巢城东城门有一方池叫"洗耳池"，池边有一条巷叫牵牛巷。相传五千年前，巢父在池边牵牛饮水时，批评一代圣贤许由"浮游于世，贪求圣名"，许由自惭不已，立即用池中清水洗耳、拭双目，表示愿听从巢父忠告。后人为颂扬许由知错就改的美德，遂将该方池取名为"洗耳池"，成语"洗耳恭听"的典故也由此产生。

成语练习

1. 请根据提示写出成语。

司马相如，空白，贫穷　　　　＿＿＿＿＿＿＿

害怕，蛇，影子　　　　　　　＿＿＿＿＿＿＿

勾践，柴草，苦胆　　　　　　＿＿＿＿＿＿＿

饿，画画，烧饼　　　　　　　＿＿＿＿＿＿＿

野鸭子，鹤，腿　　　　　　_____

船，宝剑，划线　　　　　　_____

2. 请根据下面的提示补充成语。

无人不知，_____　　　　上不着天，_____

逢凶化吉，_____　　　　大事化小，_____

国有国法，_____　　　　君子一言，_____

以其昏昏，_____　　　　老骥伏枥，_____

飞蛾扑火，_____　　　　上有政策，_____

第五步

成语接龙

舞文弄墨	墨子泣丝	丝恩发怨	怨气冲天	天罗地网	网开一面
面目全非	非同小可	可心如意	意气扬扬	扬眉吐气	气涌如山
山南海北	北叟失马	马仰人翻	翻江倒海	海底捞针	针芥之合
合二为一	一心一路	路柳墙花	花前月下	下车泣罪	罪孽深重
重于泰山	山盟海誓	誓死不二	二心两意	意气相投	投机取巧

成语解释

舞文弄墨：舞、弄，故意玩弄；文、墨，文笔。故意玩弄文笔。原指曲引法律条文作弊。后常指玩弄文字技巧。

墨子泣丝：比喻人变好变坏，环境的影响关系很大。

丝恩发怨：丝、发，形容细小。形容极细小的恩怨。

怨气冲天：怨愤之气冲到天空。形容怨恨情绪极大。

天罗地网：天罗，张在空中捕鸟的网。天空地面，遍张罗网。指上下四方设置的包围圈。比喻对敌人、逃犯等的严密包围。

网开一面：把网子打开一面。比喻采取宽大态度，给人一条出路。

面目全非：非，不相似。样子完全不同了。形容改变得不成样子。

非同小可：小可，寻常的。指情况严重或事情重要，不能轻视。

可心如意：符合心意。

意气扬扬：扬扬，得意的样子。形容很得意的样子。

扬眉吐气：扬起眉头，吐出怨气。形容摆脱了长期压抑后的畅快神情。

气涌如山：形容恼怒到极点。

山南海北：指遥远的地方。

北叟失马：比喻祸福没有一定。

马仰人翻：形容极忙乱或混乱的样子。

翻江倒海：原形容雨势大，后形容力量或声势非常壮大。

海底捞针：在大海里捞一根针。形容很难找到。

针芥之合：磁石引针，琥珀拾芥。指相互投契。

合二为一：指将两者合为一个整体。

一心一路：只有一个心眼儿，没有别的考虑。

路柳墙花：路边的柳，墙旁的花。比喻不被尊重的女子，指妓女。

花前月下：本指游乐休息的环境。后多指谈情说爱的场所。

下车泣罪：旧时称君主对人民表示关切。

罪孽深重：孽，罪恶。指做了很大的坏事，犯了很大的罪。

重于泰山：比泰山还要重。形容意义重大。

山盟海誓：盟，盟约；誓，誓言。指男女相爱时立下的誓言，表示爱情要像山和海一样永恒不变。

誓死不二：誓死，立下志愿，至死不变。至死也不变心。形容意志坚定专一。

二心两意：形容意志不专一、不坚定。

意气相投：意气，志趣性格；投，合得来。指志趣和性格相同的人，彼此投合。

投机取巧：指用不正当的手段谋取私利。也指靠小聪明占便宜。

成语故事

下车泣罪

传说舜见禹治水有功，又深受百姓爱戴便把部落联盟领袖的位置让给了他。

有一次禹乘车出外巡视，见到有个犯罪的人被押着走过。禹吩咐把车停下，问："这人犯了什么罪？"

押送的人回答说："他偷了别人家的稻谷被抓住，我们把他送去治罪。"禹听了便下车，来到那罪人身旁，问："你为什么要去偷别人家的稻谷呢？"

那罪人看出问话的是个大人物，以为要严办他，吓得低着头不吭声。禹对此并不生气，一面对他进行规劝，一面流下泪来。禹左右的人见了，都很不理解。其中一个问道："这人偷了东西，该送去受惩罚。不知大王为什么痛苦得流下眼泪？"

禹擦了擦眼泪回答说："我不是为这个罪人流泪，而是为自己流泪。从前尧和舜做领袖的时候，老百姓都和他们同心同德；如今我做了领袖，老百姓却不和我同心同德，做出这损人利己的事来，所以我内心感到非常痛苦！"

禹当即命侍从取出一块龟板，在上面刻写了"百姓有罪，在于一人"八个字，然后下令把那罪人放了。

 **成语练习**

1. **请根据俗语写成语。**

卖花的说花香。——（　　　　　　）

前人栽树，后人乘凉。——（　　　　　　　）

聪明反被聪明误。——（　　　　　　　）

哑巴吃黄连，有苦说不出。——（　　　　　　　　　）

到什么山头唱什么歌。——（　　　　　　　）

天下乌鸦一般黑。——（　　　　　　）

第六步

 成语接龙

巧取豪夺　夺其谈经　经邦纬国　国泰民安　安常守故　故剑情深

深中笃行　行思坐想　想入非非　非亲非故　故弄玄虚　虚位以待

待人接物　物尽其用　用兵如神　神差鬼使　使臂使指　指不胜屈

屈指可数　数一数二　二姓之好　好高骛远　远走高飞　飞蛾投火

火上弄冰　冰天雪地　地狱变相　相机而动　动如脱兔　兔丝燕麦

成语解释

巧取豪夺：巧取，欺骗；豪夺，强抢。旧时形容达官富豪谋取他人财物的手段。现指用各种方法谋取财物。

夺其谈经：比喻在辩论中压倒众人。

经邦纬国：经、纬，本指丝织物的横线和纵线，引申为治理、规划；邦，国家。指治理国家。

国泰民安：泰，平安，安定。国家太平，人民安乐。

安常守故：习惯于日常的平稳生活，保守旧的一套。指守旧不知变革。

故剑情深：故剑，比喻结发之妻。结发夫妻情意浓厚。指不喜新厌旧。

深中笃行：指内心廉正，行为淳厚。

行思坐想：走着坐着都在想。形容时刻在思考着或怀念着。

想入非非：非非，原为佛家语，表示虚幻的境界。想到非常玄妙虚幻的地方去了。形容完全脱离现实地胡思乱想。

非亲非故：故，老友。不是亲属，也不是熟人。表示彼此没有什么关系。

故弄玄虚：故，故意；弄，玩弄；玄虚，用来掩盖真相，使人迷惑的欺骗手段。故意玩弄花招，迷惑人，欺骗人。

虚位以待：留着位置等待。

待人接物：物，人物，人们。指跟别人往来接触。

物尽其用：各种东西凡有可用之处，都要尽量利用。指充分利用资源，一点不浪费。

用兵如神：调兵遣将如同神人。形容善于指挥作战。

神差鬼使：好像有鬼神在支使着一样，不自觉地做了原先没想到要做的事。

使臂使指：像使用自己的手臂和手指一样。比喻指挥自如。

指不胜屈：指，手指；屈，弯曲。扳着指头数也数不过来。形容为数很多。

屈指可数：形容数目很少，扳着手指头就能数过来。

数一数二：不算第一也算第二。形容突出。

二姓之好：指两家因婚姻关系而成为亲戚。

好高骛（wù）远：好，喜欢；骛，追求。比喻不切实际地追求过高过远的目标。

远走高飞：指像野兽远远跑掉，像鸟儿远远飞走。比喻人跑到很远的地方去。多指摆脱困境去寻找出路。

飞蛾投火：飞蛾扑到火上，比喻自取灭亡。

火上弄冰：比喻非常容易成功或丧失。

冰天雪地：形容冰雪漫天盖地。

地狱变相：旧时比喻社会的黑暗残酷。

相机而动：观察时机，看到适当机会立即行动。

动如脱兔：比喻行动敏捷。

兔丝燕麦：兔丝，菟丝子。兔丝有丝之名而不可织，燕麦有麦之名而不可食。比喻有名无实。

成语故事

虚位以待

战国时，魏国的信陵君为人忠厚、仁爱，对门客都以谦逊的态度对待。当时，信陵君听说大梁城门的守门官七十岁老人侯嬴是个贤人，家境贫穷，便派人带着大量财宝，前去聘请他。但是，侯嬴并不接受。

信陵君知道自己怠慢了高人。于是便让人驾车，亲自前去迎接侯嬴。还把车上最好的位置留给侯嬴，即虚位以待。侯嬴故意穿上破衣服，毫不客气地坐在空位上，一句谦让的话也没说。

马车行到中途，侯嬴又忽然提出要去探访一位屠夫朋友朱亥。他在朋友那里故意拖延时间，要看信陵君的反应，但信陵君一片和颜悦色。

这年，秦国围攻赵都邯郸，魏国派大将晋鄙率军十万前去救赵。为此秦王派使者威胁魏王。魏王忙命晋鄙大军留在路上，不再前进。

信陵君多次恳求魏王让晋鄙发兵，魏王终是不肯。侯嬴给信陵君出主意说："只要派人偷取大王的兵符，便可假传命令，要晋鄙出兵了。"接着，侯嬴又给信陵君出主意，叫他去找大王的宠妃如姬，让她去偷大王的兵符。

信陵君拿到了兵符，便想马上出发。侯嬴提醒他说："你把我的屠夫朋友朱亥带上，以防万一。"

信陵君带着朱亥来到大军驻扎地。晋鄙见了兵符怀疑说："大王既叫我暂不前进，又怎会随便叫你替代我呢？"晋鄙的话音刚落，朱亥从袖里拿出四十斤重的大铁锥来，一下就把晋鄙打死了。信陵君高举兵符，筛选了八万精兵，打败了秦军，解救了赵国。

成语练习

1. 请把下面的成语补充完整。

无（　）无（　）　　　无（　）无（　）　　　无（　）无（　）

无（　）无（　）　　　无（　）无（　）　　　无（　）无（　）

无（　）无（　）　　　无（　）无（　）　　　一（　）一（　）

一（　）一（　）　　　一（　）一（　）　　　一（　）一（　）

一（　）一（　）　　　一（　）一（　）　　　一（　）一（　）

一（　）一（　）

第七步

成语接龙

麦穗两歧　　歧路亡羊　　羊质虎皮　　皮里阳秋　　秋荼密网　　网开一面

面红耳赤　　赤子之心　　心高气傲　　傲然屹立　　立功赎罪　　罪魁祸首

首善之区　　区闻陬见　　见兔顾犬　　犬马之劳　　劳燕分飞　　飞蛾赴火

火海刀山　　山高水低　　低声下气　　气象万千　　千疮百孔　　孔席墨突

突然袭击　　击节叹赏　　赏一劝百　　百年不遇　　遇事生风　　风雨交加

成语解释

麦穗两歧：一根麦长两个穗。比喻年成好，粮食丰收。

歧路亡羊：歧路，岔路；亡，丢失。因岔路太多无法追寻而丢失了羊。比喻事物复杂多变，没有正确的方向就会误入歧途。

羊质虎皮：质，本性。羊虽然披上虎皮，还是见到草就喜欢，碰到豺狼就怕得发抖，它的本性没有变。比喻外表装作强大而实际上很胆小。

皮里阳秋：指藏在心里不说出来的言论。

秋荼（tú）密网：荼，茅草上的白花。秋天繁茂的茅草白花，网眼细密的渔网。比喻刑罚繁多苛刻。

网开一面：比喻对敌人、罪犯等宽大处理，给以出路。

面红耳赤：脸、鼻、耳朵都红了。形容因激动或羞惭而脸色发红。

赤子之心：赤子，初生的婴儿。比喻人心地纯洁善良。

心高气傲：心比天高，气性骄傲。形容态度傲慢，自以为高人一等。

傲然屹立：形容坚定，不可动摇地站立着。

立功赎罪：赎罪，抵消所犯的罪过。以立功来抵偿罪过。

罪魁祸首：魁，为首的。作恶犯罪的头子。

首善之区：最好的地方。指首都。

区闻陬（zōu）见：见闻不广，学识浅陋。

见兔顾犬：看到了兔子，再回头叫唤猎狗去追捕。比喻动作虽稍迟，但赶紧想办法，还来得及。

犬马之劳：愿像犬马那样为君主奔走效力。表示心甘情愿受人驱使，为人效劳。

劳燕分飞：劳，伯劳。伯劳、燕子各飞东西。比喻夫妻、情侣别离。

飞蛾赴火：像蛾子扑火一样。比喻自找死路、自取灭亡。

火海刀山：比喻极其危险和困难的地方。

山高水低：比喻不幸的事情。多指人的死亡。

低声下气：形容说话和态度卑下恭顺的样子。

气象万千：气象，情景。形容景象或事物壮丽而多变化。

千疮百孔：形容漏洞、弊病很多，或破坏的程度严重。

孔席墨突：原意是孔子、墨子四处周游，每到一处，座席没有坐暖，灶突没有熏黑，又匆匆地到别处去了。形容忙于世事，各处奔走。

突然袭击：指军事上出其不意地攻击。

击节叹赏：节，节拍；赏，赞赏。形容对诗文、音乐等的赞赏。

赏一劝百：奖励一个人的先进事迹而鼓励好多人。

百年不遇：一百年也碰不到一次。形容很少见到或少有的机会。

遇事生风：原形容处事果断而迅速。后指一有机会就挑拨是非，引起事端。

风雨交加：交加，同时出现。又是刮风，又是下雨。形容天气恶劣。

成语故事

歧路亡羊

杨子的邻居丢了一只羊，于是带着他的人，又请杨子的儿子一起去追赶羊。杨子说："丢了一只羊而已，为什么要这么多人去找寻呢？"邻人说："有许多分岔的道路。"不久，他们回来了。杨子问："找到羊了吗？"邻人回答道："逃跑了。"杨子说："怎么会逃跑了呢？"邻居回答道："分岔路上又有分岔路，我不知道羊逃到哪一条路上去了。所以就回来了。"杨子的脸色变得很忧郁,很长时间都不说话,一整天没有笑容。他的学生觉得奇怪,请教杨子道:"羊,不过是下贱的畜生,而且还不是老师您的,却使您失去笑颜,这是为什么?"杨子没有回答,他的学生最终没有得到他的答案。

杨子的学生孟孙阳从杨子那里出来,把这个情况告诉了心都子。有一天心都子和孟孙阳一同去谒见杨子,心都子问杨子说:"从前有兄弟三人,在齐国和鲁国一带求学,向同一位老师学习,把关于仁义的道理都学通了才回家。他们的父亲问他们说:'仁义的道理是怎样的呢?'老大说:'仁义使我爱惜自己的生命,而把名声放在生命之后'。老二说:'仁义使我为了名声不惜牺牲自己的生命。'老三说:'仁义使我的生命和名声都能够保全。'这三兄弟的回答各不相同甚至是相反的,而同出自儒家,您认为他们三兄弟到底谁是正确谁是错误的呢?"

杨子回答说:"有一个人住在河边上,他熟知水性,敢于泅渡,以划船摆渡为生,摆渡的赢利,可供一百口人生活。自带粮食向他学泅渡的人成群结队,这些人中溺水而死的几乎达到半数,他们本来是学泅水的,而不是来学溺死的,而获利与受害这样截然相反,你认为谁是正确谁是错误的呢?"心都子听了杨子的话,默默地同孟孙阳一起走了出来。

出来后,孟孙阳责备心都子说:"为什么你向老师提问这样迂回,老师又回答得这样怪僻呢,我越听越糊涂了。"

心都子说:"大道因为岔路太多而丢失了羊,求学的人因为方法太多而丧失了生命。学的东西不是从根本上不相同,从根本上不一致,但结果却有这样大的差异。只有归到相同的根本上,回到一致的本质上,才会没有得失的感觉,而不迷失方向。你长期在老师的门下,是老师的大弟子,学习老师的学说,却不懂得老师说的譬喻的寓意,可悲呀!"

 **成语练习**

1.趣味成语填空练习。

人数最多的庆典——( )( )同庆

最危险的解渴方法——( )( )止渴

最遥远的距离——天( )海( )

最不稳当的建筑——( )( )楼阁

最挑食的人——挑( )拣( )

最吉利的日子——( )道( )日

2. 请找出下面成语中互为反义词的一对并写在一起。

小巧玲珑　　无价之宝　　忘恩负义　　小肚鸡肠　　天长地久　　一往情深
一文不值　　转瞬即逝　　恨之入骨　　结草衔环　　宽宏大量　　硕大无朋

_____　　　　_____

_____　　　　_____

_____　　　　_____

第八步

成语接龙

加人一等　　等因奉此　　此起彼伏　　伏地圣人　　人欢马叫　　叫苦连天
天高听卑　　卑礼厚币　　币重言甘　　甘棠遗爱　　爱屋及乌　　乌焉成马
马鹿异形　　形影相吊　　吊死问疾　　疾足先得　　得陇望蜀　　蜀犬吠日
日升月恒　　恒河沙数　　数黑论黄　　黄雀伺蝉　　蝉不知雪　　雪窖冰天
天真烂漫　　漫不经心　　心心念念　　念念不忘　　忘乎所以　　以指挠沸

成语解释

加人一等：加，超过。超过别人一等。比喻学问才能超过一般人。也指争强好胜。

等因奉此：等因，旧公文用以结束表示理由说明原因的上文；奉此，用以引起重心所在的下文。比喻例行公事，官样文章。

此起彼伏：这里起来，那里下去。形容接连不断。

伏地圣人：指在某一方面略有知识就逞能的人。

人欢马叫：人在呼喊，马在嘶鸣。形容一片喧闹声。

叫苦连天：形容十分烦恼，不住地叫苦。

天高听卑：卑，低下。原指上天神明可以洞察人间最卑微的地方。旧时称好的帝王了解民情。

卑礼厚币：卑礼，谦恭的礼节；厚币，厚重的币帛。比喻聘请人员的郑重殷切。

币重言甘：币，指礼物；厚，重。礼物丰厚，言辞好听。指为了能达到某种目的而用财物诱惑。

甘棠遗爱：甘棠，木名，即棠梨；遗，留；爱，恩惠恩泽。旧时颂扬离去的地方官。

爱屋及乌：因为爱一个人而连带爱他屋上的乌鸦。比喻爱一个人而连带地关心到与他有关的人或物。

乌焉成马：乌、焉、马三字字形相近，几经传抄而写错。指文字因形体相似而传写错误。

马鹿异形：出自赵高指鹿为马的故事，比喻颠倒是非、混淆黑白。

形影相吊：吊，慰问。孤身一人，只有和自己的身影相互慰问。形容无依无靠，非常孤单。

吊死问疾：吊祭死者，慰问病人。形容关心人民群众的疾苦。

疾足先得：比喻行动迅速的人首先达到目的。

得陇望蜀：陇，指甘肃一带；蜀，指四川一带。已经取得陇右，还想攻取西蜀。比喻贪得无厌。

蜀犬吠日：原意是四川多雨，那里的狗不常见太阳，出太阳就要叫。比喻少见多怪。

日升月恒：恒，音"更"，月上弦。如同太阳刚刚升起，月亮初上弦一般。比喻事物正当兴旺的时候。旧时常用作祝颂语。

恒河沙数：恒河，南亚的大河。像恒河里的沙粒一样，无法计算。形容数量很多。

数黑论黄：数，数落，批评。背后乱加评论，肆意诽谤别人。

黄雀伺蝉：螳螂正要捉蝉，不知黄雀在它后面正要吃它。比喻祸事临头还不知道。

蝉不知雪：知了夏天生，秋天死，看不到雪。比喻人见闻不广。

雪窖冰天：窖，收藏东西的地洞。到处是冰和雪。形容天气寒冷，也指严寒地区。

天真烂漫：天真，指心地单纯，没有做作和虚伪；烂漫，坦率自然的样子。形容儿童思想单纯、活泼可爱，没有做作和虚伪。

漫不经心：漫，随便。随随便便，不放在心上。

心心念念：心心，指所有的心思；念念，指所有的念头。心里老是想着。指想做某件事或得到某种东西。

念念不忘：念念，时刻思念着。形容牢记于心，时刻不忘。

忘乎所以：所以，所应有的言行举止。指因过度兴奋或得意而忘了一切。

以指挠沸：挠，搅。用手指搅开水。比喻不自量力，一定失败。

成语故事

甘棠遗爱

周武王灭了殷商，建立了周朝。他死后，把江山传给了儿子周成王。周成王即位的时候年幼，幸好有两个贤臣辅佐他。这两个贤臣，一个是周公，一个是召公。召公配合周公做工作，他为辅佐周朝呕心沥血，政绩也非常显赫，因此大家又尊称召公为召伯。

有一次，召公到他的封地召地（在今陕西岐山县城西南）去办公。当时天气炎热，召公就不在屋里待着，而是每天在一棵甘棠树（在今岐山县刘家塬村学校内）下办公。召公在当地待了不少天，处理民间事务。他办事非常认真公正，给老百姓解决了很多生活中的具体难题。他走了之后，老百姓十分怀念他，不许任何人动他曾经办公过的那棵甘棠树。《诗经》里有一段描述了这件事情："蔽芾甘棠，勿翦（jiǎn）勿伐，召伯所茇（bá）；蔽芾甘棠，勿翦勿败，召伯所憩（qì）；蔽芾甘棠，勿翦勿拜，召公所说。"

后用"甘棠遗爱"赞颂离去官员的政绩。

成语练习

1. 成语选择题。

（1）"沉鱼落雁"最初指的是（　）

A 西施　王昭君　　　　　　　　　B 貂蝉　杨贵妃

C 薛涛　李师师　　　　　　　　　D 绿珠　花蕊夫人

（2）"才高八斗"这一成语是因谁而来？（　）

A 曹丕　　　　B 曹植　　　　C 曹操　　　　D 李白

（3）"年过花甲"中"花甲"指的是（　）

A 六十岁　　　B 七十岁　　　C 八十岁　　　D 九十岁

（4）"完璧归赵"的人是（　）

A 廉颇　　　　B 蔺相如　　　C 荆轲　　　　D 管仲

（5）"故剑情深"这一成语中"故剑"指的是（　）

A 旧的宝剑　　B 老朋友　　　C 夫妻　　　　D 兄弟

2. 请把下面括号里错误的字用"\"划掉。

鱼龙（混、浑）杂　　　　寄人（篱、离）下　　　　死不（瞑、明）目

扬（汤、烫）止沸　　　　约法三（章、张）　　　　乳（臭、嗅）未干

博（闻、文）强识　　　　（市、世）井之徒　　　　明察秋（毫、豪）

生（财、才）之道　　　　邪门歪（道、到）　　　　宾（至、致）如归

成语接龙

沸反盈天	天上石麟	麟趾呈祥	祥麟威凤	凤凰来仪	仪静体闲
闲云野鹤	鹤发鸡皮	皮里春秋	秋风过耳	耳食之谈	谈笑自若
若明若暗	暗气暗恼	恼羞成怒	怒目而视	视民如伤	伤弓之鸟
鸟语花香	香花供养	养痈成患	患难与共	共枝别干	干卿何事
事出有因	因敌取资	资深望重	重望高名	名山胜水	水米无交

成语解释

沸反盈天：沸，滚翻；盈，充满。声音像水开锅一样沸腾翻滚，充满了空间。形容人声喧闹，乱成一片。

天上石麟（lín）：旧时称人有文采的儿子。

麟趾呈祥：旧时用于贺人生子。

祥麟威凤：麒麟和凤凰，古代传说是吉祥的禽兽，只有在太平盛世才能见到。后比喻非常难得的人才。

凤凰来仪：仪，容仪。凤凰来舞，仪表非凡。古代指吉祥的征兆。

仪静体闲：形容女子态度文静，体貌素雅。

闲云野鹤：闲，无拘束。飘浮的云，野生的鹤。旧指生活闲散、脱离世事的人。

鹤发鸡皮：鹤发，白发；鸡皮，形容皮肤有皱纹。皮肤发皱，头发苍白。形容老人年迈的相貌。

皮里春秋：指藏在心里不说出来的言论。

秋风过耳：像秋风从耳边吹过一样。比喻与己无关，毫不在意。

耳食之谈：耳食，以耳吃食，指不加审察，轻信传闻。指听来的没有根据的话。

谈笑自若：自若，跟平常一样。指能平静地对待所发生的情况，说说笑笑，不改常态。

若明若暗：好像明亮，又好像昏暗。比喻对情况的了解或对问题的认识不清楚。

暗气暗恼：受了气闷在心里。

恼羞成怒：由于羞愧到了极点，下不了台而发怒。

怒目而视：睁圆了眼睛瞪视着。形容正要大发脾气的神情。

视民如伤：把百姓当作有伤病的人一样照顾。旧时形容在位者关怀人民。

伤弓之鸟：被弓箭吓怕了的鸟。比喻受过惊吓，遇到一点动静就怕的人。

鸟语花香：鸟叫得好听，花开得喷香。形容春天的美好景象。

香花供养：供养，奉养。原为佛家语。指用香和花供养，是佛教的一种礼敬仪式。后比喻虔诚的敬礼。

养痈（yōng）成患：留着毒疮不去医治，就会成为后患。比喻纵容包庇坏人坏事，结果会遭受祸害。

患难与共：共同承担危险和困难。指彼此关系密切，利害一致。

共枝别干：比喻一个教师传授下来的但又各人自成一派。

干卿何事：干，关涉。关你什么事？常用于讥笑人爱管闲事。

事出有因：事情的发生是有原因的。

因敌取资：因，依，靠；资，财物，资用。从敌人方面取得资用、给养。

资深望重：资格老，声望高。

重望高名：拥有崇高的名望。

名山胜水：风景优美的著名河山。

水米无交：一杯水、一顿饭的交往都没有。比喻为官清廉，不妄取民物。也比喻双方毫无往来。

成语故事

伤弓之鸟

战国时，魏国有一个叫更羸的射箭能手。有一天，更羸与魏王在京台之下，看见有一只鸟从头顶上飞过。更羸对魏王说："大王，我可以不用箭，只要拉一下弓，这只大雁就能掉下来。""射箭能达到这样的功夫？"魏王问。更羸说道："可以。"

说话间，有雁从东方飞来。当雁飞近时，只见更羸举起弓，不用箭，拉了一下弦，随着"咚"的一声响，正飞着的大雁就从半空中掉了下来。魏王看到后大吃一惊，连声说："真有这样的事情！"便问更羸不用箭怎么将空中飞着的雁射下来的。更羸对魏王讲："没什么，这是一只受过箭伤的大雁。""你怎么知道这只大雁受过箭伤呢？"魏王更加奇怪了。更羸继续对魏王说："这只大雁飞得慢，叫得悲。"更羸接着讲："叫得悲是因为它离开同伴已很久了。伤口在作痛，还没有好，它心里又害怕。当听到弓弦声响后，害怕再次被箭射中，于是就拼命往高处飞。一使劲，本来未愈的伤口又裂开了，疼痛难忍，再也飞不动，就从空中掉了下来。"

 **成语练习**

1. 以"人"字结尾或开头的成语。

（ ）（ ）无人　　　　（ ）（ ）无人　　　　（ ）（ ）无人

（ ）（ ）欺人　　　　（ ）（ ）杀人　　　　（ ）（ ）伤人

人心（ ）（ ）　　　　人心（ ）（ ）　　　　人心（ ）（ ）

人山（ ）（ ）　　　　人言（ ）（ ）　　　　人烟（ ）（ ）

第十步

成语接龙

交浅言深　深更半夜　夜长梦多　多才多艺　艺不压身　身心交病

病从口入　入门问讳　讳莫如深　深恶痛绝　绝处逢生　生关死劫

劫富济贫　贫贱骄人　人生如寄　寄人篱下　下气怡声　声振林木

木人石心　心旷神怡　怡然自得　得寸进尺　尺短寸长　长目飞耳

耳聪目明　明辨是非　非驴非马　马瘦毛长　长驱直入　入木三分

成语解释

交浅言深：交，交情，友谊。跟交情浅的人谈心里话。

深更半夜：指深夜。

夜长梦多：比喻时间一拖长，情况可能发生不利的变化。

多才多艺：具有多方面的才能和技艺。

艺不压身：艺，技艺。技艺不会压垮身体。比喻人学会的技艺越多越好。

身心交病：交，一齐，同时；病，困乏。身体和精神都很困乏。

病从口入：疾病多是由食物传染。比喻应该注意饮食卫生。

入门问讳：古代去拜访人，先问清楚他父祖的名，以便谈话时避讳。也泛指问清楚有什么忌讳。

讳莫如深：讳，隐讳；深，事件重大。原意为事件重大，讳而不言。后指把事情隐瞒得很紧。

深恶痛绝：恶，厌恶；痛，痛恨；绝，极。指对某人或某事物极端厌恶痛恨。

绝处逢生：绝处，死路。形容在最危险的时候得到生路。

生关死劫：生的关头，死的劫数。泛指生死命运。

劫富济贫：劫，强取；济，救济。夺取富人的财产，救济穷人。

贫贱骄人：身处贫贱，但很自豪。指贫贱的人蔑视权贵。

人生如寄：寄，寓居，暂住。指人的生命短促，就像暂时寄居在人世间一样。

寄人篱下：寄，依附。依附于他人篱笆下。比喻依附别人生活。

下气怡声：下气，态度恭顺；怡声，声音和悦。形容声音柔和，态度恭顺。

声振林木：形容歌声或乐器声高亢洪亮。

木人石心：形容意志坚定，任何诱惑都不动心。

心旷神怡：旷，开阔；怡，愉快。心境开阔，精神愉快。

怡然自得：怡然，安适愉快的样子。形容高兴而满足的样子。

得寸进尺：得了一寸，还想再进一尺。比喻贪心不足，有了小的，又要大的。

尺短寸长：尺有所短，寸有所长。比喻人或物各有长处，也各有短处。

长目飞耳：看得远，听得远。比喻消息灵通，知道的事情多。

耳聪目明：聪，听觉灵敏；明，眼力敏锐。听得清楚，看得明白。形容头脑清楚，眼光敏锐。

明辨是非：分清楚是和非、正确和错误。

非驴非马：不是驴也不是马。比喻不伦不类，什么也不像。

马瘦毛长：比喻人穷志短。

长驱直入：长驱，不停顿地策马快跑；直入，一直往前。指长距离不停顿地快速行进。形容进军迅猛，不可阻挡。

入木三分：相传王羲之在木板上写字，木工刻时，发现字迹透入木板三分深。形容书法极有笔力。现多比喻分析问题很深刻。

成语故事

讳莫如深

春秋时，鲁庄公有好几个妻妾。他的妻子哀姜没有生育，于是她的妹妹叔姜跟着嫁给庄公，并生了一个儿子叫启。而哀姜与庄公感情不好，与庄公的庶（姜所生的称庶）兄庆父私通。

庄公最宠爱的是孟任。孟任生了一个儿子叫般，庄公一心想使公子般继承君位。庄公的妾成风，也生了一个儿子叫申。成风希望申能继承君位，就请鲁庄公的弟弟季友帮忙。但是季友认为，公子般的年龄比公子申要大，没有答应。

不仅是庄公的妻妾想让自己的儿子继承国君，就是庄公的庶兄庆父也想继位，并且得到了庄公的庶弟叔牙的支持。庄公病重时就问过叔牙，他死后由谁继位最合适。叔牙就向他推荐庆父。这当然不合庄公的心意，接着他问季友，季友表示，愿不惜牺牲自己的生命，来扶植公子般继位。

公子般长大后，与梁氏女相爱。一天，有个叫荦（luò）的养马人唱了首歌调戏梁氏女。公子般知道后，就叫人用鞭子抽打了荦一顿。荦对公子般怀恨在心，便投靠庆父打算伺机报复。

庄公死后，季友设计毒死了叔牙，准备立公子般为国君。正巧这时公子般的外祖父也病死，他就去吊丧。庆父认为这是夺君位的好机会，就派养马人荦去把公子般杀了。季友听到这个消息，知道是庆父主使这件事的，接下去一定不会放过自己，就逃到陈国去避难。

庄公的妻子哀姜见公子般已死，就怂恿庆父继位。但庆父考虑到庄公的庶子公子申和公子启都在，自己继位还不是时候。由于公子申年长，很难控制他，公子启年仅八岁，又是哀姜妹妹生的，所以最后立公子启为国君。这就是鲁闵公。

两人合计妥当后，就为公子般发丧。庆父还借发讣告为名，出奔往齐国，争取齐桓公的支持。不到两年，庆父杀了闵公，准备自己当国君。人们见他杀了两个国君，太残暴了，纷纷起来反对。逃到陈国的季友乘机号召鲁国人民杀死庆父，庆父吓得逃往齐国。季友回国后，立公子申为国君，这就是鲁僖公。后来，庆父被逼得走投无路只得自杀。

孔子《春秋》中记载这段历史时，轻描淡写地说，庄公死的那年，公子般死去，庆父到齐国去并不明记其事。后来，阐释《春秋》的《穀梁传》在评论这件事时说，"公子庆父如齐。此奔也，其曰'如'，何也？讳莫如深，深则隐。苟有所见，莫如深也。"意思是庆父明明是出奔到齐国的，却说是到齐国去的。为什么这样记载呢？那是因为事件重大，如实记载会伤臣子之心，所以隐瞒起来不说。孔子没有将这段历史写进《春秋》，人们说他是"讳莫如深"。

寄人篱下

在南北朝时期的南齐，有个名叫张融的读书人。他生性怪僻，举止奇特，虽然身材矮小，面貌丑陋，但走路的时候却喜欢昂首挺胸，旁若无人，而且他反应机敏，对别人的提问常常对答如流。

南齐太祖萧道成在没有做皇帝的时候，就很欣赏张融的才学和品格。张融能言善辩，讲话幽默。有一次张融请假回乡，萧道成问他家住在哪里。张融回答说："我住在陆地上但不是房屋里，住在船上但不是水上。"萧道成不明白这是怎么一回事，就问张融的亲戚张绪。张绪告诉皇上说："张融家住在东山附近，没有固定的住处。暂且将一只小船牵上岸边，全家人住在里面。"萧道成听了哈哈大笑。还有一次，萧道成曾当面答应授任张融为司徒长史，然而却很长时间没有正式下诏书。一天，张融骑着一匹瘦得可怜的马上下朝。萧道成看见了就问他："你的这匹马怎么这么瘦啊？你每天给它多少饲料？"张融回答说："我答应喂它一石粟，可是我并没有真的喂给它啊！"萧道成明白了张融的意思，随即正式下诏授任张融为司徒长史。

有一次，萧道成与张融探讨书法。萧道成说："你的书法已经颇有骨力，但还缺少二王的法度。"张融回答说："陛下不应该说我缺少二王的法度，应说二王缺少我的法度。"在写文章方面，张融也主张要有独创性，要有自己的风格。他在《门律自序》中写道："作为男子汉大丈夫，写文章应当像孔子删编《诗》《书》，制定《礼》《乐》那样，发扬自己的创造性，为什么要模仿别人，像鸟雀那样寄居在人家的篱笆下面呢？"

长驱直入

公元219年，曹操为夺取战略要地荆州，与刘备在这一带酣战。刘备的大将关羽用重兵围住了襄阳，曹操的堂弟曹仁固守襄阳毗邻的樊城，处境相当困难。

这年七月，曹操派虎威将军于禁率军增援曹仁。不久，樊城这一带连降大雨，汉水泛滥。关羽乘机引水去淹曹军，结果于禁全军覆没，被迫投降。

由于洪水冲进樊城，曹仁处境危急。一些部将劝他放弃樊城，乘船退走。但有人极力反对，说是水势不可能一直这样大，过些时日会退去，还是紧守为好。曹仁觉得有理，决定紧守樊城。

不久，曹操又派大将徐晃率军去樊城解围。徐晃老谋善算，暂不将部队直接开到樊城，而在稍远之处驻扎下来，然后派人用暗箭把信射入樊城，与曹仁取得联系。正好曹操还在组织其他兵马增援，得知徐晃的行动非常赞同，要他等待各路兵马到齐，一并开向樊城。

当时，刘备一部分军队驻扎在离樊城不太远的郾城。徐晃带领一些军队来到郾城郊外，故意挖掘陷坑，似乎要截断郾城军队的退路。驻军中计，匆匆撤离郾城。于是徐晃轻而易举地取得了这座城池。

这时，曹操组织的十二路兵马已经赶到。于是徐晃和这些兵马会合起来，打算和曹仁内外夹击关羽。

关羽在围头和四冢两处地方驻有军队。徐晃表面上装出要进攻围头的样子，实际上亲率大军进攻四冢。等关羽发现徐晃主攻的方向时，为时已晚。匆匆赶到四冢的五千兵马很快被徐晃击败。接着徐晃率领部下，一直冲进了关羽对曹仁的包围圈中。关羽的将士不敌败走，襄阳、樊城终于解围。

徐晃的捷报传到曹操那里，曹操立即写了慰劳令，派人送到前方。令中写道："我用兵三十多年，所知古代善于用兵的人中，没有一个人能像你那样长驱直入，冲入敌人的包围圈中。"

成语练习

1.请选择正确的成语填空，使句子通顺。

冰雪聪明　望子成龙　怨天尤人　事不关己　厚此薄彼

（1）不要＿＿＿＿＿＿了，考成这样只能怪你平时不用功。

（2）作为一名老师，应该公平对待每个学生，不能＿＿＿＿＿＿。

（3）小玉真是一个＿＿＿＿＿＿的女孩子。

（4）集体的荣誉是我们每个人都应该维护的，你怎么能摆出一副＿＿＿＿＿＿ 的态度呢?

（5）＿＿＿＿＿＿是每个家长对孩子的美好期待。

成语接龙

分文不取	取信于民	民怨沸腾	腾蛟起凤	凤毛济美	美女破舌
舌灿莲花	花说柳说	说黄道黑	黑灯瞎火	火光烛天	天壤悬隔
隔年皇历	历历可数	数白论黄	黄袍加身	身外之物	物换星移
移樽就教	教学相长	长傲饰非	非池中物	物极必反	反经行权
权宜之计	计出万全	全无心肝	肝肠寸断	断梗飘蓬	蓬户瓮牖

成语解释

分文不取：一个钱也不要。比喻不计报酬。

取信于民：取得人民的信任。

民怨沸腾：人民的怨声就像开水在翻滚一样。形容人民对腐败黑暗的反动统治怨恨到了极点。

腾蛟起凤：蛟，蛟龙；凤，凤凰。宛如蛟龙腾跃、凤凰起舞。形容人很有文采。

凤毛济美：旧时比喻父亲做官，儿子能继承父业。

美女破舌：舌，指谏臣。谓用美女迷惑君王，扰乱国政，使谏臣的进谏不为君王所听信。

舌灿莲花：形容人口才好，能言善道，如莲花般地美妙。

花说柳说：形容说虚假而动听的话哄人。

说黄道黑：比喻对人对事任意评论。

黑灯瞎火：形容黑暗没有灯光。

火光烛天：火光把天都照亮了。形容火势极大。多指火灾。

天壤悬隔：比喻相差极远或相差极大。

隔年皇历：皇历，原指清朝廷颁发的历书，后泛指历本。隔了一年的皇历。比喻过时的事物或陈旧的经验，在新的情况下已经用不上。

历历可数：历历，清楚、分明的样子。可以清楚地一个个或一件件数出来。

数白论黄：比喻计较金钱。

黄袍加身：五代后周时，赵匡胤在陈桥兵变，部下诸将给他披上黄袍，拥立为天子。后比喻发动政变获得成功。

身外之物：指财物等身体以外的东西，表示无足轻重的意思。

物换星移：物换，景物变幻；星移，星辰移位。景物改变了，星辰的位置也移动了。比喻时间的变化。

移樽（zūn）就教：樽，古代盛酒器；就，凑近。端着酒杯离座到对方面前共饮，以便请教。比喻主动去向人请教。

教学相长：教和学两方面互相影响和促进，都得到提高。

长傲饰非：滋长骄傲、掩饰过错。

非池中物：不是长期蛰居池塘中的小动物。比喻有远大抱负的人终究要做大事。

物极必反：极，尽头；反，向反面转化。事物发展到极点，会向相反方向转化。

反经行权：经，常道；权，权宜的办法。指违反常规，采取权宜之计。

权宜之计：权宜，暂时适宜，变通；计，计划，办法。指为了应付某种情况而暂时采取的办法。

计出万全：万全：非常安全周到。形容计划非常稳当周密，绝不会发生意外。

全无心肝：比喻不知羞耻。

肝肠寸断：肝肠一寸寸断开。比喻伤心到极点。

断梗飘蓬：梗，植物的枝茎；蓬，蓬蒿，遇风常吹折离根，飞转不已。如同折断的枝茎，飘飞的蓬蒿一般。形容人东奔西走，生活不固定。

蓬户瓮牖（wèng yǒu）：用蓬草编门，用破瓮做窗。指贫苦的人家。

成语故事

黄袍加身

宋太祖赵匡胤（yìn）在后周时期，任殿前都点检，领宋州归德军节度使，掌握兵权。

周世宗柴荣死后，他七岁的儿子柴宗训即位。这时，赵匡胤看到夺取后周政权的条件已经成熟，于是精心策划了一场历史上有名的"陈桥兵变"。

周恭帝即位的时候，年纪太小，由宰相范质、王溥辅政。后周的政局不稳。京城里人心浮动，谣言纷纷，说赵匡胤快要夺取皇位啦。

赵匡胤本来是周世宗手下得力大将，跟随周世宗南征北战，立下不少战功。周世宗在世的时候，十分信任赵匡胤，派他做禁军统帅，官名叫殿前都点检。禁军是后周一支最精锐的部队。

世宗一死,军权落在赵匡胤手里。五代时期,武将夺取皇位的事情多得很,所以,人们有这种猜测也是不足为奇的。公元960年春节,后周朝廷正在举行朝见大礼的时候,忽然接到边境送来的紧急战报,说北汉国主和辽朝联合,出兵攻打后周边境。

大臣们慌作一团,后来由范质、王溥做主,派赵匡胤带兵抵抗。赵匡胤接到出兵命令,立刻调兵遣将,过了两天,就带了大军从汴京出发。跟随他的还有他弟弟赵匡义和亲信谋士赵普。

当天晚上,大军到了离开京城二十里的陈桥驿,赵匡胤命令将士就地扎营休息。兵士们倒头就呼呼睡着了,一些将领却聚集在一起,悄悄商量。有人说:"现在皇上年纪那么小,我们拼死拼活去打仗,将来有谁知道我们的功劳,倒不如现在就拥护赵点检做皇帝吧!"大伙听了,都赞成这个意见,就推一名官员把这个意见先告诉赵匡义和赵普。

那个官员到赵匡义那里,还没有把话说完,将领们已经闯了进来,亮出明晃晃的刀,嚷着说:"我们已经商量定了,非请点检即位不可。"赵匡义和赵普听了,暗暗高兴,一面叮嘱大家一定要安定军心,不要造成混乱,一面赶快派人告诉留守在京城的大将石守信、王审琦。没多久,这消息就传遍了军营。将士们全起来了,大家闹哄哄地拥到赵匡胤住的驿馆,一直等到天色发白。

赵匡胤隔夜喝了点酒,睡得挺熟,一觉醒来,只听得外面一片嘈杂的人声,接着就有人打开房门,高声地叫嚷,说:"请点检做皇帝!"赵匡胤赶快起床,还没来得及说话,几个人把早已准备好的一件黄袍,七手八脚地披在赵匡胤身上。大伙跪倒在地上磕了几个头,高呼"万岁"。接着,又推又拉,把赵匡胤扶上马,请他一起回京城。

赵匡胤骑在马上,才开口说:"你们既然立我做天子,我的命令,你们都能听从吗?"将士们齐声回答说:"自然听陛下命令。"赵匡胤就发布命令:到了京城以后,要保护好周朝太后和幼主,不许侵犯朝廷大臣,不准抢掠国家仓库。执行命令的将来有重赏,否则就要严办。赵匡胤本来就是禁军统帅,再加上有将领们拥护,谁敢不听号令!将士们排好队伍开往京城。一路上军容整齐,秋毫无犯。

到了汴京,又有石守信、王审琦等人做内应,没费多大劲儿就拿下了京城。将领们把范质、王溥找来。赵匡胤见了他们,装出为难的模样说:"世宗待我恩义深重。现在我被将士逼成这个样子,你们说怎么办?"范质等不知该怎么回答。有个将领声色俱厉地叫了起来:"我们没有主人。今天大家一定要请点检当天子!"范质、王溥吓得赶快下拜。

周恭帝让了位。赵匡胤即位做了皇帝,国号叫宋,定都东京(今河南开封)。历史上称为北宋。赵匡胤就是宋太祖。经过五十多年混战的五代时期,宣告结束。

全无心肝

南朝陈后主陈叔宝在亡国后被俘到长安,隋文帝对他比较优待,不在他面前演奏

吴地的乐曲，以防止他听到后引发亡国之痛。不料，后来看守陈后主的官员报告隋文帝说，陈后主想得到一个官号，隋文帝便说："叔宝全无心肝。"

成语练习

1. 请把下面带"一"字的成语补充完整。

一见（　）（　）　　一蹶（　）（　）　　一本（　）（　）

一臂（　）（　）　　一败（　）（　）　　一笔（　）（　）

一尘（　）（　）　　一成（　）（　）　　一触（　）（　）

一发（　）（　）　　一筹（　）（　）　　一锤（　）（　）

一笑（　）（　）　　一日（　）（　）　　一念（　）（　）

2. 请在下面的括号里填上正确的颜色词。

颠倒（　）（　）　　灯（　）酒（　）　　（　）叶题诗

（　）气东来　　　（　）墨登场　　　（　）（　）皂白

月（　）风清　　　（　）绶（　）章　　　（　）出于（　）

（　）头土脸　　　（　）肥（　）瘦　　　（　）粱一梦

（　）妆玉琢　　　姹（　）嫣（　）　　　万念俱（　）

第二步

成语接龙

牖中窥日	日积月累	累瓦结绳	绳锯木断	断发文身	身体力行
行不胜衣	衣不完采	采兰赠药	药石之言	言传身教	教一识百
百花齐放	放任自流	流星赶月	月下老人	人杰地灵	灵机一动
动魄惊心	心慈面软	软红香土	土龙刍狗	狗彘不若	若即若离
离群索居	居安思危	危如累卵	卵与石斗	斗转星移	移山倒海

成语解释

牖中窥日：牖，窗户。从窗内看太阳，较为显著。比喻学识浅的人成见少，易于接受新的知识。

日积月累：一天一天地、一月一月地不断积累。指长时间不断地积累。

累瓦结绳：比喻没有用的言辞。

绳锯木断：用绳当锯子，也能把木头锯断。比喻力量虽小，只要坚持下去，事情就能成功。

断发文身：剪短头发，身上刺着花纹。是古代某些民族的风俗。

身体力行：身，亲身；体，体验。亲身体验，努力实行。

行不胜衣：衣服都禁受不起，比喻体力衰弱。

衣不完采：衣服不全是彩色的。比喻衣着朴素。

采兰赠药：兰，兰花，花味清香；药，芍药。比喻男女互赠礼物，表示相爱。

药石之言：药石，治病的药物和砭石，泛指药物。比喻劝人改过的话。

言传身教：言传，用言语讲解、传授；身教，以行动示范。既用言语来教导，又用行动来示范。指行动起模范作用。

教一识百：形容具有特殊的才能、智慧。

百花齐放：形容百花盛开，丰富多彩。比喻各种不同形式和风格的艺术自由发展。也形容艺术界的繁荣景象。

放任自流：自流，无人引导地自由发展。听凭自然的发展而不管不问。

流星赶月：像流星追赶月亮一样。形容行动迅速。

月下老人：原指主管婚姻的神仙。后泛指媒人。简称"月老"。

人杰地灵：杰，杰出；灵，好。指杰出的人降生或到过，其地也就成了名胜之区。

灵机一动：灵机，灵活的心思。急忙中转了一下念头。多指临时想出了一个办法。

动魄惊心：使人神魂震惊。原指文辞优美，意境深远，使人感受极深，震动极大。后常形容使人十分惊骇紧张到极点。

心慈面软：形容为人和善。

软红香土：形容都市的繁华。

土龙刍狗：泥土捏的龙，稻草扎的狗。比喻名不副实。

狗彘（zhì）不若：彘，猪。连猪狗都不如。形容品行卑劣到连猪狗都不如的程度。

若即若离：若，好像；即，接近。好像接近，又好像不接近。形容对人保持一定距离。形容事物含混不清。

离群索居：索，孤单。离开集体或群众，过孤独的生活。

居安思危：居，处于；思，想。虽然处在平安的环境里，也想到有出现危险的可能。指随时有应付意外事件的思想准备。

危如累卵：比喻形势非常危险，如同堆起来的蛋，随时都有塌下打碎的可能。

卵与石斗：鸡蛋碰石头。比喻自不量力，一定失败。

斗转星移：星斗变动位置。指季节或时间的变化。

移山倒海：搬动大山，翻倒大海。比喻人类改造自然的巨大力量和雄伟气概。

成语故事

牖中窥日

南朝宋刘义庆在《世说新语·文学》中说："北人看书，如显处视月，南人学问，如牖中窥日。"

褚季野对孙安国说："北方人做学问，渊深广阔而博杂。"孙安国回答道："南方人做学问，清明通达而简洁扼要。"高僧支道林听后说："圣贤妄言姑不论。以中等人来说，北方人看书，恰如在明处看月亮，南方人做学问好似在窗口看太阳。"

月下老人

唐朝时有个名叫韦固的人，他到宋城去旅行，住宿在南店里。一天晚上，韦固走出南店，看到斜月下有一个老人靠着一个布袋，坐在阶梯上，借着月色看书，韦固便好奇地走近。老人告诉韦固，那书记载着天下男女的姻缘，布袋里的红绳，是用来系住有缘男女的脚，将来会结成夫妻。老人还告诉韦固，他将来的妻子是市场卖菜盲妇怀里的三岁小女孩。韦固听了很不高兴，觉得盲妇的小女孩根本配不上自己。韦固气得找人刺杀小女孩，但那人一时失手，只在小女孩眉心划了一刀。转眼过了十四年，韦固娶了相州刺史王泰的掌上明珠，人长得很美，只是眉间常贴着一片花子，连沐浴时都不曾拿掉。韦固觉得很奇怪，于是便逼问妻子，妻子说："小时候奶娘抱着我去市场时，被一个狂贼刺杀，留下一个刀痕，所以用花子遮盖。"韦固听了，突然想到十四年前的往事，便紧张地问说："那奶娘是不是一个失明的妇人？"妻子答说："是啊！"韦固惊讶不已，想到当年月下老人说的话，深觉男女的姻缘，果真是上天注定，没有人可以改变。此事传到宋城，宋城的地方官即将南店题为"定婚店"。因为故事中的月下老人正是掌管人间姻缘的人，所以后来"月下老人"这句成语就从这里演变而出，用来指主管男女婚姻的神。亦借指媒人。

成语练习

1. 请把下面的叠字成语补充完整。

隐隐（　）（　）　　营营（　）（　）　　影影（　）（　）

病病（　）（　）　　　安安（　）（　）　　　白白（　）（　）

抽抽（　）（　）　　　大大（　）（　）　　　风风（　）（　）

服服（　）（　）　　　鼓鼓（　）（　）　　　卿卿（　）（　）

2. 歇后语连线。

癞蛤蟆想吃天鹅肉　　　　　　　此起彼伏

被打败的公鸡　　　　　　　　　好高骛远

按下葫芦浮起瓢　　　　　　　　捷足先登

骑上马背想飞天　　　　　　　　痴心妄想

进了地府再伤心　　　　　　　　藕断丝连

爬山比赛第一名　　　　　　　　垂头丧气

钝刀子切藕　　　　　　　　　　后悔莫及

第三步

成语接龙

海水群飞	飞短流长	长治久安	安之若素	素昧平生	生栋覆屋
屋如七星	星罗棋布	布鼓雷门	门到户说	说三道四	四平八稳
稳扎稳打	打牙犯嘴	嘴直心快	快步流星	星火燎原	原原本本
本末倒置	置若罔闻	闻风丧胆	胆小如鼠	鼠窜狼奔	奔走相告
告朔饩羊	羊狠狼贪	贪污腐化	化为乌有	有备无患	患难之交

成语解释

海水群飞：比喻国家不安宁。

飞短流长：飞、流，散布；短、长，指是非、善恶。指散播谣言，中伤他人。

长治久安：治，太平；安，安定。形容国家长期安定、巩固。

安之若素：安，安然，坦然；之，代词，指人或物；素，平常。安然相处，和往常一样，不觉得有什么不合适。

素昧平生：昧，不了解；平生，平素、往常。彼此一向不了解。指与某人从来不认识。

生栋覆屋：造房子用新伐的木头做屋梁，木头容易变形，房屋容易倒塌。比喻祸由自取。

屋如七星：形容住房破漏。

星罗棋布：罗，罗列；布，分布。像天空的星星和棋盘上的棋子那样分布着。形容数量很多，分布很广。

布鼓雷门：布鼓，布蒙的鼓；雷门，古代浙江会稽的城门名。在雷门前击布鼓。比喻在能手面前卖弄本领。

门到户说：到各家各户宣传解说。

说三道四：形容不负责任地胡乱议论。

四平八稳：原形容身体各部位匀称、结实。后常形容说话做事稳当。也形容做事只求不出差错，缺乏积极创新精神。

稳扎稳打：扎，安营。稳当而有把握地打击敌人。比喻有把握、有步骤地工作。

打牙犯嘴：比喻乱开玩笑。

嘴直心快：性情直爽，有话就说。

快步流星：形容步子跨得大，走得快。

星火燎原：一点儿小火星可以把整个原野烧起来。常比喻新生事物开始时力量虽然很小，但有旺盛的生命力，前途无限。

原原本本：从头到尾按原来的样子。指详细叙述事情的全部起因和整个过程，一点不漏。

本末倒置：本，树根；末，树梢；置，放。比喻把主次、轻重的位置弄颠倒了。

置若罔闻：放在一边，好像没有听见似的。指不予理睬。

闻风丧胆：丧胆，吓破了胆。听到风声，就吓得丧失了勇气。形容对某种力量非常恐惧。

胆小如鼠：胆子小得像老鼠。形容非常胆小。

鼠窜狼奔：形容狼狈逃跑的情景。

奔走相告：指有重大的消息时，人们奔跑着相互转告。

告朔饩（xì）羊：原指鲁国自文公起不亲自到祖庙告祭，只杀一只羊应付一下。后比喻照例应付，敷衍了事。

羊狠狼贪：狠，凶狠。原指为人凶狠，争夺权势。后比喻贪官污吏的残酷剥削。

贪污腐化：利用职权，非法取得财物，过着奢侈糜烂的生活。

化为乌有：乌有，哪有，何有。变得什么都没有。指全部消失或完全落空。

有备无患：患，祸患，灾难。事先有准备，就可以避免祸患。

患难之交：交，交情，朋友。在一起经历过艰难困苦的朋友。

 成语故事

有备无患

春秋时期，有一个英明的君主叫晋悼公。他有一个部下叫司马魏绛，也是一个执法严明的好官。有一次，晋悼公的弟弟杨干的座车扰乱了军阵，魏绛就把替杨干赶车的仆人斩首示众。杨干跑去向晋悼公哭诉："哥，魏绛实在太目中无人了，连王室都敢侮辱。"晋悼公听了很生气："这个魏绛太无礼了，居然让我的弟弟受到侮辱，我一定要杀了魏绛，替我弟弟出这口气，来人呀！去把魏绛抓来。"

另一个大臣羊舌赤听到了，马上向晋悼公说："大王，魏绛是个忠臣，如果是他做错了，他绝对不会逃避责任的。"话还没说完，魏绛就到了宫外，他呈给晋悼公一封奏书，然后就拔出佩剑准备自刎。卫兵看到了，立即劝魏绛："您先不要自杀呀！等大王看了奏书再说。"晋悼公看完了魏绛的奏书说："原来是我弟弟杨干不对，我错怪魏绛了。"晋悼公连鞋子都来不及穿就急忙跑出宫外，把正准备自杀的魏绛扶起来道："都是我的过失，不关你的事呀！"从此以后，晋悼公对魏绛更加信任，还叫他去训练新军。

有一天，北方的戎族来向晋国献礼，请求晋国能和戎族和睦相处。晋悼公说："戎族没什么情义，又贪心，不如把它攻下来吧！"魏绛马上劝晋悼公说："戎狄既然来求和，就是我们晋国之福，何必去攻打它呢？"晋悼公听了魏绛的话，就和戎族和平相处，从此断了北方的外患，专心地治理国事。过了几年，晋国在魏绛的辅助下，愈来愈强大。有一次郑国出兵去侵犯宋国，宋国向晋国求救，晋悼公马上召集了鲁、卫、齐、曹等十一个国家的军队，由魏绛率领，把郑国的都城团团围住，逼郑国停止侵略宋国，郑国害怕了，就和宋、晋、齐等十二国签订合约。

楚国看到郑国和宋、晋、齐等十二国签订了合约，非常不高兴，便出兵去攻打郑国。郑国无法抵抗强大的楚兵，只好又和楚国签订合约。北方十二国知道了，就又出兵攻打郑国，郑国没有办法，便派使臣来向晋国求和。晋国答应平息战争，郑国为了要感谢晋国，就送了大批的珍宝、歌女等。晋悼公把一半歌女要赐给魏绛，魏绛不但不要，还劝晋悼公说："大王，居安思危，思则有备，有备则无患。"晋悼公一听，觉得魏绛说得很对！于是把歌女送还给郑国。

之后，晋悼公在魏绛的帮助下，顺利地完成了晋国的霸业。后来的人用"有备无患"形容做事情有了万全的准备，就不怕任何突发的状况，可以避免失败了。

成语练习

1.猜一猜，下列谜语的谜底都是成语，请把它补充完整。

二四六八十——无（　）有（　）

个个记在心——（　）有成（　）

滑冰好处多——（　）之大（　）

糖果广告——（　）言（　）语

出门说再见——在（　）不（　）

陶渊明独酌——（　）我（　）醉

举重比赛——（　）（　）计较

2.请把下面互为近义词的成语补充完整。

（　）财如（　）——（　）（　）不拔

（　）之若素——随遇（　）（　）

按（　）就（　）——循（　）渐（　）

本末（　）（　）——（　）本（　）末

（　）（　）皆是——（　）（　）皆是

别具（　）（　）——别开（　）（　）

第四步

成语接龙

交淡若水	水过鸭背	背城借一	一塌糊涂	涂脂抹粉	粉白黛黑
黑白分明	明目张胆	胆战心惊	惊心吊胆	胆大心小	小廉曲谨
谨毛失貌	貌似强大	大璞不完	完事大吉	吉光片羽	羽毛未丰
丰衣足食	食肉寝皮	皮相之见	见笑大方	方便之门	门当户对
对酒当歌	歌舞升平	平白无故	故入人罪	罪该万死	死灰复燃

成语解释

交淡若水：指道义上的往来。

水过鸭背：比喻事过之后没有留下一点痕迹。

背城借一：背，背向；借，凭借；一，一战。在自己城下和敌人决一死战。多指决定存亡的最后一战。

一塌糊涂：形容混乱或败坏到了不可收拾的程度。

涂脂抹粉：脂，胭脂。搽胭脂抹粉。指妇女打扮。也比喻为遮掩丑恶的本质而粉饰打扮。

粉白黛黑：粉白，在脸上搽粉，使脸更白；黛黑，画眉毛，使眉毛更黑。泛指女子的妆饰。

黑白分明：黑色与白色对比鲜明。比喻是非界限很清楚。也形容字迹、画面清楚。

明目张胆：明目，睁亮眼睛；张胆，放开胆量。原指有胆识，敢作敢为。后形容公开放肆地干坏事。

胆战心惊：战，发抖。形容非常害怕。

惊心吊胆：形容十分害怕或担心。

胆大心小：形容办事果断，考虑周密。

小廉曲谨：细微的廉洁谨慎。指注意小节而不识大体。

谨毛失貌：原指绘画时小心地画出了细微而无关紧要之处，却忽略了整体面貌。后用以比喻注意了小处而忽略了大处。

貌似强大：表面好像强大，实际却很虚弱。

大璞不完：指玉既经雕琢，就失去了天然的形态。旧时比喻读书人做了官，丧失了原来的志向。

完事大吉：指事情结束了。

吉光片羽：吉光，古代神话中的神兽名；片羽，一片毛。比喻残存的珍贵文物。

羽毛未丰：丰，丰满。指小鸟没长成，身上的毛还很稀疏。比喻年纪轻，经历少，不成熟或力量还不够强大。

丰衣足食：足，够。穿的吃的都很丰富充足。形容生活富裕。

食肉寝皮：割他的肉吃，剥他的皮睡。形容对敌人的深仇大恨。

皮相之见：肤浅的看法。

见笑大方：指让内行人笑话。

方便之门：方便，本佛家语，指灵活对待。原是佛教指引人入教的门径，后指给人方便的门路。

门当户对：旧时指男女双方的社会地位和经济情况相当，结亲很适合。

对酒当歌：对着酒应该放声高唱。原意是人生时间有限，应该有所作为。后也用来指及时行乐。

歌舞升平：升平，太平。边歌边舞，庆祝太平。有粉饰太平的意思。

平白无故：平白，凭空；故，缘故。指无缘无故。

故入人罪：故意把罪名加于人。

罪该万死：万死，处一万次死刑。形容罪恶极大。

死灰复燃：冷灰重新烧了起来。原比喻失势的人重新得势。现常比喻已经消失了的恶势力又重新活动起来。

成语故事

对酒当歌

成语"对酒当歌"出自曹操的《短歌行》：

对酒当歌，人生几何？譬如朝露，去日苦多。

慨当以慷，忧思难忘。何以解忧，唯有杜康。

青青子衿，悠悠我心。但为君故，沉吟至今。

呦呦鹿鸣，食野之苹。我有嘉宾，鼓瑟吹笙。

明明如月，何时可掇？忧从中来，不可断绝。

越陌度阡，枉用相存。契阔谈宴，心念旧恩。

月明星稀，乌鹊南飞。绕树三匝，何枝可依？

山不厌高，海不厌深。周公吐哺，天下归心。

此外，北宋柳咏的《蝶恋花》也用到了"对酒当歌"一词：

伫倚危楼风细细，望极春愁，黯黯生天际。

草色烟光残照里，无言谁会凭阑意？

拟把疏狂图一醉，对酒当歌，强乐还无味。

衣带渐宽终不悔，为伊消得人憔悴。

死灰复燃

韩安国，字长孺，汉时睢（suī）阳人，原在汉景帝之弟梁孝王刘武手下当差，很得梁王信任。后来因事被捕，关押在蒙地监狱中，梁王多方设法，一时未能使他获释。狱吏田甲以为韩安国失势，常常借故凌辱他。韩安国怒道："你把我看成熄了火头的灰烬。难道死灰就不会复燃吗？"田甲嘿嘿一笑，说道："倘若死灰复燃，我就撒尿浇灭它！"韩安国气得说不出话来。不久，韩安国入狱的事引起太后关注。原来韩安国曾出力调解过景帝和梁王之间的矛盾，使失和的兄弟重归于好，太后为此十分看重韩安国，亲自下诏要梁王起用安国。韩安国被释放，做了梁孝王的内史。狱吏田甲怕他报复，连夜逃走。韩安国听说狱吏逃亡，故意扬言说，田甲如不赶快回来，就宰了他一家老小。田甲只好回来向韩安国请罪。韩安国讽刺他道："现在死灰复燃，你可以撒尿了。"田甲吓得面无人色，连连磕头求饶。"起来吧。像你这样的人，才不值得我报复！"韩安国面无怒色，并无惩罚田甲之意。田甲大感意外，更加觉得无地自容。

成语练习

1. 成语连用，请根据已给出的成语填空，使意思连贯。

路见不平，（　）（　）相助　　　心事重重，郁郁（　）（　）

内外交困，危机（　）（　）　　　十恶不赦，（　）（　）余辜

朝思暮想，牵（　）挂（　）　　　枝繁叶茂，（　）（　）勃勃

2. 请根据下面的提示写出正确的成语。

画画，竹子，胸口　　　_____

嘴甜，肚子，宝剑　　　_____

裁缝，嫁衣，别人的　　_____

排序，功劳，奖赏　　　_____

着急，着火了，眉毛　　_____

井，扔石头，陷害　　　_____

第五步

成语接龙

燃眉之急　急不暇择　择善而从　从心所欲　欲擒故纵　纵虎归山
山栖谷隐　隐忍不言　言之凿凿　凿壁偷光　光复旧物　物腐虫生
生不逢时　时不再来　来者可追　追本穷源　源源而来　来者不善

善善恶恶　恶语中伤　伤心惨目　目不暇接　接踵而来　来日大难
难以置信　信口雌黄　黄道吉日　日下无双　双瞳剪水　水火无情

成语解释

燃眉之急：燃，烧。火烧眉毛那样紧急。形容事情非常急迫。

急不暇择：在紧急的情况下来不及选择。

择善而从：从，追随，引申为学习。指选择好的学，按照好的做。

从心所欲：按照自己的意思，想怎样便怎样。

欲擒故纵：擒，捉；纵，放。故意先放开他，使他放松戒备，充分暴露，然后再把他捉住。

纵虎归山：把老虎放回山去。比喻把坏人放回老巢，留下祸根。

山栖谷隐：栖息于山中，汲取山谷的泉水来喝。形容隐居生活。

隐忍不言：隐忍，勉强忍耐，把事情藏在心里。把事情藏在心里不说。

言之凿凿：凿凿，确实。形容说得非常确实。

凿壁偷光：原指西汉匡衡凿穿墙壁引邻舍之烛光读书。后形容家贫而读书刻苦。

光复旧物：光复，恢复；旧物，旧有的东西。指收复曾被敌人侵占的祖国山河。

物腐虫生：东西腐烂了才会生虫。比喻祸患的发生，总有内部的原因。也比喻本身有了弱点，别人才能乘机打击。

生不逢时：生下来没有遇到好时候。旧时指命运不好。

时不再来：时，时机。时机错过就不会再来了。指行事不要放过时机。

来者可追：可追，可以补救。过去的事已无法挽回，但是未来的事还来得及赶上。

追本穷源：穷，寻求到尽头。追究事情发生的根源。

源源而来：原指诸侯相继朝觐一辈子。后形容接连不断地到来。

来者不善：善，亲善，友好。强调来人不怀好意，要警惕防范。

善善恶恶：称赞善事，憎恶坏事。形容人区别善恶，爱憎分明。

恶语中伤：中伤，攻击和陷害别人。用恶毒的话污蔑、陷害人。

伤心惨目：伤心，使人心痛；惨目，惨不忍睹。形容非常悲惨，使人不忍心看。

目不暇接：指东西多，眼睛都看不过来。

接踵（zhǒng）而来：指人们前脚跟着后脚，接连不断地来。形容来者很多，络绎不绝。

来日大难：表示前途困难重重。

难以置信：不容易相信。

信口雌黄：信，任凭，听任；雌黄，即鸡冠石，黄色矿物，用做颜料。古人用黄纸写字，写错了，用雌黄涂抹后改写。比喻不顾事实，随口乱说。

黄道吉日：迷信的人认为可以办事的吉利日子。

日下无双：京城无人可比。比喻才能出众。

双瞳剪水：瞳，瞳孔，指眼睛。形容眼睛清澈明亮。

水火无情：指水和火是不讲情面的，如疏忽大意，容易造成灾祸。

 成语故事

黄道吉日

唐宣宗年间，有个书生名叫吉日，在学堂念书时认识了个姓陈的小姐，两人十分要好。

到了二十岁，吉日央媒人到陈家说亲，陈家见吉日聪明诚实，就欣然答应了。吉日知道后很高兴，对自己的好友黄道说了这件事，并告诉他结婚的日子。黄道说："不好，这一天刚好皇帝的兵马挑美女，你还是带上陈小姐到外边逃几天吧！"吉日不听相劝，照样在这一天办喜事。新娘还未上轿，皇帝的兵马见她美貌无比，就把吉日打昏在地，要把新娘子抢走。黄道见了非常气愤，冲上去想救回新娘，官兵见有人竟敢要夺回新娘，就把黄道围了起来。黄道拼命和官兵搏斗，救下新娘，自己却因流血过多而死。大家万分悲痛，隆重地安葬了黄道。

几年后，吉日考中了状元，一天，宣宗皇帝又要派兵马到民间选美女，吉日知道后，到金銮殿上阻拦，宣宗大怒，叫武士把吉日推到午门斩首，人们为了纪念吉日保护百姓的功绩，就把他埋在黄道墓旁。从那以后，百姓办婚事，都到黄道和吉日墓前举行。

后来，由于不便，结婚的人们不再到黄道、吉日的墓前举行婚礼了，就将结婚的日子择为黄道吉日，以示对黄道和吉日的纪念。后来黄道吉日成为一个成语，泛指好日子。

 **成语练习**

1. 请根据下面的俗语补充成语。

跳进黄河洗不清。——百口（　）（　）

百足之虫，死而不僵。——百（　）（　）僵

出淤泥而不染。——冰（　）玉（　）

人老性不改。——（　）性难（　）

天高皇帝远。——（　）（　）莫及

上知天文，下晓地理。——（　）闻（　）识

2. 请把下面的成语补充完整。

闻（　）（　）闻　　神（　）（　）神　　贼（　）（　）贼

痛（　）（　）痛　　举（　）（　）举　　微（　）（　）微

精（　）（　）精　　床（　）（　）床　　防（　）（　）防

国（　）（　）国　　冠（　）（　）冠　　话（　）（　）话

第六步

 成语接龙

情至意尽　　尽如人意　　意气风发　　发号施令　　令人作呕　　呕心沥血

血气方刚　　刚直不阿　　阿谀逢迎　　迎头赶上　　上下其手　　手不释卷

卷土重来　　来情去意　　意在笔先　　先意承志　　志士仁人　　人寿年丰

丰亨豫大　　大言不惭　　惭凫企鹤　　鹤立鸡群　　群鸿戏海　　海晏河清

清浊同流　　流年似水　　水月镜花　　花朝月夜　　夜长梦多　　多藏厚亡

成语解释

情至意尽：指对人的情谊已经到极点。

尽如人意：尽，全；如，依照，符合。事情完全符合人的心意。

意气风发：意气，意志和气概；风发，像风吹一样迅猛。形容精神振奋，气概豪迈。

发号施令：号，号令；施，发布。发布命令。现在也用来形容指挥别人。

令人作呕：呕，恶心，想吐。比喻使人极端厌恶。

呕心沥血：沥，一滴一滴。比喻用尽心思。多形容为事业、工作、文艺创作等用心的艰苦。

血气方刚：血气，精力；方，正；刚，强劲。形容年轻人精力正旺盛。

刚直不阿：阿，迎合，偏袒。刚强正直，不逢迎，无偏私。

阿谀（yú）逢迎：阿谀，用言语恭维别人；逢迎，迎合别人的心意。奉承，拍马，讨好别人。

迎头赶上：迎，向着；头，走在前面的。加紧追上最前面的。

上下其手：比喻玩弄手法，串通作弊，颠倒是非。

手不释卷：释，放下；卷，指书籍。书本不离手。形容勤奋好学。

卷土重来：卷土，人马奔跑时尘土飞卷。比喻失败之后，重新恢复势力。

来情去意：事情的内容和原因。

意在笔先：指写字画画，先构思成熟，然后下笔。

先意承志：指孝子不等父母开口就能顺父母的心意去做。后指揣摸人意，谄媚逢迎。

志士仁人：原指仁爱而有节操，能为正义牺牲生命的人。现在泛指爱国而为革命事业出力的人。

人寿年丰：人长寿，年成也好。形容太平兴旺的景象。

丰亨豫大：形容富足兴盛的太平安乐景象。

大言不惭：说大话，不感到难为情。

惭凫（fú）企鹤：比喻惭愧自己的短处，羡慕别人的长处。

鹤立鸡群：像鹤站在鸡群中一样。比喻一个人的仪表或才能在周围一群人里显得很突出。

群鸿戏海：鸿，鸿雁；海，指大湖。像许多飞鸿在大湖里游戏一样。形容书法遒劲灵活。

海晏河清：晏，平静。黄河水清了，大海没有浪了。比喻天下太平。

清浊同流：清水和浊水一渠同流。形容美丑、善恶混杂，好坏不分。

流年似水：流年，光阴。形容时间一去不复返。

水月镜花：水中月，镜中花。比喻虚幻景象。

花朝月夜：有鲜花的早晨，有明月的夜晚。指美好的时光和景物。旧时也特指农历二月十五和八月十五。

夜长梦多：比喻时间一拖长，情况可能发生不利的变化。

多藏厚亡：厚，大；亡，损失。指积聚很多财物而不能周济别人，引起众人的怨恨，最后会损失更大。

成语故事

呕心沥血

唐朝著名的诗人李贺，七岁就开始写诗做文章，才华横溢。成年后，他一心希望朝廷能重用他，但是，他在政治上从来没有得志过，只好把这苦闷的心情倾注在诗歌的创作上。他每次外出，都让书童背一个袋子，只要一有灵感，想出几句好诗，他就马上记下来，回家后再重新整理、提炼。母亲总是心疼地说："我的儿子已把全部的精力和心血放在写诗上了，真是要把心呕出来才罢休啊！"

李贺在他短暂的二十六年生涯中，留下了二百四十余首诗歌，这是他用毕生的心血凝成的。唐代文学家韩愈，曾写过这样两句诗："刳（kū）肝以为纸，沥血以书辞。"即是说挖出心肝来当纸，滴出血来写文章。

后来人们常用"呕心沥血"比喻极度劳心苦思。

上下其手

春秋楚襄王二十六年。楚国出兵侵略郑国。当时的楚国很强大，弱小的郑国实在没有能力抵抗，最后，郑国遭遇到战败的厄运，郑将皇颉也被楚将穿封戌（xū）俘虏了。战事结束后，楚王之弟公子围也在军中，他想冒认俘获皇颉的功劳，说郑国的皇颉是由他俘获的，于是穿封戌和公子围二人发生争执，彼此都不肯让步，最后两人闹到了楚王面前，都说皇颉是自己俘获的，楚王一时也没有办法解决，便请伯州犁出来判定这是谁的功劳。

伯州犁的解纷办法本是很公正的，他说要知道这是谁的功劳，最好是问问被俘的皇颉。

楚王觉得很有道理，公子围和穿封戌也都同意，原来公子围事先已经警告过皇颉，让他承认是被自己俘虏的。等侍卫把皇颉带来后，伯州犁便向他说明原委，接着一手指着上面，一手指着楚公子围，说："这是国君的弟弟。"然后又一手指着下面一手指着穿封戌，说："这是将军。"问他是被谁俘获的。皇颉本就是一个狡猾的人，又因被穿封戌俘虏，很是恨他，便说是被公子围所俘虏。于是，楚王便判定这是公子围的功劳。

成语"上下其手"就来源于此，比喻玩弄手法，串通作弊。

成语练习

1. 请将成语和与其有关的人物连线。

退避三舍　　　　赵括

纸上谈兵　　　　蔡桓公

负荆请罪　　　　勾践

讳疾忌医　　　　重耳

卧薪尝胆　　　　廉颇

2. 请根据下面这首诗补充成语。

梅花

宋·王安石

墙角数枝梅，凌寒独自开。

遥知不是雪，为有暗香来。

芒（　）色正　　　绝世（　）立　　　志气（　）云

（　）附叶连　　　（　）妻鹤子　　　童牛（　）马

（　）米量柴　　　逍（　）（　）在　　笑逐颜（　）

祸起萧（　）　　　明（　）（　）往　　困知（　）行

断（　）零玉　　　（　）操冰心　　　（　）期不（　）

言必（　）中　　　师心自（　）

第七步

成语接龙

亡命之徒　　徒托空言　　言重九鼎　　鼎新革故　　故作高深

虚张声势　　势倾天下　　下里巴人　　人才济济　　济困扶危　　危言危行

行云流水　　水泄不通　　通力合作　　作威作福　　福无双至　　至高无上

上雨旁风　　风情月债　　债多不愁　　愁眉锁眼　　眼高手低　　低三下四

四大皆空　　空前绝后　　后生可畏　　畏葸不前　　前车之鉴　　鉴往知来

成语解释

亡命之徒：指逃亡的人。也指冒险犯法，不顾性命的人。

徒托空言：把希望寄托于空话。指只讲空话，而不实行。

言重九鼎：形容说话有分量。

鼎新革故：旧指朝政变革或改朝换代。现泛指除掉旧的，建立新的。

故作高深：本来并不高深，故意装出高深的样子。多指文章故意用些艰深词语，掩饰内容的浅薄。

深藏若虚：虚，无。把宝贵的东西藏起来，好像没有这东西一样。比喻人有真才实学，但不爱在人前卖弄。

虚张声势：张，铺张，夸大。假装出强大的气势。指假造声势，借以吓人。

势倾天下：形容权势极大，压倒一切人。

下里巴人：原指战国时代楚国民间流行的一种歌曲。比喻通俗的文学艺术。

人才济济：济济，众多的样子。形容有才能的人很多。

济困扶危：济、扶，帮助。救济贫困的人，扶助有危难的人。

危言危行：危，正直。说正直的话，做正直的事。

行云流水：形容文章自然不受约束，就像漂浮着的云和流动着的水一样。

水泄不通：泄，排泄。像是连水也流不出去。形容拥挤或包围得非常严密。

通力合作：通力，一起出力。不分彼此，一齐出力。

作威作福：原意是只有君王才能独揽权威，行赏行罚。后泛指凭借职位，滥用权力。

福无双至：指幸运的事不会接连到来。

至高无上：至，最。高到顶点，再也没有更高的了。

上雨旁风：形容家里贫穷，房屋破旧。

风情月债：比喻有关男女恋爱的事情。

债多不愁：债欠多了反而不忧愁。比喻困难成堆，认为反正一时解除不了，也就不去愁它了。

愁眉锁眼：锁，紧皱。愁得紧皱眉头，眯起双眼。形容非常苦恼的样子。

眼高手低：眼力过高，手法过低。指要求的标准很高（甚至不切实际），但实际上自己也做不到。

低三下四：形容态度卑贱低下也指工作性质卑贱低下。

四大皆空：四大，古印度称地、水、火、风为"四大"。佛教用语。指世界上一切都是空虚的。是一种消极思想。

空前绝后：从前没有过，今后也不会再有。夸张性地形容独一无二。

后生可畏：后生，年轻人，后辈；畏，敬畏。年轻人是可敬畏的。形容青年人能超过前辈。

畏葸（xǐ）不前：畏惧退缩，不敢前进。

前车之鉴：鉴，镜子，引申为可作为警戒的事。前面车子翻倒的教训。比喻先前的失败，可以作为以后的教训。

鉴往知来：往，过去；来，未来。根据以往的情形便知道以后怎样发生变化。

成语故事

前车之鉴

贾谊是西汉杰出的政治家、文学家，从小就有"神童"之誉，十八岁起就名满天下，受到了汉文帝的重用，担任梁王太傅一职，在任期内，贾谊专心著书立说，将毕生才华倾注于文章中，流传千古的政论文《治安策》便是他这一时期的杰作。在这篇文章中，贾谊分析了秦王朝奸臣当道、实施暴政、由盛而衰的惨痛教训，总结说："前车之覆，后车之鉴。秦朝的失败应该引起我们足够的警惕呀！否则，我们也会重犯秦朝的错误，那太危险了！"汉文帝看了《治安策》后，对贾谊十分赞赏，并且采纳了文中的一些建议。

 **成语练习**

1. 请把下面意思相反的成语补充完整。

（　）（　）灿烂——（　）淡无（　）

釜底（　）（　）——抱（　）救（　）

难能（　）（　）——（　）（　）为奇

（　）衣（　）带——（　）钗（　）裙

（　）草不（　）——（　）长（　）飞

（　）无人（　）——车（　）马（　）

事不（　）（　）——（　）（　）相依

（　）雕（　）刻——粗（　）滥（　）

第八步

 成语接龙

来去分明	明白了当	当门抵户	户限为穿	穿壁引光	光前裕后
后起之秀	秀而不实	实与有力	力争上游	游刃有余	余波未平
平淡无奇	奇珍异宝	宝刀不老	老态龙钟	钟灵毓秀	秀才人情
情窦初开	开山祖师	师老兵破	破瓜之年	年富力强	强人所难
难解难分	分秒必争	争猫丢牛	牛鼎烹鸡	鸡犬不宁	宁缺毋滥

成语解释

来去分明：形容手续清楚或为人在财物方面不含糊。

明白了当：形容说话或做事干净利落。

当门抵户：指撑持门户。

户限为穿：户限，门槛；为，被。门槛都踩破了。形容进出的人很多。

穿壁引光：穿，凿通；引，引进。凿通墙壁，引进烛光。形容家贫读书刻苦。

光前裕后：光前，光大前业；裕后，遗惠后代。为祖先增光，为后代造福。形容人功业伟大。

后起之秀：后来出现的或新成长起来的优秀人物。

秀而不实：秀，庄稼吐穗开花；实，结果实。开花不结果。比喻只学到一点皮毛，实际并无成就。

实与有力：与，参与，在里面。确实在里边出了力。

力争上游：上游，河的上流，比喻先进的地位。努力奋斗，争取先进再先进。

游刃有余：刀刃运转于骨节空隙中，有回旋的余地。比喻工作熟练，有实际经验，解决问题毫不费事。

余波未平：指某一事件虽然结束了，可是留下的影响还在起作用。

平淡无奇：奇，特殊的。指事物或诗文平平常常，没有吸引人的地方。

奇珍异宝：珍异难得的宝物。

宝刀不老：比喻虽然年龄已大或脱离本行已久，但功夫技术并没减退。

老态龙钟：龙钟，行动不灵便的样子。形容年老体衰，行动不灵便。

钟灵毓（yù）秀：钟，凝聚，集中；毓，养育。凝聚了天地间的灵气，孕育着优秀的人物。指山川秀美，人才辈出。

秀才人情：秀才多数贫穷，遇有人情往来，无力购买礼物，只得裁纸写诗文。俗话说，秀才人情纸半张。表示馈赠的礼物过于微薄。

情窦（dòu）初开：窦，孔穴；情窦，情意的发生或男女爱情萌动。指刚刚懂得爱情。多指少女。

开山祖师：开山，指在名山创立寺院；祖师，第一代创业和尚。原指开创寺院的和尚。后借指某一事业的创始人。

师老兵破：指用兵的时间太长，兵士劳累，士气低落。

破瓜之年：瓜字可以分割成两个八字，所以旧诗文称女子十六岁时为"破瓜之年"。

年富力强：年富，未来的年岁多。形容年纪轻，精力旺盛。

强人所难：勉强人家去做他不能做或不愿做的事情。

难解难分：指双方争吵、斗争、比赛等相持不下，难以分开。有时也形容双方关系十分亲密，分不开。

分秒必争：一分一秒也一定要争取。形容抓紧时间。

争猫丢牛：为了争夺猫而丢了牛。比喻贪小失大。

牛鼎烹鸡：用煮一头牛的大锅煮一只鸡。比喻大材小用。

鸡犬不宁：宁，安宁。形容骚扰得厉害，连鸡狗都不得安宁。

宁缺毋（wù）滥：宁，宁愿；毋，不；滥，过度。选拔人才或挑选事物，宁可少一些，也不要不顾质量贪多凑数。

成语故事

后起之秀

东晋时，王忱在少年时代就显露出才气，很受亲友的推崇。他的舅父范宁，是当时著名的经济学家，对王忱也很器重，有著名文士拜访，他总让王忱到场接待。有一次，王忱去看望舅舅，遇到了比他早出名的张玄。舅舅要他俩交谈交谈。张玄早就听说王忱志趣不凡，很想与他谈谈。他年龄比王忱要大，自然希望王忱先给自己打招呼，就端端正正地坐着等候。不料，王忱见张玄这等模样，看不上眼，也默默坐着，一言不发。张玄见他这样，自己又放不下架子，对坐了一会，怏怏不乐地离去。

事后，范宁责备王忱说："张玄是吴中的优秀人才，你为什么不好好与他谈谈？"王忱傲慢地回答说："他要是真心想和我来往，完全可以来找我谈谈嘛。"范宁听了这话，倒反而称赞起外甥来了："你这样风流俊逸，真是后来的优秀人才。"王忱笑着回答说："没有您这样的舅舅，哪来我这样的外甥？"

牛鼎烹鸡

东汉末年，在陈留地方有位叫边让的人，很有名气。大将军何进便将他招来，命他做令史。朝廷的议郎蔡邕（yōng）听说边让在何进那里，心想："边让这个人才学不凡，应该做更高一些的官。"便亲自到何进家里去，劝说他把边让推荐出去，让他担任再大些的官。蔡邕说："我看边让这个人，真是才能超群呀，他聪明贤智，心通性达，非礼不动，非法不言，实在是难得的奇才呵。俗语说，'用煮牛的大锅来煮一只小鸡，水放多了，味道没了，就不好吃了；水放少了，则煮不熟，更不能吃了。'这说的是大器小用，所以是不相宜的。我现在忧虑的是，这个煮牛的大锅没有用来煮牛，希望将军仔细考虑一下，给边让一个施展才能的机会。"

成语练习

1. 成语选择题。

（1）成语"青红皂白"中的"皂"是指（　）

A 肥皂　　　　　　　B 黑色　　　　　　　C 皂荚

（2）成语"生财有道"中的"道"是指（　）

A 方法　　　　　　　B 道路　　　　　　　C 道理

（3）成语"守株待兔"中的"株"是指（　）

A 麦苗　　　　　　　B 露在外面的树根　　C 玉米秆

（4）月下老人手里拿的是（　）

A 红线　　　　　　　B 酒壶　　　　　　　C 拐杖

2. 请圈出下面成语中的错别字并写出正确的。

岁寒三有（　）　风齐云涌（　）　大刀阔釜（　）　然眉之急（　）

相倚为命（　）　作恶多瑞（　）　中西合壁（　）　望陈莫及（　）

解假归田（　）　火中取粟（　）　枯木缝春（　）　光怪路离（　）

第九步

成语接龙

滥竽充数　数黑论白　白璧无瑕　瑕不掩瑜　瑜百瑕一　一呼百应
应天顺民　民不聊生　生死相依　依然故我　我心如秤　秤平斗满
满面春风　风刀霜剑　剑拔弩张　张三李四　四不拗六　六马仰秣
秣马厉兵　兵不由将　将计就计　计无所出　出生入死　死气沉沉
沉鱼落雁　雁杳鱼沉　沉李浮瓜　瓜剖豆分　分甘共苦　苦中作乐

成语解释

滥竽充数：滥，失实的，假的。不会吹竽的人混在吹竽的队伍里充数。比喻无本

领的冒充有本领，次货冒充好货。

数黑论白：背后乱加评论，肆意诽谤别人。

白璧无瑕：洁白的美玉上面没有一点小斑。比喻人或事物完美无缺。

瑕不掩瑜：瑕，玉上面的斑点，比喻缺点；掩，遮盖；瑜，美玉的光泽，比喻优点。比喻缺点掩盖不了优点，缺点是次要的，优点是主要的。

瑜百瑕一：比喻优点多而缺点少。

一呼百应：一个人呼喊，马上有很多人响应。

应天顺民：应，适应，适合。顺应天命，合乎民心。

民不聊生：聊，依赖，凭借。指老百姓无以为生，活不下去。

生死相依：生死问题上互相依靠。形容同命运，共存亡。

依然故我：形容自己一切跟从前一样，没有变得更好。

我心如秤：表示自己处理事情极端公平。

秤平斗满：指做买卖规矩，不短斤少两。

满面春风：春风，指笑容。比喻人喜悦舒畅的表情。形容和蔼愉快的面容。

风刀霜剑：寒风像刀，严霜像剑。形容气候寒冷，刺人的肌肤。也比喻恶劣的环境。

剑拔弩张：张，弓上弦。剑拔出来了，弓张开了。原形容书法笔力遒劲。后多形容气势逼人，或形势紧张，一触即发。

张三李四：假设的名字，泛指某人或某些人。

四不拗（ǎo）六：指少数人拗不过多数人的意见。

六马仰秣：六马，古代天子驾车用六匹马；仰秣，马被琴声吸引，仰头欣赏。形容乐声美妙，连马都抬起头倾听，不吃饲料。

秣马厉兵：磨好兵器，喂好马。形容准备战斗。

兵不由将：比喻下级不服从上级的指挥。

将计就计：利用对方所用的计策，反过来对付对方。

计无所出：计，计策，办法。想不出什么办法。

出生入死：原意是从出生到死去。后形容冒着生命危险，不顾个人安危。

死气沉沉：形容气氛不活泼。也形容人精神消沉，不振作。

沉鱼落雁：鱼见之沉入水底，雁见之降落沙洲。形容女子容貌美丽。

雁杳（yǎo）鱼沉：比喻音信断绝。

沉李浮瓜：吃在冷水里浸过的瓜果。形容暑天消夏的生活。

瓜剖豆分：像瓜被剖开，豆从荚里裂出一样。比喻国土被人分割。

分甘共苦：同享幸福，分担艰苦。

苦中作乐：在困苦中勉强自寻欢乐。

成语故事

滥竽充数

古时候，齐国的国君齐宣王爱好音乐，尤其喜欢听吹竽，他手下有三百个善于吹竽的乐师。齐宣王喜欢热闹，爱摆排场，总想在人前显示自己做国君的威严，所以每次听吹竽的时候，总是叫这三百人在一起合奏给他听。

有个南郭先生听说了齐宣王的这个癖好，觉得有机可乘，是个赚钱的好机会，就跑到齐宣王那里去，吹嘘自己说："大王啊，我是个有名的乐师，听过我吹竽的人没有不被感动的，就是鸟兽听了也会翩翩起舞，花草听了也会合着节拍颤动，我愿把我的绝技献给大王。"齐宣王听得高兴，不加考察，很痛快地收下了他，把他也编进那支三百人的吹竽队中。

这以后，南郭先生就随那三百人一块儿合奏给齐宣王听，和大家一样拿优厚的薪水和丰厚的赏赐，心里得意极了。

其实南郭先生撒了个弥天大谎，他压根儿就不会吹竽。每逢演奏的时候，南郭先生就捧着竽混在队伍中，人家摇晃身体他也摇晃身体，人家摆头他也摆头，脸上装出一副动情忘我的样子，看上去和别人一样吹奏得挺投入，还真瞧不出什么破绽来。南郭先生就这样靠着蒙骗混过了一天又一天，不劳而获地白拿薪水。

可是好景不长，过了几年，爱听竽合奏的齐宣王死了，他的儿子齐湣王继承了王位。齐湣王也爱听吹竽，可是他和齐宣王不一样，认为三百人一块儿吹实在太吵，不如独奏来得悠扬逍遥。于是齐湣王发布了一道命令，要这三百人好好练习，做好准备，他将让这三百人轮流来一个个地吹竽给他欣赏。乐师们知道命令后都积极练习，想一展身手，只有滥竽充数的南郭先生急得像热锅上的蚂蚁，惶惶不可终日。他想来想去，觉得这次再也混不过去了，只好连夜收拾行李逃走了。

成语练习

1. 以"春"字开头的成语。

春风（　）（　）　　　春风（　）（　）　　　春风（　）（　）

春风（　）（　）　　　春风（　）（　）　　　春暖（　）（　）

春和（　）（　）　　　春树（　）（　）　　　春雨（　）（　）

春诵（　）（　）　　　春（　）秋（　）　　　春（　）秋（　）

春（　）秋（　）　　　春（　）秋（　）　　　春（　）秋（　）

2. 以"春"字结尾的成语。

（　）（　）回春　　　（　）（　）回春　　　（　）（　）回春

（ ）（ ）回春　　（ ）（ ）生春　　（ ）（ ）生春

（ ）（ ）逢春　　（ ）（ ）含春　　（ ）女（ ）春

（ ）脚（ ）春　　（ ）古（ ）春　　（ ）暖（ ）春

第十步

成语接龙

乐极生悲　悲天悯人　人言可畏　畏缩不前　前俯后仰　仰首伸眉

眉高眼低　低首下心　心乱如麻　麻木不仁　仁言利博　博士买驴

驴鸣犬吠　吠影吠声　声威大震　震古烁今　今非昔比　比肩继踵

踵决肘见　见钱眼开　开诚布公　公诸同好　好逸恶劳　劳师动众

众多非一　一室生春　春雨如油　油腔滑调　调虎离山　山崩钟应

成语解释

乐极生悲：高兴到极点时，发生使人悲伤的事。

悲天悯人：悲天，哀叹时世；悯人，怜惜众人。指哀叹时世的艰难，怜惜人们的痛苦。

人言可畏：人言，别人的评论，指流言蜚语；畏，怕。指在背后的议论或诬蔑的话很可怕。

畏缩不前：畏惧退缩，不敢前进。

前俯后仰：身体前后晃动。形容大笑或困倦得直不起腰的样子。

仰首伸眉：仰首，仰起头来；伸眉，舒展眉头。形容意气昂扬的样子。

眉高眼低：脸上的表情。泛指为人处世的道理或辨貌观色的本领。

低首下心：首，头；下心，屈服于人。形容屈服顺从。

心乱如麻：心里乱得像一团乱麻。形容心里非常烦乱。

麻木不仁：不仁，没有感觉。肢体麻痹，失去知觉。比喻对外界事物反应迟钝或

漠不关心。

仁言利博：博，多，广。指有仁德的人说一句话，别人就能得到很大的好处。

博士买驴：博士，古时官名。博士买了一头驴子，写了三纸契约，没有一个"驴"字。讥讽写文章长篇累牍而说不到点子上。

驴鸣犬吠：如同驴叫狗咬一般。形容文字言语拙劣。

吠影吠声：比喻跟在别人后面盲目附和。

声威大震：声势和威望急速增长，使人非常震动。

震古烁今：烁，光亮的样子。震动古代，显耀当世。形容事业或功绩非常伟大。

今非昔比：昔，过去。现在不是过去能比得上的。多指形势、自然面貌等发生了巨大的变化。

比肩继踵：比，挨着；踵，脚跟。肩挨着肩，脚跟着脚。形容人很多，很拥挤。

踵决肘见：决，裂开。整一整衣襟，胳臂肘露了出来，拔一拔鞋，脚后跟露了出来。形容非常贫穷。

见钱眼开：看到钱财，眼睛就睁大了。形容人贪财。

开诚布公：开诚，敞开胸怀，显示诚意。指以诚心待人，坦白无私。

公诸同好：公，公开；诸，之于；同好，爱好相同的人。指把自己所收藏的珍爱的东西拿出来，使有相同爱好的人都能欣赏。

好逸恶劳：逸，安逸；恶，讨厌、憎恨。贪图安逸，厌恶劳动。

劳师动众：劳，疲劳、辛苦；师、众，军队；动，出动，动员。原指出动大批军队。现指动用很多人力。

众多非一：指类别甚多，不止一种。

一室生春：整个房间里充满了愉快欢乐的气氛。

春雨如油：春雨贵如油。形容春雨可贵。

油腔滑调：形容说话轻浮油滑，不诚恳，不严肃。

调虎离山：设法使老虎离开原来的山冈。比喻用计使对方离开原来的地方，以便乘机行事。

山崩钟应：比喻同类事物相感应。

 成语故事

乐极生悲

战国时期，齐威王是个喜欢彻夜饮酒的君王，有一年楚军进攻齐国，他连忙派自己信得过的使节淳于髡去赵国求救。淳于髡不辜负齐王重托，到了赵国就请来了十万大军，吓退了楚军。齐威王十分高兴，立刻摆设酒宴请淳于髡喝酒庆贺。齐王高兴地问淳于髡："先生你要喝多少酒才会醉？"淳于髡一看这架势，知道齐王又要彻夜喝酒，必定要一醉方休。他想了想回答道："我喝一斗酒也醉，喝一石酒也醉。"齐王不解其意，淳于髡解释自己在不同场合、不同情况下酒量会变化："所以我得出一个结论，喝酒到了极点，就会酒醉而乱了礼节；人如果快乐到了极点，就可能要发生悲伤之事。所以，我看做任何事都是一样，超过了一定限度，则会走向反面了。"这一席话说得齐威王心服口服，当即痛快爽朗地表示接受淳于髡的劝告，今后不再彻夜饮酒作乐，改掉可能走向自己反面的恶习。"乐极生悲"成语由此而来。

 **成语练习**

1. 请在下面的空白处填上合适的成语，使句子通顺。

（1）这是一首脍炙人口的五言绝句，提起它，人们都_____。

（2）现在的家长多数都溺爱孩子，对孩子_____，不管他们要求的事情合不合理，家长们都会去做。

（3）他一说去爬山，大家全部同意，简直是_____啊。

（4）他不屑地说："你以为你是_____的诸葛亮啊，什么事都能预测到？"

（5）他就是一个_____的小人，跟墙头上的草一样，左右摇摆。

2. 请根据下面的要求写成语，每个至少写三个。

形容炎热的：_____

形容寒冷的：_____

形容疼痛的：_____

形容快乐的：_____

成语接龙

应运而生	生龙活虎	虎狼之势	势成骑虎	虎口余生	生老病死
死不悔改	改邪归正	正理平治	治国安民	民保于信	信及豚鱼
鱼贯而入	入不敷出	出入人罪	罪有应得	得过且过	过目不忘
忘其所以	以莛叩钟	钟鸣漏尽	尽人皆知	知难而退	退如山移
移天易日	日就月将	将信将疑	疑信参半	半吞半吐	吐哺握发
发愤图强	强聒不舍				

成语解释

应运而生：应，顺应；运，原指天命，泛指时机。旧指应天命而产生。现指适应时机而产生。

生龙活虎：形容活泼矫健，富有生气。

虎狼之势：形容极凶猛的声势。

势成骑虎：骑在老虎背上，要下来不能下来。比喻事情中途遇到困难，但迫于形势，想停止也停止不了。

虎口余生：老虎嘴里幸存下来的生命。比喻逃脱极危险的境地侥幸活下来。

生老病死：佛教指人的四苦，即出生、衰老、生病、死亡。今泛指生活中生育、养老、医疗、殡葬。

死不悔改：到死也不追悔、改正。形容非常顽固。

改邪归正：邪，不正当、不正派；归，回到。从邪路上回到正路上来，不再做坏事。

正理平治：指合乎正道的礼法规范，使社会安定有秩序。

治国安民：治，治理；安，安定。治理国家，安定人民。

民保于信：指执政的人有信还要有义，才能受到人民拥护。

信及豚鱼：及，达到；豚，小猪。信用及于小猪和鱼那样微贱的东西。比喻信用非常好。

鱼贯而入：像游鱼一样一个跟着一个地接连着走。形容一个接一个地依次序进入。

入不敷出：敷，够，足。收入不够支出。

出入人罪：指法庭裁判错误，把有罪的人认为无罪，把无罪的人认为有罪。

罪有应得：应，应该。按罪恶或错误的性质，理应得到这样的惩罚。

得过且过：且，暂且。只要能够过得去，就这样过下去。形容胸无大志。

过目不忘：看过就不忘记。形容记忆力非常强。

忘其所以：指因过分兴奋或得意而忘了应有的举止。

以莛（tíng）叩钟：莛，草茎。原意是钟的音量大，用草茎去敲，就不能使它发出应有的响声。后比喻学识浅薄的人向知识渊博的人请教。

钟鸣漏尽：漏，滴漏，古代计时器。晨钟已经敲响，漏壶的水也将滴完。比喻年老力衰，已到晚年。也指深夜。

尽人皆知：尽，全部，所有。人人都知道。

知难而退：原指作战要见机而行，不要做实际上无法办到的事。后泛指知道事情困难就后退。

退如山移：退却时像一座山在移动。比喻遇到变故，沉着镇静。

移天易日：易，更换。比喻野心家篡夺政权。

日就月将：就，成就；将，进步。每天有成就，每月有进步。形容精进不止。

将信将疑：将，且，又。有点相信，又有点怀疑。

疑信参半：指半信半疑。

半吞半吐：形容说话含糊不清，不直截了当。

吐哺握发：哺，口中咀嚼着的食物。吃饭时多次吐出口中的食物，洗头时多次把头发握在手中。比喻为了招揽人才而操心忙碌。

发愤图强：发愤：决心努力；图，谋求。决心奋斗，努力谋求强盛。

强聒（guō）不舍：聒，声音吵闹；舍，舍弃。形容别人不愿意听，还絮絮叨叨说个不停。

成语故事

钟鸣漏尽

田豫是三国时渔阳郡人。田豫帮公孙瓒（zàn）守东州县时，公孙瓒的部将王门背叛公孙瓒，为袁绍率领一万人来攻取东州。大家都很害怕，准备投降。田豫登上城楼对王门说："你受公孙将军厚待而离开他，一定有什么不得已的原因；今天却回来为贼人出力，由此可知你是个无情无义的人。即使只有提瓶打水才智的人，也知道守护自己的瓶子。我已经接受了公孙将军的任命，你为什么不马上来进攻？"王门羞愧地退走了。

田豫到南阳任太守。先前，郡里人侯音作乱，率领数千人在山中做盗匪，成为南阳的祸患。前任太守收捕了侯音的党羽五百余人，上表奏请全部处死。田豫召见那些囚犯，向他们表达朝廷的宽厚，给他们自新之路，打开刑具把他们全部放了。山里的盗匪知道了，一天之内便都散伙了。田豫上表奏明这件事，朝廷大加赞赏。

田豫七十岁时，朝廷升他为中郎将，领并州刺史。田豫多次请求退职，朝廷认为他身体很好，不同意。田豫说："过了七十岁还占据着官位，就像滴漏（古代夜间计时器）已经漏尽，晨钟已经敲响，却还夜行不休，这是对百姓在犯罪啊。"最终朝廷同意他辞去了职位。

 **成语练习**

1. 请把下面带"二"字的成语补充完整。

二八（　）（　）　　　二惠（　）（　）　　　二分（　）（　）

二龙（　）（　）　　　二三（　）（　）　　　二心（　）（　）

二话（　）（　）　　　二人（　）（　）　　　二（　）一（　）

二（　）之（　）　　　二（　）钟（　）　　　二（　）两（　）

2. 请在下面的括号里填上正确的颜色词。

（　）血丹心　　　　　（　）纸（　）字　　　　（　）（　）时代

面（　）耳（　）　　　火树（　）花　　　　　炉火纯（　）

（　）颜薄命　　　　　（　）面獠牙　　　　　（　）飞烟灭

（　）旗（　）盖　　　（　）楼（　）瓦　　　筚路（　）缕

第二步

 成语接龙

舍生忘死　死不瞑目　目送手挥　挥戈反日　日暮途穷　穷奢极欲
欲罢不能　能工巧匠　匠心独运　运用自如　如应斯响　响彻云霄

霄壤之别　别具一格　格格不入　入井望天　天翻地覆　覆车之鉴
鉴影度形　形枉影曲　曲高和寡　寡见少闻　闻过则喜　喜从天降
降心相从　从井救人　人心所向　向天而唾　唾手可得　得意忘形
形影相随　随俗浮沉

成语解释

舍生忘死：不把个人的生死放在心上。

死不瞑目：瞑目，闭眼。死了也不闭眼。原指人死的时候心里还有放不下的事。现常用来形容极不甘心。

目送手挥：手眼并用，怎么想就怎么用。也比喻语言文字的意义双关，意在言外。

挥戈反日：戈，古代兵器；反，返回。比喻排除困难，扭转危局。

日暮途穷：暮，傍晚；途，路。天已晚了，路已走到了尽头。比喻处境十分困难，到了末日。也形容穷困到极点。

穷奢极欲：穷，极；奢，奢侈；欲，享乐的观念。奢侈和贪欲到了极点。

欲罢不能：欲，想；罢，停，歇。要停止也不能停止。

能工巧匠：指工艺技术高明的人。

匠心独运：匠心，工巧的心思。独创性地运用精巧的心思。

运用自如：运用得非常熟练自然。

如应斯响：形容反响极快。

响彻云霄：彻，贯通；云霄，高空。形容声音响亮，好像可以穿过云层，直达高空。

霄壤之别：天和地，一极在上，一级在下，比喻差别极大。

别具一格：别，另外。另有一种独特的风格。

格格不入：格格，阻碍，隔阂。形容彼此不协调，不相容。

入井望天：比喻眼光狭小，看到的有限。

天翻地覆：覆，翻过来。形容变化巨大。也形容闹得很凶。

覆车之鉴：覆，倾覆；鉴，镜子。把翻车作为镜子。比喻先前的失败，可以作为以后的教训。

鉴影度形：观察揣度人的形迹。

形枉影曲：东西的形状歪斜了，它的影子也就弯曲了。比喻有什么原因就会有什么结果。

曲高和寡：曲调高深，能跟着唱的人就少。旧指知音难得。现比喻言论或作品不通俗，能了解的人很少。

寡见少闻：听的少，见的少。形容学识浅薄，见闻不广。

闻过则喜：过，过失；则，就。听到别人批评自己的缺点或错误，表示欢迎和高兴。指虚心接受意见。

喜从天降：喜事从天上掉下来。比喻突然遇到意想不到的喜事。

降心相从：降心，屈己；从，顺从。降低自己去遵从别人。

从井救人：从，跟从。跳到井里去救人。原比喻徒然危害自己而对别人没有好处的行为。现多比喻冒险救人。

人心所向：向，归向，向往。指人民群众所拥护的，向往的。

向天而唾：仰头向着天吐唾沫，唾沫还是落在自己的脸上。比喻本来想损害别人，结果受害的还是自己。

唾手可得：唾手，往手上吐唾沫。动手就可以取得。比喻极容易得到。

得意忘形：形，形态。形容高兴得失去了常态。

形影相随：像形体和它的影子那样分不开。形容彼此关系亲密，经常在一起。

随俗浮沉：自己没有一定的想法，随着潮流走。

成语故事

日暮途穷

春秋后期，荒淫的楚平王无耻地霸占了自己的儿媳，又听信太子的师傅费无忌的诬告，一面派人去杀太子，一面把太子的另一位师傅伍奢及他的长子伍尚杀掉。伍奢的次子伍子胥（xū）逃往宋国。

为了替父兄报仇，伍子胥历尽千辛万苦，从宋国逃到吴国。他决定借吴国的兵力去攻打楚国，同时帮助阖（hé）闾刺杀吴王僚，夺得王位。后来他同吴王率领大军进攻楚国，一直攻进楚国的都城郢（yǐng）。执政的楚昭王带着一部分大臣和将士，逃往随国去了。

进郢都的第二天，伍子胥劝阖闾把楚国的宗庙拆了。阖闾贪图楚国的地盘，听了伍子胥的话，便把宗庙拆了。但伍子胥仍不满足，又请求阖闾让他去挖楚平王的坟。阖闾认为伍子胥帮他攻楚立了大功，便允许了他的请求。

伍子胥打听出，楚平王的坟在东门外的谬台湖。但带军士到那里后，只见茫茫的湖面，不知道坟在哪里。后来在一个石工的指点下，才找到了坟地，挖出了棺材，把楚平王的尸体挖了出来。伍子胥一见这尸体，便怒气冲天，抄起铜鞭，一气打了三百下，连骨头也打折了，最后把脑袋砍了下来。

伍子胥鞭尸的事，被他先前的好朋友申包胥知道了。申包胥特地派人送了一封信给伍子胥。信中说："你这样做太过分了。你曾经是楚平王的臣下，可是为了报私仇，竟连死人也不放过，真是太残忍了！"

伍子胥读信后，对来人说："我因军务太忙，没有时间回信。请你代我谢谢申君，并告诉他：'忠孝不能两全，我好比一个走远路的人，天快黑了，路途还很遥远，所以我只好做出这种违背常理的事！'"

伍子胥最后的下场也很悲惨。吴越相争时，他劝吴王夫差拒绝越国求和并停止征伐齐国。夫差不听，最后赐剑命他自杀。

得意忘形

阮籍，陈留尉氏人，又名嗣宗，是魏晋时期的一位著名诗人。他从小失去父亲，家境贫寒。但他勤奋好学，后来终于成为当时著名的隐士。阮籍本来很有抱负，希望能在政治上有所作为。但他对执政的司马氏集团非常不满，但又不敢明白地表示自己的见解和主张，只得采取明哲保身的态度，或者闭门读书；或者纵情于山水；或者酣醉不醒；或者缄口不言。此外，他还以写诗来抒发自己内心的想法。在著名的《咏怀诗》八十二首中，阮籍就用迂回含蓄的语言表达了忧国和避世的心情。他的好友嵇康和他一样，也是当时著名的文学家，对司马家族的统治也抱有轻蔑和厌恶的态度。除嵇康外，阮籍的好友还有山涛、向秀、刘伶、王戎以及自己的侄子阮咸。他们七个人经常聚在一起，在山阳竹林之下，闲谈、狂饮、作诗、弹琴，高兴时就纵声狂笑，不高兴时就痛哭一场，被世人称为"竹林七贤"。在这七人当中，阮籍大概是最为疯癫的了，尤其是在喝醉的时候，常常哭笑无常。因此史书中描写他时说到"当其得意，忽忘形骸"。

成语练习

1. 请把下面的叠字成语补充完整。

傲骨（　）（　）　　白发（　）（　）　　白雪（　）（　）

波光（　）（　）　　薄暮（　）（　）　　不过（　）（　）

不甚（　）（　）　　长夜（　）（　）　　大腹（　）（　）

大名（　）（　）　　风尘（　）（　）　　风度（　）（　）

风雨（　）（　）　　福寿（　）（　）　　负债（　）（　）

2. 请把下面的歇后语与其对应的成语连线。

诸葛亮做丞相	毛手毛脚
孙猴子摘桃	四面楚歌
烧香遇到活菩萨	殊途同归
二十岁的老头	鞠躬尽瘁
长江黄河流入海	求之不得
楚霸王被困垓下	少年老成

成语接龙

沉冤莫白	白云苍狗	狗头军师	师出无名	名正言顺	顺水人情
情急智生	生离死别	别有用心	心如死灰	灰心丧气	气焰熏天
天长日久	久安长治	治病救人	人心归向	向壁虚造	造谣惑众
众擎易举	举案齐眉	眉目如画	画中有诗	诗中有画	画虎类狗
狗仗人势	势焰熏天	天悬地隔	隔世之感	感激涕零	零敲碎打
打成一片	片甲不回				

成语解释

沉冤莫白：沉冤，长期得不到申雪的冤案；莫白，无法辩白，不能弄清。长期得不到申雪的冤屈。

白云苍狗：苍，灰白色。浮云像白衣裳，顷刻又变得像苍狗。比喻事物变化不定。

狗头军师：比喻爱给人出主意而主意又不高明的人。也比喻专门出坏主意的人。

师出无名：师，军队；名，名义，引申为理由。出兵没有正当的理由。后比喻做事没有正当的理由。

名正言顺：名，名分，名义；顺，合理、顺当。原指名分正当，说话合理。后多指做某事名义正当，道理也说得通。

顺水人情：利用机会顺便给人的好处。也指不费力的人情。

情急智生：情况紧急时，突然想出应变的好办法。

生离死别：分离好像和死者永别一样。指很难再见的离别或永久的离别。

别有用心：用心，居心，打算。心中另有算计。指言论或行动另有不可告人的企图。

心如死灰：死灰，已冷却的灰烬。原指心境淡漠，毫无情感。现也形容意志消沉，态度冷漠到极点。

灰心丧气：灰心，心如熄灭了的死灰；丧，失去。形容因失败或不顺利而失去信心，意志消沉。

气焰熏天：气焰，气势。形容盛气凌人，十分傲慢。

天长日久：时间长，日子久。

久安长治：形容国家长期安定、巩固。

治病救人：治好病把人挽救过来。比喻帮助犯错误的人改正错误。

人心归向：向，归向，向往。指人民群众所拥护的，向往的。

向壁虚造：向壁，对着墙壁；虚造，虚构。即对着墙壁，凭空造出来的。比喻无事实根据，凭空捏造。

造谣惑众：制造谣言，迷惑群众。

众擎（qíng）易举：擎，往上托。许多人一齐用力，容易把东西举起来。比喻大家同心协力就容易把事情办成。

举案齐眉：案，古时有脚的托盘。送饭时把托盘举得跟眉毛一样高。后形容夫妻互相尊敬。

眉目如画：形容容貌端正秀丽。

画中有诗：指画里富有诗意。

诗中有画：形容长于描写景物的诗，使读者如置身图画当中。也形容诗的意境非常优美。

画虎类狗：类，像。画老虎不成，却像狗。比喻模仿不到家，反而不伦不类。

狗仗人势：仗，倚仗，仗势。比喻坏人依靠某种势力欺侮人。

势焰熏天：形容势力大，气焰高，很可怕。

天悬地隔：悬、隔，距离远。比喻相差极大。

隔世之感：世，古代以三十年为一世。指因人事或景物变化大而引起的、像隔了一个时代似的感觉。

感激涕零：涕，眼泪；零，落。因感激而流泪。形容极度感激。

零敲碎打：形容以零零碎碎、断断续续的方式进行或处理。

打成一片：原指形成一个整体。现多形容感情融洽，成为一体。

片甲不回：一个士兵也没回来。形容全军覆没。

成语故事

白云苍狗

王季友，唐朝诗人，他的妻子嫌他穷困，就离开他另嫁他人，但世人却说这是因为王季友有外遇。杜甫为此不平，并写了《可叹》诗为王季友鸣不平。杜甫认为：这种把好人变成坏人的社会舆论，有如白云苍狗一样。

诗云："天上浮云似白衣，斯须改变如苍狗。古往今来共一时，人生万事无不有。"

意思是秋天高空白云聚成许多形状，看的人可以会意为各种动物或他物，但不大一会，就又变成别的形状。"白云"指白色云朵；"苍狗"指黑色的狗。白云与苍狗是两种毫不相干的事物，但世情之冷暖和舆论却能使他们发生关联和使之变化无常。起初可以像一件白衫，瞬息之间能使之变成黑狗。这种事古往今来都一样，人生世间是无奇不有！

现在说"白云苍狗"已脱离杜甫为诗时的背景。泛指事情变化无常，使人莫测。

师出无名

公元前 206 年，刘邦率军攻占秦都咸阳，推翻了秦朝统治。不久，项羽率大军进入咸阳，杀了秦朝的降王子婴，烧了秦朝的宫室，大火连续烧了三个月都没有熄灭。接着，他派人向他所拥立的楚怀王禀报了入秦的情况。怀王表示，按以前的约定办：谁先打败秦军、攻入咸阳，谁就当秦王。项羽虽然是后进咸阳的，但他倚仗自己兵马强大，所以自封为西楚霸王；而将刘邦封为汉王，让他到道路险阻、人烟稀少的巴蜀之地去。同时给了楚怀王一个徒有虚名的尊号——义帝。但不久，又暗中指使人把义帝杀了。项羽的这些举动，引起了诸侯王的强烈不满。汉王刘邦领兵到了洛阳，董公对刘邦说："我听说顺德的昌盛，逆德的灭亡。没有正当理由，做大事就不能成功。项羽无道，杀了他的君王，为天下人所怨。您乘此率军征伐，四海之内都会仰慕你的德行。这样，您就同从前的周武王讨伐殷纣王一样，兴的是仁义之师。"从此，长达四年之久的楚汉战争开始了，最终刘邦建立了汉朝。

名正言顺

春秋时期，子路问孔子："卫君想请您帮他理政，您将先做什么？"孔子说："先正名分。"子路说："老师，您太迂腐了，名分有什么好正的？"孔子说："你真鲁莽，名不正则言不顺，言不顺则事不成，事不成则教化不兴，教化不兴则刑罚不当，刑罚不当则老百姓不知所措。所以要先正名。"

后以"名正言顺"谓做事理由正当而充分，含有理直气壮的意思。

 成语练习

1. 猜一猜，下列谜语的谜底都是成语，请把它补充完整。

军事论文——纸上（　）（　）

缺货通知——言之（　）（　）

聊斋志异——（ ）（ ）连篇

武大郎设宴——（ ）（ ）满座

哑巴打手势——不（ ）而（ ）

公用毛巾——（ ）（ ）俱到

爱好旅游——喜（ ）望（ ）

2.请把下面互为近义词的成语补充完整。

彬彬（ ）（ ）——（ ）（ ）彬彬

不（ ）救（ ）——病入（ ）（ ）

捕（ ）捉（ ）——（ ）中生（ ）

不识（ ）（ ）——不识（ ）（ ）

见（ ）识（ ）——（ ）闻（ ）识

不（ ）不（ ）——（ ）（ ）关心

成语接龙

回天之力	力不从心	心坚石穿	穿井得人	人亡物在	在所不惜
惜墨如金	金枝玉叶	叶落知秋	秋色平分	分斤掰两	两瞽相扶
扶危济困	困兽犹斗	斗鸡走狗	狗血喷头	头童齿豁	豁然贯通
通今博古	古调单弹	弹丝品竹	竹柏异心	心口相应	应有尽有
有枝添叶	叶公好龙	龙鬼蛇神	神魂颠倒	倒持泰阿	阿其所好
好为人师	师出无名				

成语解释

回天之力：原比喻言论正确,极有力量,影响深远。现多比喻能挽回严重局势的力量。

力不从心：心里想做,可是力量够不上。

心坚石穿：意志坚决，能将石头穿透。比喻只要意志坚定，事情就能成功。

穿井得人：穿井，打井。指家中打井后省得一个劳力，却传说成打井时挖得一个人。比喻话传来传去而失真。

人亡物在：人死了，东西还在。指因看见遗物而引起对死者的怀念，或因此而引起的感慨。

在所不惜：决不吝惜。多用在付出大的代价。

惜墨如金：惜，爱惜。爱惜墨就像金子一样。指不轻易动笔。

金枝玉叶：原形容花木枝叶美好。后多指皇族子孙。现也比喻出身高贵或娇嫩柔弱的人。

叶落知秋：看到树叶落，便知秋天到来。比喻从细微的变化可以推测事物的发展趋向。

秋色平分：比喻双方各得一半，不分上下。

分斤掰两：比喻过分计较。

两瞽（gǔ）相扶：瞽，盲人。两个瞎子互相搀扶。比喻彼此都得不到帮助。

扶危济困：扶，帮助；济，搭救，拯救。扶助有危难的人，救济困苦的人。

困兽犹斗：被围困的野兽还要做最后挣扎。比喻在绝境中还要挣扎抵抗。

斗鸡走狗：使公鸡相斗，使狗赛跑。指旧时剥削阶级子弟游手好闲的无聊游戏。

狗血喷头：把狗血喷在头上。形容言辞刻毒，大肆辱骂。也形容骂得痛快淋漓。

头童齿豁：童，原指山无草木，比喻人秃顶；豁，缺口。头顶秃了，牙齿稀了。形容人衰老的状态。

豁然贯通：豁然，通达的样子；贯通，前后贯穿通晓。指一下子弄通了某个道理。

通今博古：通，通晓；博，广博，知道得多。现代和古代的事情知道得很多。形容知识渊博。

古调单弹：比喻言行不合时宜。

弹丝品竹：吹弹乐器，谙熟音乐。

竹柏异心：比喻志向不合或表象不同。

心口相应：想的与说的相一致。

应有尽有：该有的全都有。形容很齐全。

有枝添叶：比喻叙述事情或转述别人的话，为了夸大，添上原来没有的内容。

叶公好龙：叶公，春秋时楚国贵族，字子高，封于叶（古邑名，今河南叶县）。比喻口头上说爱好某事物，实际上并不真爱好。

龙鬼蛇神：比喻奇诡怪僻。

神魂颠倒：神魂，精神，神志。精神恍惚，颠三倒四，失去常态。

倒持泰阿：泰阿，宝剑名。倒拿着剑，把剑柄给别人。比喻把大权交给别人，自己反受其害。

阿其所好：阿，曲从；其，他的；好，爱好。指为取得某人的好感而迎合他的爱好。

好为人师：喜欢当别人的教师。形容不谦虚，自以为是，爱摆老资格。

师出无名：师，军队；名，名义，引申为理由。出兵没有正当理由。也引申为做某事没有正当理由。

成语故事

叶公好龙

春秋时，楚国叶县有一个名叫沈储梁的县令，大家都叫他叶公。叶公非常喜欢有关龙的东西，不管是装饰品、梁柱、门窗、碗盘、衣服，上面都有龙的图案，连他家里的墙壁上也画着一条好大好大的龙，大家走进叶公的家还以为走进了龙宫，到处都可以看到龙的图案！"我最喜欢的就是龙！"叶公得意地对大家说。

有一天，叶公喜欢龙的事被天上的真龙知道了，真龙说："难得有人这么喜欢龙，我得去他家里拜访拜访呀！"真龙就从天上飞来叶公的家，把头伸进窗户中大喊说："叶公在家吗？"叶公一看到真正的龙，吓得大叫："哇！怪物呀！"真龙觉得很奇怪，说："你怎么说我是怪物呢？我是你最喜欢的龙呀！"叶公害怕得直发抖，说："我喜欢的是像龙的假龙，不是真的龙呀，救命呀。"叶公话没说完，就连忙往外逃走了。

后以"叶公好龙"指表面上喜爱表物，实际上并不真正喜爱。

阿其所好

孟子，名轲，字子舆，邹（zōu）国（今山东邹城东南）人，是孔子的孙子子思的学生。他继承了孔子的学说，是战国时期的伟大思想家、教育家。

有一天，孟子的学生公孙丑问孟子："伯夷、伊尹同孔子有没有相同的地方呢？"孟子说："有！那就是他们都不做不义之事。"

公孙丑又问："他们不同的地方在哪里呢？"

孟子回答道："孔子的学生，如宰我、子贡、有若，他们的优点就在于明白圣人说的道理，纵然他们三个人知识低下，但都不至于阿其所好。""阿其所好"成语便出于此。

好为人师

宋朝人钟弱翁是某一个地方的县令，自认为自己的字写得很好，他每到一地方，都喜欢贬低那里榜额上的字画，把那些字画消除掉，想一些新的东西，自己拟名为他们重新书写，但是写得实在不够好，人们都饱受其害。他曾经路过庐陵的一个山中寺庙，那有一个很壮丽的高大阁楼。钟弱翁和下人就一起过去站在下面，看塔的榜文，榜文

上写着"定惠之阁"，而旁边的题字人的名字看不清楚，弱翁就肆意地说榜文的缺点，还叫一个寺僧拿来梯子取下榜文来看，可他擦拭后靠近仔细一看，却发现是鲁国公颜真卿书写的，弱翁就说："像这样的字画，怎么能不刻一个石碑？"就命令为字刻石碑，他手下服侍的人把这当作一个笑柄。

成语练习

1. 成语连用，请根据已给出的成语填空，使意思连贯。

山光水色，风（ ）人（ ）　　　　战战兢兢，如履（ ）（ ）

游人如织，（ ）（ ）攘攘　　　　畏首畏尾，优（ ）（ ）断

不劳而获，坐（ ）其（ ）　　　　国有国法，家（ ）家（ ）

2. 请根据下面的提示写出正确的成语。

没有脉搏，龙来了，事情经过　　　　——————

冤枉，打板子，招供　　　　　　　　——————

炫耀，上街，孔子　　　　　　　　　——————

老头变成小娃娃　　　　　　　　　　——————

读书，下雪，孙康　　　　　　　　　——————

商鞅，走路，不捡东西　　　　　　　——————

一天饭食，一万块钱，奢侈　　　　　——————

第五步

成语接龙

名存实亡	亡魂丧胆	胆大包天	天怒人怨	怨天尤人	人己一视
视同路人	人尽其才	才疏意广	广土众民	民胞物与	与世无争
争权夺利	利欲熏心	心灵手巧	巧不可接	接三连四	四亭八当
当务之急	急流勇退	退避三舍	舍己救人	人心不古	古貌古心

心手相应　应付裕如　如释重负　负荆请罪　罪恶滔天　天昏地暗
暗箭伤人　人存政举

成语解释

名存实亡：名义上还存在，实际上已消亡。

亡魂丧胆：形容惊慌恐惧到极点。

胆大包天：包，包容。形容胆子极大。

天怒人怨：天公震怒，人民怨恨。形容为害作恶非常严重，引起普遍的愤怒。

怨天尤人：天，天命，命运；尤，怨恨，归咎。指遇到挫折或出了问题，一味报怨天，责怪别人。

人己一视：待别人像待自己一样。比喻待人没有私心。

视同路人：路人，过路人，指素不相识的人。看作路上遇到的陌生人。指与亲人或熟人非常疏远。

人尽其才：每个人都能充分发挥自己的才能。

才疏意广：疏，粗疏；广，广大。才干有限而抱负很大。

广土众民：土地广阔，人民众多。

民胞物与：民为同胞，物为同类。泛指爱人和一切物类。

与世无争：不跟社会上的人发生争执。形容超然达观的处世态度。

争权夺利：争夺权力和利益。

利欲熏心：贪财图利的欲望迷住了心窍。

心灵手巧：心思灵敏，手艺巧妙。多用于女子。

巧不可接：指巧妙得别人无法赶上。

接三连四：接连不断。

四亭八当：亭、当，即停当，妥帖。形容一切事情都安排得十分妥帖。

当务之急：当务，指应当办理的事。当前任务中最急切要办的事。

急流勇退：在急流中勇敢地立即退却。比喻做官的人在得意时为了避祸而及时引退。

退避三舍：舍，古时行军计程以三十里为一舍。主动退让九十里。比喻退让和回避，避免冲突。

舍己救人：牺牲自己利益，成全别人。

人心不古：古，指古代的社会风尚。旧时指人心奸诈、刻薄，没有古人淳厚。

古貌古心：形容外表和内心具有古人的风度。

心手相应：形容手法熟练，心里怎么想，手就怎么做。

应付裕如：应付，对付，处置；裕如，按自己的心愿做事。从容对付，毫不费劲。

如释重负：释，放下；重负，重担子。像放下重担那样轻松。形容紧张心情过去以后的轻松愉快。

负荆请罪：负，背着；荆，荆条。背着荆条向对方请罪。表示向人认错赔罪。

罪恶滔天：滔天，漫天，弥天。形容罪恶极大。

天昏地暗：昏，天黑。天地昏黑无光。形容刮大风时漫天沙土的景象。也比喻政治腐败，社会黑暗。

暗箭伤人：放冷箭伤害人。比喻暗地里用某种手段伤害人。

人存政举：旧指一个掌握政权的人活着的时候，他的政治主张便能贯彻。

成语故事

当务之急

有一次，孟子的弟子问起，现在要知道和要去干的事情很多，究竟应该先知道和干些什么。孟子回答说："有智慧的人无所不知，但要知道当前应该做的事中最需要办的事，而不要面面俱到。比如仁德是人们无所不爱的，但应先爱亲人和贤者。又比如古代的圣主尧和舜，尚且不能认识所有的事物，因为他们必须急于抽当前最重要的事情。尧舜的仁德也不是爱一切人，因为他们急于爱的是亲人和贤人。"接着，孟子又从反面来回答这个问题："父母死了，不去服三年的丧期，却对服三个月、五个月丧期的礼节很讲究；在长者面前用餐没有礼貌地狼吞虎咽，咕噜咕噜地喝汤，却去讲什么不能用牙齿咬断干肉等等，这就是舍本逐末，不知道当前最需要知道和干的是什么。"

如释重负

公元 542 年，鲁襄公病死，公子稠（chóu）继位，史称鲁昭公。当时，鲁国的实际权力掌握在季孙宿、叔孙豹和孟孙这三卿手里，其中以季孙宿的权力最大，而昭公不过是个傀儡（kuǐ lěi）。昭公这个国君也不争气，只知游乐，不理国政。生母去世后，他在丧葬期间面无愁容，谈笑自若，还外出打猎取乐。这样，就使他在国内更加失去民心。

大夫子羁见昭公越来越不像样，非常担心，几次当面向昭公进谏，希望他巩固王室的力量，免得被外人夺了政权。但是，昭公不听他的劝告，照样我行我素。日子久了，昭公终于觉察到，季孙宿等三卿在不断壮大势力，对自己已经构成了严重的威胁。于是，他在大臣中暗暗物色反对三卿的大臣，寻找机会打击三卿。

不久，季孙宿死去，他的孙子意如继续执政。大夫公若、郈（hòu）孙、藏孙与季孙意如有矛盾，打算除掉季孙氏，便约昭公的长子公为密谈这件事。公为当然赞成。

公为回宫和两个弟弟商量后，认为父亲昭公肯定怨恨季孙氏专权，因此劝说昭公除掉季孙氏。昭公听说郈孙、藏孙等大夫与季孙氏有矛盾，心里很高兴，就秘密把他们两人召进宫内，要他们一起来诛灭季孙氏。接着，又把子家羁召来，告诉了他这一密谋。不料，子家羁反对说："这可千万使不得！如果这是进谗者利用大王去侥幸行事，万一事情失败，大王就要留下无法洗刷的罪名。"

昭公见他坚决反对，喝令他离去。但子家羁表示，现在他已经知道了这件事的内幕，就不能离宫了，否则泄露出去，就不能摆脱责任。于是，他就在宫中住了下来。

这年的秋天，三卿之一的叔孙豹因故离开都城，把府里的事情托给家臣竖（zōng）戾掌管。昭公觉得这是个好机会，没有人会去支援季孙氏，便派郈孙、藏孙率军包围了季孙氏的府第。季孙意如来不及调集军队反击，又不能得到叔孙豹的救援，只好固守府第。他向昭公请求，愿意辞去卿的职务回封地去，或者流亡到国外去。子家羁建议昭公答应季孙意如的请求，但是，郈孙坚持非把他杀掉不可。昭公觉得郈孙的意见对，就听从他的。

再说叔孙豹的家臣竖戾得知季孙氏被围的消息，和部属商量后认为，如果季孙氏被消灭，那么接下来会轮到叔孙氏，所以马上调集军队救援季孙氏。昭公的军队没有什么战斗力，见叔孙氏的军队冲过来，马上四散逃走。孟孙见叔孙氏已经出兵救援季孙氏，也马上派兵前往。路上，正好遇到逃退回来的郈孙，便把他抓住杀死。

昭公见三卿的军队已经联合起来，知道大势已去，只好和藏孙一起出奔齐国避难。由于昭公早就失去了民众，所以百姓对他的出奔并不表示同情，倒反觉得减轻了他们身上的重担。

成语练习

1. 请根据下面的俗语补充成语。

不管三七二十一。——（　）（　）一切

家丑不可外扬。——（　）而不（　）

手心手背都是肉。——不（　）偏（　）

驴非驴，马非马。——不（　）不（　）

一碗水端平。——不（　）不（　）

无可无不可。——不（　）可（　）

2. 请将下面的成语补充完整。

见（　）（　）见　　将（　）（　）将　　相（　）（　）相

精（　）（　）精　　举（　）（　）举　　轮（　）（　）轮

梦（　）（　）梦　　忍（　）（　）忍　　日（　）（　）日

年（　）（　）年　　人（　）（　）人　　神（　）（　）神

第六步

成语接龙

举世瞩目　目无全牛　牛刀割鸡　鸡鸣狗吠　吠形吠声　声应气求
求田问舍　舍己从人　人微权轻　轻重倒置　置之脑后　后来居上
上下一心　心灰意冷　冷暖自知　知人之明　明争暗斗　斗转参横
横七竖八　八方呼应　应付自如　如花似锦　锦心绣口　口沸目赤
赤胆忠心　心平气和　和盘托出　出将入相　相惊伯有　有求必应
应时对景　景星麟凤

成语解释

举世瞩目：全世界的人都注视着。

目无全牛：全牛，整个一头牛。眼中没有完整的牛，只有牛的筋骨结构。比喻技术熟练到了得心应手的境地。

牛刀割鸡：杀只鸡用宰牛的刀。比喻大材小用。

鸡鸣狗吠：鸡啼狗叫彼此都听得到。比喻聚居在一处的人口稠密。

吠形吠声：比喻跟在别人后面盲目附和。

声应气求：应，应和，共鸣；求，寻找。同类的事物相互感应。比喻志趣相投的人自然地结合在一起。

求田问舍：舍，房子。多方购买田地，到处问询屋介。指只知道置产业，谋求个人私利。比喻没有远大的志向。

舍己从人：舍，弃；从，顺。放弃自己的意见，服从众人的主张。

人微权轻：微，低下。指人的资历浅，威望低，权力不能使大家信服。

轻重倒置：把重要的和不重要的两者的地位摆颠倒了。

置之脑后：放在一边不再想起。

后来居上：后来的超过先前的。用以称赞后起之秀超过前辈。

上下一心：上上下下一条心。

心灰意冷：灰心失望，意志消沉。

冷暖自知：水的冷暖，只有饮者自己知道。佛教禅宗用以比喻自己证悟的境界。也比喻学习心得深浅，只有自己知道。

知人之明：能看出人的品行才能的眼力。

明争暗斗：明里暗里都在进行争斗。形容各用心思，互相排挤。

斗转参横：北斗转向，参星打横。指天快亮的时候。

横七竖八：有的横，有的竖，杂乱无章。形容纵横杂乱。

八方呼应：呼应，彼此声气相通。泛指周围、各地。形容各方面互通声气，互相配合。

应付自如：应付，对付，处置。自如，按自己的心愿做事。处理事情从容不迫，很有办法。

如花似锦：锦，有彩色花纹的丝织品。如同花朵、锦缎一般。形容风景绚丽或前程美好。

锦心绣口：形容文思优美，辞藻华丽。

口沸目赤：形容人情绪激动，声音脸色都很严厉的样子。

赤胆忠心：赤，比喻真纯。形容十分忠诚。

心平气和：心情平静，态度温和。指不急躁，不生气。

和盘托出：和，连同。连盘子也端出来了。比喻全都讲出来，毫不保留。

出将入相：出征可为将帅，入朝可为丞相。指兼有文武才能的人，也指文武职位都很高。

相惊伯有：伯有，春秋时郑国大夫良霄的字，相传他死后鬼魂作祟。形容无缘无故自相惊扰。

有求必应：只要有人请求帮助，就一定答应。

应时对景：应，适合；对，相合。适合当时的情景。

景星麟凤：犹言景星凤凰。比喻杰出的人才。

成语故事

后来居上

西汉的时候，有一位很有名气的好官叫汲黯，他刚直正义、敢讲真话而受人尊重。他为人和做官都不拘小节，讲求实效，能把一个郡治理得井井有条。

当时的皇上是汉武帝，每次汉武帝做了什么不对的事情，大家都不敢讲，只有汲黯敢向汉武帝提出劝谏，这让汉武帝很不高兴，就把汲黯发配到东海去当太守。后来，汉武帝听说汲黯把东海治理得很好，大家都称赞他，就下了一道圣旨，把汲黯调回京城里当主爵都尉。不过，每当汉武帝又做了不对的事情，汲黯还是会向汉武帝提出劝谏。汉武帝一方面很讨厌汲黯，另一方面又很听汲黯的话，因为汉武帝知道汲黯每次提的建议都非常正确。

有一次，汉武帝说要实行儒家的仁义之政，为老百姓办好事。没等武帝把话说完，汲黯就说："陛下内心里那么贪婪多欲，表面上却要装得实行仁政，这是何苦呢？"一句话把武帝噎了回去。武帝脸色大变，宣布罢朝，满朝文武都为汲黯捏着一把汗，担心他会因此招来大祸。武帝回到宫里以后，对身边的人说，汲黯这个人也未免太粗太直了。

当时汲黯有两个年轻的同僚，一个叫张汤，另外一个叫公孙弘。这二人不但奸诈，每次汉武帝做了错事都不会纠正，还讲好听的话让汉武帝高兴，汲黯非常瞧不起他们两个人。可是他们会讨好汉武帝，汉武帝就让公孙弘当相国，让张汤当御史大夫，官位比汲黯还高呢！汲黯看到这些靠拍马屁的人，竟然官位比自己还高，心里非常不服气。有一天上朝，汲黯很不客气地对汉武帝说："皇上用人，就好像在堆柴一样，把后拿来的柴都放在上面，不管哪一个柴比较好！真是'后来者居上'啊！"汉武帝一听，知道汲黯在骂他任用张汤和公孙弘这两个爱拍马屁的小人，马上满脸通红，一声不响地走开了。

成语"后来居上"，往往指后起的可以胜过先前的，和汲黯说这话的原意大不相同。

 **成语练习**

1. 请将成语和与其相关的人物连线。

鞠躬尽瘁	曹操
七步成诗	马谡
刮目相看	曹植
乐不思蜀	诸葛亮
望梅止渴	吕蒙
言过其实	刘禅

2. 请根据下面这首诗补充成语。

逢雪宿芙蓉山主人

唐·刘长卿

日暮苍峰远，天寒白屋贫。

柴门闻犬吠，风雪夜归人。

（　）未凉（　）　　　（　）（　）穷途　　　蜀（　）（　）日

白屋（　）（　）　　　（　）心（　）向　　　（　）云（　）狗

（　）回路转　　　（　）风远扬　　　润（　）润身

（　）米夫妻　　　风花（　）（　）　　（　）贱骄人

第七步

成语接龙

凤协鸾和　和风丽日　日丽风清　清辞丽曲　曲尽其妙　妙手空空

空谷传声　声势浩大　大度包容　容光焕发　发扬光大　大有人在

在家出家　家贫亲老　老羞成怒　怒发冲冠　冠盖相望　望子成龙

龙争虎斗　斗酒只鸡　鸡口牛后　后手接上　上方宝剑　剑态箫心

心术不正　正襟危坐　坐观成败　败军之将　将伯之呼　呼幺喝六

六尺之孤　孤独矜寡

成语解释

凤协鸾和：形容夫妻和睦，感情融洽。

和风丽日：指天气温暖而晴朗。

日丽风清：阳光明丽，清风送爽。形容天气晴和。

清辞丽曲：指清新美丽的词曲。同"清词丽句"。

曲尽其妙：曲，委婉，细致；尽，全部表达。把其中微妙之处委婉细致地充分表达出来。形容表达能力很强。

妙手空空：指小偷，也形容手中一无所有。

空谷传声：在山谷里叫喊一声，立刻听到回声。比喻反应极快。

声势浩大：声势，声威和气势；浩，广大。声威和气势非常壮大。

大度包容：度，度量；包，容纳。形容气量大，能宽容人。

容光焕发：容光，脸上的光彩；焕发，光彩四射的样子。形容身体好，精神饱满。

发扬光大：发扬，发展，提倡；光大，辉煌而盛大。使好的作风、传统等得到发展和提高。

大有人在：形容某一种人为数不少。

在家出家：指不出家当和尚，清心寡欲，在家修行。

家贫亲老：家里贫穷，父母年老。旧时指家境困难，又不能离开年老父母出外谋生。

老羞成怒：由于羞愧到了极点，下不了台而发怒。常作"恼羞成怒"。

怒发冲冠：指愤怒得头发直竖，顶着帽子。形容极端愤怒。

冠盖相望：冠盖，指古代官员的冠服和车盖，用作官员代称；相望，互相看得见。形容政府的使节或官员往来不绝。

望子成龙：希望自己的子女能在学业和事业上有成就。

龙争虎斗：形容斗争或竞赛很激烈。

斗酒只鸡：斗，酒器。古人祭亡友，携鸡酒到墓前行礼。后作为追悼亡友的话。

鸡口牛后：宁愿做小而洁的鸡嘴，而不愿做大而臭的牛肛门。比喻宁在局面小的地方自主，不愿在局面大的地方听人支配。

后手接上：指平时不注意留有余地，日后则接应不上，无法继续维持。

上方宝剑：上方，也作"尚方"，掌管制造供应御用器物的官署。尚方署特制的皇帝御用的宝剑。古代天子派大臣处理重大案件时，常赐以上方宝剑，表示授予全权，可以先斩后奏。现用以比喻来自上级的口头指示或书面文件。

剑态箫心：比喻既有情致，又有胆识。旧小说多用来形容能文能武的才子。

心术不正：指人用心不忠厚，不正派。

正襟危坐：襟，衣襟；危坐，端正地坐着。整一整衣服，端正地坐着。形容严肃或拘谨的样子。

坐观成败：冷眼旁观人家的成功或失败。

败军之将：打了败仗的将领。现多用于讽刺失败的人。

将伯之呼：指求人帮助。

呼幺喝六：幺、六，骰子的点数。掷骰子时的喊声。泛指赌博。也形容吆喝。

六尺之孤：六尺，古代尺短，"六尺"形容个子未长高；孤，死去父亲的小孩。指没有成年的孤儿。

孤独矜寡：泛指无依无靠的人。

 成语故事

曲尽其妙

西晋文学家陆机出身于三国东吴的世族大家庭，祖父当过丞相，父亲当过大司马。

晋朝建立后，他与弟弟陆云一起到京城洛阳，两人的文章倾倒了当时的士大夫，被称为"二陆"。陆机写了许多诗，但大部内容空虚，感情贫乏，过分追求文字技巧。不过。他作的《文赋》是古代重要的文学论文，在我国文学理论的发展上有一定的贡献。《文赋》前有一篇序，序的开头是这样的："每当我看了才智之士的著作，对他的用心私下有所领会。文章意思的表达、词汇的运用，变化很多，但文辞的美丑好坏还是可以论述的。每当自己写文章，尤其能体会才士们写作时的用心和心情。我常常怕自己的意思和所要表达的事物不相符合，文辞也不达意。这不是因为难以知道它，而是因为难以掌握它。所以作《文赋》来讲述前辈才士丰茂华美的文章；并通过这些文章讨论写文章时为什么这样写有害的原因。待到写成后将来看时，也许可以说，它竟然将事物的妙处全部生动细致地表现出来了。"

 **成语练习**

1.请把下面意思相反的成语补充完整。

心（ ）意（ ）——大失（ ）（ ）

（ ）（ ）百出——（ ）衣无（ ）

凤（ ）麟（ ）——多如（ ）（ ）

感激（ ）（ ）——（ ）将（ ）报

闻（ ）（ ）闻——耳（ ）能（ ）

（ ）（ ）交融——格格（ ）（ ）

开（ ）布（ ）——各怀（ ）（ ）

众志（ ）（ ）——（ ）掌难（ ）

2.趣味成语填空练习。

最大的地方——无（ ）无（ ）

最宽的视野——（ ）（ ）无余

最奇异的动物——狼（ ）狗（ ）

最离奇的想法——（ ）想天（ ）

最神秘的行动——（ ）出（ ）没

最吝啬的人——（ ）（ ）不拔

最公开的事情——尽人（ ）（ ）

第八步

成语接龙

寡不敌众	众所周知	知无不言	言过其实	实获我心	心到神知
知小谋大	大名鼎鼎	鼎鼎大名	名目繁多	多愁善感	感慨万千
千载难逢	逢人说项	项背相望	望穿秋水	水尽鹅飞	飞蓬随风
风行草偃	偃武修文	文不加点	点石成金	金舌蔽口	口讲指画
画脂镂冰	冰雪聪明	明镜高悬	悬鹑百结	结驷连骑	骑驴觅驴
驴前马后	后继无人				

成语解释

寡不敌众：寡，少；敌，抵挡；众，多。人少的抵挡不住人多的。

众所周知：大家普遍知道的。

知无不言：凡是知道的没有不说的。

言过其实：实，实际。原指言语浮夸，超过实际才能。后也指话说得过分，超过了实际情况。

实获我心：表示别人说得跟自己的想法一样。

心到神知：旧时指只要诚心敬神，就用不到烦琐的礼仪。比喻对人表示钦佩，不必有什么虚文浮礼。

知小谋大：指能力太差，不能胜任重大的任务。

大名鼎鼎：鼎鼎，盛大的样子。形容名气很大。

鼎鼎大名：形容名气很大。

名目繁多：指事物的花样或名称非常多。

多愁善感：善，容易。形容人敏感脆弱，经常发愁和伤感。

感慨万千：因外界事物变化很大而引起许多感想、感触。

千载难逢：一千年里也难碰到一次。形容机会极其难得。

逢人说项：项，指唐朝诗人项斯。遇人便赞扬项斯。比喻到处为某人某事吹嘘，说好话。

项背相望：项，颈项。原指前后相顾。后多形容行人拥挤，接连不断。

望穿秋水：秋水，比喻人的眼睛。眼睛都望穿了。形容对远地亲友的殷切盼望。

水尽鹅飞：水干涸，鹅飞走。比喻恩情断绝，各走各的路。也比喻精光，一点儿也不剩。

飞蓬随风：枯蓬随风飞。比喻人没有主见，态度随着情势而转变。

风行草偃（yǎn）：风一吹草就倒下。比喻有德者的感化力量能使百姓顺从。

偃武修文：偃，停止；修，昌明，修明。停止武事，振兴文教。

文不加点：点，古人写文章时在字的右上角涂上一点，表示删去。文章一气呵成，无须修改。形容文思敏捷，写作技巧纯熟。

点石成金：比喻修改文章时稍稍改动原来的文字，就使它变得很出色。

金舌蔽口：金舌，用金子做舌头；蔽，破。用金做的舌头，说破了嘴。比喻说话很多，枉费口舌。

口讲指画：一面讲一面用手势帮助表达意思。

画脂镂冰：镂，雕刻。在油脂上绘画，在冰上雕刻。比喻劳而无功。

冰雪聪明：比喻人聪明非凡。

明镜高悬：传说秦始皇有一面镜子，能照人心胆。比喻官员判案公正廉明。

悬鹑（chún）百结：鹑鹑的羽毛又短又花，因以悬鹑比喻破烂的衣服。形容破烂，补丁很多。

结驷（sì）连骑：驷，古时一乘车所套的四匹马；骑，骑马的人。随从、车马众多。形容排场阔绰。

骑驴觅驴：骑着驴去找别的驴。原比喻一面占着一个位置，一面去另找更称心的工作。现多比喻东西就在自己这里，还到处去找。

驴前马后：比喻一切受人支配。

后继无人：继，继承。没有后人来继承前人的事业。

成语故事

千载难逢

唐代著名的文学家韩愈，小时候就成为孤儿，由他的嫂子抚养长大。他刻苦自学。年轻时代就博览群书，在学问方面打下了坚实的基础。三十五岁到京城，担任国子监博士，后来又被提升为刑部侍郎。当时佛教盛行，连唐宪宗也很崇尚佛教，他听说有所寺院里安放着一块佛祖的遗骨，便准备兴师动众，把它迎进宫里礼拜。韩愈对此很反感，写了一篇《谏迎佛骨表》加以反对。其中提到，佛教传入中国后，帝王在位时间都不长，想拜佛求保佑的，结局必然是悲惨的。

唐宪宗看了这表，十分恼怒，认为韩愈不只是故意与自己作对，而且用历史来影射自己活不长。为此，要将韩愈处死，亏得宰相为他说情，才改为贬职，到潮州任刺史。

唐朝中期，中央统治权力日益削弱。宪宗执政后，改革了前朝的一些弊政，因此中央政权的统治有所加强。被贬到潮州的韩愈，针对这一情况，再次给宪宗上了《潮州刺史谢上表》，极力为宪宗歌功颂德，以便重新得到信任，回到朝廷工作。

在这道表中，韩愈恭维宪宗是扭转乾坤的中兴之主，并且建议宪宗到泰山去封禅。封禅，是一种祭祀天地的大典。古人认为五岳中泰山最高，登到山顶筑坛祭天称"封"，在山甫梁父山上辟基祭地叫"禅"。历史上有名的秦始皇和汉武帝曾举行过这种大典。韩愈这样建议，是把宪宗当作有杰出贡献的帝王。

韩愈还在这道表中说："千载一时，不可逢之嘉会。"希望宪宗也让他参加封禅的盛会，如果他不能参加这个千年难逢的盛会，将会引为终身的遗憾。

后来，宪宗把他调回京都，让他担任吏部侍郎。

文不加点

祢（mí）衡，汉末文学家，字正平，平原般（今山东临邑）人，长于文章辞赋，文采斐然。但他为人恃才傲物，喜讥嘲权贵。曹操、刘表都接受不了他，把他转送至江夏黄祖处作书记官。任内，读到蔡邕（yōng）所作碑文，过目不忘，事后默写，一字不误。此事深受黄祖之子黄射敬佩。一次黄射大宴宾客，有人献鹦鹉一只。祢衡应黄射之请，于江夏黄祖公堂上即席作《鹦鹉赋》一篇，援笔一挥而就，文不加点。这里是形容祢衡写《鹦鹉赋》时虽下笔千言，但瞬间一挥而就。

 成语练习

1. 成语选择题。

（1）成语"二八佳人"中的"二八"是指（　　）

A 十六岁　　　　　B 二十八岁　　　　　C 二到八岁

（2）成语"江郎才尽"中的"江郎"是（　　）

A 宋江　　　　　B 江淹　　　　　C 江革

（3）成语"黄粱美梦"中的"黄粱"是指（　　）

A 黄色的房梁　　　B 小米　　　　　C 玉米面

（4）成语"文不加点"中的"点"指的是（　　）

A 标点　　　　　B 标题　　　　　C 改动、修改

（5）成语"四面楚歌"是谁的遭遇？（　）

A 刘邦　　　　　　B 项羽　　　　　　C 楚庄王

2. 请圈出下面成语中的错别字并写出正确的。

康壮大道（　）　桌尔不群（　）　唱所欲言（　）　棉里藏针（　）

豁然开郎（　）　为富不任（　）　千均一发（　）　精神抖数（　）

防徽杜渐（　）　书香门弟（　）　星罗棋步（　）　甘之如怡（　）

第九步

成语接龙

人微言轻	轻而易举	举一反三	三生有幸	幸灾乐祸	祸国殃民
民富国强	强作解人	人多势众	众口铄金	金刚怒目	目光如鼠
鼠窃狗偷	偷工减料	料事如神	神通广大	大敌当前	前所未闻
闻一知十	十围五攻	攻苦食淡	淡妆浓抹	抹月批风	风花雪夜
夜郎自大	大打出手	手到病除	除暴安良	良工心苦	苦大仇深
深入人心	心安理得				

成语解释

人微言轻：地位低，说话不受人重视。

轻而易举：形容事情容易做，不费力气。

举一反三：反，类推。比喻从一件事情类推而知道其他许多事情。

三生有幸：三生，佛家指前生、今生、来生；幸，幸运。三世都很幸运。比喻非常幸运。

幸灾乐祸：幸，高兴。指人缺乏善意，在别人遇到灾祸时感到高兴。

祸国殃民：祸、殃，损害。使国家受害，百姓遭殃。

民富国强：人民富裕，国家强盛。

强作解人：指不明真意而乱发议论的人。

人多势众：声势力量大。

众口铄（shuò）金：铄，熔化。形容舆论力量大，连金属都能熔化。比喻众口一词可以混淆是非。

金刚怒目：怒目，睁大眼睛，眼珠突出。形容面目威猛可畏。

目光如鼠：鼠目寸光，形容目光短浅或行为不正。

鼠窃狗偷：像老鼠少量窃取，像狗钻油偷盗。指小偷小摸。

偷工减料：原指商人为了牟取暴利而暗中降低产品质量，削减工料。现也指做事图省事，马虎敷衍。

料事如神：料，预料。预料事情像神仙一样准确。形容预料事情非常准确。

神通广大：神通，原是佛家语，指神奇的法术。法术广大无边。形容本领高超，无所不能。

大敌当前：当，面对。面对着强敌。形容形势严峻。

前所未闻：前，先前。从来没有听说过。

闻一知十：听到一点就能理解很多。形容善于类推。

十围五攻：兵力超过敌人十倍就可以包围它，超过五倍就可以攻击它。

攻苦食淡：攻，做；苦，艰苦；淡：清淡。做艰苦的工作，吃清淡的食物。形容刻苦自励。

淡妆浓抹：妆，装饰；抹，涂抹。形容素雅和艳丽两种不同的装饰。

抹月批（pī）风：用风月当菜肴。这是文人表示家贫没有东西待客的风趣说法。

风花雪夜：原指旧时诗文里经常描写的自然景物。后比喻堆砌辞藻、内容贫乏空洞的诗文。

夜郎自大：夜郎，汉代西南地区的一个小国。比喻人无知而又狂妄自大。

大打出手：打出手，戏曲中的一种武打技术，一出剧中的主要人物与多个对手相打，形成种种武打场面。比喻逞凶打人或殴斗。

手到病除：刚动手治疗，病就除去了。形容医术高明。也比喻工作做得很好，解决问题迅速。

除暴安良：暴，暴徒；良，善良的人。铲除强暴，安抚善良的人民。

良工心苦：良工，手艺高明的工匠。形容优秀艺术家的作品，在创作过程中都费尽心思。

苦大仇深：形容受尽剥削压迫的苦，有很大的仇恨。

深入人心：指理论、学说、政策等为人们深切了解和信服。

心安理得：得，适合。自以为做的事情合乎道理，心里很坦然。

成语故事

夜郎自大

汉朝的时候，在西南方有个名叫夜郎的小国家，它虽然是一个独立的国家，可是国土很小，百姓也少，物产更是少得可怜。但是由于邻近地区以夜郎这个国家最大，从没离开过国家的夜郎国国王就以为自己统治的国家是全天下最大的国家。有一天，夜郎国国王与部下巡视国境的时候，他指着前方问："这里哪个国家最大呀？"部下们为了迎合国王的心意，就说："当然是夜郎国最大啰！"走着走着，国王又抬起头来望着前方的高山问："天底下还有比这座山更高的山吗？"部下们回答说："天底下没有比这座山更高的山了。"后来，他们来到河边，国王又问："我认为这是世界上最长的河川了。"部下们异口同声回答说："大王说得一点都没错。"从此以后，无知的国王就更相信夜郎是天底下最大的国家。

有一次，汉朝派使臣出使夜郎国，而国王竟然不知天高地厚，开口就非常傲慢地问："汉朝与夜郎国相比，你认为哪个国家更大？"派来的使臣被他这样突然一问，愣住了，一时不知如何回答，但心里觉得很好笑。

至此之后，人们就用"夜郎自大"来形容目光短浅、自命不凡、狂妄自大的人。

成语练习

1. 以"雨"字开头的成语。

雨愁（　）（　）　　　雨打（　）（　）　　　雨凑（　）（　）

雨断（　）（　）　　　雨栋（　）（　）　　　雨覆（　）（　）

雨过（　）（　）　　　雨后（　）（　）　　　雨泣（　）（　）

雨沐（　）（　）　　　雨散（　）（　）　　　雨丝（　）（　）

雨宿（　）（　）　　　雨收（　）（　）　　　雨约（　）（　）

2. 以"雨"字结尾的成语。

（　）（　）夜雨　　　（　）（　）骤雨　　　（　）（　）沐雨

（　）（　）云雨　　　（　）（　）而雨　　　（　）（　）化雨

（　）（　）覆雨　　　（　）（　）细雨　　　（　）（　）唤雨

（　）（　）望雨　　　（　）（　）带雨　　　（　）（　）风雨

（　）（　）苦雨　　　（　）（　）如雨　　　（　）（　）弹雨

成语接龙

得意忘言　言行抱一　一夕一朝　朝梁暮陈　陈陈相因　因循守旧

旧地重游　游山玩水　水涨船高　高义薄云　云兴霞蔚　蔚然成风

风流罪过　过街老鼠　鼠目寸光　光前绝后　后发制人　人云亦云

云泥之别　别具匠心　心口如一　一丝不挂　挂一漏万　万古长青

青黄不接　接二连三　三牲五鼎　鼎足而三　三命而俯　俯仰由人

人一己百　百折不回

成语解释

得意忘言：原意是言词是表达意思的，既然已经知道了意思，就不再需要言词。后比喻彼此心里知道，不用明说。

言行抱一：言行一致，说的和做的完全一个样。

一夕一朝：一个晚上或一个早晨。形容很短的时间。

朝梁暮陈：比喻人反复无常，没有节操。

陈陈相因：陈，旧；因，沿袭。原指皇仓之粮逐年增加，陈粮上压陈粮。后多比喻沿袭老一套，无创造革新。

因循守旧：因循，沿袭；守旧，死守老的一套。死守老一套，缺乏创新的精神。

旧地重游：重新来到曾经居住过或游览过的地方。

游山玩水：游览、玩赏山水景物。

水涨船高：水位升高，船身也随之浮起。比喻事物随着它所凭借的基础的提高而增长提高。

高义薄云：薄，迫近。原指文章表达的内容很有意义。后形容人很讲义气。

云兴霞蔚：像云霞升腾聚集起来。形容景物灿烂绚丽。

蔚然成风：蔚然，草木茂盛的样子。指一件事情逐渐发展盛行，形成一种良好风气。

风流罪过：风流，原为封建士大夫的所谓风雅。原指因为风雅而致的过错。后也指因搞男女关系而犯下的罪。

过街老鼠：比喻人人痛恨的坏人。

鼠目寸光：形容目光短浅，没有远见。

光前绝后：光，光大，扩充；绝，断绝。扩充了前人所不及的事，做出了后人难以做到的事。形容功业伟大或成就卓著。

后发制人：发，发动；制，制服。等对方先动手，再抓住有利时机反击，制服对方。

人云亦云：云，说；亦，也。人家怎么说，自己也跟着怎么说。指没有主见，只会随声附和。

云泥之别：像天上的云和地上的泥那样高下不同。比喻地位的高下相差极大。

别具匠心：匠心，巧妙的心思。指在技巧和艺术方面具有与众不同的巧妙构思。

心口如一：心里想的和嘴里说的一样。形容诚实直爽。

一丝不挂：原是佛教用来比喻人没有一丝牵挂。后指人裸体。

挂一漏万：挂，钩取，这里指说到，提到；漏，遗漏。形容说得不全，遗漏很多。

万古长青：万古，千秋万代。千秋万代都像松柏一样永远苍翠。比喻崇高的精神或深厚的友谊永远不会消失。

青黄不接：青，刚长出来的青苗；黄，成熟的谷物。旧粮已经吃完，新粮尚未接上。也比喻人才或物力前后接不上。

接二连三：一个接着一个，接连不断。

三牲五鼎：原形容祭品丰盛。现形容食物丰富美好。

鼎足而三：比喻三方面对立的局势。也泛指三个方面。

三命而俯：旧时指官职步步上升，态度也愈加谦虚。

俯仰由人：俯仰，低头和抬头，泛指一举一动。比喻一切受人支配。

人一己百：别人一次就做好或学会的，自己做一百次，学一百次。比喻以百倍的努力赶上别人。

百折不回：折，挫折。比喻意志坚强，无论受到多少次挫折，毫不动摇退缩。

成语故事

百折不回

桥玄是东汉时期一位性情刚毅、嫉恶如仇的人。汉灵帝时，桥玄担任尚书令。那时太中大夫盖升仗着自己与灵帝有私交，而大肆收受贿赂、搜刮民财。桥玄于是上奏汉灵帝，要求免去盖升之职，并抄没他的家产。然而灵帝非但没有查办盖升，反而升了盖升的职。桥玄非常气愤，便以生病为由，辞职回了老家。

桥玄在京城任职的时候，有一天，他十岁的小儿子在家门口玩耍。三个强盗劫持了孩子，并想以此勒索桥玄的财物。消息传出去后，校尉阳球同河南府尹、洛阳县令马上率兵将桥玄的家包围起来，但是却不敢进攻，担心把强盗逼急了他们会伤害孩子。桥玄大声喝道："强盗如此猖狂，难道要为了我的孩子而纵容他们的罪行吗？"并催促阳球等人进攻。结果，强盗全部被捕获，但他的小儿子却因此死去。他的这种刚毅果敢、勇往直前的精神为人们所称道。故东汉蔡邕为他写下了《太尉桥玄碑》，赞扬他"百折不挠"的英雄气概。

 **成语练习**

1. 请在下面的空白处填上合适的成语，使句子通顺。

（1）老师在前面说："大家再加把劲啊，马上就到山顶了，＿＿＿＿＿＿＿＿＿啊！"

（2）你的那些想法就像是＿＿＿＿＿＿＿＿＿，很美好但却不可能实现。

（3）你＿＿＿＿＿＿＿＿＿说是他拿了你的钱，你有什么证据吗？

（4）他连忙摆着手说："谢谢你的好意，不过我现在已经是＿＿＿＿＿＿＿＿＿，不想再借钱了。

（5）你再好好想想，这样做真的值吗？不要＿＿＿＿＿＿＿＿＿啊。

第十一步

 成语接龙

回味无穷	穷极无聊	聊以自慰	慰情胜无	无拳无勇	勇往直前
前挽后推	推己及人	人众胜天	天灾人祸	祸福相依	依依不舍
舍己为人	人命关天	天下太平	平起平坐	坐不重席	席地而坐
坐井观天	天渊之别	别有洞天	天荒地老	老气横秋	秋水伊人

人定胜天　天保九如　如左右手　手不停挥　挥洒自如　如日中天
天下第一

成语解释

回味无穷：回味，指吃过东西以后的余味。比喻回想某一事物，越想越觉得有意思。

穷极无聊：穷极，极端；无聊，无所依托。原指光景穷困，精神无所寄托。现也形容无事可做，非常无聊。

聊以自慰：聊，姑且。姑且用来安慰自己。

慰情胜无：作为自我宽慰的话。

无拳无勇：拳，力气，力量。没有武力，也没有勇气。

勇往直前：勇敢地一直向前进。

前挽后推：形容前后都有人帮助。

推己及人：用自己的心意去推想别人的心意。指设身处地替别人着想。

人众胜天：聚集众人的力量，可以战胜大自然。

天灾人祸：天，自然。自然的灾害和人为的祸患。

祸福相依：比喻坏事可以引出好的结果，好事也可以引出坏的结果。

依依不舍：依依，依恋的样子；舍，放弃。形容舍不得离开。

舍己为人：舍弃自己的利益去帮助别人。

人命关天：关天，比喻关系重大。指有关人命的事情关系极其重大。

天下太平：处处平安无事。指大治之世。

平起平坐：比喻彼此地位或权力平等。

坐不重席：坐不用双层席子。比喻生活节俭。

席地而坐：古人在地上铺席子作为座位。后泛指坐在地上。

坐井观天：坐在井底看天。比喻眼界小，见识少。

天渊之别：天和地，一极在上，一极在下。比喻差别极大。

别有洞天：洞中另有一个天地。形容风景奇特，引人入胜。

天荒地老：指经历的时间极久。

老气横秋：老气，老年人的气派；横，充满。形容老练而自负的神态。现形容自高自大，摆老资格。也形容缺乏朝气。

秋水伊人：指思念中的那个人。

人定胜天：人定，指人谋。指人力能够战胜自然。

天保九如：天保，《诗经·小雅》中的篇名；九如，该诗中连用了九个"如"字，有祝贺福寿延绵不绝之意。旧时祝寿的话，祝贺福寿绵长。

如左右手：像自己的左右手一样。比喻极得力的助手。也比喻两者关系极为密切或配合得很好。

手不停挥：手不停顿地挥写。形容不停地写作。

挥洒自如：挥，挥笔；洒，洒墨。形容画画、写字、作文，运笔能随心所欲。

如日中天：好像太阳正在天顶。比喻事物正发展到十分兴盛的阶段。

天下第一：形容没有人能比得上。

成语故事

推己及人

春秋时，有年冬天，齐国下大雪，连着三天三夜都没有停。

齐景公披件狐腋皮袍，坐在厅堂欣赏雪景，觉得景致新奇，心中盼望再多下几天，则更漂亮。

晏子走近，若有所思地望着翩翩下降的白絮。景公说："下了三天雪，一点都不冷，倒像是春暖的时候了！"

晏子看景公皮袍裹得紧紧的，又在室内，就有意地追问："真的不冷吗？"景公点点头。

晏子知道景公没了解他的意思，就直爽地说："我听闻古之贤君都是自己吃饱了要去想想还有人饿着；自己穿暖了还有人冻着；自己安逸了还有人累着。可是，你怎么都不去想想别人啊！"景公被晏子说得一句话也答不出来。

慈悲为怀的人，总是会设身处地地去体会别人的切身感受，总是会"推己及人"地为别人着想。

成语练习

1. 请把下面的叠字成语补充完整。

（　）（　）待哺　　　（　）（　）可考　　　（　）（　）皆是

（　）（　）怪事　　　（　）（　）之交　　　（　）（　）于怀

（　）（　）寡合　　　（　）（　）起舞　　　（　）（　）乾坤

（　）（　）不乐　　　（　）（　）乐道　　　（　）（　）莲花

（　）（　）为营　　　（　）（　）了事　　　（　）（　）收兵

成语接龙

一帆风顺	顺水推舟	舟水之喻	喻之以理	理不胜辞	辞严义正
正大光明	明察秋毫	毫不介意	意味深长	长治久安	安土重旧
旧地重游	游手好闲	闲见层出	出乎意外	外宽内深	深居简出
出口伤人	人各有志	志同道合	合而为一	一了百当	当机立断
断雁孤鸿					

成语解释

一帆风顺：船挂着满帆顺风行驶。比喻非常顺利，没有任何阻碍。

顺水推舟：顺着水流的方向推船。比喻顺着某个趋势或某种方便说话办事。

舟水之喻：舟，船。对船和水的比喻，即水可以载舟，也可覆舟。老百姓可以帮助君王建立朝廷，也可以起来反抗推翻朝廷。

喻之以理：喻，劝导，开导。用道理来开导说服人。

理不胜辞：道理不能胜过文辞。指由于不善于推理立论，尽管文辞丰富多彩，道理并不充分。

辞严义正：辞，措辞；严，严谨；义，正当的理由；正，纯正。指措辞严正有力，理由正当。

正大光明：心怀坦白，言行正派。

明察秋毫：明察，看清；秋毫，秋天鸟兽身上新长的细毛。原形容人目光敏锐，任何细小的事物都能看得很清楚。后多形容人能洞察事理。

毫不介意：丝毫不往心里去。

意味深长：意味，情调，趣味。意思含蓄深远，耐人寻味。

长治久安：治，太平；安，安定。形容国家长期安定、巩固。

安土重旧：指留恋故土，不随便改变旧俗。

旧地重游：重新来到曾经居住过或游览过的地方。

游手好闲：指人游荡懒散，不愿参加劳动。

闲见层出：先后一再出现。

出乎意外：出乎意料。

外宽内深：指外貌宽厚而实则城府很深。

深居简出：简，简省。原指野兽藏在神秘的地方，很少出现。后指常待在家里，很少出门。

出口伤人：说出话来污辱人；说出的话有损人的尊严。

人各有志：指每个人各自有不同的志向愿望，不能勉为其难。

志同道合：道，途径。志趣相同，意见一致。

合而为一：合并为一体。

一了百当：指办事妥当、彻底。

当机立断：当机，抓住时机。在紧要时刻立即做出决断。

断雁孤鸿：鸿，鸿雁。离了群的孤独大雁。比喻孤身独处，多指未成婚的男子。

成语故事

正大光明

乾清宫正殿高悬着由清代顺治皇帝御笔亲书的"正大光明"匾，这个匾的背后藏有决定太子命运的"建储匣"。

在当时，皇子之间夺取皇位的明争暗斗相当激烈。为了缓和这种矛盾，自雍正朝开始采取秘密建储的办法，即皇帝生前不公开立皇太子，而秘密写出所选皇位继承人的文书，一式二份，一份放在皇帝身边；一份封在"建储匣"内，放到"正大光明"匾的背后。皇帝死后，由顾命大臣共同取下"建储匣"，和皇帝秘密藏在身边的一份对照验看，经核实后宣布皇位的继承人。乾隆、嘉庆、道光、咸丰四帝，都是按此制度登上宝座的。到了清代后期，由于咸丰皇帝只有一个儿子，同治和光绪皇帝没有儿子，这种秘密立储的办法才失去其意义。

明察秋毫

齐桓公小白、晋文公重耳曾在春秋时先后称霸，统领诸侯，是霸主中的代表。几百年后，战国时的齐宣王田辟彊也想称霸。齐宣王对孟子说："您能把有关齐桓公、晋文公的事迹讲给我听听吗？"孟子答道："对不起，我们孔夫子的门徒向来不讲霸主的事。我们只讲王道，用道德的力量来统一天下。"齐宣王问道："那要有怎样的道德才能统一天下呢？"孟子说："我听说，有一次新钟铸成，准备杀牛祭钟，您看见好好一头牛，无罪而被杀，心中感到不忍。凭您这种好心，就可以行王道，施仁政，统一天下。问题不在于您能不能，而在于您干不干罢了！比方有人说：'我的力气能举重三千斤，但举不起一根羽毛；眼力能看清秋天鸟兽毫毛那样细微的东西，却看不见满车的木柴。'您相信这种话吗？"齐宣王说："当然不相信！"孟子紧接着说："是呀，不能相信。如今您的好心能用来对待动物，却不能用来爱护老百姓，这也同样难于叫人相信。老百姓之所以不能够安居乐业，是您根本不去关心的缘故。显然，这都是干与不干的问题，而不是能与不能的问题。您问能不能行王道、统一天下，问题也是如此，是不去干，而不是不能干！"

成语练习

1.请把下面带"三"字的成语补充完整。

三（ ）三（ ）　　　三（ ）三（ ）　　　三（ ）三（ ）

三般（ ）（ ）　　　三曹（ ）（ ）　　　三榜（ ）（ ）

三病（ ）（ ）　　　三（ ）二（ ）　　　三（ ）五（ ）

三（ ）六（ ）　　　三（ ）七（ ）　　　三（ ）九（ ）

2.请在下面的括号里填上正确的动物名。

杀（ ）取卵　　　白云苍（ ）　　　非（ ）非（ ）

老态（ ）钟　　　歧路亡（ ）　　　画（ ）添足

（ ）龄（ ）寿　　　（ ）丝燕麦　　　（ ）死（ ）悲

骑（ ）难下　　　目无全（ ）　　　童（ ）角（ ）

（ ）章（ ）姿　　　（ ）（ ）无声　　　抱头（ ）窜

第二步

成语接龙

鸿断鱼沉　沉李浮瓜　瓜田李下　下里巴人　人穷志短　短兵相接

接二连三　三十而立　立竿见影　影只形单　单见浅闻　闻过则喜

喜气洋洋　洋为中用　用非其人　人人皆知　知人善任　任重道远

远涉重洋　洋洋得意　意在言外　外圆内方　方寸万重　重整旗鼓

鼓乐齐鸣

成语解释

鸿断鱼沉：书信断绝，音讯全无。

沉李浮瓜：吃在冷水里浸过的瓜果。形容暑天消夏的生活。

瓜田李下：比喻容易引起嫌疑的场合。

下里巴人：下里，乡下，乡里；巴，古国名，在今重庆一带。下里巴人原指战国时代楚国民间流行的一种歌曲，后比喻通俗的文学艺术。

人穷志短：穷，困厄；短，短小。人的处境困厄，志向也就小了。

短兵相接：短兵，刀剑等短兵器；接，交战。指近距离搏斗。比喻面对面地进行激烈的斗争。

接二连三：一个接着一个，接连不断。

三十而立：指人在三十岁前后有所成就。

立竿见影：在阳光下把竿子竖起来，立刻就看到影子。比喻立刻见到功效。

影只形单：只有自己的身体和自己的影子。形容孤独，没有同伴。

单见浅闻：指见识短浅。

闻过则喜：过，过失；则，就。听到别人批评自己的缺点或错误，表示欢迎和高兴。指虚心接受意见。

喜气洋洋：洋洋，得意的样子。充满了欢喜的神色或气氛。

洋为中用：批判地吸收外国文化中一切有益的东西，为我所用。

用非其人：任用了不适当的人才。指用人不当。

人人皆知：皆，都。所有的人都知道。

知人善任：知，了解，知道；任，任用，使用。善于认识人的品德和才能，最合理地使用。

任重道远：任，负担；道，路途。担子很重，路很远。比喻责任重大，要经历长期的奋斗。

远涉重洋：重洋，辽阔无边的海洋。远远地渡过海洋。

洋洋得意：形容得意时神气十足的姿态。

意在言外：语言的真正用意没有明白说出来，需要细细体会。

外圆内方：圆，圆通；方，方正。比喻人表面随和，内心严正。

方寸万重：方寸，指心；万重，多话。心里头有千言万语。

重整旗鼓：整，整顿，收拾。比喻失败之后，整顿力量，准备再干。

鼓乐齐鸣：击鼓和奏乐声一齐响。形容热闹景象。

成语故事

瓜田李下

唐文宗时，大书法家柳公权忠良耿直，能言善谏，担任工部侍郎。当时有个叫郭宁的官员把两个女儿送进宫中，于是皇帝就派郭宁到邮宁（现在的陕西邮县）做官，人们对这件事议论纷纷。皇帝就以这件事来问柳公权："郭宁是太皇太后的继父，官封大将军，当官以来没有什么过失，现在只让他当邮宁这个小小地方的主官，又有什么不妥呢？"柳公权说："按照郭宁的贡献和功绩来说，派他到邮宁去当主官，原本是合理合情，没什么好争议的，可是议论的人都以为郭宁是因为进献两个女儿入宫，才得到这个官职的。"唐文宗说："郭宁的两个女儿是进宫陪太后的，并不是献给朕的。"柳公权回答："瓜田李下的嫌疑，人们哪能都分辨得清呢？"

"瓜田李下"是从古乐府《君子行》中的诗句"瓜田不纳履，李下不整冠"引申来的。这里柳公权是比喻皇帝的做法很容易让人产生怀疑。

成语练习

1. 请把下面的叠字成语补充完整。

（　）（　）吾吾　　　　（　）（　）委委　　　　（　）（　）苍苍

（　）（　）啼啼　　　忐忑（　）（　）　　　结结（　）（　）

形形（　）（　）　　　唯唯（　）（　）　　　（　）（　）声声

（　）（　）妈妈　　　（　）（　）世世　　　（　）（　）扰扰

2. 请把歇后语和与其对应的成语连线。

泥菩萨过河　　　　　　　坐享其成

黄鼠狼给鸡拜年　　　　　自身难保

上天摘星星　　　　　　　战战兢兢

大河里洗手　　　　　　　一干二净

火箭上天　　　　　　　　不安好心

踩着冰过河　　　　　　　异想天开

饭来张口，衣来伸手　　　远走高飞

第三步

成语接龙

鸣金收兵　兵不厌诈　诈痴佯呆　呆若木鸡　鸡犬相闻　闻鸡起舞

舞弄文墨　墨子泣丝　丝丝入扣　扣盘扪烛　烛照数计　计日程功

功盖天下　下马冯妇　妇人孺子　子虚乌有　有己无人　人百其身

身价百倍　倍道兼行　行云流水　水到渠成　成人之美　美女簪花

花信年华

成语解释

鸣金收兵：用敲锣等发出信号撤兵回营。比喻战斗暂时结束。

兵不厌诈：厌，嫌恶；诈，欺骗。作战时尽可能地用假象迷惑敌人以取得胜利。

诈痴佯呆：指假装痴呆。

呆若木鸡：呆，傻，发愣的样子。呆得像木头鸡一样。形容因恐惧或惊异而发愣的样子。

鸡犬相闻：指人烟稠密。

闻鸡起舞：闻鸡，听见鸡叫。东晋时期祖逖与刘琨互相勉励，立志为国效力，半夜听到鸡叫就起床舞剑，刻苦练功。后用来形容有志之士及时奋发，刻苦自励。

舞弄文墨：玩弄法律条文，曲解其意。也指玩弄文辞，耍笔杆子。

墨子泣丝：比喻人变好变坏，环境的影响关系很大。

丝丝入扣：丝丝，每一根丝；扣，织机上的主要机件之一。织布时每条丝线都要从筘齿间穿过。比喻做得十分细致，有条不紊，一一合拍。

扣盘扪烛：扣，敲；扪，摸。比喻不经实践，认识片面，难以得到真知。

烛照数计：用烛照着，按数计算。比喻料事准确。

计日程功：计，计算；程，估量，考核；功，成效。工作进度或成效可以按日计算。

形容进展快，有把握按时完成。

功盖天下：功劳天下第一。

下马冯妇：以之比喻重操旧业的人。

妇人孺子：妇女孩子。

子虚乌有：子虚，并非真实；乌有，哪有。指假设的、不存在的、不真实的事情。

有己无人：自私自利，只顾自己，不顾别人。

人百其身：百其身，自身死一百次。别人愿意死一百次来换取死者的复生。表示对死者极沉痛的悼念。

身价百倍：身价，指社会地位。指名誉地位一下子大提高。

倍道兼行：倍、兼，加倍；道，指行程。每天加倍行进，一天走两天的路程。形容加速急行。

行云流水：形容文章自然不受约束，就像漂浮着的云和流动着的水一样。

水到渠成：渠，水道。水流到的地方自然形成一条水道。比喻条件成熟，事情自然会成功。

成人之美：成，成全。成全别人的好事。

美女簪花：簪，插戴。形容书法娟秀。也比喻诗文清新秀丽。

花信年华：花信，开花时期，花期。指女子的年龄到了二十四岁。也泛指女子正处年轻貌美之时。

成语故事

兵不厌诈

公元前633年，楚国攻打宋国，宋国向晋国求救。第二年春天，晋文公派兵攻占了楚的盟国曹国和卫国，要他们与楚国绝交，才让他们复国。楚国被激怒了，撤掉对宋国的包围，来和晋国交战。两军在城濮（pú）（今山东鄄城西南）对阵。

晋文公重耳做公子时，受后母迫害，逃到楚国，受到楚成王的款待。楚成王问重耳以后如何报答，重耳说："美女、绸缎等等，您都有了，我能给您什么呢？假如托您的福我能回国执政，万一遇到两国发生战争，我就撤退三舍（一舍等于三十里）。如果楚国还不能谅解，双方再交手。"

为了遵守当年的诺言，晋文公下令撤退九十里。楚国大将子玉率领楚军紧逼不舍。当时，楚国联合了陈、蔡等国，兵力强；晋国联合了齐、宋等国，兵力弱。应该怎样作战呢？晋文公的舅舅子犯说："我听到过这样的说法：对于注意礼仪的君子，应当多讲忠诚和信用，取得对方信任，在你死我活的战阵之间，不妨多用欺诈的手段迷惑对方。你可以采取欺骗敌军的办法。"

晋文公听从了子犯的策略，首先击溃由陈、蔡军队组成的楚军右翼，然后主力假装撤退，引诱楚军左翼追赶，再以伏兵夹击。楚军左翼大败，中军也被迫撤退。

这就是历史上著名的以弱胜强的城濮之战。晋国取胜后，与齐、鲁、宋、郑、蔡、莒、卫等国会盟，成为诸侯霸主。

扣盘扪烛

从前，有户人家生下一个不幸的男孩，出生时便双目失明。男孩在黑暗的世界里一天天长大，从未见过一件实实在在的东西。

有一天，他走在大街上。这天的天气非常好，太阳照得他浑身暖洋洋的。男孩便问过路人，天气为什么这样暖和。过路人告诉他，那是因为太阳照得。他经常听人们说起太阳，但不知道太阳到底是什么东西。于是，这个男孩心中便激起一种强烈的愿望：想知道太阳是什么样儿的。他向前摸索了几步，拦住一个过路人问道："你能告诉我太阳是什么样吗？"过路人想了想说道："太阳呀，形状像个铜盘。"男孩听了，点了点头。于是，他急急忙忙回到家里，让家人拿过铜盘给他。他用手敲打了两下，铜盘发出了当当的响声，他高兴得大声喊道："我听见太阳了！我听见太阳了！"周围的人一听都愣了，接着是一阵哄堂大笑。有个人对他说："那是人家在敲钟，太阳怎么会发出声音来呢？"男孩听了，心里很懊丧，问道："那……，太阳究竟是什么样子呢？"那个人告诉他："太阳会发出光亮，就像蜡烛一样！"男孩又兴奋地回到家，让家人找出一根蜡烛，他把蜡烛从上到下，一连摸了好几遍，边摸边说："这下我真的知道太阳是件什么东西了。"

又过了几日，男孩无意中碰到一根长笛，他用手一摸，高兴得快要跳起来，大声喊道："我摸到太阳了！我摸到太阳了！"

下马冯妇

战国时期，晋国勇士冯妇敢赤手空拳打老虎，后来他宣布再也不打老虎了，需要专心读书。一天他与朋友去郊外玩，看见很多人在围攻一只老虎，但不敢上前。冯妇走上前去抓住老虎一摔就把老虎摔死了，他的朋友说："你又重操旧业了。"后便以下马冯妇比喻重操旧业之人。

成语练习

1. 猜一猜，下列谜语的谜底都是成语，请把它补充完整。

单方告别——一（　）之（　）

蜜饯配黄连——同（　）共（　）

举双手赞成——（　）此一（　）

愚公的家——开门（　）（　）

全面开荒——不留（ ）（ ）

石榴成熟——皮（ ）肉（ ）

2.请把下面互为近义词的成语补充完整。

不由（ ）（ ）——情不（ ）（ ）

（ ）（ ）人寰——（ ）（ ）人道

（ ）（ ）欲言——各抒（ ）（ ）

（ ）词（ ）调——（ ）（ ）常谈

出（ ）反（ ）——（ ）（ ）无信

（ ）（ ）入化——（ ）火（ ）青

成语接龙

华不再扬　扬眉吐气　气贯长虹　虹销雨霁　霁风朗月　月朗星稀

稀奇古怪　怪雨盲风　风流韵事　事倍功半　半半拉拉　拉家带口

口蜜腹剑　剑气箫心　心平气和　和颜悦色　色胆包天　天下为公

公才公望　望眼欲穿　穿壁引光　光明正大　大智若愚　愚夫愚妇

妇人之仁

成语解释

华不再扬：已开过的花，在一年里不会再开。比喻时间过去了不再回来。

扬眉吐气：扬起眉头，吐出怨气。形容摆脱了长期受压状态后高兴痛快的样子。

气贯长虹：贯，贯穿。正义的精神直上高空，穿过彩虹。形容精神极其崇高，气概极其豪壮。

虹销雨霁：虹，彩虹；销，同"消"，消失；霁，本指雨止，也引申为天气放晴。彩虹消失，雨后天晴。

霁风朗月：和风明月。比喻宽厚祥和的气氛。

月朗星稀：皓月当空，星星稀少。

稀奇古怪：指很少见，很奇异，不同一般。

怪雨盲风：形容风雨来势猛。比喻迅猛激烈的斗争。

风流韵事：风雅而有情趣的事。旧指文人诗歌吟咏及琴棋书画等活动。也指男女私情。

事倍功半：指工作费力大，收效小。

半半拉拉：不完整或未全部完成的。

拉家带口：带着一家大小。

口蜜腹剑：嘴上说得很甜美，心里却怀着害人的主意。形容两面派的狡猾阴险。

剑气箫心：比喻既有情致，又有胆识。旧小说多用来形容能文能武的才子。

心平气和：心情平静，态度温和。指不急躁，不生气。

和颜悦色：颜，面容；悦，愉快；色，脸色。脸色和蔼喜悦。形容和善可亲。

色胆包天：形容贪恋淫欲胆量很大。

天下为公：原意是天下是公众的，天子之位，传贤而不传子，后成为一种美好社会的政治理想。

公才公望：才，才识；望，名望。才识名望可称公辅的地位。

望眼欲穿：眼睛都要望穿了。形容盼望殷切。

穿壁引光：穿，凿通；引，引进。凿通墙壁，引进烛光。形容家贫读书刻苦。

光明正大：原指明白不偏邪。现多指心怀坦白，言行正派。

大智若愚：某些才智出众的人不露锋芒，看来好像愚笨。

愚夫蠢妇：蒙昧无知之人。旧指小民百姓。

妇人之仁：仁，仁慈。妇女的软心肠。旧指处事姑息优柔，不识大体。

成语故事

口蜜腹剑

唐玄宗李隆基的兵部尚书李林甫，论才艺不错，一手字画也很好，但他做官却不正正诚诚地办事，而是一味迁就和迎合玄宗的意旨。不但如此，他还用些不正当的方法结交玄宗亲信的宦官和妃子。因此，他很得玄宗的宠信，一直在朝中做了十九年的官。李林甫和一般人接触，也总是在外貌上表现出和人很友好，非常合作，嘴里说尽所有可以说的好听的、善意的话。可是实际上，他的性情和他的表面态度完全相反。他是一个非常狡猾阴险，常常使坏主意来害人的人。但是，坏人虽然有时可以达到害人的目的，逞奸谋于一时，日子久了，人家就发现了他这种伪善，于是大家便在背地里说他"口有蜜、腹有剑"，即口上甜甜蜜蜜，心中利剑害人。

穿壁引光

西汉时候，有个农民的孩子，叫匡衡。他小时候很想读书，可是因为家里穷，没钱上学。后来，他跟一个亲戚学认字，才有了看书的能力。

匡衡买不起书，只好借书来读。那个时候，书是非常贵重的，有书的人不肯轻易借给别人。匡衡就在农忙的时节，给有钱的人家打短工，不要工钱，只求人家借书给他看。

过了几年，匡衡长大了，成了家里的主要劳动力。他一天到晚在地里干活，只有中午歇晌的时候，才有工夫看一点书，所以一卷书常常要十天半月才能够读完。匡衡很着急，心里想：白天种庄稼，没有时间看书，我可以多利用一些晚上的时间来看书。可是匡衡家里很穷，买不起点灯的油，怎么办呢？

有一天晚上，匡衡躺在床上背白天读过的书。背着背着，突然看到东边的墙壁上透过来一线亮光。他猛地站起来，走到墙壁边一看，原来从壁缝里透过来的是邻居的灯光。于是，匡衡想了一个办法，他拿了一把小刀，把墙缝挖大了一些。这样，透过来的光亮也大了，他就凑着透进来的灯光，读起书来。

匡衡就是这样刻苦地学习，后来成了一个很有学问的人。

 **成语练习**

1. 成语连用，请根据已给出的成语填空，使意思连贯。

前功尽弃，付（ ）（ ）流　　　　举案齐眉，（ ）（ ）如宾

名垂青史，万古（ ）（ ）　　　　一则以喜，一则（ ）（ ）

蝉翼为重，（ ）（ ）为轻　　　　人心所向，（ ）（ ）所趋

2. 请根据下面的提示写出正确的成语。

战略，远方的是朋友，打近处　　　　＿＿＿＿＿＿＿

背上长了一根刺　　　　＿＿＿＿＿＿＿

看望老师，下雪了，等待　　　　＿＿＿＿＿＿＿

水井，青蛙，见识短　　　　＿＿＿＿＿＿＿

弹琴，牛，浪费时间　　　　＿＿＿＿＿＿＿

鲁班，斧头，杂耍　　　　＿＿＿＿＿＿＿

斑鸠，喜鹊，霸占　　　　＿＿＿＿＿＿＿

第五步

成语接龙

仁浆义粟　粟红贯朽　朽木生花　花好月圆　圆颅方趾　趾踵相错
错彩镂金　金谷酒数　数典忘祖　祖功宗德　德隆望重　重财轻义
义薄云天　天下第一　一路福星　星月交辉　辉光日新　新婚燕尔
尔汝之交　交浅言深　深恶痛疾　疾如雷电　电闪雷鸣　鸣鼓而攻
攻无不克

成语解释

仁浆义粟：指施舍给人的钱米。

粟红贯朽：粟，小米；红，腐烂变质；朽，腐烂。谷子变色，钱串损坏，形容太平时期的情况。

朽木生花：指由枯转荣，比喻事物得以新生。

花好月圆：花儿正盛开，月亮正圆满。比喻美好圆满。多用于祝贺人新婚。

圆颅方趾：颅，头颅；趾，脚。方脚圆头。指人类。

趾踵相错：形容人数之多。

错彩镂金：错，涂饰；镂，雕刻。形容诗文的辞藻十分华丽。

金谷酒数：金谷，园名，晋代石崇建，在今河南省洛阳市西北。罚酒三斗的隐语。旧时泛指宴饮时罚酒的斗数。

数典忘祖：比喻忘本或对祖国历史的无知。

祖功宗德：指祖有功而宗有德。古代王朝尊始祖或开国之君为祖。有开创之功，其后有德之君则尊为宗。

德隆望重：犹言德高望重。

重财轻义：指看重财利而轻视道义。

义薄云天：正义之气直上高空。形容为正义而斗争的精神极其崇高。

天下第一：形容没有人能比得上。

一路福星：路，本为宋代的行政区域名，后指道路；福星，岁星。原指一个行政区域为民谋福的好长官。后用作祝人旅途平安的客套话。

星月交辉：星星和月亮交相照耀。

辉光日新：常指一个人在道德、文学、艺术等方面日有长进。

新婚燕尔：原为弃妇诉说原夫再娶与新欢作乐，后反其意，用作庆贺新婚之辞。形容新婚时的欢乐。

尔汝之交：尔汝，古人彼此以尔汝相称，表示亲昵。指不拘形迹，十分亲昵的交情。亦作"尔汝交"。

交浅言深：交，交情。指对没有深交的人进行深谈。

深恶痛疾：恶，厌恶；痛，痛恨。指对某人或某事物极端厌恶痛恨。

疾如雷电：快得就像雷鸣闪电。形容形势发展很迅速。

电闪雷鸣：闪电飞光，雷声轰鸣。比喻快速有力。也比喻轰轰烈烈。

鸣鼓而攻：比喻宣布罪状，加以谴责或讨伐。

攻无不克：克，攻下。没有攻占不下来的。形容力量无比强大。

成语故事

鸣鼓而攻

春秋时期，鲁国的季康子主张改革农田制度，承认私人可以拥有土地，想试行按亩征税，他的属下冉求是孔子的学生，就让冉求去征询孔子的意见。孔子反对改变王法，冉求支持季康子的改革，孔子就号召他的其他学生敲着鼓去攻击冉求。

成语练习

1. 请根据下面的俗语补充成语。

陈谷子，烂芝麻。——（　）词（　）调

君子不夺人所好。——（　）（　）之美

不见兔子不放鹰。——见（　）放（　）

成也萧何，败也萧何。——出（　）反（　）

一个做好，一个做歹。——（　）（　）一气

鸡蛋里挑骨头。——吹（　）求（　）

第六步

 成语接龙

克己奉公　公忠体国　国士无双　双柑斗酒　酒龙诗虎　虎变龙蒸

蒸沙成饭　饭蔬饮水　水火不避　避强打弱　弱本强末　末大必折

折胶堕指　指天誓日　日薄西山　山摇地动　动如脱兔　兔死狗烹

烹狗藏弓　弓影浮杯　杯盘狼藉　籍籍声名　名满天下　下笔成章

章台杨柳

成语解释

克己奉公：克己，约束自己；奉公，以公事为重。克制自己的私心，一心为公。

公忠体国：指尽忠为国。

国士无双：国士，国中杰出的人物。指一国独一无二的人才。

双柑斗酒：比喻春天游玩胜景。

酒龙诗虎：比喻嗜酒善饮、才高能诗的人。

虎变龙蒸：指乘时变化而飞黄腾达。

蒸沙成饭：要把沙子蒸成饭。比喻事情不可能成功。

饭蔬饮水：形容清心寡欲、安贫乐道的生活。

水火不避：指不避艰险。

避强打弱：军事用语。在运动战中避开敌人的精锐部队而专拣疲弱的打。

弱本强末：指中央权力削弱而地方势力强大。

末大必折：末，树梢，末梢。树木枝端粗大，必折其干。比喻下属权重，危及上级。

折胶堕指：极言天气寒冷。

指天誓日：誓，发誓。指着天对着太阳发誓。表示意志坚决或对人表示忠诚。

日薄西山：薄，迫近。太阳快落山了。比喻人已经衰老或事物衰败腐朽，临近死亡。

山摇地动：山和地都在摇动。形容声势或力量的强大。

动如脱兔：比喻行动敏捷。

兔死狗烹：烹，烧煮。兔子死了，猎狗就被人烹食。比喻为统治者效劳的人在事成后被抛弃或杀掉。

烹狗藏弓：比喻事成之后把效劳出力的人抛弃以致杀害。

弓影浮杯：形容疑神疑鬼，自相惊扰。

杯盘狼藉：杯盘等放得乱七八糟。形容宴饮已毕或将毕时的情景。

籍籍声名：形容名声盛大。

名满天下：天下闻名。形容名声极大。

下笔成章：一挥动笔就写成文章。形容文思敏捷，很有才华。

章台杨柳：比喻窈窕美丽的女子。

 成语故事

下笔成章

曹植，字子建，自幼聪明伶俐，喜欢诗、辞、歌、赋，十几岁时就能诵读名篇数百，而且也非常会写文章。所以，很多人都称他是个"奇才"。

曹操对自己儿子的才气也非常赏识，但又觉得很奇怪。有一次，曹操看了曹植的文章后，心里觉得曹植的文章确实写得不错，但也不免有些怀疑这文章是请人代写的。于是，曹操就把曹植叫到了跟前，认真地盘问道："你的文章我看过了，写得不错，是不是请别人代你写的呀？"

曹植赶忙给父亲跪下，禀告道："不是的，我能够言出为文，下笔成章，如果您不相信，可以当面考我，怎么能说我是请别人代写的呢？"曹操听了禁不住哈哈大笑起来，说："不是，那就好啊！"

不久，曹操在官城建造的铜雀台竣工了，就让几个儿子都上去看看，并叫他们每人都写出一篇辞赋来，试一试他们的文采。曹植拿起笔来就写，一会儿工夫就写好了。这就充分证实了曹植自己说过的那句话："言出为文，下笔成章。"

章台杨柳

唐代韩翃有一个姬妾柳氏，以艳丽著称。安史之乱发生时，二人失散了，柳氏出家为尼。后来韩翃成为平卢节度使侯希逸的书记，柳氏被番地的将领沙吃利劫走，韩翃就派人寄诗给柳氏说："章台柳，章台柳，昔日青青今在否？纵使长条似旧垂，亦应攀折他人手。"侯希逸的部将设计最终使二人团聚。

 **成语练习**

1. 请将成语和与其相关的历史人物连线。

入木三分　　　　　　项羽

举案齐眉　　　　　　文与可

四面楚歌　　　　　　祖狄

胸有成竹　　　　　　匡衡

闻鸡起舞　　　　　　王羲之

凿壁偷光　　　　　　梁鸿

2. 请根据下面这首诗补充成语。

静夜思

唐·李白

床前明月光，疑是地上霜。

举头望明月，低头思故乡。

风清（　）（　）　　（　）露之（　）　　（　）信参半

（　）（　）裕后　　他（　）（　）知　　出人（　）（　）

倚间（　）切　　浅斟（　）唱　　共商国（　）

（　）（　）叠床

第七步

 成语接龙

柳绿桃红	红紫乱朱	朱唇粉面	面如冠玉	玉汝于成	成千上万
万水千山	山南海北	北辕适楚	楚才晋用	用心良苦	苦口婆心
心花怒放	放辟邪侈	侈衣美食	食玉炊桂	桂馥兰香	香象渡河
河清三日	日落西山	山清水秀	秀色可餐	餐云卧石	石城汤池
池鱼幕燕					

成语解释

柳绿桃红：桃花嫣红，柳枝碧绿。形容花木繁盛、色彩鲜艳的春景。

红紫乱朱：古以朱为正色，紫为杂色。红紫乱朱指杂色混乱正色。比喻邪道取代正道。

朱唇粉面：形容女子貌美。亦指美女。

面如冠玉：比喻男子徒有其表。也用来形容男子的美貌。

玉汝于成：汝，你。玉汝，像爱惜玉一样爱护、帮助你。爱你如玉，帮助你，使你成功。多用于艰难困苦条件下。

成千上万：形容数量很多。

万水千山：万道河，千重山。形容路途艰难遥远。

山南海北：指遥远的地方。

楚才晋用：比喻用才不当。

用心良苦：用心，认真思考；良，很。很费心思地反复思考。

苦口婆心：苦口，反复规劝；婆心，仁慈的心肠。比喻善意而又耐心地劝导。

心花怒放：怒放，盛开。心里高兴得像花儿盛开一样。形容极其高兴。

放辟邪侈（chǐ）：放、侈，放纵；辟、邪，不正派，不正当。指肆意作恶。

侈衣美食：侈衣，华美的衣服；美食，鲜美的食物。言衣食俱精。

食玉炊桂：食品贵如玉，燃料贵如桂。比喻物价昂贵。

桂馥（fù）兰香：桂、兰，两种散发芳香的花；馥，香。形容气味芳香。

香象渡河：佛教用语。比喻悟道精深。也形容评论文字精辟透彻。

河清三日：为升平祥瑞的预兆。

日落西山：太阳快要落山。比喻人到老年将死或事物接近衰亡。

山清水秀：形容风景优美。

秀色可餐：秀色，美女姿容或自然美景；餐，吃。原形容妇女美貌。后也形容景物秀丽。

餐云卧石：指超脱尘世的隐逸生活。

石城汤池：比喻防守坚固不易攻破的城池。

池鱼幕燕：比喻处境危险极易遭殃的人。

成语故事

玉汝于成

张载是北宋郿县（今属陕西）横渠人。张载年轻时喜欢研究兵法。范仲淹很欣赏他的才学，劝他说："读书人有自己的事业可做，何必非要谈兵呢？"张载便专心致志做学问。后来张载中了进士，先后当过几任地方官，因为他敢于直言，触犯了执政大臣，四十九岁就辞官回家，在家读书治学。

横渠是个穷乡僻壤，张载虽有一些田地，但收入只够维持生计，还必须省吃俭用，但他怡然自得，根本就不挂在心上。每天起来，他一头钻进书房，关起门来，整日苦读，时常思考问题而忘记吃饭和休息。深夜，妻儿早已酣然入睡，他躺在床上还若有思考。如有所得，便披衣下床，欣然提笔。远近许多青年纷纷前来从师求学。有些学生家境贫寒，没有学费，他反而补贴他们茶饭，和他们同甘共苦。

张载在一篇文章中说：贫穷卑贱和令人忧伤的客观条件，其实可以磨炼人的意志，用来帮助你达到成功。

楚才晋用

伍举（又名椒举）是春秋时代楚国大夫，声子（又名公孙归生）是蔡国大夫，两人虽然相处异地，但交情极好。声子深为伍举的才能所叹服。后来伍举的岳父王子牟犯罪逃跑，有人造谣说是伍举通风报信。伍举无奈，逃奔郑国。这时声子因公被派往晋国，途经郑国，两人郊外相遇（"班荆道故"）。声子听了伍举的申诉，甚感不平。他让伍举先到晋国暂住一个时期。办完公事，声子即刻去见楚令尹（相当于宰相）子木。当子木问道："晋大夫与楚孰贤"时，声子先以"晋卿不如楚"取悦子木，接着便道："虽楚有材，晋实用之"。然后陈述史例，晓以利害，终于说服子木，招回伍举。

食玉炊桂

战国时期，纵横家苏秦擅长辩论，凭一张嘴到处游说。他去楚国要求见楚王，把守宫门的侍者索贿不成，故意陷害他，让他先住三天，卖给他的东西特别贵。楚王见苏秦后，谈得非常投机。苏秦便对楚王说楚国的米像玉石、柴火像桂木一样贵。

成语练习

1. 请把下面意思相反的成语补充完整。

（　）（　）之别——毫无（　）（　）

不（　）不（　）——（　）此（　）彼

画龙（　）（　）——画蛇（　）（　）

大（　）不（　）——恍然（　）（　）

（　）（　）下士——（　）贤（　）能

自（　）（　）户——（　）人篱（　）

成语接龙

燕安鸩毒　毒赋剩敛　敛锷韬光　光前裕后　后来居上　上慢下暴

暴虎冯河　河清人寿　寿陵失步　步罡踏斗　斗而铸锥　锥处囊中

中风狂走　走郢飞觞　觞酒豆肉　肉山脯林　林栖谷隐　隐居求志

志大才疏　疏而不漏　漏尽更阑　阑风伏雨　雨打风吹　吹气如兰

兰桂齐芳

成语解释

燕安鸩（zhèn）毒：指沉溺于安逸享乐，犹如饮毒酒自杀。

毒赋剩敛：指横征暴敛。

敛锷（è）韬光：比喻隐匿锋芒，才气不外露。

光前裕后：光前，光大前业；裕后，遗惠后代。为祖先增光，为后代造福。形容人功业伟大。

后来居上：后来的超过先前的。用以称赞后起之秀超过前辈。

上慢下暴：指君上骄慢，下民强暴。

暴虎冯河：暴虎，空手搏虎；冯河，涉水过河。比喻有勇无谋，鲁莽冒险。

河清人寿：古时传说黄河水千年一清，因以之形容人之长寿。

寿陵失步：比喻仿效不成，反而丧失了固有技能。

步罡（gāng）踏斗：道士礼拜星宿、召遣神灵的一种动作。其步行转折，宛如踏在罡星斗宿之上，故称。罡，北斗七星之柄。斗，北斗星。

斗而铸锥：临到打仗才去铸造兵器。比喻行动不及时。

锥处囊中：囊，口袋。锥子放在口袋里，锥尖就会露出来。比喻有才能的人不会长久被埋没，终能显露头角。

中风狂走：举止放纵，如患疯癫。

走斝（jiǎ）飞觞：斝、觞，酒器。指欢宴畅饮。

觞酒豆肉：觞，古代盛酒器；豆，古代盛食器。泛指饮食。

肉山脯林：积肉如山，列脯如林。形容穷奢极侈。

林栖谷隐：指在山林隐居。亦指隐居的人。

隐居求志：隐居不仕，以实现自己的志愿。

志大才疏：疏，粗疏，薄弱。指人志向大而才具不够。

疏而不漏：意思是天道公平，作恶就要受惩罚，它看起来似乎很不周密，但最终不会放过一个坏人。比喻作恶的人逃脱不了国法的惩处。

漏尽更阑：漏，古代滴水计时的仪器；更，夜间计时单位。喻指夜深之时。

阑风伏雨：指夏秋之际的风雨。后亦泛指风雨不已。

雨打风吹：原指花木遭受风雨摧残。比喻恶势力对弱小者的迫害。也比喻严峻的考验。

吹气如兰：气息像兰花那样香。形容美女的呼吸。也用于形容文辞华美。

兰桂齐芳：兰桂，对他人儿孙的美称；芳，比喻美德、美声。旧指儿孙同时显贵发达。

成语故事

寿陵失步

战国时期，赵国国都邯郸人走路姿势非常优美与潇洒，外地人很赞赏和羡慕。燕国的寿陵有一个少年，特别迷恋邯郸人走路的姿态，竟专门到邯郸学习，他非常用心观摩、效仿、练习，过了一段时间，他非但没学会邯郸人走路的姿态，连自己的走路姿势也忘了。后人便用寿陵失步比喻仿效不成，反而丧失了固有的技能。

成语练习

1. 成语选择题。

（1）成语"东施效颦"中东施模仿的是谁？（　）

A 西施　　　　　　B 貂蝉　　　　　　C 王昭君

（2）成语"亡羊补牢"中"亡"的意思是（　）

A 死亡　　　　　　B 丢失、逃跑　　　C 丢弃

（3）成语"胸有成竹"最初指的是（　）

A 画画　　　　　　B 写字　　　　　　C 打仗

（4）成语"星罗棋布"适合来形容（ ）

A 春天　　　　　　B 夏天　　　　　　C 秋天

2. 请圈出下面成语中的错别字并写出正确的。

礼上往来（ ）　　投鼠计器（ ）　　车栽斗量（ ）　　剑在弦上（ ）

人言可谓（ ）　　明火执仗（ ）　　莫齿难忘（ ）　　青灯黄券（ ）

海钠百川（ ）　　药到病锄（ ）　　一贫如洗（ ）　　巾国英雄（ ）

第九步

成语接龙

芳兰竟体　　体贴入微　　微为繁富　　富堪敌国　　国仇家恨　　恨之入骨

骨鲠在喉　　喉长气短　　短绠汲深　　深山老林　　林下风度　　度日如年

年富力强　　强弩之末　　末大不掉　　掉臂不顾　　顾此失彼　　彼竭我盈

盈千累万　　万壑千岩　　岩穴之士　　士饱马腾　　腾声飞实　　实逼处此

此问彼难

成语解释

芳兰竟体：芳兰，兰草的香气；竟体，满身。香气满身。比喻举止娴雅，风采极佳。

体贴入微：体贴，细心体谅别人的心情和处境，给予关心和照顾；入微，达到细微的程度。形容对人照顾或关怀非常细心、周到。

微为繁富：稍微有些辞藻繁多。

富堪敌国：私人拥有的财富可与国家的资财相匹敌。形容极为富有。

国仇家恨：国家被侵略之仇，家园被破坏之恨。

恨之入骨：恨到骨头里去。形容痛恨到极点。

骨鲠在喉：鲠，鱼刺。鱼骨头卡在喉咙里。比喻心里有话没有说出来，非常难受。

喉长气短：比喻事情麻烦、费劲。

短绠（gěng）汲深：绠，汲水用的绳子；汲，从井里打水。吊桶的绳子短，打不了深井里的水。比喻能力薄弱，难以担任艰巨的任务。

深山老林：与山外、林外距离远的、人迹罕至的山岭、森林。

林下风度：称颂妇女娴雅飘逸的风采。

度日如年：过一天像过一年那样长。形容日子很不好过。

年富力强：年富，未来的年岁还有很多。形容年纪轻，精力旺盛。

强弩之末：强弩所发的矢，飞行已达末程。比喻强大的力量已经衰弱，起不了什么作用。

末大不掉：比喻部属势力强大，难以驾驭。

掉臂不顾：掉，摆动。摆动着手臂，头也不回。形容毫无眷顾。

顾此失彼：顾了这个，丢了那个。形容忙乱或慌张的情景。

彼竭我盈：彼，他，对方；竭，尽；盈，充满。他们的勇气已丧失，我们的士气正旺盛。

盈千累万：盈，满；累，积。成千上万。形容数量非常多。

万壑（hè）千岩：形容峰峦、山谷极多。

岩穴之士：指隐士。古时隐士多山居，故称。

士饱马腾：军粮充足，士气旺盛。

腾声飞实：传扬名声与功业。使名实俱得传扬。

实逼处此：指为情势所迫，不得不这样。

此问彼难：这个诘问，那个责难。

成语故事

强弩之末

汉武帝时期，匈奴派人前来请求和亲，武帝交由朝臣讨论。大行令王恢是燕地人，多次出任边郡官吏，熟悉了解匈奴的情况。他分析说："汉朝和匈奴和亲大抵都过不了几年匈奴就又背弃盟约。不如不答应，而发兵攻打他。"韩安国说："派军队去千里之外作战，不会取得胜利。现在匈奴依仗军马的充足，怀着禽兽般的心肠，迁移如同群鸟飞翔，很难控制他们。我们得到它的土地也不能算开疆拓土，拥有了他的百姓也不能算强大，从上古起他们就不属于我们的百姓。汉军到几千里以外去争夺利益，那就会人马疲惫，敌人就会凭借全面的优势对付我们的弱点。况且强弩之末连鲁地所产的最薄的白绢也射不穿；从下往上刮的强风，到了最后，连飘起雁毛的力量都没有了，并不是他们开始时力量不强，而是到了最后，力量衰竭了。所以发兵攻打匈奴实在是很不利的，不如跟他们和亲。"群臣的议论多数附和韩安国，于是武帝便同意与匈奴和亲。

成语练习

1. 以"风"字开头的成语。

风兵（ ）（ ）　　　风波（ ）（ ）　　　风不（ ）（ ）

风浪（ ）（ ）　　　风餐（ ）（ ）　　　风尘（ ）（ ）

风尘（ ）（ ）　　　风尘（ ）（ ）　　　风尘（ ）（ ）

风尘（ ）（ ）　　　风吹（ ）（ ）　　　风吹（ ）（ ）

风吹（ ）（ ）　　　风吹（ ）（ ）　　　风吹（ ）（ ）

2. 以"风"字结尾的成语。

（ ）（ ）清风　　　（ ）（ ）清风　　　（ ）（ ）清风

（ ）（ ）清风　　　（ ）（ ）清风　　　（ ）（ ）威风

（ ）（ ）春风　　　（ ）（ ）生风　　　（ ）（ ）凄风

（ ）（ ）下风　　　（ ）（ ）禁风　　　（ ）（ ）旁风

（ ）（ ）五风　　　（ ）（ ）招风　　　（ ）（ ）顺风

第十步

成语接龙

难分难舍　舍道用权　权移马鹿　鹿皮苍璧　璧坐玑驰　驰魂宕魄

魄散魂消　消息盈冲　冲冠眦裂　裂裳裹膝　膝行匍伏　伏而咶天

天壤王郎　郎才女貌　貌是情非　非驴非马　马工枚速　速战速决

决一雌雄　雄深雅健　健步如飞　飞沙走石　石沉大海　海底捞月

月白风清

成语解释

难分难舍：分，分离；舍，放下。形容感情很好，不愿分开。

舍道用权：变通常道以适应现实的需要。

权移马鹿：指特权专横跋扈，任意颠倒是非。

鹿皮苍璧：形容本末不相称。

璧坐玑（jī）驰：形容文章的语言精彩美妙。

驰魂宕（dàng）魄：形容震撼心灵。

魄散魂消：形容惊恐万分，极端害怕。

消息盈冲：指事物的盛衰变化或行为的出处进退。

冲冠眦（zì）裂：眦裂，睁裂眼眶。形容愤怒到极点。

裂裳裹膝：裂，破裂；裹，包裹。指奔走急切。

膝行匍（pú）伏：伏地爬行。

伏而咶（shì）天：咶，以舌舐物。伏地以舌舐天。比喻所行与所求不一致，无法达到目的。

天壤王郎：天壤，指天地之间，即人世间；王郎，指晋朝人王凝之。天地间竟有这种人。原是谢道蕴轻视其丈夫王凝之的话。后比喻对丈夫不满意。

郎才女貌：郎，旧指女子对丈夫或情人的称呼。男的有才气，女的有美貌。形容男女双方很相配。

貌是情非：表面做的与心里想的完全两样。比喻表里不一。

非驴非马：不是驴也不是马。比喻不伦不类，什么也不像。

速战速决：用快速的战术结束战局。也比喻用迅速的办法完成任务。

决一雌雄：雌雄，比喻高低、胜负。指较量一下胜败高低。

雄深雅健：指文章雄浑而深沉，典雅而有力。

健步如飞：健步，脚步快而有力。步伐矫健，跑得飞快。

飞沙走石：沙土飞扬，石块滚动。形容风势狂暴。

石沉大海：石头沉到海底。比喻从此没有消息。

海底捞月：到水中去捞月亮。比喻去做根本做不到的事，只能白费力气。

月白风清：形容幽静美好的夜晚。

成语故事

冲冠眦裂

公元前 206 年，项羽拥兵四十万在新丰鸿门，听从谋士范增的意见想尽快除掉刘邦，项伯将消息透露给张良，张良向刘邦汇报。第二天刘邦去鸿门赴宴，宴上项庄舞剑要杀刘邦，刘邦的卫士樊哙怒目而视，头发直竖，誓死保卫刘邦。

天壤王郎

东晋时期，有名的女中豪杰谢道韫嫁给王羲之的儿子王凝之，由于她的才学比王凝之高，十分不称心。叔父谢安经常安慰她，希望她不要轻视自己的丈夫，夫妻要和睦相处。可谢道韫还是忍不住叹息："不意天壤之中，乃有王郎。"

原意是谢道韫在家里长辈面前撒娇式地表达对丈夫王凝之的不满。现在用来比喻对丈夫不满意。

成语练习

1. 请在下面的空白处填上合适的成语，使句子通顺。

（1）你应该有点自己的想法啊，不要像鹦鹉一样，只会＿＿＿＿＿＿＿＿＿＿。

（2）他笑着说："我对油画不是特别了解，只是听说这次画展有名家作品，所以就＿＿＿＿＿＿＿＿＿＿了。"

（3）她担心地说："一直没有他的消息，给他写的信也＿＿＿＿＿＿＿＿＿＿了，从来没有回音。"

（4）老教授语重心长地说："你们都是国家的＿＿＿＿＿＿＿＿＿＿啊，未来是属于你们年轻人的。"

（5）妈妈生气地说："你看看你把屋子弄得多乱，简直都没有＿＿＿＿＿＿＿＿＿＿了。"

2. 请根据下面的要求写成语，每项至少写三个。

形容愤怒的：＿＿＿＿＿＿＿＿＿＿＿＿＿＿＿＿＿＿＿＿＿＿＿＿

形容刻苦的：＿＿＿＿＿＿＿＿＿＿＿＿＿＿＿＿＿＿＿＿＿＿＿＿

描写天气的：＿＿＿＿＿＿＿＿＿＿＿＿＿＿＿＿＿＿＿＿＿＿＿＿

描写风景的：＿＿＿＿＿＿＿＿＿＿＿＿＿＿＿＿＿＿＿＿＿＿＿＿

成语接龙

清辞丽曲　曲不离口　口不应心　心不应口　口耳相传　传为美谈

谈笑风生　生生不息　息事宁人　人心不古　古色古香　香消玉殒

殒身不恤　恤孤念寡　寡言少语　语重心长　长驱直入　入土为安

安魂定魄　魄散魂飞　飞苍走黄　黄粱美梦　梦笔生花　花天酒地

地北天南

成语解释

清辞丽曲：指清新美丽的词曲。

曲不离口：意指曲子要天天唱，才会熟练精妙。比喻熟能生巧。

口不应心：嘴里说的和心里想的不一样。

心不应口：心里想的和嘴上说的不一样。形容为人虚伪。

口耳相传：口说耳听地往下传授。

传为美谈：美谈，人们津津乐道的好事。指传扬开去，成为人们赞美、称颂的事情。

谈笑风生：有说有笑，兴致高。形容谈话谈得高兴而有风趣。

生生不息：生生，中国哲学术语，指变化和新生事物的发生；不息，没有终止。不断地生长、繁殖。

息事宁人：息，平息；宁，使安定。原指不生事，不骚扰百姓，后指调解纠纷，使事情平息下来，使人们平安相处。

人心不古：古，指古代的社会风尚。旧时指人心奸诈、刻薄，没有古人淳厚。

古色古香：形容器物字画等富有古雅的色彩和情调。

香消玉殒：比喻年轻美丽的女子死亡。

殒身不恤：殒，死亡；恤，顾惜。牺牲生命也不顾惜。

恤孤念寡：恤，体恤，怜悯。关心，照顾孤儿寡妇。

寡言少语：形容说话很少。

语重心长：话语深刻有力，情意深长。

长驱直入：长距离不停地快速行进。形容进军迅猛，不可阻挡。

入土为安：旧时土葬，人死后埋入土中，死者方得其所，家属方觉心安。

安魂定魄：魂、魄，人的灵气、精神。指使人心安定。

魄散魂飞：形容非常恐惧害怕。

飞苍走黄：苍，苍鹰；黄，黄狗。指打猎。

黄粱美梦：黄粱，小米。比喻虚幻不能实现的梦想。

梦笔生花：比喻写作能力大有进步。也形容文章写得很出色。

花天酒地：形容吃喝嫖赌、荒淫糜烂的生活。

地北天南：指四处，到处。

成语故事

人心不古

　　刘时中是元朝著名散曲家之一。元顺帝天历二年，江西大旱，刘时中见到灾民受难的情况，于是作了两套散曲《端正好》，上呈江西道廉访使高纳麟。第一套的内容陈述饥荒时"谷不登，麦不长"，民无以食的悲惨遭遇，而且愤怒地斥责了奸商富豪趁火打劫的罪行，展现元代社会严重的阶级压榨。第二套则是揭露官吏的无能与违法乱纪。他形容一群暴发户般的官员为"没见识街市匹夫"，彼此狼狈为奸，勾结作恶，尽日将精力耗费在吃喝嫖赌，完全不顾百姓生计。并申辩说："不是我要讲他们的坏话，但怎么能眼睁睁地看着邪恶战胜正义？现在的人根本完全丧失了旧时代的淳朴，明明是人，但行事却如禽兽一般。"后来"人心不古"演变为成语，用来感叹现在的人失去古人的忠厚淳朴。

黄粱美梦

　　青年卢生，旅途经过邯郸，住在一家客店里。道人吕洞宾也住在这家客店里，卢生同吕洞宾谈话之间，连连怨叹自己穷困的境况。吕洞宾便从行李中取出一个枕头来，对卢生说："你枕着这个枕头睡，就可以获得荣华富贵。"这时，店主人正在煮饭（黄色的小米饭），离开饭时间尚早，卢生就枕着这个枕头，先睡一会，不想一躺下去立刻做起梦来。在梦里，他娶了清河崔府里一位高贵而美丽的小姐，生活阔绰，十分体面。第二年，又考中进士，后来步步高升，做官一直做到节度使、御史大夫，还当了十年宰相，后来以受封为燕国公。五个儿子，都和名门望族对了亲，而且也都做了大官，一共有

十几个孙子，个个都聪明出众。真是子孙满堂，福禄齐全。他一直活到八十多岁才寿终正寝。梦一结束，他也就醒来了。这时，他才发觉原来一场梦，店主人煮的小米饭还没有熟哩。卢生想想几十年荣华富贵，竟是短暂的一梦，很觉惊异。吕洞宾笑道："人生就是这样！要想真正地享受荣华富贵，必须靠自己的双手去努力，去创造。"

成语练习

1. 请把下面带"四"的成语补充完整。

四面（　）（　）　　　　四分（　）（　）　　　　四通（　）（　）

四脚（　）（　）　　　　四海（　）（　）　　　　四平（　）（　）

四大（　）（　）　　　　四季（　）（　）　　　　四（　）八（　）

四（　）飘（　）　　　　四（　）升（　）　　　　四（　）五（　）

2. 请在下面的括号里填上正确的动物名称。

尖嘴（　）腮　　　　　城（　）社（　）　　　　笔走（　）（　）

（　）行（　）步　　　得（　）忘蹄　　　　　（　）（　）一窝

东风（　）耳　　　　　气冲斗（　）　　　　　画（　）类（　）

一箭双（　）　　　　　（　）头（　）肉　　　　（　）（　）不如

第二步

成语接龙

南柯一梦　梦撒寮丁　丁公凿井　井井有方　方骖并路　路人皆知

知命乐天　天与人归　归心似箭　箭在弦上　上树拔梯　梯山航海

海内无双　双宿双飞　飞鸾翔凤　凤舞龙飞　飞龙在天　天外飞来

来日方长　长此以往　往返徒劳　劳逸结合　合浦珠还　还淳返朴

朴斫之材

南柯一梦：形容一场大梦，或比喻一场空欢喜。

梦撒寮（liáo）丁：梦撒，丧失；寮丁，指钱。比喻没钱应酬。

丁公凿井：比喻传来传去而失真。

井井有方：形容有条理有办法。

方骖（cān）并路：犹并驾齐驱。

路人皆知：比喻人所共知的野心。

知命乐天：命，命运；天，天意。安于自己的处境，由命运安排。这是相信宿命论的人生观。

天与人归：旧指帝王受命于天，并得到人民拥护。

归心似箭：想回家的心情像射出的箭一样快。形容回家心切。

箭在弦上：箭已搭在弦上。比喻为形势所迫，不得不采取某种行动。

上树拔梯：拔，抽掉。诱人上树，抽掉梯子。比喻引诱人上前而断绝他的退路。

梯山航海：登山航海。比喻长途跋涉，经历险远的旅程。

海内无双：海内，四海之内，旧指中国，现亦指世界各地。四海之内独一无二。

双宿双飞：宿在一起，飞在一起。比喻相爱的男女形影不离。

飞鸾翔凤：指英俊才识之士。

凤舞龙飞：形容书法笔势有力，灵活舒展。

飞龙在天：比喻帝王在位。

天外飞来：天外，意料不到的地方。后指事情出乎意料地发生，凭空而来。

来日方长：来日，未来的日子；方，正。将来的日子还长着呢。表示事有可为或将来还有机会。

长此以往：长期这样下去。

往返徒劳：徒劳，白花力气。来回白跑。

劳逸结合：逸，安乐、休息。工作与休息相结合。

合浦珠还：合浦，汉代郡名，在今广西合浦县东北。比喻东西失而复得或人去而复回。

还淳返朴：回复到人本来的淳厚、朴实的状态或本性。

朴斫之材：加工治理而尚未成器之材。

南柯一梦

据唐代李公佐《南柯太守传》记载:有一个叫淳于棼（fén）的人，平时喜欢喝酒。

他家的院中有一棵根深叶茂的大槐树，盛夏之夜，月明星稀，晚风习习，树影婆娑，是一个乘凉的好地方。

淳于棼过生日的那天，亲朋好友都来祝寿，他一时高兴，多喝了几杯酒。夜晚，亲友们都回去了，淳于棼带着几分醉意在大槐树下歇凉，不知不觉间睡着了。

梦中，淳于棼被两个使臣邀去，进入一个树洞。洞内晴天丽日，别有世界，号称大槐国。正赶上京城举行选拔官员考试，他也报名。考了三场，文章写得十分顺手。等到公布考试结果时，他名列第一名。紧接着皇帝进行面试。皇帝见淳于棼长得一表人才，又很有才气，非常喜爱，就亲笔点为状元，并把公主嫁给他为妻。状元郎成了驸马郎，一时在京城传为美谈。

婚后，夫妻感情十分美满。不久，淳于棼被皇帝派往南柯郡任太守。淳于棼勤政爱民，经常到属地内调查研究，检查部下的工作，各地的行政都非常廉洁有效，当地百姓大为称赞。三十年过去了，淳于棼的政绩已是全国有名，他自己也有了五男二女七个孩子，生活非常得意。皇帝几次想把淳于棼调回京城升迁，当地百姓听说后，都纷纷涌上街头，挡住太守的马车，强行挽留他在南柯继任。淳于棼为百姓的爱戴所感动，只好留下来，并上表皇帝说明情况。皇帝欣赏他的政绩，就赏给他许多金银财宝，以示奖励。

有一年，擅萝国派兵侵犯大槐国，大槐国的将军们奉命迎敌，不料几次都被敌兵打得大败。败报传到京城，皇帝震动，急忙召集文武官员们商议对策。大臣们听说前线军事屡屡失利，敌人逼近京城，凶猛异常，一个个吓得面如土色，你看我，我看你，都束手无策。

皇帝看了大臣的样子，非常生气地说："你们平时养尊处优，享尽荣华，一旦国家有事，却都成了没嘴的葫芦，胆小怯阵，要你们有什么用？"

这时宰相想起了政绩突出的南柯太守淳于棼，于是向皇帝推荐。皇帝立刻下令，调淳于棼统率全国的精锐兵力与敌军作战。

淳于棼接到皇帝的命令，立即统兵出征。可是他对兵法一无所知，与敌军刚一交战，就被打得一败涂地，手下兵马损失惨重，他自己也险些当了俘虏。皇帝得知消息，非常失望，下令撤掉淳于棼的一切职务，贬为平民，遣送回老家。淳于棼想想自己一世英名毁于一旦，羞愤难当，大叫一声，从梦中惊醒。他按梦境寻找大槐国，原来就是大槐树下的一个蚂蚁洞，一群蚂蚁正居住在那里。

丁公凿井

春秋时期，宋国人丁某在自家院子里开凿一口水井，由于他本人参与凿井加上采用新的方法，从而节省一个劳动力，他事后对别人说："吾穿井得一人。"别人没有明白他的意思，传来传去，都以为他从井中挖出一人。"丁公凿井"比喻事情传来传去便

失了真。

成语练习

1. 请将歇后语和它所对应的成语连线。

七窍通了六窍　　　　　　　有口无心

板凳上钻窟窿　　　　　　　冤家路窄

小和尚念经　　　　　　　　自吹自擂

中秋节吃粽子　　　　　　　仗势欺人

小胡同里见仇人　　　　　　一窍不通

衙门里的狗　　　　　　　　与众不同

唱戏的喝彩　　　　　　　　有板有眼

2. 请把下面的叠字成语补充完整。

（　）（　）珠玑　　（　）（　）铁骨　　（　）（　）不倦

（　）（　）自喜　　（　）（　）一水　　（　）（　）寡欢

（　）（　）无几　　（　）（　）在目　　（　）（　）教导

（　）（　）学语　　（　）（　）善诱　　（　）（　）相报

（　）（　）无期　　（　）（　）称赞　　（　）（　）惜别

第三步

成语接龙

材高知深　深山穷林　林寒洞肃　肃然起敬　敬若神明　明哲保身
身体力行　行之有效　效犬马力　力挽狂澜　澜倒波随　随高就低
低眉顺眼　眼疾手快　快犊破车　车载斗量　量体裁衣　衣锦还乡
乡利倍义　义愤填膺　膺箓受图　图谋不轨　轨物范世　世道人心
心荡神怡

成语解释

材高知深：材，通"才"；知，通"智"。才能出众，智慧高超。

深山穷林：与山外、林外距离远的、人迹罕至的山岭、森林。

林寒洞肃：寒，寒冷；肃，肃杀。形容秋冬时林木萧疏，溪涧浅落的景象。

肃然起敬：肃然，恭敬的样子；起敬，产生敬佩的心情。形容产生严肃敬仰的感情。

敬若神明：神明，泛指神，像敬重神一样敬重对方。形容对某人或某物崇拜到了极点。多用作贬义。

明哲保身：明智的人善于保全自己。现指因怕连累自己而回避原则斗争的处世态度。

身体力行：身，亲身；体，体验。亲身体验，努力实行。

行之有效：之，代词，它，指办法、措施等；效，成效，效果。实行起来有成效。指某种方法或措施已经实行过，证明很有效用。

效犬马力：效劳的谦辞。意思是效犬马之劳。

力挽狂澜：挽，挽回；狂澜，猛烈的大波浪。比喻尽力挽回危险的局势。

澜倒波随：随波逐流，比喻言行无标准。

随高就低：犹言可高可低，随便怎样。

低眉顺眼：低着眉头，两眼流露出顺从的神情。形容驯良、顺从。

眼疾手快：形容做事机警敏捷。

快犊破车：跑得快的牛犊会把车拉翻。比喻年轻气盛的人应当懂得克制。

车载斗量：载，装载。用车载，用斗量。形容数量很多，不足为奇。

量体裁衣：按照身材裁剪衣服。比喻按照实际情况办事。

衣锦还乡：旧指富贵以后回到故乡。含有向乡里夸耀的意思。

乡利倍义：乡，通"向"；倍，通"背"。趋向私利，违背正义。

义愤填膺（yīng）：义愤，对违反正义的事情所产生的愤怒；膺，胸。发于正义的愤懑充满胸中。

膺箓（lù）受图：图，河图；箓，符命。道教指经过修炼，受天地道箓而名列仙籍。

图谋不轨：不轨，越出常轨，不守法度。谋划越出常规、法度之事。

轨物范世：谓作事物的规范、世人的榜样。

世道人心：社会的风气，人们的思想。

心荡神怡：指神魂颠倒，不能自持。亦指情思被外物吸引而飘飘然。

成语故事

明哲保身

西周周宣王在位期间，朝廷有两位大臣，一位叫尹吉甫，一位叫仲山甫，他们辅佐周宣王，立下汗马功劳。尹吉甫名甲，字伯吉父（一作甫），尹是官名。他曾领兵打退过西北方猃狁族的进攻，还曾奉命在成周（今河南洛阳东）一带征收南淮夷等族的贡赋。仲山甫（一作父），因被封在樊（今湖北省襄阳市）地，也称樊仲、樊穆仲。仲山甫很有见识，敢于直谏，受到大家的敬重。

周宣王为了防御西北各部族的进攻，命令仲山甫到齐地去筑城。这时，尹吉甫写了一首诗送给仲山甫，诗中赞美仲山甫的品德和才能，当然也对周宣王任贤使能，使周朝得以中兴作了一番歌颂。这首诗就是《诗经·大雅》里的《烝（zhēng）民》，它一共有八章，其中第四章有两句写道："既明且哲，以保其身"。它是赞美仲山甫优秀的品德和才能的。

车载斗量

三国时，蜀主刘备称帝，出兵伐吴。吴主孙权派中大夫赵咨出使魏国，向魏文帝曹丕求援。曹丕轻视东吴，接见赵咨时态度傲慢地问道："吴王是什么样的国君？吴国怕不怕我们魏国？"赵咨听了这种带有侮辱性的问话，心中很气愤。他作为吴国的使者，当然不能有失国家的尊严，便很有分寸地回答道："吴王是位有雄才大略的人，重用鲁肃证明了他的聪慧，选拔吕蒙证明了他的明智，俘虏于禁而不杀证明了他的仁义，取荆州而兵不血刃证明了他的睿智，据三州虎视四方证明了他的雄才大略，向陛下称臣证明了他很懂得策略。至于说到怕不怕，尽管大国有征伐的武力，小国也自有抵御的良策，何况我们吴国有雄兵百万，据江汉天险，何必怕人家？"一席从容的对答，使曹丕十分叹服，不得不改用比较恭敬的口气问："像先生这样有才能的人，东吴有多少？"赵咨答道："聪明而有突出才能的，不下八九十人，像我这样的，那简直是用车装，用斗量，数也数不清！"听到如此得体的外交辞令，魏国朝廷上下都对赵咨肃然起敬。曹丕也连声称赞赵咨说："使于四方，不辱君命，先生当之无愧。"赵咨回到东吴，孙权嘉奖他不辱使命，封他为骑都尉，对他更加赏识重用。

成语练习

1. 猜一猜，下列谜语的谜底都是成语，请把它补充完整。

逆水划船——力争（　）（　）

鹊巢鸦占——（　）为（　）有

笑死人——（　）极生（　）

八十八——（　）（　）三分

垃圾箱——藏（　）纳（　）

跷跷板——此（　）彼（　）

飞行员——有（　）可（　）

2. 请把下面互为近义词的成语补充完整。

（　）亡（　）寒——殃及（　）（　）

（　）（　）雷霆——（　）不可（　）

（　）（　）无私——（　）（　）无私

大庭（　）（　）——（　）（　）睽睽

得（　）进（　）——得（　）望（　）

低（　）下（　）——低（　）下（　）

第四步

成语接龙

怡情养性　性急口快　快马加鞭　鞭长莫及　及瓜而代　代越庖俎

俎樽折冲　冲风冒雨　雨散云飞　飞龙乘云　云兴霞蔚　蔚为大观

观者如织　织当访婢　婢作夫人　人心大快　快心遂意　意气风发

发号施令　令人作呕　呕心滴血　血泪盈襟　襟江带湖　湖光山色

色授魂与

成语解释

怡情养性：指怡养性情。

性急口快：性子急，有话就说。

快马加鞭：跑得很快的马再加上一鞭子，使马跑得更快。比喻快上加快，加速前进。

鞭长莫及：及，到。原意是鞭子虽长，也不能打马肚子。比喻相隔太远，力量达不到。

及瓜而代：到明年瓜熟时派人接替。指任职期满由他人继任。

代越庖俎（zǔ）：比喻越出本分，代行其事。

俎樽折冲：指在会盟的席上或外交谈判中制胜对方。

冲风冒雨：指不避风雨之苦。

雨散云飞：比喻离散。

飞龙乘云：龙乘云而上天，比喻英雄豪杰乘时而得势。

云兴霞蔚：像云霞升腾聚集起来。形容景物灿烂绚丽。

蔚为大观：蔚，茂盛；大观，盛大的景象。发展成为盛大壮观的景象。形容事物美好繁多，给人一种盛大的印象。

观者如织：织，编织的衣物。观众像编织起来的衣物一样密。形容观看的人非常多。

织当访婢：比喻办事应该向内行请教。

婢作夫人：婢，侍女；夫人，主妇。旧时指在文艺方面虽刻意模仿别人，但才力和作品的规模总赶不上。

人心大快：快，痛快。指坏人坏事受到惩罚或打击，使大家非常痛快。

快心遂意：犹言称心如意。形容心满意足，事情的发展完全符合心意。

意气风发：意气，意志和气概；风发，像风吹一样迅猛。形容精神振奋，气概豪迈。

发号施令：号，号令；施，发布。发布命令。现在也用来形容指挥别人。

令人作呕：呕，恶心，想吐。比喻使人极端厌恶。

呕心滴血：比喻用尽心思。多形容为事业、工作、文艺创作等用心的艰苦。同"呕心沥血"。

血泪盈襟：血泪，悲痛的眼泪；盈，满。眼泪流湿了衣襟。形容非常悲痛。

襟江带湖：襟，衣襟；带，衣带。形容江河湖泊之间相互萦绕交错，如同衣襟和衣带一样。

湖光山色：湖的风光，山的景色。指有水有山，风景秀丽。

色授魂与：色，神色；授、与，给予。形容彼此用眉目传情，心意投合。

成语故事

鞭长莫及

春秋时期，楚庄王派申舟出使齐国，途中必经宋国。按理来说，经过宋国应事先通知宋国，然而楚庄王自恃楚国为大国，不把宋国放在眼里，就没通知宋国。

宋国国君知道后，十分气愤，将申舟扣留下来。大臣华元对国君说："楚国事先未有通知，便是把我国当作已亡，领土已归属于他。我们必须维护独立主权的尊严，不能受这种侮辱！就算楚国要发兵进攻，大不了就亡国。但我们宁可战败，也不服屈辱！"

宋国国君听了后，处死了申舟，并随时迎接楚国的进攻。

楚庄王得知消息后，果然派兵进攻宋国，并将宋国都城睢（suī）阳团团围住。双方相持了好几个月，楚国也未能取胜。

第二年春，宋国派大夫乐婴向晋国求助。晋景公准备出兵救助宋国，大夫伯宗劝道："虽鞭长，不及马腹。"意思是鞭子再长，也打不到马的肚子，我们又怎能管得了楚国呢？

及瓜而代

齐襄公的表弟公孙无知的父亲去世得早，襄公的父亲釐（lí）公很喜欢公孙无知，以太子的待遇对待他，齐襄公很妒忌。齐襄公一当了国君，马上就免去了公孙无知的待遇。

而后，齐襄公派连称、管至父去成守葵丘（今山东临淄县西），瓜期时（七月）派他们去，答应等到第二年瓜期时就派人代替他们，让他们回来。可是一年过去了，瓜都烂在地里了，齐襄公也不派人去代替，有人提醒齐襄公，齐襄公也不管。这两个人很生气，于是联合公孙无知，带领部队回到都城，冲进王宫，杀了齐襄公，公孙无知自称齐王。

后人就用"及瓜而代"比喻换人接替的日子快要到来，从今年食瓜之时，到明年瓜熟之日，一定找人替代。就是要有诚信。故事中齐襄公不守信用，终于被人推翻，说明做人要守信，否则会自讨苦吃。

织当访婢

南北朝时期，宋文帝要向北方扩展疆土，派王云谟等人督师北伐，大臣沈庆之一再向文帝规劝，力陈以前北伐失败的教训，文帝很扫兴，便叫几个文官与他争辩出兵事宜。沈庆之说治国与治家一样，耕当问奴，织当访婢，跟白面书生说这些没有用的。"织当访婢"的意思就是办事应该向内行人请教。

成语练习

1. 成语连用，请根据已给出的成语填空，使意思连贯。

横行乡里，（　）（　）百姓　　　　卖国求荣，认（　）作（　）

明枪易躲，（　）（　）难防　　　　乘风破浪，（　）往直（　）

大汗淋漓，（　）（　）吁吁　　　　山清水秀，（　）语（　）香

2. 请根据下面的提示写出正确的成语。

好看，鱼，雁　　　　　　　　＿＿＿＿＿＿＿＿

赵匡胤，龙袍，兵变　　　　　＿＿＿＿＿＿＿＿

夫妻，眉毛，举着托盘　　　　＿＿＿＿＿＿＿＿

喜欢，屋子，乌鸦　　　　　　＿＿＿＿＿＿＿＿

口渴，梅子，看看　　　　　　＿＿＿＿＿＿＿＿

第五步

 成语接龙

与虎添翼　　翼翼飞鸾　　鸾凤和鸣　　鸣凤朝阳　　阳春白雪　　雪操冰心
心口如一　　一日三月　　月明千里　　里出外进　　进身之阶　　阶前万里
里丑捧心　　心急如火　　火热水深　　深文周内　　内峻外和　　和盘托出
出乖露丑　　丑类恶物　　物极必反　　反璞归真　　真知灼见　　见异思迁
迁客骚人

成语解释

与虎添翼：翼，翅膀。替老虎加上翅膀。比喻帮助坏人，增加恶人的势力。

翼翼飞鸾：指飞翔的样子。

鸾凤和鸣：和，应和。比喻夫妻相亲相爱。旧时常用于祝人新婚。

鸣凤朝阳：正直敢言的贤士。比喻贤臣遇明君。

阳春白雪：原指战国时代楚国的一种较高级的歌曲。比喻高深的不通俗的文学艺术。

雪操冰心：志行品德高尚纯洁。

心口如一：心里想的和嘴里说的一样。形容诚实直爽。

一日三月：形容对人思念殷切。

月明千里：月光普照大地。后多用作友人或恋人相隔遥远，月夜倍增思念的典故。

里出外进：形容不平整、不整齐。

进身之阶：进身，上升；阶，台阶。使身体能够上升的阶梯。旧指借以提拔升迁的门路。

阶前万里：远在万里之外，犹如近在眼前。比喻相隔虽远，却像在眼前一样。

里丑捧心：指妄学别人而愈见其丑。

心急如火：心里急得像着了火一样。形容非常着急。

火热水深：犹水深火热。比喻十分困苦的处境。

深文周内：歪曲或苛刻地援引法律条文，陷人以罪。

内峻外和：内心严厉而外貌和蔼。

出乖露丑：乖，荒谬的；丑，可耻的。指在人前出丑。

丑类恶物：指坏人。

物极必反：极，顶点；反，向反面转化。事物发展到极点，会向相反方向转化。

反璞归真：璞，蕴藏有玉的石头，也指未雕琢的玉；归，返回；真，天然，自然。去掉外饰，还其本质。比喻回复原来的自然状态。

真知灼见：指正确而深刻的认识和高明的见解。

见异思迁：迁，变动。看见另一个事物就想改变原来的主意。指意志不坚定，喜爱不专一。

迁客骚人：迁客，被贬谪到外地的官吏；骚人，诗人。贬黜流放的官吏，多愁善感的诗人。泛指忧愁失意的文人。

成语故事

鸾凤和鸣

公元前 672 年，妫（guī）氏陈国发生了政变，太子御寇被其父陈宣公杀害。与御寇交情特深的另一位公子陈完唯恐被连累遭殃，逃往姜氏齐国避祸。

齐桓公热情地款待了这位落难公子，要封他做贵族。陈完推辞道："我能蒙贵国收容就引为万幸了，还敢当如此高位吗？"齐桓公便给他一个"工匠"官职，负责宫庙陵寝等土木营建。

齐国有位大夫懿仲，眼看陈完备受国君重视，且长得一表人才，便想把女儿嫁给他。当时贵族中流行婚配前先行占卜的风气，懿仲的妻子悄悄地为这门尚在酝酿中的姻缘卜了一卦，结果是"吉"，卦辞曰："凤凰于飞，和鸣锵锵。有妫之后，将育于姜。五世其昌，并于正卿。八世之后，莫之与京。"大意是：凤与凰成对儿飞行，一唱一答和睦相亲。妫氏的苗裔，要在姜氏的田园里开花落英。一连五世繁荣兴盛，爵禄高登位比正卿。到了第八代以后，就要谋划取代国君。

听说有这等好事。懿仲马上把女儿嫁给了陈完。此后的事态发展，果真如卦辞所预言：陈完的后人在齐国世世荣华，并最终取代姜氏成了齐国国君。

往后，像"凤凰于飞""和鸣锵锵""五世其昌"这些句子，全部成为新婚祝吉的贺词，其中"凤凰于飞"因易于用形象表示，便化作吉祥图案，别称《鸾凤和鸣》，特指夫妻恩爱、家庭和睦、子孙繁盛、家业兴旺。

成语练习

1. 请根据下面的俗语补充成语。

驴唇不对马嘴。——（　）非所（　）

有权不用，过期作废。——大（　）在（　）

不当家不知柴米贵。——（　）家作（　）

过了一日是一日。——（　）过（　）过

大才必有大用。——（　）（　）之才

百闻不如一见。——耳（　）目（　）

2. 请将下面的成语补充完整。

楚楚（　）（　）　　楚楚（　）（　）　　楚楚（　）（　）

楚楚（　）（　）　　泛泛（　）（　）　　泛泛（　）（　）

咄咄（　）（　）　　咄咄（　）（　）　　井井（　）（　）

井井（　）（　）　　井井（　）（　）　　井井（　）（　）

第六步

成语接龙

人才辈出　出陈易新　新仇旧恨　恨相知晚　晚节不终　终身大事
事出有因　因事制宜　宜嗔宜喜　喜出望外　外方内圆　圆首方足
足不出户　户曹参军　军令如山　山光水色　色厉胆薄　薄技在身
身外之物　物华天宝　宝马香车　车马如龙　龙凤呈祥　祥风时雨
雨凑云集

成语解释

人才辈出：辈出，一批一批地出现。形容有才能的人不断涌现。

出陈易新：吐故纳新。去掉旧的换成新的。

新仇旧恨：新仇加旧恨。形容仇恨深。

恨相知晚：恨，懊悔；相知，互相了解，感情很深。后悔彼此建立友谊太迟了。形容新结交而感情深厚。

晚节不终：晚节，指晚年的节操。指到了晚年却不能保持节操。

终身大事：终身，一生。关系一辈子的大事情，多指婚姻。

事出有因：事情的发生是有原因的。

因事制宜：根据不同的事情，制定适宜的措施。

宜嗔宜喜：指生气时高兴时都很美丽。

喜出望外：望，希望，意料。由于没有想到的好事而非常高兴。

外方内圆：外方，外表有棱角，刚直；内圆，内心无棱角，圆滑。指人的外表正直，而内心圆滑。

足不出户：脚不跨出家门。

户曹参军：专管户籍的州县属官。

军令如山：军事命令像山一样不可动摇。旧时形容军队中上级发布的命令，下级必须执行，不得违抗。

山光水色：水波泛出秀色，山上景物明净。形容山水景色秀丽。

色厉胆薄：色，神色；厉，严厉，凶猛；薄，脆弱。外表强硬而内心怯懦。

薄技在身：薄，微小。指自己掌握了微小的技能。

身外之物：指财物等身体以外的东西，表示无足轻重的意思。

物华天宝：物华，万物的精华；天宝，天然的宝物。指各种珍美的宝物。

宝马香车：珍贵的宝马，华丽的车子。指考究的车骑。

车马如龙：谓车马众多，繁华热闹。

龙凤呈祥：指吉庆之事。

祥风时雨：形容风调雨顺。多比喻恩德。

雨凑云集：比喻众多的人或事物聚集一处。

成语故事

车马如龙

东汉名将伏波将军马援的小女儿马氏，由于父母早亡，年纪很小时就操办家中的事情，把家务料理得井然有序，亲朋们都称赞她是个能干的人。

十三岁那年，马氏被选进宫内。她先是侍候汉光武帝的皇后，很受宠爱。光武帝去世后，太子刘庄即位，即汉明帝，马氏被封为贵人。由于她一直没有生育，便收养了贾氏的一个儿子，取名为刘炟（dá）。公元60年，由于皇太后对她非常宠爱，她被立为明帝的皇后。

明帝死后，刘炟即位，即汉章帝。马皇后被尊为皇太后。不久，章帝根据一些大臣的建议，打算对皇太后的弟兄封爵。马太后遵照已去世的光武帝有关后妃家族不得封侯的规定，明确地反对这样做，因此这件事没有办。

第二年夏天，发生了大旱灾。一些大臣又上奏说，今年所以大旱，是因为去年不封外戚的缘故。他们再次要求分封马氏舅父。马太后还是不同意，并且为此专门发了诏书，诏书上说："凡是提出要对外戚封爵的人，都是想献媚于我，都是要从中取得好处。天大旱跟封爵有什么关系？要记住前朝的教训，宠贵外戚会招来倾覆的大祸。"诏书接着说："马家的舅父，个个都很富贵。我身为太后，还是食不求甘，穿着简朴。我这样做的目的，是为下边做个样子，让外亲见了好反省自己。可是，他们不反躬自责，反而笑话我太俭省。前几天我路过娘家住地濯龙园的门前，见从外面到舅舅家拜候、请安的，车子像流水那样不停地驶去，马匹往来不绝，好像一条游龙，招摇得很。我当时竭力控制自己，没有责备他们。他们只知道自己享乐，根本不为国家忧愁，我怎么能同意给他们加官晋爵呢？"

龙凤呈祥

春秋时期，秦穆公有个小女儿，生来爱玉，秦穆公便给她起名叫"弄玉"。弄玉生性自由烂漫，喜欢品笛弄笙，穆公疼爱她，便命工匠把西域进贡来的玉雕成笙送给她，公主自从有了玉笙，吹笙的技艺更加精湛。长到十几岁时姿容无双、聪颜绝伦。秦穆公想招邻国的王子为婿，弄玉不从，她自有主张，说若不懂音律，不是善奏乐器的高手，宁可不嫁，穆公疼爱女儿，只好依从公主。

一天夜里，公主倚栏赏月，用玉笙表达自己对爱情的向往，释放心中怀春的心情，这时一阵袅袅的洞箫声和着公主笙乐响起。一连几夜，笙乐如龙音，箫声如凤鸣，合奏起来简直如仙乐一般动听，整个秦宫都听得见。穆公问其原因，公主说是从很远的地方相和的。秦穆公便命大将孟明一定要找到吹箫人。一直找到华山脚下，听樵夫说有一青年叫"萧史"在华山中峰明星崖隐居，善吹箫，音可传数百里，孟明来到明星崖把萧史带回了秦宫。此时正值中秋，秦穆公见他的箫也为美玉所制，非常高兴，便请来公主，两人一见钟情，便合奏起来，一曲不曾奏完，殿内金龙、彩凤都好像翩翩起舞起来，众人听得入痴，齐赞说："仙乐！"弄玉和萧史完婚之后便住在宫里。萧史教弄玉用箫学凤鸣，弄玉教萧史用笙学龙吟，学了十几年，真的把天上的凤引下来了，停在了他们的屋顶上，不久龙也来到他们的庭院里。

一日，萧史说："我怀念在华山幽静的生活。"弄玉说："我愿与你同去享山野清净。"二人合奏起来，片刻龙飞凤舞，祥云翻腾，弄玉乘上彩凤，萧史跨上金龙，一时间龙凤双飞，双双升空，龙凤呈祥而去。

后来人们为纪念弄玉和萧史的动人故事,就用"龙凤呈祥"来形容夫妻间比翼双飞、恩爱相随、相濡以沫、怡合百年的忠贞爱情。

成语练习

1.请将成语和与之相关的历史人物连线。

三顾茅庐	汉武帝
才高八斗	黄忠
金屋藏娇	俞伯牙
投笔从戎	刘备
宝刀不老	曹植
高山流水	班超

2.请根据下面这首诗补充成语。

于易水送人

唐·骆宾王

此地别燕丹,壮士发冲冠。

昔时人已没,今日水犹寒。

( )非( )比　　挥戈返( )　　顺( )( )情

玉漏( )滴　　胆( )( )竖　　怒发( )( )

老当益( )　　折节下( )　　田月桑( )

方寸( )乱　　月( )参横　　立( )存照

伏( )圣人　　共枝( )干　　兔丝( )麦

第七步

成语接龙

集思广议　　议论纷纷　　纷至沓来　　来鸿去燕　　燕歌赵舞　　舞笔弄文

文过其实　　实心实意　　意气相投　　投笔从戎　　戎马仓皇　　皇天后土

土崩瓦解　　解甲归田　　田夫野老　　老当益壮　　壮志凌云　　云合响应

应有尽有　　有本有源　　源远流长　　长风破浪　　浪蝶狂蜂　　蜂合豕突

突如其来

成语解释

集思广议：指集中众人智能，广泛进行议论。

议论纷纷：形容意见不一，议论很多。

纷至沓来：纷，众多，杂乱；沓，多，重复。形容接连不断地到来。

来鸿去燕：比喻行踪漂泊不定的人。

燕歌赵舞：古燕赵人善歌舞，泛指美妙的歌舞。也用以形容文辞美妙。

舞笔弄文：指舞文弄墨。

文过其实：文辞浮夸，不切实际。

实心实意：指真诚实在的心意。

意气相投：意气，志趣性格；投，合得来。指志趣和性格相同的人，彼此投合。

投笔从戎：从戎，从军，参军。扔掉笔去参军。指文人从军。

戎马仓皇：指战事紧急而忙于应付。

皇天后土：皇天，古代称天；后土，古代称地。指天地。旧时迷信天地能主持公道，主宰万物。

土崩瓦解：瓦解，制瓦时先把陶土制成圆筒形，分解为四，即成瓦，比喻事物的分裂。像土崩塌、瓦破碎一样，不可收拾。比喻彻底垮台。

解甲归田：解，脱下；甲，古代将士打仗时穿的战服。脱下军装，回家种地。指战士退伍还乡。

田夫野老：乡间农夫，山野父老。泛指民间百姓。

老当益壮：当，应该；益，更加；壮，雄壮。年纪虽老而志气更旺盛，干劲更足。

云合响应：犹言云集响应。

应有尽有：该有的全都有。形容很齐全。

有本有源：指有根源，原原本本。

源远流长：源头很远，水流很长。比喻历史悠久。

长风破浪：比喻志向远大，不怕困难，奋勇前进。

浪蝶狂蜂：轻狂的蜂蝶。比喻轻狂的男子。

蜂合豕（shǐ）突：如群蜂聚集，似野猪奔突。比喻众人杂沓会合，横冲直撞。

突如其来：突如，突然。出乎意料地突然发生。

成语故事

投笔从戎

班超是东汉一个很有名气的将军，他从小就很用功，对未来也充满了理想。公元62年（汉明帝永平五年），班超的哥哥班固被明帝刘庄召到洛阳，做了一名校书郎，班超和他的母亲也跟着去了。当时，因家境并不富裕，班超便找了个替官家抄书的差事挣钱养家。但是，班超是个有远大志向的人，日子久了，他再也不甘心做这种乏味的抄写工作了。

有一天，他正在抄写文件的时候，写着写着，突然觉得很闷，忍不住站起来，丢下笔说："大丈夫应该像傅介子、张骞那样，在战场上立下功劳，怎么可以在这种抄抄写写的小事中浪费生命呢！"傅介子和张骞两个人，生在西汉，曾经出使西域，替西汉立下无数功劳。因此，班超决定学习傅介子、张骞，为国家做贡献。后来，他当上一名军官，在对匈奴的战争中，得到胜利。接着，他建议和西域各国来往，以便共同对付匈奴。

公元73年，朝廷采取他的建议，派他带着数十人出使西域。他以机智和勇敢，克服重重困难，联络了西域的几十个国家，断了匈奴的右臂，使汉朝的社会经济保持了相对的稳定，也促进了西域同内地的经济文化交流。班超一直在西域待了三十一年。其间，他靠着智慧和胆量，度过了各式各样的危机。他为当时的边境安全、东西方人民的友好往来做出了卓越的贡献。

土崩瓦解

商纣王是商朝的末代君主，相传是一个暴虐无道的昏君。他贪恋酒色、荒淫无度，整日花天酒地，寻欢作乐，不理朝政。他听信谗言，重用奸臣，残害忠良，戮杀无辜。他强征暴敛，动用巨资，强迫百姓为自己修建宫苑。他惨无人道，设置种种酷刑，以观看人受刑后的痛苦为乐。在他暗无天日的统治下，百姓无不怨声载道，苦不堪言。虽说商朝的疆土辽阔广袤，东起东海，西至杳无人烟的沙漠，南从五岭以南的交趾，北至遥远的幽州，军队从容关一直驻扎到蒲水。士兵不下数万，但打起仗来，因为兵士不愿意为纣王死战，所以就把兵器扔在一边。商朝军队士气如此低落，商朝的政权自然是岌岌可危了。

所以，当周武王势不可挡地杀来时，所到之处，无不披靡。纣王军队的溃败，商纣王政权的垮台，就如瓦片的碎裂，泥土倒塌，迅速而无法挽救。

长风破浪

南朝宋国著名将领宗悫（què）从小就有雄心壮志，喜欢舞枪弄剑，他的叔父宗炳问他的志向，他回答说："愿乘长风破万里浪！"后来他带兵攻打林邑国，运用计谋取胜，被封为左卫将军。后人便用"长风破浪"比喻志向远大，不怕困难，奋勇前进。

 成语练习

1. 请把下面意思相反的成语补充完整。

何足（ ）（ ）——津津（ ）（ ）

当机（ ）（ ）——藕（ ）丝（ ）

货（ ）价（ ）——滥竽（ ）（ ）

破（ ）重（ ）——劳燕（ ）（ ）

比比（ ）（ ）——寥寥（ ）（ ）

临危（ ）（ ）——临阵（ ）（ ）

2. 趣味成语填空练习。

最繁忙的机场——（ ）理万（ ）

最彻底的美容——面目（ ）（ ）

最发财的商人——一本（ ）（ ）

最高深的手艺——点（ ）成（ ）

最大胆的构想——与（ ）谋（ ）

最大的差别——（ ）（ ）之别

第八步

成语接龙

来者居上　上下同心　心腹之交　交淡若水　水菜不交　交口同声
声势浩大　大功告成　成仁取义　义结金兰　兰因絮果　果刑信赏
赏贤使能　能伸能屈　屈蠖求伸　伸冤理枉　枉墨矫绳　绳厥祖武
武偃文修　修心养性　性烈如火　火树银花　花前月下　下笔有神
神采飞扬

成语解释

来者居上：后来居上。原指资格浅的新人反居资格老的旧臣之上。后亦用以称赞后起之秀超过前辈。

上下同心：上下一心。

心腹之交：指知己可靠的朋友。

交淡若水：指道义上的往来。

水菜不交：比喻彼此经济上没有往来。旧时指官吏清廉。

交口同声：犹言众口一词。所有的人都说同样的话。

声势浩大：声势，声威和气势；浩，广大。声威和气势非常壮大。

大功告成：功，事业；告，宣告。指巨大工程或重要任务宣告完成。

成仁取义：成仁，杀身以成仁德；取义，舍弃生命以取得正义。为正义而牺牲生命。

义结金兰：结交很投合的朋友。

兰因絮果：兰因，比喻美好的结合；絮果，比喻离散的结局。比喻男女婚事初时美满，最终离异。

果刑信赏：指赏罚严明。

赏贤使能：赏，通"尚"。尊崇并重用贤能之士。

能伸能屈：能弯曲也能伸直。指人在失意时能忍耐，在得志时能大干一番。比喻好坏环境都能适应。

屈蠖（huò）求伸：蠖，尺蠖，虫名，体长约二三寸，屈伸而行。尺蠖用弯曲来求得伸展。比喻以退为进的策略。

伸冤理枉：指洗雪冤枉。

枉墨矫绳：比喻违背准绳、准则。

绳厥（jué）祖武：绳，继续；武，足迹。踏着祖先的足迹继续前进。比喻继承祖业。

武偃文修：文治已实行，武备已停止。形容天下太平。

修心养性：修心，使心灵纯洁；养性：使本性不受损害。通过自我反省体察，使身心达到完美的境界。

性烈如火：性，性情，脾气。形容性情暴躁。

火树银花：火树，火红的树，指树上挂满灯彩；银花，银白色的花，指灯光雪亮。形容张灯结彩或大放焰火的灿烂夜景。

花前月下：本指游乐休息的环境。后多指谈情说爱的处所。

下笔有神：指写起文章来，文思奔涌，如有神力。形容文思敏捷，善于写文章或文章写得很好。

神采飞扬：形容兴奋得意，精神焕发的样子。

成仁取义

元灭南宋后，文天祥宁死不降。死后人们在他的衣带中发现了一首遗诗："孔曰成仁，孟曰取义，唯其义尽，所以仁至。读圣贤书，所学何事？而今而后，庶几无愧。"

成仁和取义的思想分别出自孔子和孟子，两种思想一脉相承。文天祥把这两句话放在一起写进了自己的遗诗中，充分体现了他为国家和民族而不怕牺牲的浩然气节。文天祥用自己的一生高度诠释了"孔曰成仁，孟曰取义"的真谛！

火树银花

睿宗是唐代君主中最会享乐的一位皇帝，虽然他只当了三年的皇帝，但不管什么佳节，他总要用很多的物力人力去铺张一番，供他游玩。每年正月元宵节的夜晚，他一定扎起二十丈高的灯树，点起五万多盏灯，号为火树。后来诗人苏味道就拿这个做题目，写了一首诗《正月十五夜》，描绘它的情形："火树银花合，星桥铁锁开，暗尘随马去，明月逐人来。游伎（jì）皆穠（或者写作秾）李，行歌尽落梅，金吾不禁夜，玉漏莫相催。"这首诗把当时热闹的情况，毫无隐瞒地描写出来。

1. 成语选择题。

（1）成语"图穷匕见"中的"图"是（　　）

A 山水图　　　　　B 美人图　　　　　C 地图

（2）成语"难得糊涂"是由谁而来？（　　）

A 郑板桥　　　　　B 嵇康　　　　　C 李白

（3）成语"洛阳纸贵"说的是哪部文学作品？（　　）

A《秋思赋》　　　B《三都赋》　　　C《离骚》

（4）刘备"三顾茅庐"请的是（　　）

A 徐庶　　　　　B 关羽　　　　　C 诸葛亮

2. 请圈出下面成语中的错别字并写出正确的。

暗剑伤人（　　）　　刚复自用（　　）　　依山旁水（　　）　　动辄得咎（　　）

嗅味相投（　　）　　媒灼之言（　　）　　味同嚼腊（　　）　　运筹唯幄（　　）

玉石具焚（　　）　　出类拔萃（　　）　　屈打成召（　　）　　原头活水（　　）

第九步

成语接龙

扬名四海　海内鼎沸　沸沸汤汤　汤池铁城　城北徐公　公平交易
易如反掌　掌上观文　文人相轻　轻于鸿毛　毛羽未丰　丰富多彩
彩凤随鸦　鸦巢生凤　凤舞鸾歌　歌声绕梁　梁孟相敬　敬授人时
时乖运舛　舛讹百出　出尘不染　染蓝涅皂　皂白不分　分居异爨
爨桂炊玉

成语解释

扬名四海：扬名，传播名声；四海，古人认为中国四境有海环绕，故以"四海"代指全国各处，也指世界各地。指名声传遍各地。

海内鼎沸：鼎沸，比喻局势不安定，如同鼎水沸腾。形容天下大乱。

沸沸汤汤：水奔腾汹涌的样子。

汤池铁城：形容城池牢不可破。亦比喻言谈无懈可击。

城北徐公：原指战国时期齐国姓徐的美男子。后作美男子的代称。

公平交易：公平合理的买卖。

易如反掌：比喻事情非常容易做。

掌上观文：比喻极其容易，毫不费力。

文人相轻：指文人之间互相看不起。

轻于鸿毛：鸿毛，大雁的毛。比大雁的毛还轻。比喻毫无价值。

毛羽未丰：比喻力量不足，条件还不成熟。

丰富多彩：内容丰富，花色繁多。

彩凤随鸦：凤，凤凰；鸦，乌鸦。美丽的凤鸟跟了丑陋的乌鸦。比喻女子嫁给才貌配不上的人。

鸦巢生凤：乌鸦的窝里生出了凤凰。比喻贫苦人家培养出了有文化的人物。

凤舞鸾歌：形容美妙的歌舞。

歌声绕梁：绕，回旋；梁，房屋的大梁。歌声回旋于房梁之间。形容歌声优美动听。

梁孟相敬：原指东汉时期梁鸿与妻子孟光相互敬爱。后泛指夫妇相敬。

敬授人时：指将历法赋予百姓，使知时令变化，不误农时。后以之指颁布历书。

时乖运舛（chuǎn）：舛，违背，不相合。时运不顺，命运不佳。指处境不顺利。

舛讹（é）百出：舛，错乱；讹，错误。错乱的地方很多。一般指书籍的写作或印制不精。

出尘不染：比喻身处污浊的环境而能保持纯洁的节操。

染蓝涅皂：涅，染；皂，黑色。指胡乱涂抹。

皂白不分：不分黑白，不分是非。

分居异爨（cuàn）：爨，炊。指兄弟分家过日子。

爨桂炊玉：柴火难得如桂木，米价贵得如珠玉。形容物价昂贵，生活艰难。

成语故事

城北徐公

战国时期，齐国大臣邹忌身高八尺，容貌漂亮，他穿上华丽的衣服问自己的妻子，自己与城北美男徐公谁美？妻子与妾都说他最美。第二天又问家里的来客，客人也是如此说。然而城北徐公来了，邹忌照了照镜子，感到自愧弗如。

于是邹忌对齐王说："我没有徐公长得美，但我的妻子袒护我，我的妾敬畏我，我的客人有求于我，所以他们都说我比徐公美，由此可知，大王您也会被周围的人蒙蔽啊。"邹忌以自己和城北徐公比美的事情作喻，说服齐王要广纳谏言，齐国由此强盛起来。

毛羽未丰

战国时洛阳人苏秦，年轻时曾师从智者鬼谷子学习辩术谋略。学习结束后，他开始周游列国，希望有朝一日，自己的治国谋略能获得君王们的接纳。秦是西方的大国。凭借有利的地理环境，发展农业，国力逐渐强盛。但在当时，实力尚不能与其他大国抗衡。苏秦这次远游秦国，是要说动秦王，与函谷关以东的一些国家联合，同其他的国家联盟作较量。但是秦惠王并没有听取他的建议，而是说："我们秦国现在就像一只羽毛还没长全的小鸟，要想展翅高飞那是不行的。先生你迢迢千里来到这里开导我，我很感激。至于称霸争帝的事，我希望在以后的适当时机，再聆听你的高见。"苏秦在秦国耗费了所有资财，上书十多次，但仍未说动秦王。苏秦无奈，只得灰溜溜地离开秦国回家。这时的苏秦，也就犹如毛羽未丰的小鸟，无法振翅飞于那动荡的政治舞台。

歌声绕梁

战国时期韩国歌女韩娥以卖唱为生，一天她到一家客栈去投宿，被店家赶出来，她只好在店外唱着如泣如诉的曲子，客人们感动得不吃不喝，店主无奈，只好请她住店唱歌。离店前她唱了欢快的曲子，三天后那悦耳的歌声还在客栈房梁上萦绕。

 成语练习

1. 以"月"字开头的成语。

月坠（　）（　）　　月中（　）（　）　　月值（　）（　）

月晕（　）（　）　　月圆（　）（　）　　月盈（　）（　）

月异（　）（　）　　月夜（　）（　）　　月下（　）（　）

月夕（　）（　）　　月缺（　）（　）　　月落（　）（　）

月明（　）（　）　　月没（　）（　）　　月貌（　）（　）

2. 以"月"字结尾的成语。

（　）（　）拱月　　（　）（　）闭月　　（　）（　）引月

（　）（　）累月　　（　）（　）日月　　（　）（　）赶月

（　）（　）揽月　　（　）（　）戴月　　（　）（　）岁月

（　）（　）雪月　　（　）（　）华月　　（　）（　）秋月

（　）（　）水月　　（　）（　）残月　　（　）（　）风月

第十步

 成语接龙

玉砌雕阑　　阑风长雨　　雨零星散　　散阵投巢　　巢焚原燎　　燎发摧枯

枯木朽株　　株连蔓引　　引绳切墨　　墨突不黔　　黔突暖席　　席门穷巷

巷议街谈　　谈笑封侯　　侯服玉食　　食荼卧棘　　棘地荆天　　天造草昧

昧旦晨兴　　兴妖作孽　　孽子孤臣　　臣门如市　　市井之臣　　臣心如水

水中着盐

成语解释

玉砌雕阑：形容富丽的建筑物。

阑风长雨：阑珊的风，冗多的雨。指夏秋之际的风雨。后亦泛指风雨不已。亦作"阑风伏雨"。

雨零星散：残败零落貌。常用以比喻溃败。

散阵投巢：指群鸟分散，各投窠巢。

巢焚原燎：极言战祸惨烈。

燎发摧枯：燎发，火烧毛发；摧枯，折断枯木。比喻消灭敌人极容易。

枯木朽株：朽，腐烂；株，露出地面的树桩。枯木头，烂树根。比喻衰朽的力量或衰老无用的人。

株连蔓引：指广泛株连。

引绳切墨：木工拉墨线裁直。用以比喻刚直不阿。

墨突不黔（qián）：原指墨翟东奔西走，每至一地，烟囱尚未熏黑，又到别处去了。后用其事为典。形容事情繁忙，犹言席不暇暖。

黔突暖席：原意是孔子、墨子四处周游，每到一处，座席没有坐暖，灶突没有熏黑，又匆匆地到别处去了。形容忙于世事，各处奔走。

席门穷巷：形容所居之处穷僻简陋。亦作"席门蓬巷"。

巷议街谈：大街小巷间人们的议论。

谈笑封侯：说笑之间就封了侯爵。旧时形容获得功名十分容易。

侯服玉食：侯服，王侯之服；玉食，珍美食品。穿王侯的衣服，吃珍贵的食物。形容豪华奢侈的生活。

食荼卧棘：吃苦菜，睡粗草。形容初民的生活艰苦。

棘地荆天：到处都是荆棘。形容变乱后的残破景象或困难重重的处境。

天造草昧：指天地之始，万物草创于混沌蒙昧之中。也指草创之时。

昧旦晨兴：昧旦，天将明未明，指天不亮就起来。多形容勤劳或忧心忡忡难以入睡。

兴妖作孽：妖魔鬼怪到处闹事作乱。比喻小人兴风作浪，为非作歹。

孽子孤臣：被疏远、孤立的臣子与失宠的庶子。

臣门如市：旧时形容居高位、掌大权的人宾客极多。

市井之臣：市井，古时称做买卖的地方。旧指城市里的老百姓。

臣心如水：心地洁净如水。比喻为官清廉。

水中着盐：比喻不着痕迹。

巷议街谈

汉朝时期，统治阶级过着穷奢极侈的生活，他们霸占良田与民宅，搜刮民脂民膏。张衡写《西京赋》来讽谏东汉的统治阶级，其中讲到西汉承相公孙贺的儿子贪污军饷，公孙贺则抓捕逃犯朱安世来为儿子顶罪这件事时写到"辩论之士，街谈巷议，弹射臧否，剖析毫厘，擘肌分理"。

臣心如水

汉哀帝听信尚书令赵昌的谗言，责问尚书仆射郑崇为什么他家来往的人像赶集一样，是否在密谋不轨。郑崇说虽然臣门如市，但是我忠君之心像水一样明澈见底，丝毫没有二心。汉哀帝因为他屡次直谏自己宠幸董贤，心里早已对他不满，遂将郑崇抓进大牢。

成语练习

1. 请在下面的空白处填上合适的成语，使句子通顺。

（1）俗话说金无足赤，人无完人，你想要他做到_____那是不可能的。

（2）老师对小明说："你不知道上课应该专心致志，_____听讲吗？怎么还有心思去看漫画呢？"

（3）他凶狠地说："我是不会_____的，你给我等着，这事没完！"

（4）所谓_____，你不能要求他什么都按你说的来，他有权利选择他喜欢的。

（5）姐姐苦恼地说："科研做到这就_____了，解决不了现有的问题就没办法继续往前走。"

2. 请根据下面的要求写成语，每个至少写三个。

形容沮丧的心情：_____

形容人漂亮的：_____

形容忙碌的：_____

形容清闲的：_____

第一步

成语接龙

盐梅之寄　寄颜无所　所向克捷　捷足先登　登台拜将　将胸比肚
肚里蛔虫　虫沙猿鹤　鹤发童颜　颜丹鬓绿　绿惨红愁　愁云惨淡
淡扫蛾眉　眉清目秀　秀而不实　实至名归　归正邱首　首尾相援
援笔成章　章决句断　断雨残云　云淡风轻　轻世傲物　物力维艰
艰苦卓绝　绝世无双　双喜临门　门单户薄　薄唇轻言　言重九鼎

成语解释

盐梅之寄：比喻可托付重任。

寄颜无所：脸面没有地方放。犹言无地自容。

所向克捷：军队所去之处，都能取得胜利。

捷足先登：比喻行动快的人先达到目的或先得到所求的东西。

登台拜将：指任命将帅或委以重任。

将胸比肚：犹将心比心。设身处地地为别人着想。

肚里蛔虫：蛔虫因寄生在人的肠胃中，故用以比喻对别人的心理活动知道得十分清楚。

虫沙猿鹤：旧时比喻战死的将士。也指死于战乱的人。

鹤发童颜：仙鹤羽毛般雪白的头发，儿童般红润的面色。形容老年人气色好。

颜丹鬓（bìn）绿：面红，头发黑。形容年少之貌。

绿惨红愁：绿、红，指黑鬓红颜。指妇女的种种愁恨。

愁云惨淡：惨淡，暗淡。原指阴沉沉的云层遮得天色暗淡无光。也用以形容使人感到忧愁、压抑的景象或气氛。

淡扫蛾眉：轻淡地画眉。指妇女淡雅的妆容。

眉清目秀：眉、目，眉毛和眼睛，泛指容貌。形容人容貌清秀不俗气。

秀而不实：秀，庄稼吐穗开花；实，结果实。开花不结果。比喻只学到一点皮毛，实际并无成就。

实至名归：实，实际的成就；至，达到；名，名誉；归，到来。有了真正的学识、本领或功业，自然就有声誉。

归正邱首：指死后归葬于故乡。

首尾相援：指前后互相照应。

援笔成章：援笔，拿起笔来。拿起笔来就写文章。形容文思敏捷。

章决句断：文章正确句子明了，不含糊其辞。

断雨残云：比喻男女恩爱中绝，欢情未能持续。

云淡风轻：微风轻拂，浮云淡薄。形容天气晴好。

轻世傲物：藐视世俗，为人傲慢。

物力维艰：物，物资；力，财力；维，是；艰，困难。指财物来之不易。

艰苦卓绝：卓绝，极不平凡。坚忍刻苦的精神超过寻常。

绝世无双：绝世，冠绝当代；无双，独一无二。姿才超众，天下无与伦比。

双喜临门：指两件喜事一齐到来。

门单户薄：指家道衰微，人口不昌盛。

薄唇轻言：形容多嘴，说话随便。

言重九鼎：形容说话有分量，比较起来九鼎也不算重。

成语故事

捷足先登

秦朝末年，各路英雄豪杰纷纷起兵，争夺天下。刘邦手下大将韩信打败齐王田广后，占领了临淄，被封为齐王。

当时韩信拥有的兵力、权力甚至高过刘邦，于是韩信的谋士蒯通劝他脱离刘邦，联络项羽，五分天下，将来再自立为王，可是韩信不肯。后来刘邦得了天下，便对韩信起了疑心，借机将他贬为淮阴侯，韩信才决定谋反，却让人告了密，被骗进宫里杀了。

韩信死前，很感叹地说："真恨自己当初怎么不当机立断采用蒯通的计谋呢？"刘邦听到了这句话，便要手下把蒯通抓来，想杀了他。

刘邦捉到蒯通后，便问他是否曾劝韩信谋反。蒯通很坦白地对刘邦说："秦朝失去了天下，天下英雄都在争逐，也只有才能高、动作快的人能争得天下。每个有才能的人都想要称王，难道您要把所有的人全都杀了？何况当时韩信是我的主人，为主子尽力，我又有什么错呢？"刘邦听了这番话，也觉得不无道理，于是便赦免了他。

"疾足先得"后来就演变成"捷足先登"，用来比喻行动最快者先达到自己的目的。

八拜之交

在中国宋代，邵伯温的《邵氏闻见录》中有一段故事：文彦博听说李稷待人十分傲慢，心中非常不快，他对人说："李稷的父亲曾是我的门人，按辈分他应该是我的晚辈，他如此傲慢，我非得教训他不可。"有一次，文彦博任北京守备，李稷听说后，便上门来拜谒。文彦博故意让李稷在客厅坐等，过了好长时间才出来接见他。见了李稷之后，文彦博说："你的父亲是我的朋友，你就对我拜八拜吧。"李稷因辈分低，不敢造次，只得向文彦博拜了八拜。文彦博以长辈的身份挫了李稷的傲气。成语"八拜之交"就由此出典。后来，人们用"八拜之交"来表示世代有交情的两家弟子谒见对方长辈时的礼节，旧时也称异姓结拜的兄弟。

八拜之交详解：

（1）管鲍之交——管仲和鲍叔牙

（2）知音之交——伯牙和钟子期

（3）刎颈之交——廉颇和蔺相如

（4）舍命之交——角哀和伯桃

（5）胶漆之交——陈重和雷义

（6）鸡黍之交——元伯和巨卿

（7）忘年之交——孔融和祢衡

（8）生死之交——刘备、张飞和关羽

 成语练习

1. 请把下面带"五"字的成语补充完整。

五谷（ ）（ ）　　　五彩（ ）（ ）　　　五尺（ ）（ ）

五大（ ）（ ）　　　五毒（ ）（ ）　　　五（ ）四（ ）

五（ ）六（ ）　　　五（ ）七（ ）　　　五（ ）八（ ）

五（ ）十（ ）　　　五（ ）登（ ）　　　五（ ）分（ ）

五（ ）丰（ ）　　　五（ ）俱（ ）　　　五（ ）投（ ）

第二步

成语接龙

鼎足而立	立身扬名	名德重望	望洋兴叹	叹为观止	止戈兴仁
仁义道德	德才兼备	备而不用	用非所学	学疏才浅	浅见寡闻
闻名丧胆	胆大妄为	为期不远	远走高飞	飞鹰走马	马到成功
功成名就	就事论事	事齐事楚	楚腰卫鬓	鬓乱钗横	横拖倒拽
拽象拖犀	犀燃烛照	照本宣科	科头箕踞	踞虎盘龙	龙翔凤翥

成语解释

鼎足而立：像鼎的三只脚一样，三者各立一方。比喻三方面分立相持的局面。

立身扬名：立身，使自己在社会上有相当地位。使自己立足于社会，名声远扬。

名德重望：犹德高望重。道德高尚，名望很大。

望洋兴叹：望洋，仰视的样子。仰望海神而兴叹。原指在伟大事物面前感叹自己的渺小。现多比喻做事时因力不胜任或没有条件而感到无可奈何。

叹为观止：叹，赞赏；观止，看到这里就够了。指赞美所见到的事物好到了极点。

止戈兴仁：止，停止；仁，仁政。停止战争，施行仁政。

仁义道德：泛指旧时鼓吹的道德规范。

德才兼备：德，品德；才，才能；备，具备。既有好的思想品质，又有工作的才干和能力。

备而不用：准备好了，以备急用，眼下暂存不用。

用非所学：所用的不是所学的。指学用不一致。

学疏才浅：才能不高，学识不深。多用作自谦的话。

浅见寡闻：浅见，肤浅的见解；寡闻，听到的很少。形容见闻不广，所知不多。

闻名丧胆：听见名字就吓破了胆。形容威名很大，使人听到即甚为恐惧。

胆大妄为：妄为，胡搞，乱做。毫无顾忌地干坏事。

为期不远：形容时间很快就到了。

远走高飞：指像野兽远远跑掉，像鸟儿远远飞走。比喻人跑到很远的地方去。多指摆脱困境去寻找出路。

飞鹰走马：放鹰追捕和骑马追逐鸟兽。指打猎。

马到成功：形容工作刚开始就取得成功。

功成名就：功，功业；就，达到。功绩取得了，名声也有了。

就事论事：按照事物本身的性质来评定是非得失。现常指仅从事物的表面现象孤立、静止、片面地议论。

事齐事楚：事，侍奉；齐、楚，春秋时两大强国。依附齐国呢？还是依附楚国？比喻处在两强之间，不能得罪任何一方。

楚腰卫鬓：指细腰秀发。借指美女。

鬓乱钗横：鬓，耳边的头发；钗，妇女的首饰，由两股合成。耳边的头发散乱，首饰横在一边。形容妇女睡眠初醒时未梳妆的样子。

横拖倒拽：拽，用力拉扯。指用暴力强拖硬拉。

拽象拖犀（xī）：能徒手拉住大象拖动犀牛。形容勇力过人。

犀燃烛照：犀，犀牛。传说燃犀牛角可以使水中通明，真相毕现。比喻洞察事理。

照本宣科：照，按照；本，书本；宣，宣读；科，科条，条文。照着本子念条文。形容讲课、发言等死板地按照课文、讲稿，没有发挥，不生动。

科头箕（jī）踞：科头，不戴帽子；箕踞，两腿分开而坐。不戴帽子，席地而坐。比喻舒适的隐居生活。

踞虎盘龙：形容地势雄伟壮丽。

龙翔凤翥（zhù）：比喻瀑布飞泻奔腾。也比喻神采飞扬。

成语故事

望洋兴叹

相传很久很久以前，黄河里有一位河神，人们叫他河伯。河伯站在黄河岸上，望着滚滚的浪涛由西而来，又奔腾跳跃向东流去，兴奋地说："黄河真大呀，世上没有哪条河能和它相比。我就是最大的水神啊！"

有人告诉他："你的话不对，在黄河的东面有个地方叫北海，那才真叫大呢。"

河伯说："我不信，北海再大，能大得过黄河吗？"

那人说："别说一条黄河，就是几条黄河的水流进北海，也装不满它啊！"

河伯固执地说："我没见过北海，我不信。"

那人无可奈何，告诉他："有机会你去看看北海，就明白我的话了。"

秋天到了，连日的暴雨使大大小小的河流都注入黄河，黄河的河面更加宽阔了，隔河望去，对岸的牛马都分不清。这一下，河伯更得意了，以为天下最壮观的景色都在自己这里，他在自得之余，想起了北海，于是决定去那里看看。

河伯顺流来到黄河的入海口，突然眼前一亮，海神北海若正笑容满面地欢迎他的到来，河伯放眼望去，只见北海汪洋一片，无边无涯，一眼望不到边，他呆呆地看了一会儿，深有感触地对北海若说："俗话说，只懂得一些道理就以为谁都比不上自己，这话说的就是我呀。今天要不是我亲眼见到这浩瀚无边的北海，我还会以为黄河是天下无比的呢！那样，岂不是被有见识的人永远笑话了！"

叹为观止

公元前544年，吴公子季札来到鲁国，表示愿与鲁国结盟世代友好下去，鲁国用舞乐招待他。季札精通舞乐，一边观赏，一边品评，当演出《韶箾》舞时，季札便断定是最后一个节目，感叹说看到这里够了，其他的就不必再看了。鲁国人非常吃惊他能预知最后的节目。成语"叹观止矣"就出于此，后来指赞美看到的事物好到极点。现在一般都说成"叹为观止"。

成语练习

1. 请把下面的叠字成语补充完整。

忧心（　）（　）　　余音（　）（　）　　衣冠（　）（　）

仪表（　）（　）　　信誓（　）（　）　　兴致（　）（　）

雄心（　）（　）　　羞人（　）（　）　　万里（　）（　）

桃之（　）（　）　　天理（　）（　）　　心事（　）（　）

妙手（　）（　）　　磨刀（　）（　）　　目光（　）（　）

2. 请将歇后语和它对应的成语连线。

墙角上开门　　　　　　　和盘托出

剪不断，理还乱　　　　　为所欲为

服务员端菜　　　　　　　尸位素餐

稻草人救火　　　　　　　难分难解

被宠坏的公主　　　　　　歪门邪道

戴着纱帽不上朝　　　　　同归于尽

成语接龙

骞凤翔鸾	鸾舆凤驾	驾鹤西游	游山玩景	景入桑榆	榆次之辱
辱门败户	户枢不蝼	蝼蚁贪生	生张熟魏	魏鹊无枝	枝附叶着
着人先鞭	鞭驽策蹇	蹇之匪躬	躬行实践	践规踏矩	矩步方行
行若狗彘	彘肩斗酒	酒食地狱	狱货非宝	宝刀未老	老师宿儒
儒雅风流	流血漂卤	卤莽灭裂	裂裳衣疮	疮痍满目	目光炯炯

成语解释

骞凤翔鸾：盘旋飞举的凤凰。常比喻美妙的舞姿。

鸾舆凤驾：指华丽的宫廷车乘。

驾鹤西游：死的婉称。

游山玩景：游览、玩赏山水景物。

景入桑榆：比喻垂老之年。

榆次之辱：用以指无故受辱之典。

辱门败户：指败坏门风，使家族受到羞辱。

户枢不蝼：比喻经常运动的东西不容易受侵蚀。也比喻人经常运动可以强身。同"户枢不蠹"。

蝼蚁贪生：蝼蚁，蝼蛄和蚂蚁。蝼蛄和蚂蚁那样的小虫也贪恋生命。旧指乞求活命的话，有时也用以劝人不可轻生自杀。

生张熟魏：张、魏，都是姓，这里泛指人。泛指认识的或不认识的人。

魏鹊无枝：比喻贤才无所依存。

枝附叶着：比喻上下关系紧密。

着人先鞭：比喻做事情比别人抢先一步。

鞭驽策蹇（jiǎn）：鞭打跑不快的马、驴。比喻自己能力低，但受到严格督促，勤奋不息。用作谦词。

蹇之匪躬：指为君国而忠直谏诤。

躬行实践：亲身实行或体验。

践规踏矩：犹循规蹈矩。

矩步方行：行走时步伐端方合度。指行为举止合乎礼仪规范。

行若狗彘（zhì）：指人无耻，行为像猪狗一样。

彘肩斗酒：形容英雄豪壮之气。

酒食地狱：陷入终日为酒食应酬而奔忙的痛苦境地。

狱货非宝：指法官断狱受贿赂，也难逃法网。

宝刀未老：形容人到老年还依然威猛，不减当年。

老师宿儒：宿儒，原指长期钻研儒家经典的人，泛指长期从事某种学问研究，并具有一定成就的人。指年辈最尊的老师和知识渊博的学者。亦作"老手宿儒"。

儒雅风流：文雅而飘逸。

流血漂卤：卤，通"橹"，大盾牌。血流得能将橹浮起来。形容死伤极多。

卤莽灭裂：卤莽，通鲁莽。形容做事草率粗疏。

裂裳衣疮：撕下自己的衣服，裹扎农民的创伤。

疮痍满目：能看到的全是创伤。比喻到处都是遭受破坏的景象。

目光炯炯：炯炯，明亮的样子。形容两眼明亮有神。

成语故事

生张熟魏

宋朝时期，寇准镇守北部，收蜀人魏野到门下。当时北部有一个漂亮而举止生硬的妓女，士人叫她生张八。有一天，他们来寇府聚会，寇准即兴要魏野作诗，魏野立即作诗："君为北道生张八，我是西州熟魏三。莫怪尊前无笑话，半生半熟未相谙。"

行若狗彘

战国时期，子夏的徒弟去问子墨子说："君子有什么标准吗？"子墨子说君子没有固定的标准。子夏的徒弟说："猪狗都有标准，作恶的人怎么会没有标准呢？"子墨子说："那些口头上说得好听而行动却比猪狗还不如的人不能称为君子。"

宝刀未老

魏将张郃（hé）攻打蜀国的汉中地区（今陕西汉中），守将告急。老将黄忠请缨出战，并且让同是老将的严颜当副将。到了关上，两军对峙，张郃便笑黄忠这么老了还出来打。

黄忠怒道："竖子欺吾年老，吾手中宝刀不老。"

"竖子欺吾年老，吾手中宝刀不老。"意思是你小子以为我老了，我手中的宝刀可没老。

成语练习

1.猜一猜，下列谜语的谜底都是成语，请把它补充完整。

农产品——土（ ）土（ ）

无底洞——（ ）不可（ ）

感冒药——有（ ）（ ）化

忘——（ ）心塌（ ）

皇——（ ）玉（ ）瑕

票——闻（ ）而（ ）

咄咄——脱（ ）而（ ）

2.请把下面互为近义词的成语补充完整。

（ ）（ ）投地——顶礼（ ）（ ）

一意（ ）（ ）——（ ）（ ）专行

（ ）（ ）逼人——（ ）（ ）凌人

耳（ ）目（ ）——耳（ ）目（ ）

防患（ ）（ ）——（ ）（ ）绸缪

（ ）（ ）毕露——崭露（ ）（ ）

成语接龙

炯炯有神　神差鬼遣　遣兵调将　将伯之呼　呼朋引类　类聚群分
分香卖履　履丝曳缟　缟纻之交　交詈聚唾　唾壶击碎　碎心裂胆

胆寒发竖　　竖起脊梁　　梁上君子　　子夏悬鹑　　鹑居鷇饮　　饮水食菽

菽水承欢　　欢呼雀跃　　跃马弯弓　　弓影杯蛇　　蛇食鲸吞　　吞舟是漏

漏尽钟鸣　　鸣玉曳履　　履险若夷　　夷然自若　　若明若昧　　昧死以闻

成语解释

炯炯有神：形容人的眼睛发亮，很有精神。

神差鬼遣：好像有鬼神在支使着一样，不自觉地做了原先没想到要做的事。同"神差鬼使"。

遣兵调将：犹调兵遣将。

将伯之呼：指求人帮助。

呼朋引类：呼，叫；引，招来；类，同类。指招引志趣相同的人。

类聚群分：各种方术因种类相同而聚合，各种事物因类别不同而区分。

分香卖履：旧时比喻人临死念念不忘妻儿。

履丝曳缟：穿丝履，着缟衣。形容奢侈。

缟纻（zhù）之交：缟纻，缟带和纻衣。缟带指用白色绢制成的大带。纻衣指用苎麻纤维织成的衣服。指交情笃深。

交詈（lì）聚唾：指一齐唾骂。

唾壶击碎：唾壶，古代的痰盂。形容对文学作品的高度赞赏。

碎心裂胆：形容异常恐惧。

胆寒发竖：形容恐怖至极。

竖起脊梁：比喻振作精神。

梁上君子：梁，房梁。躲在梁上的君子。窃贼的代称。现在有时也指脱离实际、脱离群众的人。

子夏悬鹑：鹑，鹑鸟尾秃有如补绽百结。指子夏生活寒苦却不愿做官，衣服破烂打结，披在身上像挂着的鹑鸟尾一样。形容人衣衫褴褛，生活困顿却清高自持，安贫乐道。

鹑居鷇（kòu）饮：比喻生活俭朴，不求享受。同"鹑居鷇食"。

饮水食菽（shū）：形容生活清苦。同"饮水啜菽"。

菽水承欢：菽水，豆和水，指普通饮食；承欢，侍奉父母使其欢喜。指奉养父母，使父母欢乐。

欢呼雀跃：高兴得像麻雀一样跳跃。形容非常欢乐。

跃马弯弓：驰马盘旋，张弓要射。形容摆开架势，准备作战。后比喻故作惊人的姿态，实际上并不立即行动。

弓影杯蛇：犹言杯弓蛇影。形容疑神疑鬼，自相惊扰。

蛇食鲸吞：蛇食，像蛇一样吞食；鲸吞，像鲸一样吞咽。比喻强者逐步并吞弱者。

吞舟是漏：本指大鱼漏网，后常以喻罪大者逍遥法外。

漏尽钟鸣：比喻人的生命已到尽头。

鸣玉曳履：佩玉饰曳丝履。指获高官厚禄。

履险若夷：走险路如行平地。比喻不畏困难或本领高强。

夷然自若：指神态镇定，与平常一样。

若明若昧：比喻对情况的了解或对问题的认识不清楚。同"若明若暗"。

昧死以闻：昧，冒；闻，使听到。冒着死罪来禀告您。表示谨慎惶恐。

成语故事

唾壶击碎

晋朝时期，大将军王敦每次喝完酒后总是吟咏曹操的诗句："老骥伏枥，志在千里。烈士暮年，壮心不已。"一边吟咏一边用如意敲打唾壶，壶口都给敲破了。后用"唾壶击碎"形容对某一作品的高度赞扬。

梁上君子

东汉的时候，有一个人叫作陈寔（shí）。每次当别人遇到纷争的时候，都会请陈寔出来主持公道，因为大家都知道陈寔是一个忠厚诚恳的大好人，每个人都很喜欢他，愿意听他的话。有一年陈寔的家乡闹饥荒，很多人都找不到工作做，有的人就到别的地方去工作，也有人因为没有工作可以做，变成了小偷，专门去偷别人的东西！

有一天晚上，有一个小偷溜进陈寔的家，躲在屋梁上面，准备等陈寔睡觉以后偷东西，其实陈寔早就发现小偷了，不过他却假装没看到，安静地坐在客厅里喝茶。过了一会儿，陈寔把全家人都叫到客厅，对着大家说："你们知道，人活在世界上只有短短的几十年，如果我们不好好把握时间去努力，等我们老了以后再努力就来不及了。所以，我们应该从小就要养成努力向上的好习惯，长大以后才能对社会、家庭，还有自己有好的贡献！当然也有一些不努力的人，只喜欢享受，这些人的本性并不坏，只是他们没有养成好的习惯，才会做出一些危害社会的坏事情，你们现在把头往上看，在我们屋梁上的这位先生，就是一个活生生的例子。"

小偷一听，吓得赶快从屋梁上爬下来，跪在陈寔的前面说："陈老爷，对不起！我知道我错了，请您原谅我！"陈寔不但没有责骂小偷，还非常慈祥地对小偷说："我看你不像是一个坏人，应该改过自新做个好人。"陈寔知道他干这一行可能是被生活困苦所逼，所以给了他两匹绢。从此全县再也没有偷盗之人了。

成语练习

1. 成语连用，请根据已给出的成语填空，使意思连贯。

只可意会，不可（　）（　）　　　　臭味相投，（　）（　）为（　）

逢山开路，遇（　）搭（　）　　　　为虎作伥，（　）（　）为虐

桃李不言，下自（　）（　）　　　　浮光掠影，走（　）（　）花

2. 请根据下面的提示写出正确的成语。

犯法，在地上画圈，最简单的监狱　　_____

诸葛亮，船，箭　　_____

吃枣不嚼不吐核　　_____

门口，捉麻雀，冷清　　_____

铁棒，针，李白　　_____

卢生，黄米饭，做梦　　_____

成语接龙

闻雷失箸　箸长碗短　短叹长吁　吁天呼地　地棘天荆　荆钗布裙

裙带关系　系风捕景　景星麟凤　凤引九雏　雏凤清声　声情并茂

茂林修竹　竹篱茅舍　舍策追羊　羊狠狼贪　贪功起衅　衅稔恶盈

盈满之咎　咎有应得　得兔忘蹄　蹄闲三寻　寻壑经丘　丘山之功

功成名遂　遂非文过　过屠大嚼　嚼墨喷纸　纸落云烟　烟聚波属

成语解释

闻雷失箸：比喻借别的事情掩饰自己的真实情况。

箸长碗短：形容家用器物凌乱不全。

短叹长吁：吁，叹息。短一声、长一声不停地叹气。

吁天呼地：呼天唤地。形容极度悲切。

地棘天荆：指到处布满荆棘。比喻环境恶劣。

荆钗布裙：荆枝做钗，粗布为裙。形容妇女装束朴素。

裙带关系：裙带，比喻妻女、姊妹的亲属。指相互勾结攀缘的妇女姻亲关系。

系风捕景：比喻不可能做到的事。也比喻不露形迹。亦作"系风捕影"。

景星麟凤：犹言景星凤凰。比喻杰出的人才。

凤引九雏：为天下太平、社会繁荣的吉兆。

雏凤清声：雏凤，比喻优秀子弟；清声，清越的鸣声。比喻后代子孙更有才华。

声情并茂：并，都；茂，草木丰盛的样子，引申为美好。指演唱的音色、唱腔和表达的感情都很动人。

茂林修竹：修，长。茂密高大的树林竹林。

竹篱茅舍：常指乡村中因陋就简的屋舍。

舍策追羊：放下手中书本去寻找丢失的羊。比喻发生错误以后，设法补救。

羊狠狼贪：用于比喻贪官污吏的残酷剥削。

贪功起衅：贪求事功而挑起争端。

衅稔（rěn）恶盈：犹言罪大恶极。罪恶大到了极点。

盈满之咎：财富过于充足会招致祸患。

咎有应得：罪过和灾祸完全是应得的。

得兔忘蹄：蹄，兔置，捕捉兔子的网。比喻事情成功以后就忘了本来依靠的东西。

蹄闲三寻：指马奔走时，前后蹄间一跃而过三寻。形容马奔跑得快。同"蹄间三寻"。

寻壑经丘：寻幽探胜，游山玩水。

丘山之功：比喻功绩伟大。

功成名遂：遂，成就。功绩建立了，名声也有了。

遂非文过：饰非文过。掩饰错误和过错。

过屠大嚼（jiáo）：比喻心里想而得不到，只好用不切实际的办法来安慰自己。

嚼墨喷纸：后形容人能写文章。

纸落云烟：形容落笔轻捷，挥洒自如。

烟聚波属：如烟之相聚，波之相接。比喻接连而来，聚集甚多。

成语故事

荆钗布裙

东汉书生梁鸿字伯鸾，是扶风平陵人。由于梁鸿的高尚品德，许多人想把女儿嫁给他，梁鸿谢绝他们的好意，就是不娶。与他同县的一位孟财主有一个女儿，长得又黑又丑，而且力气极大，能把石臼轻易举起来。每次家人为她选择婆家，她就是不嫁，现在已经三十岁了。父母问她为何不嫁。她说："我要嫁像梁伯鸾一样贤德的人。"梁鸿听说后，就下聘礼，准备娶她。

孟女高高兴兴地准备着嫁妆。等到过门那天，她打扮得漂漂亮亮的。哪想到，婚后一连七日，梁鸿一言不发。孟女就来到梁鸿面前跪下，说："妾早闻夫君贤名，立誓非您莫嫁。夫君也拒绝了许多家的提亲，最后选定了妾为妻。可不知为什么，婚后夫君默默无语，不知妾犯了什么过失？"梁鸿答道："我一直希望自己的妻子是位能穿麻葛衣，并能与我一起隐居到深山老林中的人。而现在你却穿着绮缟等名贵的丝织品缝制的衣服，涂脂抹粉、梳妆打扮，这哪里是我理想中的妻子啊？"

孟女听了，对梁鸿说："我这些日子的穿着打扮，只是想验证一下，夫君您是否真是我理想中的贤士。妾早就准备有劳作的服装与用品。"说完，便将头发卷成髻，用荆条做钗，穿上粗布衣服，架起织机，动手织布。梁鸿见状，大喜，连忙走过去，对孟女说："你才是我梁鸿的妻子！"他为妻子取名为孟光，字德曜，意思是她的仁德如同光芒般闪耀。

雏凤清声

成语"雏凤清声"出自唐代李商隐的诗《韩冬郎即席为诗相送因成二绝》：

十岁裁诗走马成，
冷灰残烛动离情。
桐花万里丹山路，
雏凤清于老凤声。

成语练习

1. 请根据下面的俗语补充成语。

王子犯法，与庶民同罪。——（　）不阿（　）

翻手作云覆手雨。——（　）云（　）雨

年年防火，夜夜防贼。——防（　）（　）然

芝麻开花节节高。——（　）（　）直上

有力使力，无力使智。——（　）尽所（　）

鸡窝飞出金凤凰。——（　）（　）奇闻

2. 请将下面的成语补充完整。

历历（　）（　）　　　历历（　）（　）　　　历历（　）（　）

历历（ ）（ ）　　碌碌（ ）（ ）　　碌碌（ ）（ ）

碌碌（ ）（ ）　　碌碌（ ）（ ）　　赫赫（ ）（ ）

赫赫（ ）（ ）　　斤斤（ ）（ ）　　斤斤（ ）（ ）

第六步

成语接龙

属辞比事　　事败垂成　　成败兴废　　废寝忘餐　　餐风露宿　　宿弊一清

清冽可鉴　　鉴机识变　　变醨养瘠　　瘠牛羸豚　　豚蹄穰田　　田父献曝

曝骨履肠　　肠肥脑满　　满腹牢骚　　骚翁墨客　　客死他乡　　乡壁虚造

造端讬始　　始终如一　　一曲阳关　　关情脉脉　　脉脉相通　　通情达理

理屈词穷　　穷山恶水　　水碧山青　　青黄沟木　　木落归本　　本性难移

成语解释

属辞比事：原指连缀文辞，排比事实，记载历史。后泛称作文纪事。

事败垂成：事情在快要成功的时候失败了。

成败兴废：成功或失败，兴起或衰退。

废寝忘餐：忘记了睡觉，顾不得吃饭。形容对某事专心致志或忘我地工作、学习。

餐风露宿：风里吃饭，露天睡觉。形容旅途或野外工作的辛苦。

宿弊一清：多年的弊病一下就肃清了。

清冽可鉴：冽，水清；鉴，照。清澈得可以照见人影。

鉴机识变：察看时机，了解动向。

变醨（lí）养瘠：使薄酒变醇，瘠土变得肥沃。比喻改变贫穷落后面貌。

瘠牛羸（léi）豚：瘠，瘠瘦；羸，病弱的。瘦弱的牛和猪。比喻弱小的民族或国家。

豚蹄穰（ráng）田：比喻所花费的极少而所希望的过多。

田父献曝（pù）：田父，老农；曝，晒。老农将晒太阳取暖的方法献给国君。常用作向人献物或献计的谦词。

曝骨履肠：暴露尸骨，踩踏肠子。极言所酿战祸之惨烈。

满腹牢骚：牢骚，抑郁不平之感。一肚子的不满情绪。形容心情极为抑郁，很不得意。

骚翁墨客：指诗人、作家等风雅的文人。同"骚人墨客"。

客死他乡：客死，死在异乡或国外。死在离家乡很遥远的地方。

乡壁虚造：即对着墙壁，凭空造出来的。比喻无事实根据，凭空捏造。

造端讬（tuō）始：指首先倡导。同"造端倡始"。

始终如一：自始至终一个样子。指能坚持，不间断。

一曲阳关：阳关，古曲调名，古人在送别时唱。比喻别离。

关情脉脉：关情，关切的情怀。脉脉，情意深长。形容眼神中表露的意味深长的绵绵情怀。亦作"脉脉含情"。

脉脉相通：血管彼此相通。比喻关系密切。

通情达理：指说话、做事很讲道理。

理屈词穷：屈，短，亏；穷，尽。由于理亏而无话可说。

穷山恶水：穷山，荒山；恶水，经常引起灾害的河流湖泊等。形容自然条件非常差。

水碧山青：碧，青绿色。形容景色很美，艳丽如画。

青黄沟木：为无心仕进的典故。

木落归本：犹言叶落归根。比喻事物总有一定的归宿。多指作客他乡的人最终要回到本乡。

本性难移：移，改变。本质难于改变。

成语故事

事败垂成

东晋大将谢玄在叔叔谢安的指挥下取得了淝水大战的全面胜利，迫使前秦王苻坚逃回关中。谢玄乘胜追击，收复了北方的大片领土，就在北方快要统一的时候，东晋皇帝听信谗言令其收兵驻守淮阴。统一北方未遂，人们感叹他是事败垂成。

田父献曝

战国时期，宋国有一个没有见过世面的农夫，由于家贫终日穿一件粗麻衣，勉强过冬。第二年春天，天气晴朗，他就脱光衣服在太阳下曝晒，觉得十分舒服，由于没有见过漂亮的皮衣和高大的房子，他就认为这是取暖的好方法，并对妻子说如果把这取暖的办法进献给国王一定会得到重赏。

 成语练习

1. 请将成语和与之相关的历史人物连线。

惊弓之鸟	廉颇
图穷匕见	张良
负荆请罪	苻坚
江郎才尽	荆轲
孺子可教	更嬴
草木皆兵	江淹

2. 请根据下面这首诗补充成语。

山中

唐·王勃

长江悲已滞，万里念将归。

况属高风晚，山山黄叶飞。

盛（　）空前　　　停（　）不前　　　（　）（　）流水

（　）（　）迢迢　　　（　）（　）破浪　　　（　）辞比事

（　）（　）数奇　　　（　）落（　）根　　　枕（　）臂（　）

（　）天悯人　　　冢木（　）拱　　　私心杂（　）

第七步

 成语接龙

移星换斗	斗量车载	载舟覆舟	舟中敌国	国泰民安	安身乐业
业精于勤	勤学好问	问鼎中原	原形毕露	露尾藏头	头疼脑热
热肠古道	道山学海	海水桑田	田月桑时	时来运转	转危为安
安分知足	足足有余	余韵流风	风清月明	明目达聪	聪明才智

智昏菽麦　麦穗两岐　岐出岐入　入室升堂　堂而皇之　之死靡他

成语解释

移星换斗：形容法术神妙或手段高超。

斗量车载：载，装载。用车载，用斗量。形容数量很多，不足为奇。

载舟覆舟：民众犹如水，可以承载船，也可以倾覆船。比喻人民是决定国家兴亡的主要力量。

舟中敌国：同船的人都成了敌人。比喻大家反对，十分孤立。

国泰民安：泰，平安，安定。国家太平，人民安乐。

安身乐业：指安稳快乐地过日子。

业精于勤：业，学业；精，精通；于，在于；勤，勤奋。学业精深是由勤奋得来的。

勤学好问：勤奋学习，不懂的就问。比喻善于学习。

问鼎中原：问，询问；鼎，古代煮东西的器物，三足两耳；中原，黄河中下游一带，指疆域领土。比喻企图夺取天下。

原形毕露：原形，原来的形状；毕，完全。本来面目完全暴露。指伪装被彻底揭开。

露尾藏头：藏起了头，露出了尾。形容说话躲躲闪闪，不把真实情况全部讲出来。

头疼脑热：泛指一般的小病或小灾小难。

热肠古道：热肠，热心肠；古道，上古时代的风俗习惯，形容厚道。指待人真诚、热情。

道山学海：道、学，学问。学识比天高比海深。形容学识渊博。

海水桑田：犹沧海变桑田。比喻世事变迁很大。

田月桑时：泛指农忙季节。

时来运转：旧指时机来了，命运也有了转机。指境况好转。

转危为安：由危险转为平安，多指局势或病情。

安分知足：安于本分，对自己所得到的待遇知道满足。

足足有余：形容充足、宽裕，用不完。

余韵流风：传留后世的韵致风度。

风清月明：微风清凉，月光明朗。形容夜景美好。同"风清月朗"。

明目达聪：眼睛明亮，耳朵灵敏。形容力图透彻了解。

聪明才智：指有丰富敏捷的智力和显著的才能。

智昏菽麦：指智力不能辨认豆麦。形容无知。

麦穗两岐：一麦两穗。旧时以为祥瑞，以兆丰年。亦用以称颂吏治成绩卓著。也比喻相像的两样事物。

岐出岐入：指出入无固定的处所。

入室升堂：比喻人的学识技艺等方面有高深的造诣。

堂而皇之：堂、皇，官署的大堂，引申为气势盛大的样子。形容端正庄严或雄伟有气派。也指表面上庄严正大，堂堂正正，实际却不然。

之死靡他：至死不变。形容忠贞不贰。同"之死靡它"。

成语故事

问鼎中原

传说古代夏禹铸造九鼎，代表九州，作为国家权力的象征。夏、商、周三代以九鼎为传国重器，为得天下者所据有。九州乃豫州、冀州、兖州、青州、徐州、扬州、荆州、雍州、幽州。

夏朝经历了四百七十年，到公元前1600年，夏桀无道亡国，九鼎为成汤所得，成汤建立了商朝。商朝经历五百五十多年，到公元前1046年，纣王暴虐亡国，九鼎为姬发所得，姬发建立了周朝。到公元前606年，楚庄王想取周而代之，借朝拜天子的名义，到周王室去问九鼎的大小轻重，结果在周大臣王孙满那里碰了软钉子。王孙满说："统治天下在乎德而不在乎鼎。"庄王很不服气地说："你不要依仗九鼎，我楚国有的是铜，我们只要折断戈戟的刃尖，就足够做九鼎了。"王孙满说："大王您别忘了，当初夏禹是因为有德，天下诸侯都拥戴他，各地才贡献铜材，启才能铸成九鼎以象万物。后来夏桀昏乱，鼎就转移给了商；商纣暴虐，鼎又转移给了周。如果天子有德，鼎虽小却重得难以转移；如果天子无德，鼎虽大却是轻而易动。周朝的国运还未完，鼎的轻重是不可以问的。"庄王无话可说。从此以后，人们就将企图夺取政权称为"问鼎"。

成语练习

1. 请把下面意思相反的成语补充完整。

（ ）（ ）满座——门可（ ）（ ）

多多（ ）（ ）——宁（ ）毋（ ）

（ ）描（ ）写——（ ）墨（ ）彩

（ ）吃（ ）用——（ ）（ ）浪费

高（ ）莫（ ）——（ ）显易（ ）

相敬（ ）（ ）——（ ）（ ）不调

2. 趣味成语填空练习。

最长的寿命——（ ）寿无（ ）

最繁忙的季节——多（ ）之（ ）

最多的颜色——万（　）千（　）

最重的头发——（　）（　）一发

最高明的医术——（　）死（　）生

最反常的气候——晴天（　）（　）

第八步

成语接龙

他乡故知	知荣守辱	辱国丧师	师心自是	是古非今	今生今世
世世代代	代马依风	风卷残云	云龙鱼水	水色山光	光怪陆离
离经叛道	道傍筑室	室迩人遐	遐迩一体	体恤入微	微不足道
道貌俨然	然荻读书	书不释手	手疾眼快	快步流星	星罗云布
布鼓雷门	门生故旧	旧病复发	发家致富	富贵浮云	云天雾地

成语解释

他乡故知：故知，老朋友，熟人。在异地遇到老朋友或熟人。

知荣守辱：守，安于。虽然知道怎样可得到荣誉，却安于受屈辱的地位。

辱国丧师：指国家蒙受耻辱，军队遭到损失。

师心自是：师心，以心为师，这里指只相信自己；自是，按自己的主观意图行事。形容自以为是，不肯接受别人的正确意见。

是古非今：是，认为对；非，认为不对，不以为然。指不加分析地肯定古代的，否认现代的。

今生今世：此生此世。谓有生之年。

世世代代：指时间久远。形容很多年代，好几辈子。

代马依风：代，古国名，泛指北方。北方所产的马总是怀恋北边吹来的风。比喻人心眷恋故土，不愿老死他乡。

风卷残云：大风把残云卷走，比喻一下子把残存的东西一扫而光。

云龙鱼水：比喻君臣相得。

水色山光：水波泛出秀色，山上景物明净。形容山水景色秀丽。

光怪陆离：光怪，光彩奇异；陆离，开卷参差。形容奇形怪状，五颜六色。

离经叛道：离，背离，不遵守。原指违反封建统治阶级所尊奉的经典和教条。现泛指背离占主导地位的理论或学说。

道傍筑室：比喻杂采各家之说。亦比喻无法成功的事。

室迩人遐：房屋就在近处，可是房屋的主人却离得远了。多用于思念远别的人或悼念死者。同"室迩人远"。

遐迩一体：指远近犹如一个整体。形容协调统一。

体恤入微：形容对人照顾或关怀非常细心、周到。同"体贴入微"。

微不足道：微，细，小；足，值得；道，谈起。微小得很，不值得一提。指意义、价值等小得不值得一提。

道貌俨然：犹道貌岸然。指神态严肃，一本正经的样子。

然荻（dí）读书：然，"燃"的本字，燃烧；荻，芦苇一类的植物。燃荻为灯，发奋读书。形容勤学苦读。

书不释手：手里的书舍不得放下。形容勤学或看书入迷。

手疾眼快：急，迅速。动作迅速，眼光敏捷。形容机灵敏捷。

快步流星：形容步子跨得大，走得快。

星罗棋布：形容数量很多，分布很广。

布鼓雷门：布鼓，布蒙的鼓；雷门，古代浙江会稽的城门名。在雷门前击布鼓。比喻在能手面前卖弄本领。

门生故旧：指学生和旧友。

旧病复发：原来的病又犯了。

发家致富：发展家业，使家庭变得富裕起来。

富贵浮云：不义而富贵，对于我就像浮云那样轻飘。比喻把金钱、地位看得很轻。

云天雾地：比喻不明事理，糊里糊涂。

成语故事

然荻读书

梁代有位彭城人刘绮，是交州刺史刘勃的孙子，早年失去亲人，家境贫寒，没有能力置备灯烛，于是经常买荻，然后一尺一寸地折断，点着照明，发奋苦读。元帝最初出任会稽太守，仔细挑选僚属，刘绮因有才华，被任命为湘东国的常侍兼充记室，掌管章奏文书工作，很受礼遇，最后官至金紫光禄大夫。

书不释手

三国时，东吴有一员大将名叫吕蒙，字子明。吕蒙年轻时，家境贫困，无法读书。从军后，虽作战骁勇，常立战功，却苦于缺少文化，不能把战例经验总结写下来。

有一天，吴主孙权对吕蒙说："你现在掌管军事大权，应当多读些史书、兵书，才能担当重任。"

吕蒙一听主公要他学习，便为难地推托说："军队里的事情又多又复杂，都要我亲自过问，恐怕挤不出时间来读书啊！"

孙权说："你的事情总没有我多吧？我并不是要你去研究学问，而只是要你翻阅一些古书，从中得到一些启发罢了。"

吕蒙问："可我不知道应该去读哪些书？"

孙权听了，微笑着说："你可以先读些《孙子》《六韬》等兵法书，再读些《左传》《史记》等一些历史书，这些书对于以后带兵打仗很有好处。"停了停，孙权又说："时间嘛，要自己去挤出来。从前汉光武帝在行军作战的紧张关头，依然手不释书，为什么你就没有时间呢？"

吕蒙听了孙权的话，回去便开始读书学习，并坚持不懈。最后做了吴国的主将，有勇有谋，屡建奇功。

 **成语练习**

1. 成语选择题。

（1）成语"逢人说项"中的"项"指的是（　）

A 项羽　　　　　B 项斯　　　　　C 项庄

（2）古代"映雪读书"的人是（　）

A 孙康　　　　　B 匡衡　　　　　C 车胤

（3）成语"口蜜腹剑"来源于历史上哪个人？（　）

A 张昌宗　　　　B 李密　　　　　C 李林甫

2. 请圈出下面成语中的错别字并写出正确的。

端泥可察（　）　　相儒以沫（　）　　梨花戴雨（　）　　安图索骥（　）

梁孟相儆（　）　　迷途知反（　）　　侍才傲物（　）　　馈不成军（　）

厉害得失（　）　　散兵犹勇（　）　　气焰器张（　）　　声名显郝（　）

第九步

成语接龙

地利人和	和风细雨	雨歇云收	收之桑榆	榆枋之见	见贤思齐
齐心同力	力可拔山	山明水秀	秀外慧中	中原逐鹿	鹿走苏台
台阁生风	风雨如磐	磐石之安	安然无事	事过情迁	迁乔出谷
谷马砺兵	兵多将广	广种薄收	收因结果	果不其然	然糠自照
照萤映雪	雪月风花	花辰月夕	夕阳西下	下车泣罪	罪恶滔天

成语解释

地利人和：地利，地理的优势；人和，得人心。表示优越的地理条件和群众基础。

和风细雨：和风，指春天的风。温和的风，细小的雨。比喻方式和缓，不粗暴。

雨歇云收：比喻男女离散。

收之桑榆：指初虽有失，而终得补偿。后指事犹未晚，尚可补救。

榆枋之见：榆枋，榆树与枋树。比喻狭小的天地。后用以比喻浅薄的见解。

见贤思齐：贤，德才兼备的人；齐，相等。见到德才兼备的人就想赶上他。

齐心同力：形容认识一致，共同努力。同"齐心协力"。

力可拔山：力气大得可以拔起山来，形容勇力过人。

山明水秀：山光明媚，水色秀丽。形容风景优美。

秀外慧中：秀，秀丽；慧，聪慧。外表秀丽，内心聪明。

中原逐鹿：指群雄并起，争夺天下。

鹿走苏台：比喻国家败亡，宫殿荒废。

台阁生风：台阁，尚书省的别称。东汉以尚书直接辅佐皇帝以处理政务，因汉尚书台在官禁内，故有此称。指台阁大臣中形成严肃的风气。比喻官风清正。

风雨如磐：磐，大石头。形容风雨极大。

磐石之安：形容极其安定稳固。

安然无事：犹言平安无事。

事过情迁：随着事情过去，对该事的感情、态度也起了变化。

迁乔出谷：比喻人的地位上升。

谷马砺兵：犹言秣马厉兵。

兵多将广：兵将众多。形容军队人员多，兵力强大。

广种薄收：薄，少。种植的面积很大，但单位产量却很低。比喻实行的很广泛，但收效甚微。

收因结果：指了却前缘，得到结果。旧有因果报应之说，指前有因缘则必有相对的后果。

果不其然：果然如此。指事物的发展变化跟预料的一样。

然糠自照：然，同"燃"，烧；糠，谷壳。烧糠照明。比喻勤奋好学。

照萤映雪：利用萤火虫的光和白雪的映照读书，形容刻苦的读书精神。

雪月风花：代指四时景色。也比喻男女情事。

花辰月夕：有鲜花的早晨，有明月的夜晚。指美好的时光和景物。同"花朝月夕"。

夕阳西下：指傍晚日落时的景象。也比喻迟暮之年或事物走向衰落。

下车泣罪：旧时称君主对人民表示关切。

罪恶滔天：滔天，漫天，弥天。形容罪恶极大。

成语故事

地利人和

"地利人和"出自战国时期孟子所著的《孟子·公孙丑下》。

有一回有人问孟子："先生以为怎样做才算圣主明君呢？"孟子说："我认为圣主明君是用仁政来治理天下的，这样顺从、支持他的人就多，反对他的人就少。我的意思就是说天时不如地利，地利不如人和。举个例子说吧，比如有座小城，敌人围攻它而不能攻陷。敌方是一定会利用适合作战的阴晴、寒暑、雨风等有利天时的，但它不能获胜。因为这座小城占有地形上的优势，城高池深，这种地利超过了敌方的天时；同样的一座山城，城墙很牢固，兵力也强，兵器也锐利，粮食充足，可是敌人来了，城内守兵弃城逃跑，这又是什么原因呢？这说明地利不如人和呀！这就证明了我的主张：靠疆界是无法限制百姓的；守卫国家依靠山川险阻也是靠不住的；同样，仰仗武力也是不能长久地威行天下的。如果你不施行仁政，人们就离你远远的，会搞得众叛亲离，那么你不是注定要垮台吗？"

 成语练习

1.以"日"字开头的成语。

日月（　）（　）　　日月（　）（　）　　日月（　）（　）

日月（　）（　）　　日月（　）（　）　　日居（　）（　）

日升（　）（　）　　日往（　）（　）　　日削（　）（　）

日积（　）（　）　　日新（　）（　）　　日省（　）（　）

日复（　）（　）　　日以（　）（　）　　日不（　）（　）

2.以"日"字结尾的成语。

（　）（　）天日　　（　）（　）贯日　　（　）（　）终日

（　）（　）蔽日　　（　）（　）化日　　（　）（　）宁日

（　）（　）吉日　　（　）（　）丽日　　（　）（　）逐日

（　）（　）吠日　　（　）（　）白日　　（　）（　）换日

（　）（　）继日　　（　）（　）一日　　（　）（　）返日

第十步

成语接龙

天各一方　方外之人　人存政举　举步生风　风吹雨打　打富济贫

贫病交加　加减乘除　除暴安良　良药苦口　口若悬河　河出伏流

流芳千古　古色古香　香象渡河　河东狮子　子孝父慈　慈眉善目

目无下尘　尘羹涂饭　饭来张口　口中蚤虱　虱胫虮肝　肝胆楚越

越鸟南栖　栖冲业简　简明扼要　要言不烦　烦言碎辞　辞巧理拙

成语解释

　　天各一方：指各在天底下的一个地方。形容相隔极远，见面困难。

方外之人：方外，世外。原指言行超脱于世俗礼教之外的人。后指僧道。

人存政举：旧指一个掌握政权的人活着的时候，他的政治主张便能贯彻。

举步生风：形容走路特别快或办事干净利索。

风吹雨打：原指花木遭受风雨摧残。比喻恶势力对弱小者的迫害。也比喻严峻的考验。

打富济贫：打击豪绅、地主、贪官污吏，夺取其财物救济穷人。

贫病交加：贫穷和疾病一起压在身上。

加减乘除：算术的四则运算，借指事物的消长变化。

除暴安良：暴，暴徒；良，善良的人。铲除强暴，安抚善良的人民。

良药苦口：好药往往味苦难吃。比喻衷心的劝告，尖锐的批评，听起来觉得不舒服，但对改正缺点错误很有好处。

口若悬河：若，好像；悬河，激流倾泻。讲起话来滔滔不绝，像瀑布不停地奔流倾泻。形容能说会辩，说起来没个完。

河出伏流：比喻潜在力量爆发，其势猛不可挡。

流芳千古：美名永传于后世。

古色古香：形容器物书画等富有古雅的色彩和情调。

香象渡河：佛教用语。比喻悟道精深。也形容评论文字精辟透彻。

河东狮子：旧指妒悍的妇女。

子孝父慈：儿女孝顺，父母慈爱。

慈眉善目：形容人的容貌一副善良的样子。

目无下尘：下尘，佛家语，凡尘，尘世，比喻地位低下者。眼睛不往下看。形容态度傲慢，看不起地位低的人。

尘羹（gēng）涂饭：涂，泥。尘做的羹，泥做的饭。指儿童游戏。比喻没有用处的东西。

饭来张口：指吃现成饭。形容不劳而获，坐享其成。

口中蚤虱：比喻极易消灭的敌人，犹如口中之虱。

虱胫虮（jǐ）肝：虱子的小腿，虮子的肝脏。比喻非常微小的东西。

肝胆楚越：肝胆，比喻关系密切；楚越，春秋时两个诸侯国，虽土地相连，但关系不好。比喻有着密切关系的双方，变得互不关心或互相敌对。

越鸟南栖：从南方飞来的鸟，筑巢时一定在南边的树枝上。比喻难忘故乡情。

栖冲业简：指安于淡泊简朴的生活。

简明扼要：指说话、写文章简单明了，能抓住要点。

要言不烦：要，简要；烦，烦琐。指说话或写文章简单扼要，不烦琐。

烦言碎辞：形容文辞杂乱、琐碎。

辞巧理拙：文辞虽然浮华，但不能阐明道理。

成语故事

口若悬河

西晋时，有一位大学问家，名叫郭象。他在年轻的时候，已经是一个很有才学的人。尤其是他对于日常生活中所接触的一些现象，都能留心观察，然后再冷静地去思考其中的道理。因此，他的知识十分渊博，对于事情也常常有独到的见解。后来，他又潜心研究老子和庄子的学说，并且对他们的学说有深刻的理解。

过了些年，朝廷一再派人来请他，到朝中做黄门侍郎。到了京城，由于他的知识很丰富，所以无论对什么事情都能说得头头是道，再加上他的口才很好，又非常喜欢发表自己的见解，因此每当人们听他谈论时，都觉得津津有味。

当时有一位太尉王衍，十分欣赏郭象的口才，他常常在别人面前赞扬郭象说："听郭象说话，就好像一条倒悬起来的河流，滔滔不绝地往下灌注，永远没有枯竭的时候。"郭象的辩才，由此可知。

而后人就以"口若悬河"来形容人善于说话，一旦说起话来就像倒悬的河水，滔滔不绝，永远没有停止的时候。

 **成语练习**

1.请在下面的空白处填上合适的成语，使句子通顺。

（1）根本不需要这么做，你这是画蛇添足，＿＿＿＿＿＿＿＿＿＿。白白浪费了那么多时间。

（2）他大声说："就算是我做的又怎么样？轮得到你来＿＿＿＿＿＿＿＿＿＿吗？跟你有什么关系？"

（3）他说："恭喜你们这次合作成功啊，简直是＿＿＿＿＿＿＿＿＿＿，默契不减当年啊。"

（4）他们两个不相上下，＿＿＿＿＿＿＿＿＿＿，所以谁能获胜真不好说。

（5）这件事我只告诉你了，你一定要＿＿＿＿＿＿＿＿＿＿，不要透漏给别人啊。

2.请根据下面的要求写成语，每个至少写三个。

描写风的：＿＿＿＿＿＿＿＿＿＿＿＿＿＿＿＿＿＿＿＿＿＿

描写雨的：＿＿＿＿＿＿＿＿＿＿＿＿＿＿＿＿＿＿＿＿＿＿

描写云的：＿＿＿＿＿＿＿＿＿＿＿＿＿＿＿＿＿＿＿＿＿＿

描写雪的：＿＿＿＿＿＿＿＿＿＿＿＿＿＿＿＿＿＿＿＿＿＿

成语接龙

拙嘴笨舌	舌敝唇焦	焦头烂额	额手称庆	庆吊不行	行同能偶
偶一为之	之死靡二	二缶钟惑	惑世盗名	名公巨卿	卿卿我我
我黼子佩	佩韦佩弦	弦外之响	响彻云霄	霄壤之别	别鹤离鸾
鸾音鹤信	信誓旦旦	旦旦而伐	伐功矜能	能工巧匠	匠心独具
具体而微	微过细故	故宫禾黍	黍油麦秀	秀色可餐	餐霞吸露

成语解释

拙嘴笨舌：拙，笨。嘴舌笨拙，形容不善于讲话。

舌敝唇焦：敝，破碎；焦，干枯。说话说得舌头都破了，嘴唇都干了。形容费尽了唇舌。

焦头烂额：烧焦了头，灼伤了额。比喻非常狼狈窘迫。有时也形容忙得不知如何是好，带有夸张的意思。

额手称庆：把手放在额上，表示庆幸。

庆吊不行：庆，贺喜；吊，吊唁。不予贺喜、吊唁。原指不与人来往。后形容关系疏远。

行同能偶：品行相同，才能相等。

偶一为之：偶，偶尔；为，做。指平常很少这样做，偶尔才做一次。

之死靡二：至死不变。形容忠贞不贰。同"之死靡它"。

二缶（fǒu）钟惑：二，疑，不明确；缶、钟，指古代量器。弄不清缶与钟的容量。比喻弄不清普通的是非道理。

惑世盗名：犹欺世盗名。欺骗世人，窃取名誉。

名公巨卿：指有名望的权贵。

卿卿我我：形容夫妻或相爱的男女十分亲昵。

我黼（fǔ）子佩：指夫妻共享荣华。

佩韦佩弦：韦，熟牛皮；弦，弓弦。原指西门豹性急，佩韦自戒；董安于性缓，佩弦自戒。原形容随时警诫自己。后常比喻有益的规劝。

弦外之响：比喻言外之意。

响彻云霄：彻，贯通；云霄，高空。形容声音响亮，好像可以穿过云层，直达高空。

霄壤之别：天和地，一极在上，一极在下，比喻差别极大。

别鹤孤鸾：别，离别；鸾，凤凰一类的鸟。离别的鹤，孤单的鸾。比喻远离的夫妻。

鸾音鹤信：比喻仙界的音信。

信誓旦旦：信誓，表示诚意的誓言；旦旦，诚恳的样子。誓言说得真实可信。

旦旦而伐：多比喻天天损害或斫丧。

伐功矜能：伐、矜，夸耀。指吹嘘自己的功劳和才能。形容居高自大，恃才傲物。

能工巧匠：指工艺技术高明的人。

匠心独具：工巧独特的艺术构思。

具体而微：具体，各部分已大体具备；微，微小。指事物的各个组成部分大体都有了，不过形状和规模比较小些。

微过细故：微小的过失和事故。

故宫禾黍（shǔ）：比喻怀念祖国的情思。

黍油麦秀：用于表示亡国之痛的感叹。

秀色可餐：秀色，美女姿容或自然美景；餐，吃。原形容妇女美貌。后也形容景物秀丽。

餐霞吸露：餐食日霞，吸饮沆瀣。指超尘脱俗的仙家生活。

成语故事

二缶钟惑

战国时期，大哲学家庄周在《庄子》中讲述了"二缶钟惑"的道理："大惑者，终身不解；大愚者，终身不灵。三人行而一人惑，所适者犹可致也，惑者少也；二人惑则劳而不至，惑者胜也。而今也以天下惑，予虽有祈向，不可得也。不亦悲乎！大声不入于里耳，折杨、皇华，则嗑然而笑。是故高言不止于众人之心，至言不出，俗言胜也。以二缶钟惑，而所适不得矣。"

意思是最迷惑的人一辈子也不会醒悟，最愚蠢的人一辈子也不会明白。三个人共同做一件事，如果其中有一个人感到迷惑，他们所想要做的事还是可以达成的；

如果其中有两个人感到迷惑，那么即使辛苦劳作，他们所想要做的事却是无法达成的，这是因为被迷惑的人占到优势的缘故。而今天下的人都感到迷惑，我虽然祈求导向，却也是不能够达到的。这不令人感到悲哀吗！高雅的音乐不能够进入俗人的耳中，但当他们听见折杨、皇华一般的俗乐时，却会感到高兴。所以高妙的言论不被众人所接受，至理的名言不能被俗人们说出，都是因为世俗的言论占据优势的缘故。这样就好像无法通过辨识容量把缶、钟分清楚一样，因而人们所想要做成的事是无法达成的。

信誓旦旦

"信誓旦旦"出自《诗经·卫风·氓》："总角之宴，言笑晏晏。信誓旦旦，不思其反。反是不思，亦已焉哉！"

这首诗主要讲一位美丽、温和而多情的女子，跟一个男子（诗中的"氓"）从小就相识，这位男子用甜言蜜语得到了姑娘纯真的爱情，可是在姑娘带着她的嫁妆，满怀对未来幸福生活的憧憬嫁到他家之后，"氓"却变了心。虽然妻子温顺贤惠，为他早起晚睡，操持家务，他却冷漠无情，凶狠残暴。女子悔恨万分，却无处诉说自己的苦痛，也得不到任何同情和理解，连自己的兄弟，也对她咧着嘴嘲笑。经过一番深刻的反思之后，这位女子变得坚强起来，她不顾未来将会遭到的歧视和冷落毅然决定结束眼前这不堪忍受的痛苦生活，离开了那个负心汉。

 成语练习

1. 请把下面带"六"字的成语补充完整。

六出（　）（　）　　六合（　）（　）　　六根（　）（　）

六马（　）（　）　　六尺（　）（　）　　六亲（　）（　）

六街（　）（　）　　六尘（　）（　）　　六道（　）（　）

六月（　）（　）　　六（　）兴（　）　　六（　）金（　）

六（　）三（　）　　六（　）无（　）　　六（　）纷（　）

2. 请在下面的括号里填上正确的动词。

（　）檐（　）壁　　（　）马（　）花　　（　）肥（　）瘦

（　）荆（　）棘　　（　）眉（　）气　　（　）情（　）俏

（　）星（　）月　　（　）朋（　）友　　大（　）大（　）

（　）眉（　）眼　　浮（　）联翩　　（　）傲风月

健步如（　）　　（　）尽脑汁　　（　）空心思

成语接龙

露餐风宿	宿雨餐风	风度翩翩	翩若惊鸿	鸿骞凤逝	逝者如斯
斯斯文文	文理俱惬	惬心贵当	当之有愧	愧悔无地	地动山摧
摧眉折腰	腰金拖紫	紫绶金章	章甫荐履	履霜之戒	戒骄戒躁
躁言丑句	句比字栉	栉霜沐露	露才扬己	己溺己饥	饥寒交至
至亲骨肉	肉食者鄙	鄙俚浅陋	陋巷箪瓢	瓢泼大雨	雨鬣霜蹄

成语解释

露餐风宿：在露天中吃饭，在风中住宿。形容旅途艰辛。

宿雨餐风：形容旅途辛劳。

风度翩翩：风度，风采气度，指美好的举止姿态；翩翩，文雅的样子。形容举止文雅优美。

翩若惊鸿：比喻美女的体态轻盈。

鸿骞（xiān）凤逝：鸿鹄高飞，凤凰远逝。比喻毅然远行。

逝者如斯：用以形容光阴如流水一去不返。

斯斯文文：形容举止文雅。

文理俱惬（qiè）：文、理，指文辞表达和思想内容；惬，满足、满意。文章的形式和内容都令人满意。

惬心贵当：合情合理。

当之有愧：当，承受；愧，惭愧。承受某种荣誉或称号与事实不相符，感到惭愧。常作自谦之词。

愧悔无地：羞愧懊悔得无地自容。

地动山摧：地震发生时大地颤动，山河摇摆。亦形容声势浩大或斗争激烈。同"地

259

动山摇"。

摧眉折腰：低眉弯腰。形容没有骨气，巴结奉承。

腰金拖紫：金，金印；紫，紫绶。比喻身居高官。

紫绶金章：紫色印绶和金印，古丞相所用。借指高官显爵。

章甫荐履：冠被垫在鞋子下。比喻上下颠倒。

履霜之戒：走在霜上知道结冰的时候快要到来。比喻看到眼前的迹象而对未来提高警惕。

戒骄戒躁：戒，警惕，预防。警惕并防止产生骄傲和急躁情绪。

躁言丑句：躁，通"臊"。丑恶的言辞。

句比字栉（zhì）：逐字逐句仔细推敲。同"句栉字比"。

栉霜沐露：迎着霜，顶着露。形容奔波劳苦。

露才扬己：露，显露；扬，表现。显露自己的才能。也比喻炫耀才能，表现自己。

己溺己饥：认为人民的疾苦是由自己所造成，因此解除他们的痛苦是自己不可推卸的责任。

饥寒交至：衣食无着，又饿又冷。形容生活极端贫困。同"饥寒交迫"。

至亲骨肉：关系最近的亲人。

肉食者鄙：肉食者，吃肉的人，引申为有权位的人；鄙，鄙陋。旧时指身居高位、俸禄丰厚的人眼光短浅。

鄙俚浅陋：鄙俚，粗俗；浅陋，见闻不多。多形容文章或言谈粗俗浅薄。

陋巷箪瓢：陋，简陋，窄小；箪，古代盛饭用的圆形竹器。住在陋巷里，用箪吃饭，用瓢喝水。形容生活极为穷苦。

瓢泼大雨：像用瓢泼水那样的大雨。形容雨下得非常大。

雨鬣（liè）霜蹄：形容骏马奔驰时马鬣耸起，状如飘雨，四蹄飞翻，色白如霜的样子。

成语故事

摧眉折腰

"摧眉折腰"出自唐代李白的《梦游天姥吟留别》：

海客谈瀛洲，烟涛微茫信难求。越人语天姥，云霓明灭或可睹。

天姥连天向天横，势拔五岳掩赤城。天台四万八千丈，对此欲倒东南倾。

我欲因之梦吴越，一夜飞度镜湖月。湖月照我影，送我至剡溪。

谢公宿处今尚在，渌水荡漾清猿啼。脚著谢公屐，身登青云梯。

半壁见海日，空中闻天鸡。千岩万转路不定，迷花倚石忽已暝。

熊咆龙吟殷岩泉，栗深林兮惊层巅。云青青兮欲雨，水澹澹兮生烟。

列缺霹雳，丘峦崩摧。洞天石扉，訇然中开。青冥浩荡不见底，日月照耀金银台。

霓为衣兮风为马，云之君兮纷纷而来下。虎鼓瑟兮鸾回车，仙之人兮列如麻。

忽魂悸以魄动，恍惊起而长嗟。惟觉时之枕席，失向来之烟霞。

世间行乐亦如此，古来万事东流水。

别君去时何时还？且放白鹿青崖间，须行即骑访名山。

安能摧眉折腰事权贵，使我不得开心颜！

 **成语练习**

1.请将歇后语和与其对应的成语连线。

刚出水的荷花　　　　　　　　　闻所未闻

叫花子坐上金銮殿　　　　　　　无济于事

寒冬腊月桃花开　　　　　　　　强人所难

打蛇打七寸　　　　　　　　　　一尘不染

拉肚子吃补药　　　　　　　　　一步登天

让林黛玉耍大刀　　　　　　　　恰到好处

2.请用同一个字把下面的成语补充完整。

（　）猫（　）狗　　　（　）家（　）户　　　（　）手（　）脚

（　）夜（　）昼　　　（　）恭（　）敬　　　（　）驴（　）马

（　）亲（　）故　　　（　）得（　）失　　　（　）手（　）脚

（　）声（　）色　　　（　）葑（　）菲　　　（　）头（　）尾

（　）里（　）涂　　　（　）头（　）脑　　　（　）来（　）往

第三步

 成语接龙

蹄间三寻　寻瑕伺隙　隙穴之窥　窥见一斑　斑驳陆离　离经叛道

道听耳食　食不充口　口传心授　授人口实　实事求是　是非颠倒
倒海翻江　江山如画　画沙印泥　泥古不化　化日光天　天长地久
久别重逢　逢山开道　道存目击　击钟鼎食　食肉寝皮　皮里阳秋
秋风团扇　扇火止沸　沸反连天　天道宁论　论黄数白　白屋寒门

成语解释

蹄间三寻：指马奔走时，前后蹄间一跃而过三寻。形容马奔跑得快。

寻瑕伺隙：寻，找；瑕，玉上的斑点，比喻缺点；伺，观察；隙，空子，机会。找别人缺点，看是否有空子可钻。指待机寻衅。

隙穴之窥：比喻执着的努力，最后达到目的。

窥见一斑：指只了解一二。

斑驳陆离：斑驳，色彩杂乱；陆离，参差不一。形容色彩纷杂。

离经叛道：指思想、言行背离儒家经典和规范。后泛指背离占统治地位的思想和行为规范。

道听耳食：对传闻之辞不加去取，盲目轻信。

食不充口：不能吃饱肚子。形容生活艰难困苦。

口传心授：指师徒间口头传授，内心领会。

授人口实：留给别人以话柄。

实事求是：指从实际对象出发，探求事物的内部联系及其发展的规律性，认识事物的本质。通常指按照事物的实际情况办事。

是非颠倒：是，对；非，错。把错的说成对的，对的说成错的。把是非弄颠倒了。

倒海翻江：形容力量或声势非常浩大。

江山如画：山川、河流美如画卷。形容自然风光美丽如图画。

画沙印泥：书法家比喻用笔的方法。

泥古不化：泥，拘泥，固执。拘泥于古代的成规或古人的说法而不知变通。

化日光天：指太平盛世。也用来比喻众目昭彰、是非分明的场合。同"光天化日"。

天长地久：跟天和地存在的时间那样长。形容时间悠久。也形容永远不变。多指爱情。

久别重逢：指朋友或亲人在长久分别之后再次见面。

逢山开道：形容不畏艰险，在前开路。常与"遇水叠桥"连用。

道存目击：一个人具有深厚的道德修养，人们只需一接触便能感受得到。

击钟鼎食：打钟列鼎而食。形容贵族或富人生活奢华。

食肉寝皮：割他的肉吃，剥他的皮睡。形容对敌人的深仇大恨。

皮里阳秋：指藏在心里不说出来的言论。

秋风团扇：秋风起后，扇子就弃置不用。比喻女子色衰失宠。

扇火止沸：沸腾，指水滚开。用扇风助长火势的办法来停止水沸腾。比喻采取的办法与希望达到的目的正好相反。

沸反连天：形容人声喧闹，乱成一片。同"沸反盈天"。

天道宁论：指天道福善惩恶之说难以凭信。

论黄数白：点了黄金又数白银。极言财富之多。也指任意评论是非好坏。

白屋寒门：白屋，用白茅草盖的屋；寒门，清贫人家。泛指贫士的住屋。形容出身贫寒。

斑驳陆离

战国时期，屈原怀才不遇，他多次向楚怀王提出建议，但都没有被采纳。他在《离骚》中写道："纷总总其离合兮，斑驳陆离其上下。吾令帝阍（hūn）开关兮，倚阊（chāng）阖而望予。"意思是说云霓越聚越多忽离忽合，五光十色上下飘浮荡漾。我叫天门守卫把门打开，他却倚靠着天门呆呆地望着我。

1.猜一猜，下列谜语的谜底都是成语，请把它补充完整。

骡子——非（　）非（　）

板——残（　）剩（　）

黠——有（　）有（　）

扰——半（　）半（　）

泵——（　）落（　）出

主——一（　）无（　）

一——接（　）连（　）

2.请把下面互为近义词的成语补充完整。

改（　）自（　）——（　）改前（　）

（　）邪（　）正——弃（　）投（　）

（　）过（　）过——（　）（　）偷安

固步（　）（　）——（　）（　）成规

光明（　）（　）——光明（　）（　）

（　）（　）其辞——（　）（　）其词

 成语接龙

门禁森严	严阵以待	待贾而沽	沽名钓誉	誉满天下	下情上达
达官贵要	要死要活	活灵活现	现世现报	报李投桃	桃李春风
风木之思	思深忧远	远怀近集	集萤映雪	雪北香南	南去北来
来历不明	明公正道	道貌岸然	然糠照薪	薪尽火传	传爵袭紫
紫气东来	来者不善	善为说辞	辞严义正	正言不讳	讳疾忌医

成语解释

门禁森严：指门前警卫戒备很严密。

严阵以待：指做好充分战斗准备，等待着敌人。

待贾而沽：贾，同"价"。等待善价出售，也比喻怀才待用或待时而行。

沽名钓誉：沽，买；钓，用饵引鱼上钩，比喻骗取。用某种不正当的手段捞取名誉。

誉满天下：美好的名声天下皆知。

下情上达：下面的情况或意见能够通达于上。

达官贵要：犹言达官贵人。指地位高的大官和出身侯门身价显赫的人。

要死要活：形容闹得很凶。

活灵活现：形容神情逼真，使人感到好像亲眼看到一般。

现世现报：原为佛家语。后指人做了恶事，今生就会得到报应。意指报应很快。

报李投桃：意思是他送给我李子，我以桃子回赠他。比喻友好往来或互相赠送东西。

桃李春风：比喻学生受到良师的谆谆教诲。

风木之思：比喻父母亡故，不及孝养而生的思念之情。

思深忧远：思虑得很深，为久远的事操心。形容考虑周到。

远怀近集：指远近的人都来归附。

集萤映雪：形容读书刻苦。

雪北香南：多雪的北方和花木飘香的南方。

南去北来：指来来往往。

来历不明：来历，由来。人或事物的来历与经过不清楚。

明公正道：正式，公开，堂堂正正。同"明公正气"。

道貌岸然：道貌，正经严肃的容貌；岸然，高傲的样子。指神态严肃，一本正经的样子。

然糠照薪：烧糠照明。比喻勤奋学习。同"然糠自照"。

薪尽火传：薪，柴。柴虽烧尽，火种仍留传。比喻师父传业于弟子，一代代地传下去。

传爵袭紫：指继承高爵显位。汉代，公侯皆佩紫绶龟纽金印。

紫气东来：传说老子过函谷关之前，关尹喜见有紫气从东而来，知道将有圣人过关。果然老子骑着青牛而来。旧时比喻吉祥的征兆。

来者不善：善，亲善，友好。强调来人不怀好意，要警惕防范。

善为说辞：说辞，讲话。形容很会讲话。后指替人说好话。

辞严义正：辞，言词，语言；义，道理。言辞严厉，义理正大。

正言不讳：说话爽直，毫无忌讳。

讳疾忌医：讳，避忌；忌，怕，畏惧。隐瞒疾病，不愿医治。比喻怕人批评而掩饰自己的缺点和错误。

成语故事

讳疾忌医

名医扁鹊，有一次去见蔡桓公。他在旁边立了一会儿对桓公说："你身上有病了，现在病还在皮肤的纹理之间，若不赶快医治，病情将会加重！"桓公听了笑着说："我没有病。"待扁鹊走了以后，桓公对人说："这些医生就喜欢医治没有病的人把这个当作自己的功劳。"

十天以后，扁鹊又去见桓公，说他的病已经发展到肌肉里，如果不治，还会加重。桓公不理睬他。扁鹊走了以后，桓公很不高兴。

又过了十天，扁鹊又去见桓公，说他的病已经转到肠胃里去了，再不从速医治，就会更加严重了。桓公仍旧不理睬他。

又过了十天，扁鹊去见桓公时，对他望了一望，回身就走。桓公觉得很奇怪，于是派使者去问扁鹊。扁鹊对使者说："病在皮肤的纹理间是烫熨的力量所能医治的；病在肌肤是针石可以治疗的；在肠胃是火剂可以治愈的；病若是到了骨髓里，那还有什么办法呢？现在桓公的病已经深入骨髓，我也无法替他医治了。"

五天以后，桓公浑身疼痛，赶忙派人去请扁鹊，扁鹊却早已经逃到秦国了。桓公不久就死掉了。

 **成语练习**

1. 成语连用，请根据已给出的成语填空，使意思连贯。

风调雨顺，国（　）民（　）　　　　　千军易得，（　）（　）难（　）

人之将死，其（　）也（　）　　　　　水能载舟，亦能（　）（　）

不共戴天，（　）不两（　）　　　　　跌宕起伏，（　）人心（　）

2. 请根据下面的提示写出正确的成语。

神话传说，盘古，天地分开　　　　　　_____

文章，洛阳，涨价　　　　　　　　　　_____

先扔砖头再扔玉　　　　　　　　　　　_____

只要盒子不要珠宝　　　　　　　　　　_____

王献之，王徽之，摔琴　　　　　　　　_____

水滴，石头，真相　　　　　　　　　　_____

第五步

 成语接龙

医时救弊　弊绝风清　清天白日　日月如梭　梭天摸地　地老天荒

荒无人烟　烟波浩渺　渺无音信　信以为真　真凭实据　据为己有

266

有本有原　原封不动　动人心弦　弦外之音　音信杳无　无待蓍龟
龟年鹤算　算无遗策　策马飞舆　舆死扶伤　伤弓之鸟　鸟覆危巢
巢倾卵覆　覆舟之戒　戒奢宁俭　俭以养廉　廉顽立懦　懦词怪说

成语解释

医时救弊：匡正时政的弊病。

弊绝风清：弊，坏事；清，洁净。贪污、舞弊的事情没有了。形容坏事绝迹，社会风气良好。

清天白日：指大白天。

日月如梭：梭，织布时牵引纬线的工具。太阳和月亮像穿梭一样地来去。形容时间过得很快。

梭天摸地：指上蹿下跳。比喻到处逃窜。

地老天荒：指经历的时间极久。

荒无人烟：人烟，指住户、居民，因有炊烟的地方就有人居住。形容地方偏僻荒凉，见不到人家。

烟波浩渺：烟波，雾霭苍茫的水面；浩渺，水面辽阔。形容烟雾笼罩的江湖水面广阔无边。

渺无音信：指毫无消息。亦作"渺无音讯"。

信以为真：相信他是真的。指把假的当成真的。

真凭实据：确凿的凭据。

据为己有：将别人的东西拿来作为自己的。

有本有原：指有根源，原原本本。亦作"有本有源"。

原封不动：原来贴的封口没有动过。比喻完全按照原样，一点不加变动。

动人心弦：把心比作琴，拨动了心中的琴弦。形容事物激动人心。

弦外之音：原指音乐的余音。比喻言外之意，即在话里间接透露，而不是明说出来的意思。

音信杳无：没有一点消息。

无待蓍（shī）龟：待，等待；蓍龟，蓍草和龟甲，古人用以占卜。不等着用蓍草和龟甲占卜，而吉凶已经大白。表示事态发展显而易见。

龟年鹤算：比喻人之长寿。或用作祝寿之词。同"龟年鹤寿"。

算无遗策：算，计划；遗策，失算。形容策划精密准确，从来没有失算。

策马飞舆：指驾马车疾行。

舆死扶伤：指抬运死者，扶持伤者。形容死伤之众。

伤弓之鸟：被弓箭吓怕了的鸟。比喻受过惊吓，遇到一点动静就怕的人。

鸟覆危巢：鸟巢因建于弱枝而倾覆。比喻处境极端危险。

巢倾卵覆：比喻灭门之祸，无一得免。亦以喻整体被毁，其中的个别也不可能幸存。

覆舟之戒：推翻船的教训。比喻失败的教训。

戒奢宁俭：戒，戒除；奢，奢侈；宁，宁可，宁愿；俭，节俭。宁愿节俭，也要戒除奢侈。

俭以养廉：俭，节俭；廉，廉洁。节俭可以培养廉洁的作风。

廉顽立懦（nuò）：指高尚的节操可以激励人振奋向上。

懦词怪说：指荒诞无稽之谈。

 成语故事

巢倾卵覆

孔融被曹操逮捕时，有一个七岁的女儿和一个九岁的儿子，两人正在院子里下棋，看到官兵仍然安坐不动。左右问之父亲被捕为何不起，答曰："安有巢毁而卵不破乎！"意思是父亲被害，自己也不得幸免。

 成语练习

1. 请根据下面的俗语补充成语。

公生明，偏生暗。——（　）正无（　）

成功之下，不可久处。——（　）成身（　）

不知他葫芦里卖的什么药。——故（　）（　）虚

马怕骑，人怕逼。——官（　）民（　）

官向官，民向民。——（　）（　）相护

有一句说一句。——（　）不讳（　）

2. 请将下面的成语补充完整。

落落（　）（　）　　落落（　）（　）　　脉脉（　）（　）

脉脉（　）（　）　　喃喃（　）（　）　　喃喃（　）（　）

默默（　）（　）　　默默（　）（　）　　窃窃（　）（　）

窃窃（　）（　）　　仆仆（　）（　）　　仆仆（　）（　）

第六步

成语接龙

说白道绿　绿叶成荫　荫子封妻　妻梅子鹤　鹤膝蜂腰　腰缠万贯
贯盈恶稔　稔恶藏奸　奸淫掳掠　掠美市恩　恩荣并济　济窍飘风
风骨峭峻　峻宇雕墙　墙花路柳　柳眉倒竖　竖子成名　名闻遐迩
迩安远至　至当不易　易辙改弦　弦无虚发　发蒙解缚　缚鸡之力
力能扛鼎　鼎鱼幕燕　燕昭市骏　骏骨牵盐　盐梅相成　成风之斫

成语解释

说白道绿：比喻对人对事任意评论。

绿叶成荫：绿叶繁茂覆盖成荫。也指女子出嫁生了子女。同"绿叶成阴"。

荫子封妻：妻子得到封号，子孙获得世袭官爵。指建立功业，光耀门庭。

妻梅子鹤：以梅为妻，以鹤为子，表示清高或隐居。

鹤膝蜂腰：这是指诗歌声律八病的两种。泛指诗歌声律上所犯的毛病。也指书法中的两种病笔。

腰缠万贯：腰缠，指随身携带的财物；贯，旧时用绳索穿钱，每一千文为一贯。比喻钱财极多。

贯盈恶稔（rěn）：犹言恶贯满盈。形容罪大恶极，到受惩罚的时候了。

稔恶藏奸：长期作恶，包藏祸心。

奸淫掳掠：奸淫妇女，掠夺财物。

掠美市恩：掠美，夺取别人的美名或功绩以为己有；市恩，买好，讨好。指用别人的东西来买好。

恩荣并济：恩荣，恩惠荣宠。济，调剂。恩惠与荣耀两种手段一起施行。

济窍飘风：指大风止则所有的窍孔都空寂无声。后比喻毫无影响与作用的事物。

风骨峭峻：峭峻，山又高又陡。形容人很有骨气，刚直不阿。也比喻诗文书画雄健有力的风格。

峻宇雕墙：高大的屋宇和彩绘的墙壁。形容居处豪华奢侈。

墙花路柳：墙边的花，路旁的柳。比喻不被人尊重的女子。旧时指妓女。

柳眉倒竖：形容女子发怒时耸眉之状。

竖子成名：指无能者侥幸得以成名。

名闻遐迩：名声传扬到各地，形容名声很大。

迩安远至：谓近居之民以政治清明而欢乐，远地之民则闻风而附。指政治清明。

至当不易：至，极；当，恰当；易，改变。形容极为恰当，不能改变。

易辙改弦：变更车道，改换琴弦。比喻改变方向、计划、做法或态度。

弦无虚发：指射箭百发百中。

发蒙解缚：发蒙，启发蒙昧；解缚，解除束缚。指启发蒙昧，解除束缚。

缚鸡之力：捆鸡的力量。比喻体弱无力。

力能扛鼎：扛，用双手举起沉重的东西；鼎，三足两耳的青铜器。形容气力特别大。亦比喻笔力雄健。

鼎鱼幕燕：宛如鼎中游动的鱼，帷幕上筑巢的燕子。比喻处于极危险境地的人或事物。

燕昭市骏：指战国时郭隗以古代君王悬赏千金买千里马为喻，劝说燕昭王真心求贤的事。

骏骨牵盐：指才华遭到抑制。

盐梅相成：盐味与酸味相调和。比喻济世的贤臣。

成风之斫：形容技艺高超。同"成风尽垩"。

成语故事

绿叶成荫

据《唐诗纪事》卷五十六，杜牧游湖州，结识了一名女子，两人约定十年内结婚。杜牧在十四年后才去见那位女子，人家已经出嫁并生了两个儿子。于是杜牧怅然赋诗："狂风落尽深红色，绿叶成荫子满枝。"后用"绿叶成荫"以指女子出嫁，子女多人。

妻梅子鹤

"妻梅子鹤"即"梅妻鹤子"。杭州有许多赏梅胜地，杭州西湖的小孤山就有许多梅花，那里有放鹤亭及林和靖先生墓，北宋时代的著名诗人林逋（即林和靖）就长眠在那里。当年他在此植梅，写过不少咏梅佳句，还因"梅妻鹤子"的佳话传说而闻名古今。

据史料记载，林逋（967年至1024年）字君复，浙江钱塘（今杭州市）人，出生于儒学世家，是北宋时代诗人。早年曾游历于江淮等地，后隐居于杭州西湖孤山之下，由于常年足不出户，以植梅养鹤为乐，又因传说他终生未娶，故有"梅妻鹤子"佳话的流传。

他的诗作中，《山园小梅》最为脍炙人口：

众芳摇落独暄妍，占尽风情向小园；

疏影横斜水清浅，暗香浮动月黄昏。

霜禽欲下先偷眼，粉蝶如知合断魂；

幸有微吟可相狎，不须檀板共金尊。

燕昭市骏

战国时期，燕昭王即位后为了强国急于招揽人才，郭隗以马为喻，说古代君王悬赏千金买千里马，三年后得一死马，用五百金买下马骨，于是不到一年就得到三匹千里马。借此劝说燕昭王若能真心求贤，贤士就会闻风而至。

成语练习

1. 请将成语和与之相关的历史人物连线。

如鱼得水　　　　　项羽

东窗事发　　　　　诸葛亮

破釜沉舟　　　　　左思

出奇制胜　　　　　秦桧

七擒七纵　　　　　刘备

洛阳纸贵　　　　　田单

2. 请根据下面这首诗补充成语。

山中送别

唐·王维

山中相送罢，日暮掩柴扉。

春草明年绿，王孙归不归？

蜗舍荆（　）　　　　公子（　）（　）　　　　（　）（　）如茵

欲（　）（　）能　　　水来土（　）　　　　（　）（　）水秀

壶（　）（　）月　　　（　）华垂（　）　　　传经（　）宝

刚柔（　）济　　　　干（　）烈火　　　　实至名（　）

成语接龙

斫雕为朴	朴讷诚笃	笃学不倦	倦鸟知还	还珠返璧	璧合珠连
连枝共冢	冢木已拱	拱挹指麾	麾之即去	去本就末	末如之何
何患无辞	辞穷理屈	屈尊就卑	卑辞重币	币重言甘	甘之如饴
饴含抱孙	孙康映雪	雪虐风饕	饕餮之徒	徒劳无益	益谦亏盈
盈则必亏	亏心短行	行将就木	木人石心	心口不一	一概而论

成语解释

斫雕为朴：指去掉雕饰，崇尚质朴。亦指斫理雕弊之俗，使返质朴。

朴讷（nè）诚笃：为人朴实敦厚，不善言辞。

笃学不倦：笃学，专心好学；倦，疲倦。专心好学，不知疲倦。

倦鸟知还：疲倦的鸟知道飞回自己的巢。比喻辞官后归隐田园，也比喻从旅居之地返回故乡。

还珠返璧：宝物失而复得。

璧合珠连：指日月如合璧，五星如连珠。古人认为是一种显示祥瑞的天象。比喻众美毕集，相得益彰。

连枝共冢（zhǒng）：比喻爱情坚贞不渝。

冢木已拱：坟墓上的树木已很高大。比喻老死多年。

拱挹（yì）指麾：指从容安舒，指挥若定。

麾之即去：接到离开的指令后马上离开。形容服从指挥，听候调遣。

去本就末：指弃农经商。

末如之何：无法对付，无可奈何。

何患无辞：何患，哪怕；辞，言辞。哪里用得着担心没有话说呢？常与"欲加之罪"

272

连用，表示坏人诬陷好人时，无端捏造罪名，还说得振振有词。

辞穷理屈：理由站不住脚，被驳得无话可说。

屈尊就卑：原指降低尊贵的身份以就低下的礼仪。现用来形容委屈自己去屈就比自己低下的职位或人。

卑辞重币：卑，谦恭；重，厚；币，礼物。说谦虚的话，送厚重的礼。形容对人有所求。

币重言甘：礼物丰厚，言辞好听。指为了能达到某种目的而用财物诱惑。

甘之如饴：甘，甜；饴，麦芽糖浆。感到像糖那样甜。指为了从事某种工作，甘愿承受艰难、痛苦。

饴含抱孙：含着饴糖逗小孙子。形容老人自娱晚年，不问他事的乐趣。同"含饴弄孙"。

雪虐风饕（tāo）：虐，暴虐；饕，贪残。又是下雪，又是刮风。形容天气非常寒冷。

饕餮（tiè）之徒：比喻贪吃的人。

徒劳无益：白费劲，没有一点用处。

益谦亏盈：犹谦受益，满招损。

盈则必亏：盈，圆；亏，缺。月圆的时候就是月缺的时候。形容物极必反。

亏心短行：亏损天良，行为恶劣。

行将就木：行将，将要；木，棺材。指人的寿命已经不长，快要进棺材了。

木人石心：形容意志坚定，任何诱惑都不动心。

心口不一：心想的和嘴上说的不一样。

一概而论：指处理事情或问题不分性质，不加区别，用同一标准来对待或处理。

成语故事

何患无辞

春秋时，晋国国君晋献公宠爱妃子骊姬。骊姬为了使自己的儿子奚齐当上太子，先设计陷害早被立为太子的申生，使他被逼自杀；接着又诬陷献公的另外两个儿子重耳、夷吾与申生同谋，迫使他们逃亡国外。终于，奚齐在献公死后登上王位，大夫荀息辅佐朝政。

到后来，大夫里克和㔻郑杀掉了奚齐和荀息。骊姬又让自己妹妹的儿子卓子当上了国君。里克和㔻郑又杀了卓子，并将骊姬鞭打至死。接着，他们派人迎重耳回国当政，重耳没有答应。于是他们又想请夷吾归国为君。

终于，夷吾回到晋国继位，即晋惠公。从前，夷吾曾写信给里克，说自己即位后要赐给他封地。可回国后，夷吾怕他拥立重耳造反，想杀了他。夷吾派人对里克说，他杀了两位国君、一位大夫，罪当该死。里克明白他的意思，悲愤地说："不把他们废了，主人怎能当上国君？要对人加上罪名，还担心没有借口吗？好，我就听从国君的命令

吧！"说完这席话，里克便拔剑自刎而死。

后人由此引申出成语"欲加之罪，何患无辞"。

成语练习

1. 请把下面意思相反的成语补充完整。

貌（　）神（　）——情（　）意（　）

（　）（　）大计——（　）（　）之计

万籁（　）（　）——人声（　）（　）

（　）茶（　）饭——山（　）海（　）

（　）（　）见惯——大（　）小（　）

（　）情（　）意——（　）心（　）意

2. 趣味成语填空练习。

最好的司机——（　）轻就（　）

最成功的地方——（　）（　）之地

最大的谎言——（　）（　）大谎

最坚固的建筑——（　）墙（　）壁

最难做的饭——（　）（　）之炊

最锋利的刀剑——削铁（　）（　）

第八步

 成语接龙

论功行封	封金挂印	印累绶若	若崩厥角	角巾东路	路无拾遗
遗簪弃舄	舄乌虎帝	帝王将相	相貌堂堂	堂皇富丽	丽句清词
词严义密	密锣紧鼓	鼓鼓囊囊	囊锥露颖	颖脱而出	出门应辙
辙乱旗靡	靡知所措	措手不及	及溺呼船	船坚炮利	利令智昏

昏昏噩噩　噩噩浑浑　浑浑沉沉　沉舟破釜　釜底游魂　魂飞魄越

成语解释

论功行封：评定功劳之大小给予封赏。

封金挂印：指不受赏赐，辞去官职。

印累绶若：形容官吏身兼数职，声势显赫。

若崩厥角：像野兽折了头角一样。比喻危惧不安的样子。也指叩头的声响像山崩一样。形容十分恭敬的样子。

角巾东路：意指辞官退隐，登东归之路。后用以为归隐的典故。

路不拾遗：指东西掉在路上，人们不会捡起据为己有。形容社会风尚好。

遗簪弃舄（xì）：指遗落在地的簪子鞋子。

舄乌虎帝：因"舄"与"乌""虎"和"帝"字形相近，同经传抄，容易写错。用于指文字抄传错误。

帝王将相：皇帝、王侯及文臣武将。指封建时代上层统治者。

相貌堂堂：形容人的仪表端正魁梧。

堂皇富丽：堂皇，盛大，雄伟；富丽，华丽。形容房屋宏伟豪华。也形容诗文辞藻华丽。

丽句清词：华丽清新的词句。

词严义密：措辞严谨，道理周密。

密锣紧鼓：戏剧开台前的一阵节奏急促的锣鼓。比喻公开活动前的紧张准备。

鼓鼓囊囊：软外皮中塞得圆鼓鼓的；藏物凸起的样子。

囊锥露颖：比喻显露才华。

颖脱而出：颖，细长物体的尖端。言锥芒全部脱出。比喻有才能的人得到机会，即能全部显现出来。

出门应辙：犹出门合辙。比喻才学适合社会需要。

辙乱旗靡：辙，车辙；靡，倒下。车辙错乱，旗子倒下。形容军队溃败逃窜。

靡知所措：靡，无、不；措，处理。不知该如何办才好。

措手不及：措手，着手处理。来不及动手应付。指事出意外，一时无法对付。

及溺呼船：比喻祸到临头，求救无及。

船坚炮利：利，锋利。指战舰坚固，大炮猛烈。形容海军强盛。

利令智昏：令，使；智，理智；昏，昏乱，神志不清。因贪图私利而失去理智，把什么都忘了。

昏昏噩噩：形容糊涂、无知的样子。

噩噩浑浑：指质朴忠厚的样子。指上古之世。

浑浑沉沉：广大的样子。

沉舟破釜：釜，锅。沉掉渡船，打破饭锅。表示决一死战。

釜底游魂：比喻行将灭亡、苟延残喘的人。

魂飞魄越：形容惊恐万分，极端害怕。同"魂飞魄散"。

成语故事

论功行封

刘邦消灭项羽后，平定天下，当上了皇帝，史称汉高祖。接着，要对功臣们评定功绩的大小，给予封赏。刘邦认为，萧何的功劳最大，要封他为赞侯，给予的封户也最多。群臣们对此不满，都说："平阳侯曹参身受七十处创伤，攻城夺地，功劳最多，应该排在第一位。"这时，关内侯鄂千秋把刘邦要讲而未讲的话讲了出来："众位大臣的主张是不对的。曹参虽然有转战各处、夺取地盘的功劳，但这是一时的事情。大王与楚军相持五年，常常失掉军队，只身逃走也有好几次。然而，萧何常派遣军队补充前线。这些都不是大王下令让他做的。汉军与楚军在荥（xíng）阳时对垒数年，军中没有口粮，萧何又用车船运来粮食。如今即使没有上百个曹参，对汉室也不会有损失，怎么能让一时的功劳凌驾在万世的功勋之上呢？应该是萧何排在第一位，曹参居第二位。"刘邦肯定了鄂千秋的话，于是确定萧何为第一位，特许他带剑穿鞋上殿，上朝时可以不按礼仪小步快走。

成语练习

1.成语选择题。

（1）成语"岁寒三友"指的是（　）

A 梅兰竹　　　　B 松柏竹　　　　C 松竹梅

（2）成语"甘棠遗爱"中的"甘棠"指的是（　）

A 一种树木名　　B 一个人名　　　C 一个地方名

（3）成语"高屋建瓴"中的"瓴"指的是（　）

A 房檐　　　　　B 瓦片　　　　　C 瓶子

（4）成语"蟾宫折桂"的"蟾宫"指的是（　）

A 月亮　　　　　B 皇宫　　　　　C 旅游胜地

2.请圈出下面成语中的错别字并写出正确的。

进退帏谷（　）　英姿枫爽（　）　天道畴勤（　）　危如磊卵（　）

市井之徒（　）　瑕不掩玉（　）　陋洞百出（　）　简以养德（　）

别俱一格（　）　粉默登场（　）　尔虞我炸（　）　宽泓大量（　）

第九步

成语接龙

越俎代庖	庖丁解牛	牛羊勿践	践律蹈礼	礼先壹饭	饭坑酒囊
囊里盛锥	锥刀之利	利缚名牵	牵萝莫补	补偏救弊	弊衣蔬食
食藿悬鹑	鹑衣鷇食	食子徇君	君子之交	交头接耳	耳聪目明
明昭昏蒙	蒙混过关	关门落闩	闩门闭户	户枢不蠹	蠹众木折
折节下士	士农工商	商彝周鼎	鼎折餗覆	覆公折足	足尺加二

成语解释

越俎代庖：越，跨过；俎，古代祭祀时摆祭品的礼器；庖，厨师。主祭的人跨过礼器去代替厨师办席。比喻超出自己业务范围去处理别人所管的事。

庖丁解牛：解，肢解分割。比喻经过反复实践，掌握了事物的客观规律，做事得心应手，运用自如。

牛羊勿践：勿使牛羊践踏。比喻爱护。

践律蹈礼：指遵循礼法。

礼先壹饭：指在礼节上自己年岁稍长。壹饭，犹言一顿饭，喻指极短的时间。也指在礼节上先有恩惠于人。

饭坑酒囊：比喻只会吃喝不会做事的人。

囊里盛锥：指让有才能的人得到机会表现自己。

锥刀之利：比喻微小的利益。也比喻极小的事情。同"锥刀之末"。

利缚名牵：指为名利所诱惑羁绊。同"利惹名牵"。

牵萝莫补：萝，女萝，植物名。指无法弥补。

补偏救弊：偏，偏差；弊，害处，毛病。补救偏差漏洞，纠正缺点错误。

弊衣蔬食：破旧的衣服和粗粝的饭食。指生活俭朴。同"弊衣箪食"。

食藿（huò）悬鹑：食藿，以豆叶为食；悬鹑，衣衫褴褛，似鹑鸟悬垂的秃尾。指生活穷苦。

鹑衣鷇（kòu）食：指衣不蔽体，食不果腹。形容生活极端贫困。

食子徇君：吃自己儿子的肉以媚主邀功。

君子之交：贤者之间的交情，平淡如水，不尚虚华。

交头接耳：交头，头靠着头；接耳，嘴凑近耳朵。形容两个人凑近低声交谈。

耳聪目明：聪，听觉灵敏；明，眼力敏锐。听得清楚，看得明白。形容头脑清楚，眼光敏锐。

明昭昏蒙：昭，明白；蒙，愚昧无知。聪明而通晓事理，愚昧而不明事理。

蒙混过关：用欺骗的手段逃避询问或审查。

关门落闩：比喻没有回旋的余地。也形容到了极点。

闩门闭户：闩，门上横木。犹言关门闭户。

户枢不蠹（dù）：经常转动的门轴不会被虫蛀。比喻经常运动的东西不容易受侵蚀。也比喻人经常运动可以强身。

蠹众木折：蛀虫多了，木头就要折断。比喻不利的因素多了，就能造成灾祸。

折节下士：折节，屈己下人。指尊重有见识有能力的人。

士农工商：古代所谓四民，指读书的、种田的、做工的、经商的。

商彝（yí）周鼎：彝、鼎，古代祭祀用的鼎、尊等礼器。商周的青铜礼器。泛称极其珍贵的古董。

鼎折餗（sù）覆：比喻力薄任重，必致灾祸。

覆公折足：比喻不胜重任，败坏公事。

足尺加二：比喻过分、过头。

成语故事

越俎代庖

唐尧对许由说："日月出来之后还不熄灭烛火，它和日月比起光亮来，不是太没有意义了吗？及时雨普降之后还去灌溉，对于润泽禾苗不是徒劳吗？您如果担任领袖，一定会把天下治理得更好，我占着这个位置还有什么意思呢？我觉得很惭愧，请允许我把天下交给您来治理。"

许由说："您治理天下，已经治理得很好了。我如果再来代替你，不是沽名钓誉吗？我现在自食其力，要那些虚名干什么？鹪鹩(一种体形小、善于筑巢的鸟)在森林里筑巢，也不过占一棵树枝;鼹鼠喝黄河里的水，不过喝饱自己的肚皮。天下对我又有什么用呢？算了吧，厨师即使不做祭祀用的饭菜，管祭祀的人也不能越位来代替他下厨房做菜。"

庖丁解牛

从前，梁惠王有一个厨师，他的名字叫庖丁，以宰牛的技术高超而闻名。有一天，梁惠王去看他解牛，他技术娴熟，进刀之迅速，出刀之利落，让梁惠王看了以后极为赞叹。梁惠王问他为何如此神奇，他说："我的技术高超，不只是因为熟练，而是由于掌握了其中的规律，摸清了牛的骨骼结构，所以，我这把刀虽然用了十九年，解剖的牛有几千头，可是刀口还是像新磨过的一样锋利。因为牛的骨节之间是有间隙的，而刀刃是磨得很薄的，用很薄的刀刃来分解有间隙的骨节，当然是宽绰而有余地的。"

 **成语练习**

1. 以"云"字开头的成语。

云悲（ ）（ ）　　　云布（ ）（ ）　　　云朝（ ）（ ）

云泥（ ）（ ）　　　云程（ ）（ ）　　　云愁（ ）（ ）

云窗（ ）（ ）　　　云淡（ ）（ ）　　　云翻（ ）（ ）

云飞（ ）（ ）　　　云谲（ ）（ ）　　　云开（ ）（ ）

云兴（ ）（ ）　　　云期（ ）（ ）　　　云集（ ）（ ）

2. 以"云"字结尾的成语。

（ ）（ ）如云　　　（ ）（ ）如云　　　（ ）（ ）如云

（ ）（ ）所云　　　（ ）（ ）登云　　　（ ）（ ）风云

（ ）（ ）暮云　　　（ ）（ ）入云　　　（ ）（ ）残云

（ ）（ ）浮云　　　（ ）（ ）凌云　　　（ ）（ ）烟云

（ ）（ ）亦云　　　（ ）（ ）望云　　　（ ）（ ）青云

第十步

 成语接龙

二惠竞爽　爽心悦目　目空一世　世掌丝纶　纶巾羽扇　扇枕温衾

衾影无惭　惭凫企鹤　鹤骨龙筋　筋疲力倦　倦尾赤色　色衰爱弛

弛魂宕魄　魄荡魂摇　摇唇鼓喙　喙长三尺　尺树寸泓　泓峥萧瑟

瑟调琴弄　弄玉吹箫　箫韶九成　成家立业　业业矜矜　矜己自饰

饰非拒谏　谏尸谤屠　屠门大嚼　嚼腭捣床　床笫之私　私淑弟子

子为父隐　隐恶扬善　善游者溺　溺心灭质

成语解释

二惠竞爽：比喻两兄弟都是好样的。

爽心悦目：指景色美丽，令人心情愉快。

目空一世：什么都不放在眼里。形容骄傲自大。

世掌丝纶：后中书省代皇帝草拟诏旨，称为掌丝纶。指父子或祖孙相继在中书省任职。

纶巾羽扇：拿着羽毛扇子，戴着青丝绶的头巾。形容态度从容。

扇枕温衾：衾，被子。形容对父母十分孝敬。同"扇枕温席"。

衾影无惭：指行为光明，问心无愧。

惭凫企鹤：比喻惭愧自己的短处，羡慕别人的长处。

鹤骨龙筋：指瘦挺虬曲的样子。

筋疲力倦：形容非常疲倦。

倦尾赤色：比喻困苦之极。

色衰爱弛：色，姿色、容颜；弛，松懈，衰退。指靠美貌得宠的人，一旦姿色衰老，就会遭到遗弃。指男子喜新厌旧。

弛魂宕魄：形容震撼心灵。亦作"驰魂夺魄"。

魄荡魂摇：形容受外界刺激、诱惑而精神不能集中。

摇唇鼓喙（huì）：犹言摇唇鼓舌。形容耍弄嘴皮进行挑拨煽动。

喙长三尺：喙，嘴。嘴长三尺。形容人善于辩说。

尺树寸泓：泓，水深。泛指地方虽小，却有花草树木、清泉流水的景区。

泓峥萧瑟：形容诗文意境深远。引申指幽雅恬静。

瑟调琴弄：比喻夫妇感情融洽。

弄玉吹箫：弄玉，秦穆公之女。比喻男欢女悦，结成爱侣，共享幸福。

箫韶九成：箫韶，虞舜时的乐章；九成，九章。指箫韶音乐奏了九章。

成家立业：指男的结了婚，有职业，能独立生活。

业业矜矜：小心谨慎的样子。

矜己自饰：矜，夸耀；自饰，自己颂扬。夸耀称赞自己。

饰非拒谏：饰，掩饰；非，错误；谏，直言规劝。拒绝劝告，掩饰错误。

谏尸谤屠：向尸体劝谏，向屠伯指责杀牲的过失。比喻劝谏无济于事。

屠门大嚼：屠门，肉店。比喻心里想而得不到手，只好用不切实际的办法来安慰自己。

嚼腭搥（chuí）床：形容极其愤恨。

床笫之私：笫，竹编的床席；床笫，床铺。指闺房之内或夫妇间的私话、私事。

私淑弟子：私，私下；淑，善。对自己所敬仰而不能从学的前辈的自称。

子为父隐：儿子为父亲隐瞒劣迹。

隐恶扬善：隐，隐匿；扬，宣扬。不谈人的坏处，光宣扬人的好处。

善游者溺：会游泳的人，往往淹死。比喻人自以为有某种本领，因此而惹祸。

溺心灭质：淹没天然的心性，掩盖纯朴的本质。

成语故事

扇枕温衾

扇枕湿衾来自于二十四孝里的一个故事。东汉黄香，字文疆，是江夏安陆（今湖北安陆市）人。

黄香九岁就失去了母亲。他思念母亲极其哀切，乡人都称赞他的孝心。他年纪虽小，却做事不顾劳苦，服侍父亲竭尽孝顺。夏天酷暑炎热，黄香就挥扇而使父亲的枕席子凉快。冬天天寒地冻，黄香就以自己的身体去温暖父亲的被席。

黄香十二岁时，被太守刘护召至门下，加以表彰，刘护非常惊奇一个孩童竟然有这样的孝行。黄香虽然家贫，却专心经典，精道术，能文章，京师号曰："天下无双，江夏黄童。"他曾拜为郎中，在元和元年（公元84年）诏诣东观读未见之书。和帝永元四年（公元92年）拜左丞，六年（公元94年）累迁尚书令。他勤于政事，忧公如家，喜欢推荐人才。安帝时，黄香迁魏郡太守，遭遇水灾饥荒，于是分出自己的俸禄及所得的赏赐，赈济贫民，富裕人家也各出义谷帮助他，救活的人不计其数。

成语练习

1. 请在下面的空白处填上合适的成语，使句子通顺。

（1）他感慨地说："我要是有_____的本领该多好，这一辈子就不用为钱发愁了。"

（2）做人应该大方一点，什么事不要小肚鸡肠，_____

___。

（3）这本来就在我意料之中啊，所以他会这么做，对我来说_____
___。

（4）本来好好的一对朋友，如今怎么就_____，互相诋毁
起来了？

（5）哥哥笑着说："我算是_____，怎么也猜不出这个谜
底到底是什么。"

2. 请根据要求写成语，每个至少写三个。

描写清冷场面的：_____

描写热闹景象的：_____

成语接龙

质伛影曲	曲里拐弯	弯弓饮羽	羽翼已成	成佛作祖	祖龙之虐
虐老兽心	心瞻魏阙	阙一不可	可乘之隙	隙大墙坏	坏法乱纪
纪群之交	交口赞誉	誉不绝口	口壅若川	川壅必溃	溃兵游勇
勇猛精进	进退维亟	亟疾苛察	察见渊鱼	鱼贯雁比	比手画脚
脚高步低	低唱浅酌	酌古斟今	今非昔比		

成语解释

质伛（yǔ）影曲：身体佝偻影子也就弯曲。比喻有因必有果。

曲里拐弯：形容弯曲多。

弯弓饮羽：形容勇猛善射。

羽翼已成：鸟的羽毛和翅膀已长全。比喻力量已经巩固。

成佛作祖：佛教语。指修成佛道，成为祖师。比喻获得杰出成就。

祖龙之虐：祖龙，指秦始皇。指秦始皇焚书坑儒。

虐老兽心：虐老，虐待老人。喻残暴凶狠而无仁义，有如野兽。

心瞻魏阙：指臣民心在朝廷，关心国事。同"心在魏阙"。

阙一不可：两种以上因素中，缺少哪一种也不行。同"缺一不可"。

可乘之隙：隙，空子，机会。可以被对方利用的弱点、空隙。

隙大墙坏：墙缝大了就要倒。比喻错误不及时纠正，就会造成祸害。

坏法乱纪：破坏法制和纪律。

纪群之交：纪、群，人名，陈纪是陈群的父亲。比喻累世之交情。

交口赞誉：交，一齐，同时。异口同声地称赞。

誉不绝口：不住地称赞。

口壅（yōng）若川：比喻禁舆论之害。

川壅必溃：壅，堵塞；溃，决口，堤岸崩坏。堵塞河流，会招致决口之害。比喻办事要因势利导，否则就会导致不良后果。

溃兵游勇：指逃散的士兵。

勇猛精进：原意是勤奋修行。现指勇敢有力地向前进。

进退维亟（jí）：进退都处于危急境地。

亟疾苛察：指急剧猛烈，以苛刻烦琐为明察。

察见渊鱼：渊，深潭。能看清深水中的鱼。比喻为人过于精明。

鱼贯雁比：比喻连续而进，犹如鱼群相接，雁阵行进。

比手画脚：形容说话时用手势示意或加强语气。

脚高步低：形容脚步不稳，歪歪倒倒。

低唱浅酌：低唱，轻柔地歌唱；酌，饮酒。听人轻柔地歌唱，并自在地慢慢饮酒。形容一种安乐自在的神态。

酌古斟今：指斟酌古今之事，互相参照。

今非昔比：昔，过去。现在不是过去能比得上的。多指形势、自然面貌等发生了巨大的变化。

成语故事

羽翼已成

西汉时期，刘邦当上皇帝后立吕后的儿子刘盈为太子，因为宠幸戚夫人而想改立她的儿子刘如意为太子。吕后请张良出主意，张良让太子刘盈请出商山四位贤士。刘邦看到太子有商山四贤辅佐，羽翼已成，就打消了另立太子的念头。

成语练习

1. 请把下面带"七"字的成语补充完整。

七情（　）（　）　　　七窍（　）（　）　　　七窍（　）（　）

七行（　）（　）　　　七（　）八（　）　　　七（　）八（　）

七（　）八（　）　　　七（　）八（　）　　　七（　）八（　）

七（　）八（　）　　　七（　）八（　）　　　七（　）八（　）

2. 请在下面的括号里填写历史上出现的朝代或国家的名称。

朝（　）暮（　）　　　围（　）救（　）　　　（　）（　）之好

光（　）磊落　　　（　）而复始　　　完璧归（　）

（ ）画（ ）冶　　　冯（ ）易老　　　山（ ）水秀

（ ）河（ ）界　　　乐不思（ ）　　　四面（ ）歌

共（ ）国是　　　举案（ ）眉　　　（ ）珠和璧

第二步

成语接龙

比肩连袂	袂云汗雨	雨淋日炙	炙肤皲足	胝肩茧足
足趼舌敝	敝盖不弃	弃甲负弩	弩张剑拔	拔犀擢象	象箸玉杯
杯觥交错	错认颜标	标枝野鹿	鹿驯豕暴	暴衣露盖	盖棺定论
论甘忌辛	辛壬癸甲	甲冠天下	下坂走丸	丸泥封关	关山迢递
递兴递废	废书而叹	叹老嗟卑	卑躬屈膝	膝行蒲伏	伏法受诛
诛心之论	论心定罪

成语解释

比肩连袂：肩膀相并，衣袖相连。形容连接不断。

袂云汗雨：形容行人之多。

雨淋日炙：炙，烤。雨里淋，太阳晒。形容旅途或野外工作的辛苦。

炙肤皲（jūn）足：皮肤晒焦，足部冻裂。形容农民耕作的辛苦。

足茧手胝（zhī）：指由于辛劳而使手和脚上生了老茧。

胝肩茧足：指艰辛劳作。

足趼（jiǎn）舌敝：指费了许多力气和口舌。

敝盖不弃：指破旧之物也自有其用。

弃甲负弩：丢弃铠甲，背起弓弩。形容战败。

弩张剑拔：比喻雄健。亦作"剑拔弩张"。

拔犀擢（zhuó）象：擢，提升。比喻提拔才能出众的人。

象箸玉杯：象箸，象牙筷子；玉杯，犀玉杯子。形容生活奢侈。

杯觥交错：觥，酒器。比喻相聚饮酒时的欢乐。

错认颜标：形容懵懂浅陋。

标枝野鹿：标枝，树梢之枝，比喻上古之世在上之君恬淡无为；野鹿，比喻在下之民放而自得。后指太古时代。

鹿驯豕（shǐ）暴：意指一会儿像鹿一样柔驯，一会儿像猪一样凶暴。形容狡诈。

暴衣露盖：暴，晒。日晒衣裳，露湿车盖。形容奔波劳碌。

盖棺定论：指一个人的是非功过到死后才能做出结论。同"盖棺论定"。

论甘忌辛：说到甘甜的就忌讳辛辣的。比喻有所好而偏执。

辛壬癸甲：用以形容一心为公，置个人利益于不顾的精神。

甲冠天下：甲冠，第一。称雄天下。形容人或事物十分突出，无与伦比。

下坂走丸：从山坡上滚下弹丸。比喻顺势无阻，敏捷而无停滞。

丸泥封关：丸泥，一点泥，比喻少；封，封锁。形容地势险要，只要少量兵力就可以把守。

关山迢递：关，关隘；迢递，遥远的样子。指路途遥远。

递兴递废：指有兴有废。

废书而叹：因有所感而停止读书。

叹老嗟卑：感叹年纪大却仍未显达。

卑躬屈膝：卑躬，低头弯腰；屈膝，下跪。形容没有骨气，低声下气地讨好奉承。

膝行蒲伏：伏地爬行。

伏法受诛：伏法，由于违法而受处死刑；诛，杀死。犯法被杀。

诛心之论：诛：惩罚。指不问罪行，只根据其用心以认定罪状。也指揭穿动机的评论和指责。

论心定罪：根据犯罪人的动机和情节来判定其罪行。

成语故事

下坂走丸

唐朝时期，中书侍郎张九龄负责吏部选拔人才，他主张不循资格用人，设十道采访使，受到皇帝的赞许。他不但能很好地协助皇帝处理政务，而且还是有才的诗人。他能言善辩，每当谈论经书时总是滔滔不绝，像下阪走丸一样毫无阻碍。

诛心之论

春秋时晋国的赵穿杀了国君晋灵公，身为正卿的赵盾没有声讨赵穿，晋国的史官据此在记载这件事时就写作"赵盾弑其君"。后人认为这样定论是"诛心之论"。

成语练习

1. 请把下面的叠字成语补充完整。

人言（　）（　）　　　杀气（　）（　）　　　神采（　）（　）

生机（　）（　）　　　逃之（　）（　）　　　剑戟（　）（　）

空腹（　）（　）　　　苦海（　）（　）　　　来势（　）（　）

泪眼（　）（　）　　　两手（　）（　）　　　书声（　）（　）

2. 请将歇后语和它所对应的成语连线。

电线杆子当筷子　　　　　　　　不识抬举

阎王出告示　　　　　　　　　　恩将仇报

醉翁之意不在酒　　　　　　　　大材小用

敬酒不吃吃罚酒　　　　　　　　不攻自破

杀鸡给猴看　　　　　　　　　　鬼话连篇

治好了病打医生　　　　　　　　别有用心

肥皂泡泡　　　　　　　　　　　杀一儆百

成语接龙

罪恶昭著　著述等身　身无立锥　锥刀之末　末路穷途　途遥日暮

暮景残光　光彩溢目　目不斜视　视而不见　见善必迁　迁兰变鲍

鲍子知我　我醉欲眠　眠花醉柳　柳暗花遮　遮三瞒四　四荒八极

极口项斯　斯文扫地　地崩山摧　摧枯拉朽　朽木难雕　雕楹碧槛

槛花笼鹤　鹤发鸡皮　皮里抽肉　肉薄骨并　并威偶势　势若脱兔

兔葵燕麦　麦丘之祝

成语解释

罪恶昭著：罪恶明显。多指罪恶大。

著述等身：著述，编写的著作。写的书摞起来和自己的身高相等。形容著作极多。亦作"著作等身"。

身无立锥：没有寸土可以容身。比喻极小的地方。

锥刀之末：末，梢，尖端。比喻微小的利益。也比喻极小的事情。

末路穷途：穷途，处境困窘。无路可走。比喻处境极端困难。

途遥日暮：犹日暮途穷。比喻到了走投无路或衰亡的境地。

暮景残光：犹言夕阳残照。比喻年老体衰，临近死亡。

光彩溢目：犹光彩夺目。形容鲜艳耀眼。

目不斜视：眼睛不往别处看。形容精神集中，专心致志。亦作"目不旁视"。

视而不见：指不注意，不重视，睁着眼却没看见。也指不理睬，看见了当作没看见。

见善必迁：迁，去恶从善。遇到好事，一定去做。

迁兰变鲍：比喻潜移默化。

鲍子知我：指彼此相互了解而情谊深切。

我醉欲眠：我醉了，想睡觉。指为人真诚直率。

眠花醉柳：比喻狎妓。同"眠花宿柳"。

柳暗花遮：形容深夜花柳形影朦胧的景色。

遮三瞒四：说话、做事多方掩饰，不爽快。

四荒八极：四面八方极偏远之地。

极口项斯：指满口赞誉。项斯，唐代诗人，为杨敬之所器重，敬之赠诗有"平生不解藏人善，到处逢人说项斯"之句。

斯文扫地：斯文，指文化或文人；扫地，比喻名誉、信用、地位等完全丧失。指文化或文人不受尊重或文人自甘堕落。

地崩山摧：土地崩裂，山岭倒塌。多形容巨大变故。

摧枯拉朽：枯、朽，枯草朽木。摧折枯朽的草木。形容轻而易举。也比喻摧毁腐朽势力的强大气势。

朽木难雕：比喻人不可造就或事物和局势败坏而不可救药。同"朽木不可雕"。

雕楹（yíng）碧槛：雕镂彩绘的柱子和碧色栏杆。

槛花笼鹤：栅栏中的花、笼中的鹤。比喻受到约束的人或物。

皮里抽肉：形容身体变瘦。

肉薄骨并：肉和肉相迫，骨和骨相并。形容战斗的激烈。

并威偶势：指聚集声威势力。

势若脱兔：势，攻势；脱，脱逃。对敌人攻击的速度极快，就像脱逃的兔子奔跑那样。

兔葵燕麦：形容景象荒凉。

麦丘之祝：指直言之谏。

成语故事

摧枯拉朽

公元 318 年，琅邪王司马睿在王导、王敦堂兄弟的支持和拥护下，建立东晋政权。王敦也因此而升任大将军、荆州牧。后来，由于晋元帝司马睿抑制王氏势力，王敦打算起兵反对朝廷。

王敦在武昌起兵出发前，劝说安南将军、梁州刺史甘卓一起举兵东下，甘卓答应了。但到出发那天，王敦已登上战船，甘卓却没有到，只是派了一名参军来到武昌，劝说王敦不要反叛朝廷。王敦听了非常吃惊，说："甘将军没有明白我上次和他谈的意思。我只是去清除皇上周围的坏人，没有他意。如果事情成功，我一定高封甘将军，请你转告甘将军。"参军回禀甘卓后，甘卓仍然拿不定主意。也有谋士向他献计，不妨答应王敦一起举兵，待他东下后再讨伐他。但甘卓怕将来说不清楚，还是不同意。

当时，湘州刺史司马承坚决反对王敦反叛朝廷。他得知王敦举兵东下，便派主簿邓骞（qiān）前往襄阳，希望甘卓忠于朝廷，讨伐王敦。甘卓的参军李梁劝甘卓伺机而动，不要匆忙行事。如果王敦取胜，他必将重用甘卓；如果王敦不胜，朝廷必将重用甘卓，让他起兵平定叛乱。这样，无论哪一方取胜甘卓都不会吃亏，因此不能轻易举兵出战。

邓骞反驳李梁说，甘卓这样做是脚踩两只船，必然会招来祸患。其实，王敦的兵马不过万余，守卫武昌的不足五千，甘卓的军队超过王敦一倍，如果进军武昌，一定能取得胜利。最后他对甘卓说："甘将军如果发兵攻打武昌，就好像摧毁干枯的草和朽烂的树木那样容易，不必有什么顾虑。"尽管如此，甘卓仍然犹豫不决。王敦挥军东下，见甘卓不来响应，又派参军乐道融去襄阳，再次劝说甘卓起兵。乐道融是反对王敦叛乱的，所以他劝甘卓起兵讨伐王敦。甘卓这才下了决心，写檄文声讨王敦罪状，同时调兵遣将讨伐王敦。王敦得知甘卓率军前来讨伐，非常害怕，又派甘卓的侄儿、参军甘昂请求甘卓回师襄阳；而都尉秦康劝说甘卓忠于朝廷，一举消灭王敦。但是甘卓优柔寡断，不听秦康劝告，竟然回师襄阳。后来，襄阳太守周虑等人与王敦勾结，将甘卓暗害。甘卓本来可以轻而易举地战胜王敦，结果因为动摇不定，反而被王敦暗算。

1. 猜一猜，下列谜语的谜底都是成语，请把它补充完整。

七仙女嫁出去一个——六神（ ）（ ）

扁担作字两头看——始终（ ）（ ）

一共五句话——（ ）言（ ）语

枕头——置之（ ）（ ）

牵牛说七夕——（ ）言（ ）语

盲人摸象——不识（ ）（ ）

一块变九块——四（ ）五（ ）

2. 请把下面互为近义词的成语补充完整。

厚颜（ ）（ ）——（ ）不知（ ）

（ ）（ ）止渴——画饼（ ）（ ）

荒诞（ ）（ ）——荒诞（ ）（ ）

挥金（ ）（ ）——（ ）（ ）千金

（ ）（ ）无穷——耐人（ ）（ ）

见（ ）忘（ ）——（ ）令智（ ）

第四步

成语接龙

祝发文身	身怀六甲	甲第连云	云罗天网	网开三面	面谩腹诽
诽誉在俗	俗下文字	字字珠玉	玉清冰洁	洁己奉公	公正廉明
明察暗访	访亲问友	友风子雨	雨约云期	期颐之寿	寿山福海
海纳百川	川泽纳污	污手垢面	面红耳赤	赤贫如洗	洗垢匿瑕
瑕不掩瑜	瑜百瑕一	一脉相通	通元识微	微言大义	义胆忠肝
肝胆照人	人寿年丰				

成语解释

祝发文身：削短头发，刻画其身。指中原以外地区民族的风俗服制。

身怀六甲：六甲，传说为天帝造物之日。后因以"身怀六甲"谓妇女怀孕。

甲第连云：甲第，原指封侯者的住宅，后泛指贵显的宅第。连云，形容高耸入云。形容宅第的高大或富豪显贵的住宅非常之多。

云罗天网：犹言天罗地网。

网开三面：把捕禽的网撤去三面。比喻采取宽大态度，给人一条出路。

面谩（mán）腹诽：指当面欺诳，心怀毁谤。

诽誉在俗：诽，指诽谤；誉，赞扬；俗，风气，习惯。诽谤或赞扬在于当时的风俗。后来引申指风气、习惯的作用非常大。

俗下文字：指为应付世事而写的平庸的应酬文章。

字字珠玉：每一个字都像珍珠、宝玉那样珍贵值钱。形容文章做得好，声价高。

玉清冰洁：犹玉洁冰清。形容没有受污染。

洁己奉公：保持自身廉洁，一心奉行公事。

公正廉明：公平正直，廉洁严明。

明察暗访：从明里细心察看，从暗里询问了解。指用各种方法进行调查研究。

访亲问友：访，拜访；问，问候。指拜访亲朋好友。

友风子雨：云以风为友，以雨为子。盖风与云并行，雨因云而生。因以指云。

雨约云期：指男女约会。

期颐之寿：期颐，百年。高寿的意思。

寿山福海：寿像山那样久，福像海那样大。旧时用于祝人长寿多福。

海纳百川：纳，容纳，包容。大海可以容得下成百上千条江河之水。比喻包容的东西非常广泛，而且数量很大。

川泽纳污：以湖泊江河能容纳各种水流的特性。比喻人有涵养，能包容所有的善恶、毁誉。

污手垢面：形容手脸都很肮脏。

面红耳赤：脸和耳朵都红了。形容因激动或羞惭而脸色发红。

赤贫如洗：赤贫，穷得一无所有。形容极其贫穷。

洗垢匿瑕：洗涤玉的污垢时，遮盖其斑点。比喻对人有所包涵。

瑕不掩瑜：瑕，玉上面的斑点，比喻缺点；掩，遮盖；瑜，美玉的光泽，比喻优点。比喻缺点掩盖不了优点，缺点是次要的，优点是主要的。

瑜百瑕一：瑜，玉的光彩；瑕，玉的毛病。比喻优点多而缺点少。

一脉相通：指事物之间相互关联，犹如一条脉络贯穿下来可以互通。

通元识微：通晓玄奥微妙的道理。

微言大义：微言，精当而含义深远的话；大义，本指经书的要义，后指大道理。包含在精微语言里的深刻的道理。

义胆忠肝：指为人正直忠贞。

肝胆照人：肝胆，比喻真心诚意。比喻以真心相见。

人寿年丰：人长寿，年成也好。形容太平兴旺的景象。

成语故事

网开三面

一天，汤在田野散步，看见一人张开大网，喃喃地说："来吧，鸟儿们！飞到我的网里来。无论是飞得高的低的，向东还是向西的，所有的鸟儿都飞到我的网里来吧！"汤走过去对那人说："你的方法太残忍了，所有的鸟儿都会被你捕尽的！"一边说着，汤砍断了三面网。然后低声说："哦，鸟儿们，喜欢向左飞的，就向左飞；喜欢向右飞的，就向右飞；如果你真的厌倦了你的生活，就飞到这张网里吧。""网开三面"这个成语就是由此而来。后来，人们把它改为"网开一面"。

成语练习

1. 成语连用，请根据已给出的成语填空，使意思连贯。

赴汤蹈火，在（　）不（　）　　　　　临危不惧，视（　）如（　）

一言既出，（　）（　）难（　）　　　青梅竹马，两小（　）（　）

生龙活虎，（　）（　）蓬勃　　　　　人无远虑，必（　）（　）（　）

2. 请根据下面的提示写出正确的成语。

刘禅，快乐，不想家　　　　　　＿＿＿＿＿＿＿

庄子，蝴蝶，做梦　　　　　　　＿＿＿＿＿＿＿

鸡叫，舞剑，祖逖　　　　　　　＿＿＿＿＿＿＿

班超，扔了毛笔，当兵　　　　　＿＿＿＿＿＿＿

伪君子，偷窃，房梁　　　　　　＿＿＿＿＿＿＿

弓箭，两只雕，都射中了　　　　＿＿＿＿＿＿＿

成语接龙

丰肌秀骨	骨肉团圆	圆孔方木	木干鸟栖	栖风宿雨	雨覆云翻
翻然改进	进退为难	难以置信	信口雌黄	黄袍加身	身名俱泰
泰来否极	极本穷源	源源不绝	绝伦逸群	群情鼎沸	沸反盈天
天理难容	容光焕发	发奋图强	强识博闻	闻风丧胆	胆战心寒
寒木春华	华封三祝	祝发空门	门阶户席	席不暇暖	暖衣饱食
食必方丈	丈二和尚				

成语解释

丰肌秀骨：丰润的肌肤，柔嫩的骨骼。形容女子或花朵娇嫩艳丽而有风韵。同"丰肌弱骨"。

骨肉团圆：骨肉，比喻父母兄弟子女等亲人。指亲人离而复聚。

圆孔方木：把方木头放到圆孔里去。比喻二者不能投合。

木干鸟栖：指鸟栖树上，至树干枯也不离去。比喻行事坚定不移。

栖风宿雨：在风雨中止息。形容奔波辛劳。

雨覆云翻：比喻变化无常。

翻然改进：翻然，变动的样子。形容很快转变，有所进步。

进退为难：比喻事情无法决定，因而难以行动。同"进退两难"。

难以置信：不容易相信。

信口雌黄：信，任凭，听任；雌黄，即鸡冠石，黄色矿物，用作颜料。古人用黄纸写字，写错了，用雌黄涂抹后改写。比喻不顾事实，随口乱说。

身名俱泰：名誉、地位都安稳。形容生活舒泰。

泰来否极：泰，周易卦名，是吉卦；否，周易卦名，是凶卦。事物发展到一定程度，就要转化到它的对立面，好事来到是由于坏事已至终极，坏事变为好事。

极本穷源：指彻底地推究本源。

源源不绝：源源，水流不断的样子。形容接连不断。

绝伦逸群：伦，类；逸，超过。超出众人，没有可以相比的。

群情鼎沸：形容群众的情绪异常激动，平静不下来。

沸反盈天：沸，滚翻；盈，充满。声音像水开锅一样沸腾翻滚，充满了空间。形容人声喧闹，乱成一片。

天理难容：旧指做事残忍，灭绝人性，为天理所不容。

容光焕发：容光，脸上的光彩；焕发，光彩四射的样子。形容身体好，精神饱满。

发奋图强：下定决心，努力追求进步。

强识博闻：指记忆力强，见闻广博。同"强记博闻"。

闻风丧胆：丧胆，吓破了胆。听到风声，就吓得丧失了勇气。形容对某种力量非常恐惧。

胆战心寒：战，发抖。形容害怕之极。

寒木春华：寒木不凋，春华吐艳。比喻各具特色。

华封三祝：封，疆界，范围。华封，华州这个地方。华州人对上古贤者唐尧的三个美好祝愿。即，祝寿、祝富、祝多男子，合称三祝。为祝颂多富多寿多子孙的祝词。

祝发空门：指削发出家为僧尼。

门阶户席：门里门外的地方。形容到处，随处。

席不暇暖：暇，空闲。连席子还没有来得及坐热就起来了。原指东奔西走，不得安居。后形容很忙，多坐一会儿的时间都没有。

暖衣饱食：形容生活宽裕，衣食丰足。

食必方丈：形容吃的阔气。同"食前方丈"。

丈二和尚：摸不着头脑。指弄不清是怎么回事。

华封三祝

唐尧在华州巡游，守卫华州封疆的人对他说："咦，这不是圣人吗？请让我为您祝福。啊，请求上天让这位圣人长寿。"唐尧说："我请求你不要这样说。""那我请求上天让你富有。"唐尧说道："我请求你不要这样说。""那我请求上天让你子孙繁多。"唐尧再次说道："我请求你不要这样说。"守卫封疆的人问他说："长寿、富有、子孙繁多，都是人们所希望得到的，您偏偏不希望得到，这是为什么呢？"唐尧回答说："子孙繁

多就会使人增加畏惧，富有就会使人招惹更多的祸事，长寿就会使人蒙受更多的屈辱，这三件事都不是可以用来滋长德行的，因此我拒绝了你的祝福。"

当然这是传说中圣人的回答，而在民间这三种祝愿都是最美好的。因此，人们遂以"华封三祝"为祝颂多富多寿多子孙之辞。

成语练习

1. 请根据下面的俗语补充成语。

做事要在理，煮饭要有米。——合（　）合（　）

伸手不打笑脸人。——（　）颜（　）色

少壮不努力，老大徒伤悲。——后悔（　）（　）

有福同享，有难同当。——（　）（　）与共

屋漏偏逢连夜雨。——祸（　）（　）行

哪个猫儿不偷腥。——（　）习难（　）

2. 请将下面的成语补充完整。

拳拳（　）（　）　　拳拳（　）（　）　　拳拳（　）（　）

拳拳（　）（　）　　区区（　）（　）　　区区（　）（　）

生生（　）（　）　　生生（　）（　）　　娓娓（　）（　）

娓娓（　）（　）　　遥遥（　）（　）　　遥遥（　）（　）

第六步

 成语接龙

尚虚中馈　馈贫之粮　粮尽援绝　绝少分甘　甘旨肥浓　浓桃艳李

李代桃僵　僵李代桃　桃之夭夭　夭桃秾李　李广不侯　侯门似海

海不波溢　溢美溢恶　恶迹昭著　著作等身　身无长物　物是人非

非同小可　可有可无　无事生非　非驴非马　马腹逃鞭　鞭辟入里

里外夹攻　攻瑕索垢　垢面蓬头　头会箕敛　敛骨吹魂　魂不守宅
宅心忠厚　厚此薄彼

成语解释

尚虚中馈：中馈，古时指妇女在家中主持饮食等事，引申指妻室；虚，空。指没有妻子。

馈贫之粮：馈，赠送。广博的见闻是赠给知识贫乏者的宝贵的精神食粮。

粮尽援绝：粮食用尽，援兵断绝。比喻战斗处于十分艰难的境地。

绝少分甘：好吃的东西让给人家，不多的东西与人共享。形容自己刻苦，待人优厚。

甘旨肥浓：泛指佳肴美味。

浓桃艳李：桃花浓丽，李花鲜艳。比喻人容貌俊美，神采焕发。

李代桃僵：僵，枯死。李树代替桃树而死。原比喻兄弟互相爱护互相帮助。后转用来比喻互相顶替或代人受过。

僵李代桃：比喻代人受罪责或以此代彼。亦作"僵桃代李"。

桃之夭夭：喻事物的繁荣兴盛。亦形容逃跑。桃，谐音"逃"。有时含诙谐义。

夭桃穠（nóng）李：比喻年少美貌。多用为对人婚娶的颂辞。同"夭桃秾李"。

李广不侯：以之慨叹功高不爵，命运多舛。同"李广未封"。

侯门似海：王公贵族的门庭像大海那样深邃。旧时豪门贵族、官府的门禁森严，一般人不能轻易进入。也比喻旧时相识的人，后因地位悬殊而疏远。

海不波溢：海上风平浪静，没有波浪。比喻平安无事。

溢美溢恶：溢，水满外流，引申为过度。过分夸奖，过分指责。

恶迹昭著：昭著，显著，明显。恶劣的事迹十分明显，人所共见。形容罪行严重。

著作等身：等身，和身体一样高。形容著述很多。

身无长物：长物，多余的东西。原指生活俭朴，后指除自身外再没有多余的东西。形容贫穷。

物是人非：景物依旧，人已变更。

非同小可：小可，寻常的。指情况严重或事情重要，不能轻视。

可有可无：可以有，也可以没有。指有没有都无关紧要。

无事生非：指没有原因地制造麻烦。

非驴非马：形容事物不伦不类。

马腹逃鞭：比喻躲避惩罚。

鞭辟入里：意指深入剖析，使靠近最里层。形容探求透彻，深入精微。同"鞭辟近里"。

里外夹攻：从里、外两方面配合同时进攻。

攻瑕索垢：批评不足，寻找缺点。

垢面蓬头：指面目肮脏，头发凌乱。

头会箕敛：头会，按人头征税；箕敛，用畚箕装取所征的谷物。形容赋税繁重苛刻。

敛骨吹魂：敛骨，使散掉的骨骼集结起来。吹魂，把散走的魂魄吹送回体。指再造生灵，使死者复生。

魂不守宅：指人之将死。也形容精神恍惚。同"魂不守舍"。

宅心忠厚：宅心，居心。忠心而淳厚。亦作"宅心仁厚"。

厚此薄彼：重视或优待一方，轻视或怠慢另一方。比喻对两方面的待遇不同。

成语故事

李代桃僵

春秋时期，晋国大奸臣屠岸贾鼓动晋景公灭掉对晋国有功的赵氏家族。屠岸贾率三千人把赵府团团围住，把赵家全家老小杀得一个不留。幸好赵朔的妻子庄姬公主已被秘密送进宫中。屠岸贾闻讯想要赶尽杀绝，要晋景公杀掉公主。景公念在姑侄情分上不肯杀公主。公主已身怀有孕，屠岸贾见景公不杀她，就定下斩草除根之计，准备杀掉婴儿。等公主生下一男婴，屠岸贾亲自带人入宫搜查，在忠臣韩厥的帮助下，一个心腹假扮医生，入宫给公主看病，用药箱偷偷把婴儿带出宫外躲过了搜查。屠岸贾估计婴儿已偷送出宫，立即悬赏缉拿。赵家忠实门客公孙杵臼与程婴商量救孤之计：如能将一婴儿与赵氏孤儿对换，我带这一婴儿逃到首阳山，你便去告密，让屠岸贾搜到那个假赵氏遗孤，方才会停止搜捕，赵氏嫡脉才能保全。程婴的妻子此时刚刚生一男婴，他决定李代桃僵，用亲子替代赵氏孤儿。他以大义说服妻子忍着悲痛把儿子让公孙杵臼带走。程婴依计，向屠岸贾告密。屠岸贾迅速带兵追到首阳山，在公孙杵臼居住的茅屋，搜出一个用锦被包裹的男婴。于是屠岸贾摔死了婴儿。他认为已经斩草除根，便放松了警戒。程婴听说自己的儿子被屠岸贾摔死，强忍悲痛，带着赵氏孤儿逃往外地。十五年后，孤儿长大成人，知道自己的身世后，在韩厥的帮助下，兵戈讨贼，杀了奸臣屠岸贾，报了大仇。

程婴见赵氏大仇已报，陈冤已雪，不肯独享富贵，拔剑自刎，他与公孙杵臼合葬一墓，后人称"二义冢"。他们的美名千古流传。

 **成语练习**

1. 请将下面的成语和与之相关的历史人物连线。

黄袍加身   商纣王

指鹿为马   于谦

一鸣惊人   商汤

助纣为虐   赵匡胤

两袖清风   楚庄王

网开一面   赵高

2. 请根据下面这首诗补充成语。

鸟鸣涧

唐·王维

人闲桂花落，夜静春山空。

月出惊山鸟，时鸣春涧中。

（ ）（ ）流水 （ ）去楼（ ） （ ）深人（ ）

（ ）弓之（ ） 蹄（ ）三寻 （ ）中折（ ）

（ ）（ ）如笑 迁乔（ ）谷 林寒（ ）肃

河清社（ ） 切（ ）（ ）弊

第七步

 成语接龙

彼弃我取 取乱侮亡 亡不旋踵 踵步千里 里谈巷议 议论纷错

错落有致 致远任重 重于泰山 山高水长 长生不老 老蚕作茧

茧丝牛毛 毛发丝粟 粟陈贯朽 朽木不雕 雕文刻镂 镂骨铭肌

肌劈理解 解发佯狂 狂蜂浪蝶 蝶恋蜂狂 狂嫖滥赌 赌彩一掷

掷果潘郎 郎才女貌 貌合神离 离心离德 德厚流光 光彩夺目

目中无人　人迹罕至

成语解释

彼弃我取：别人摒弃的我拿来。指不与世人共逐名利而甘于淡泊。

取乱侮亡：古代国家的一种自视正义的对外策略。指夺取政治荒乱的国家，侵侮将亡的国家。

亡不旋踵（kuǐ）：犹亡不旋踵。形容时间极短。

跬步千里：跬步，半步。走一千里路，是半步半步积累起来的。比喻学习应该持之以恒，不要半途而废。

里谈巷议：里，乡里邻居。邻里街巷间人们的议论谈说。指民间的议论。

议论纷错：形容意见不一，议论很多。

错落有致：错落，参差不齐；致，情趣。形容事物的布局虽然参差不齐，但却极有情趣，使人看了有好感。

致远任重：指担负重任而行于远方。常比喻人的才干卓越，可任大事。亦作"任重致远"。

重于泰山：比泰山还要重。形容意义重大。

山高水长：像山一样高耸，如水一般长流。原比喻人的风范或声誉像高山一样永远存在。后比喻恩德深厚。

长生不老：长生，永生。原为道教的话，后也用作对年长者的祝愿语。

老蚕作茧：老蚕吐丝作茧，把自己包在里面。比喻自己束缚自己。

茧丝牛毛：形容功夫细密。

毛发丝粟：比喻十分细小的事物。

粟陈贯朽：形容太平时期富饶的情况。同"粟红贯朽"。

朽木不雕：比喻人不可造就或事物和局势败坏而不可救药。同"朽木不可雕"。

雕文刻镂：指在器物上刻镂花纹图案，以为文饰。

镂骨铭肌：比喻牢记不忘。多用为感激之词。

肌劈理解：比喻立论精辟，析义翔实。

解发佯狂：解发，把头发散开；佯，假装。散开头发假装癫狂。

狂蜂浪蝶：比喻轻薄放荡的男子。

蝶恋蜂狂：指留恋繁花似锦的春光。

狂嫖滥赌：指沉溺于嫖妓赌博。

赌彩一掷：犹言孤注一掷。

掷果潘郎：比喻美男子。同"掷果潘安"。

郎才女貌：形容男女双方很相配。

貌合神离：貌，外表，表面；神，精神意识。表面上相互合拍、关系密切，实际上想法不一，各怀心计。

离心离德：心，思想；德，心意，心中的想法。指人心离散，行动不一。

德厚流光：德，道德；厚，重；流，影响；光，通"广"。指道德高，影响便深远。

光彩夺目：形容鲜艳耀眼。也用来形容某些艺术作品和艺术形象的极高成就。

目中无人：眼里没有别人。形容骄傲自大，看不起人。

人迹罕至：人的足迹很少到达。指荒凉偏僻的地方。

成语故事

朽木不雕

春秋时期，孔子的弟子宰予很会说漂亮话，起初孔子很喜欢他，以为他一定会有出息。可是不久孔子就发现他经常不来上课，派人去找，发现他躲在房间睡大觉，孔子知道后很伤感地说："腐烂的木头不能雕刻，粪土一样的墙壁不能粉刷。"

成语练习

1.请把下面意思相反的成语补充完整。

奉若（　）（　）——视如（　）（　）

（　）（　）犹斗——（　）（　）待毙

（　）（　）百出——（　）（　）不漏

患难（　）（　）——同（　）异（　）

（　）如磐（　）——（　）如累（　）

非同（　）（　）——视如（　）（　）

2.趣味成语填空练习。

最长的议论文——长（　）大（　）

最困难的生意——（　）（　）经营

最差的证据——不（　）为（　）

最有效率的劳动——一（　）永（　）

最贵的时光——（　）（　）千金

最笨的嫌疑犯——自投（　）（　）

第八步

 成语接龙

至诚高节	节外生枝	枝外生枝	枝别条异	异香扑鼻	鼻垩挥斤
斤斤计较	较瘦量肥	肥马轻裘	裘马清狂	狂涛巨浪	浪蝶游蜂
蜂腰猿背	背道而驰	驰志伊吾	吾膝如铁	铁网珊瑚	瑚琏之器
器小易盈	盈盈秋水	水宿风餐	餐松啖柏	柏舟之誓	誓以皦日
日转千街	街坊四邻	邻女窥墙	墙花路草	草创未就	

成语解释

至诚高节：至，最。最忠诚、最高尚的节操。形容人品高尚。

节外生枝：本不应该生枝的地方生枝。比喻在原有问题之外又岔出了新问题。多指故意设置障碍，使问题不能顺利解决。

枝外生枝：比喻派生、繁衍而出者。

枝别条异：比喻头绪纷乱。

异香扑鼻：不同寻常的香味扑鼻而来。

鼻垩（è）挥斤：挥舞斧头削除鼻端之垩。比喻指正错误。

斤斤计较：斤斤，形容明察，引申为琐碎细小。只对无关紧要的事过分计较。

较瘦量肥：比较肥瘦。比喻评论姿容。

肥马轻裘：裘，皮衣。骑肥壮的马，穿轻暖的皮衣。形容阔绰。

裘马清狂：指生活富裕，放荡不羁。

狂涛巨浪：比喻剧烈的社会运动。

浪蝶游蜂：比喻态度轻佻好挑逗女子的男子。

蜂腰猿背：细腰窄背。形容轻盈俊俏。

背道而驰：背，背向；道，道路；驰，奔跑。朝相反的方向跑去。比喻彼此的方向和目的完全相反。

驰志伊吾：伊吾，今新疆哈密。以之表示向往在边塞建功立业。

吾膝如铁：比喻刚强不屈。

铁网珊瑚：比喻搜罗珍奇异宝。

瑚琏之器：瑚琏，古代祭祀时盛黍稷的尊贵器械皿，夏朝叫"瑚"，殷朝叫"琏"。比喻人特别有才能，可以担当大任。

器小易盈：盈，满。器物小，容易满。原指酒量小。后比喻器量狭小，容易自满。

盈盈秋水：秋水，比喻美女的眼睛像秋天明净的水波一样。形容女子眼神饱含感情。

水宿风餐：水上住宿，临风野餐。形容旅途生活艰苦。

餐松啖（dàn）柏：以松柏的叶实充饥。形容修仙学道者超尘脱俗的生活。

柏舟之誓：妇女丧夫后守节不嫁。亦作"柏舟之节"。

誓以曒（jiǎo）日：指誓同生死，亲爱终生。

日转千街：指乞丐沿街行乞。

街坊四邻：街坊，邻居。指住处邻近的人。

邻女窥墙：战国时宋玉邻家有美女倾心于他，三年间常爬上墙头偷窥，但宋玉从未动心。后形容女子对男子的倾慕。

墙花路草：比喻不被人尊重的女子。旧时指妓女。

草创未就：草创，开始创办或创立；就，完成。刚开始做，尚未完成。

成语故事

背道而驰

战国时代，魏国的臣子季梁，奉命出使外国，可是他在路途中听到魏王准备要攻打赵国邯郸的消息，就赶紧回国去劝魏王。

匆忙回国的季梁对魏王说："我在太行山下，看到一个驾着车子的人，他赶着马想要去北边，说他准备到楚国去。"魏王说："楚国应该是向南走的，为什么他要往北走呢？"

季梁回答说："我也这么跟他说的啊！可是，他认为他的马是匹好马，速度非常快，加上他也带了足够的钱；而且车夫经验丰富，所以他觉得没有什么好担心的。因此，他不听我的劝告，就继续往北走了。"魏王听了之后，哈哈大笑说："这个人是个疯子。虽然他有很多好的条件，但是他却往反方向走，怎么可能到得了目的地呢？"

接着季梁就告诉魏王说："大王说的话一点也没错。但是，像大王现在这样一直攻打附近的国家，这种举动也会让大王离称霸的目标越来越远，这不也是和那个往反方向去走的人一样吗？"

 **成语练习**

1. 成语选择题。

（1）成语"掷果潘郎"中"潘郎"指的是（ ）

A 潘仁美　　　　　B 潘安　　　　　C 潘崇

（2）成语"晚食当肉"中的"晚食"是什么意思？（ ）

A 晚饭　　　　　B 晚点吃饭　　　C 晚上吃饭

（3）成语"待价而沽"中的"沽"意思是（ ）

A 卖　　　　　　B 买　　　　　　C 计算

（4）成语"人琴俱亡"中的"人"指的是（ ）

A 王羲之　　　　　B 王徽之　　　　C 王献之

2. 请圈出下面成语中的错别字并写出正确的。

历精图治（ ）　　竺刺在背（ ）　　光前欲后（ ）　　越祖代庖（ ）

前朴后继（ ）　　闲情毅致（ ）　　奴颜俾膝（ ）　　工历悉敌（ ）

水汝交融（ ）　　舌战群濡（ ）　　极思广益（ ）　　故计重演（ ）

第九步

 成语接龙

就地取材　　材朽行秽　　秽德垢行　　行不由径　　径情直遂　　遂心如意

意马心猿　　猿啼鹤怨　　怨气满腹　　腹热心煎　　煎胶续弦　　弦外有音

音容宛在　　在官言官　　官法如炉　　炉火纯青　　青灯黄卷　　卷甲衔枚

枚速马工　　工力悉敌　　敌众我寡　　寡鹄孤鸾　　鸾孤凤只　　只争朝夕

夕寐宵兴　兴讹造讪　讪牙闲嗑　嗑牙料嘴　嘴清舌白　白鱼赤乌

乌焦巴弓　弓折刀尽　尽欢而散　散灰扃户　户告人晓

成语解释

就地取材：就，随。在本地找需要的材料。比喻不依靠外力，充分发挥本单位的潜力。

材朽行秽（huì）：指无才无德。有时用为谦辞。

秽德垢行：指自污浊其德行以避祸患。

行不由径：径，小路，引申为邪路。从来不走邪路。比喻行动正大光明。

径情直遂：径情，任意，随心；遂，成功。随着意愿，顺利地得到成功。

遂心如意：犹言称心如意。

意马心猿：形容心思不定，好像猴子跳、马奔跑一样控制不住。

猿啼鹤怨：猿和鹤凄厉地啼叫。

怨气满腹：胸中充满了怨恨的情绪。形容怨愤之气极大。

腹热心煎：形容心中焦急。

煎胶续弦：比喻交情密切或再续旧情。

弦外有音：比喻话语中另有间接透露、没有明说的意思。

音容宛在：音，声音；容，容颜；宛，仿佛。声音和容貌仿佛还在。形容对死者的想念。

在官言官：指处在什么样的地位就说什么样的话。

官法如炉：指国家如炉火无情。

炉火纯青：纯，纯粹。道士炼丹，认为炼到炉里发出纯青色的火焰就算成功了。后用来比喻功夫达到了纯熟完美的境界。

青灯黄卷：光线青荧的油灯和纸张泛黄的书卷。借指清苦的攻读生活。

卷甲衔枚：指行军时轻装疾进，保持肃静，以利奇袭。

枚速马工：工，工巧；速，速度快。原指枚皋文章写得快，司马相如文章写得工。后用于称赞各有长处。

工力悉敌：工力，功夫和力量；悉，完全；敌，相当。双方用的功夫和力量相当。常形容两个优秀的艺术作品不分上下。

敌众我寡：敌方人数多，我方人数少。形容双方对峙，众寡悬殊。

寡鹄（hú）孤鸾：孤鸾，无偶的友鸾，比喻死去了配偶的男子；寡鹄，比喻寡妇。指失偶的男女。

鸾孤凤只：比喻夫妻离散。也比喻人失偶孤居。

只争朝夕：朝，早晨；夕，晚上；朝夕，形容时间短暂。比喻抓紧时间，力争在最短的时间内达到目的。

夕寐宵兴：晚睡早起。形容勤奋不息。同"夙兴夜寐"。

兴讹造讪：指造谣毁谤。

讪牙闲嗑（kē）：指闲得无聊，磨牙斗嘴以为笑乐。

嗑牙料嘴：多嘴多舌。

嘴清舌白：指话说得明确清楚。

白鱼赤乌：为祥瑞之兆。

乌焦巴弓：乌，黑色；焦，火力过猛，使东西烧成炭样。原是《百家姓》中的四个姓氏。比喻烧得墨黑。

弓折刀尽：比喻战斗力没有了，无法可想。

尽欢而散：尽情欢乐之后，才分别离开。多指聚会、宴饮或游乐。

散灰扃（jiōng）户：在地上撒灰，将门户关锁。旧时因以"散灰扃户"讥讽防闲妻妾之病态心理与可笑行为。

户告人晓：让每家每人都知道。

成语故事

白鱼赤乌

周武王继位第九年，商纣王残暴无道。于是周武王积聚力量，准备夺取天下，并且在黄河渡口检阅部队，会盟诸侯。当武王渡黄河的时候，船行到河中间，突然有一条白色的鱼跳到了武王的船上。武王俯身把鱼捡起来，用以祭天。渡过黄河之后，又有一团火从天而降，落到武王住的房子上，不停地转动，最后变成一只红色的鸟，它的叫声响彻云霄。商朝素来以白色为贵，白色代表着商朝的王权；而舟和周同音，也就象征了周王室，预示着商朝的军队要归周了。而周人又以红色为贵，此时武王居住的房子上空出现火红的瑞鸟，预示着周王国要一鸣惊人，商的天下也要归周所有了。两年后，武王正式伐纣，并夺取了江山，建立了周王朝。由此这个故事被赋予了神秘色彩，白鱼赤乌也就成了祥瑞的征兆。

成语练习

1. 以"山"字开头的成语。

山包（ ）（ ）　　　山崩（ ）（ ）　　　山河（ ）（ ）

山南（ ）（ ）　　　山长（ ）（ ）　　　山公（ ）（ ）

山光（ ）（ ）　　　山呼（ ）（ ）　　　山盟（ ）（ ）

山明（　）（　）　　　山（　）谷（　）　　　山（　）水（　）

山（　）水（　）　　　山（　）地（　）　　　山（　）海（　）

2.以"山"字结尾的成语。

（　）（　）泰山　　　（　）（　）河山　　　（　）（　）刀山

（　）（　）移山　　　（　）（　）金山　　　（　）（　）江山

（　）（　）梁山　　　（　）（　）离山　　　（　）（　）归山

（　）（　）如山　　　（　）（　）西山　　　（　）（　）千山

（　）（　）巫山　　　（　）（　）青山　　　（　）（　）孙山

第十步

成语接龙

晓行夜宿	宿水餐风	风光月霁	霁月光风	风行草偃	偃旗卧鼓
鼓舌扬唇	唇竭齿寒	寒蝉凄切	切中要害	害人不浅	浅尝辄止
止暴禁非	非愚则诬	诬良为盗	盗名欺世	世代书香	香消玉殒
殒身不恤	恤老怜贫	贫不学俭	俭可养廉	廉而不刿	刿目怵心
心不由意	意惹情牵	牵强附会	会逢其适	适性任情	情投意合
合浦还珠	珠圆玉洁	洁身自守	守道安贫	贫而乐道	道不拾遗
遗风余泽	泽被后世	世道人心	心照不宣	宣化承流	流言蜚语
语重情深	深情厚谊	谊不敢辞	辞多受少	少小无猜	
猜拳行令					

成语解释

晓行夜宿：晓，天明。一早起来赶路，到夜里才住宿下来。形容旅途奔波劳苦。

宿水餐风：形容旅途或野外生活的艰苦。

风光月霁：指雨过天晴时明净清新的景象。亦比喻胸襟开阔、心地坦白。

霁月光风：指雨过天晴时的明净景象。用以比喻人的品格高尚，胸襟开阔。

偃旗卧鼓：原指行军时隐蔽行踪，不让敌人觉察。现比喻事情终止或声势减弱。同"偃旗息鼓"。

鼓舌扬唇：转动舌头，张开嘴唇。形容开口说唱。

唇竭齿寒：嘴唇没有了，牙齿就会感到寒冷。比喻利害紧密相关。

寒蝉凄切：寒蝉，冷天里的知了。天冷时，知了发出凄惨而低沉的声音。文艺作品中多用以烘托悲凉的气氛和情调。

切中要害：指批评恰到事物的紧要处。

害人不浅：给别人的损害非常之大。

浅尝辄止：辄，就。略微尝试一下就停下来。指不深入钻研。

止暴禁非：止、禁，罅；暴、非，指种种坏事。制止种种坏事。

非愚则诬：诬，诬蔑。不是生性愚蠢的话，就是故意污蔑。

诬良为盗：诬，诬陷；良，好人。指捏造事实，陷害好人。

盗名欺世：盗，窃取；名，名誉；欺，欺骗。窃取名誉，欺骗世人。

世代书香：世世代代都是读书人家。

香消玉殒：比喻美丽的女子死亡。

殒身不恤（xù）：殒，牺牲；恤，顾惜。牺牲生命也不顾惜。

恤老怜贫：周济老人，怜惜穷人。

贫不学俭：指穷人不必学俭而不得不俭。

俭可养廉：俭，节俭；廉，廉洁。节俭可以养成廉洁的操守。

廉而不刿（guì）：廉，廉洁；刿，割伤，刺伤。有棱边而不至于割伤别人。比喻为人廉正宽厚。

刿目怵（chù）心：刿，刺伤；怵，惊动。指触目惊心。

心不由意：指不出于本意。

意惹情牵：惹，引起；牵，牵挂。引起情感上的缠绵牵挂。

牵强附会：把本来没有某种意义的事物硬说成有某种意义。也指把不相关联的事物牵拉在一起，混为一谈。

会逢其适：会，恰巧，适逢；适，往。原指恰巧走到那儿了。转指正巧碰上了那件事。

适性任情：指顺适性情。

情投意合：投，相合。形容双方思想感情融洽，合得来。

合浦还珠：比喻东西失而复得或人去而复回。同"合浦珠还"。

珠圆玉洁：比喻诗文圆熟明洁。

洁身自守：保持住个人自身的纯洁。

守道安贫：坚守正道，安于贫穷。旧时用来颂扬贫困而有节操的士大夫。

贫而乐道：家境贫穷，却以获得知识、懂得道理为乐事。

遗风余泽：前人遗留下来的风教和德泽。

泽被后世：泽，恩泽，恩惠；被，覆盖。恩惠遍及到后代的人民。

世道人心：社会的风气，人们的思想。

心照不宣：照，知道；宣，公开说出。彼此心里明白，而不公开说出来。

宣化承流：宣布恩德，承受风教。指官员奉君命教化百姓。

流言蜚语：毫无根据的话。指背后散布的诽谤性的坏话。同"流言蜚语"。

语重情深：犹言语重心长。

深情厚谊：深厚的感情和友谊。

谊不敢辞：道义上不允许推辞。

辞多受少：辞，推辞掉；受，接受。推辞不受的多而接受的少。

少小无猜：猜，猜疑。指男女幼小时一起玩耍，天真无邪，不避嫌疑。

猜拳行令：划拳行酒令。形容宴饮欢畅。

合浦还珠

东汉时，合浦郡沿海盛产珍珠。那里产的珍珠又圆又大，色泽纯正，一直誉满海内外，人们称为"合浦珠"。当地百姓都以采珠为生，以此向邻郡交趾换取粮食。采珠的收益很高，一些官吏就乘机贪赃枉法，巧立名目剥削珠民。为了捞到更多的油水，他们不顾珠蚌的生长规律，一味地叫珠民去捕捞。结果，珠蚌逐渐迁移到邻近的交趾郡内，在合浦能捕捞到的越来越少了。合浦沿海的渔民向来靠采珠为生，很少有人种植稻米。采珠多，收入高，买粮食花些钱不在乎。如今产珠少，收入大量减少，渔民们连买粮食的钱都没有，不少人因此而饿死。汉顺帝刘保继位后，派了一个名叫孟尝的人当合浦太守。孟尝到任后，很快找出了当地渔民没有饭吃的原因，于是下令革除弊端，废除盘剥的非法规定，并不准渔民滥捕乱采，以便保护珠蚌的资源。不到一年，珠蚌又繁衍起来，合浦又成了盛产珍珠的地方。

1. 请在下面的空白处填上合适的成语，使句子通顺。

（1）他安慰着妻子："别担心，我相信船到桥头自然直，_____，我们会没事的。"

（2）他气愤地说："还说什么拾金不昧呢，你都把捡来的东西_____，还好意思去教育别人？"

（3）王熙凤是聪明反被聪明误，_____，最后反把自己给算进去了。

（4）他的房间很整洁，东西摆放得_____，一看就是个爱干净的人。

（5）你这是捡起芝麻丢西瓜，_____，得不偿失啊。

博古通今 二

第一步

成语接龙

令人注目	目不斜视	视而不见	见时知几	几次三番	番窠倒臼
白头深目	目量意营	营营苟苟	苟延残喘	喘月吴牛	牛骥共牢
牢骚满腹	腹载五车	车量斗数	数米量柴	柴米夫妻	妻儿老小
小廉曲谨	谨本详始	始乱终弃	弃其余鱼	鱼水相欢	欢蹦乱跳
跳梁小丑	丑态毕露	露红烟绿	绿惨红销	销神流志	志满气骄
骄兵必败	败材伤锦	锦囊还矢	矢口否认	认鸡作凤	

成语解释

令人注目：注目，视线集中在一点上。指引起别人的重视。

目不斜视：眼睛不偷看旁边。比喻为人行止端方。也形容只朝一个方向看。

视而不见：指不注意，不重视，睁着眼却没看见。也指不理睬，看见了当作没看见。

见时知几：指看到时运的推移而预知事情变化的先兆。

几次三番：番，次。一次又一次。形容次数之多。

番窠（kē）倒臼：形容打破现成的格式。

白头深目：形容相貌丑陋。

目量意营：以目测量，用心经营。形容精心勘测设计。

营营苟苟：形容人不顾廉耻，到处钻营。

苟延残喘：苟，暂且，勉强；延，延续；残喘，临死前的喘息。勉强延续临死前的喘息。比喻暂时勉强维持生存。

喘月吴牛：比喻因受某事物之苦而畏惧其类似者。

牛骥共牢：骥，好马。牛跟马同槽。比喻不好的人与贤人共处。

牢骚满腹：指人的一肚子委屈、不满的情绪。

腹载五车：比喻读书甚多，知识渊博。

车量斗数：形容巨量。

数米量柴：比喻过分计较琐碎之事。也形容生活困窘。

柴米夫妻：为柴米的需要而结合的夫妻。指物质生活条件低微的贫贱夫妻。

妻儿老小：指父、母、妻、子等全家人。

小廉曲谨：细微的廉洁谨慎。指注意小节而不识大体。

谨本详始：指事情一开始就要谨慎严格。

始乱终弃：乱，淫乱；弃，抛弃。指起初玩弄，后来抛弃。多指玩弄女性的行径。

弃其余鱼：比喻节欲知足。同"弃其馀鱼"。

鱼水相欢：形容夫妇关系和好谐调如鱼水。

欢蹦乱跳：形容活泼、欢乐之极。

跳梁小丑：跳梁，腾跃跳动；小丑，对人的卑称。比喻猖狂捣乱而成不了大气候的坏人。

丑态毕露：毕，完全。丑恶的形态彻底暴露。

露红烟绿：形容花木的色彩鲜艳。同"露红烟紫"。

绿惨红销：指妇女的种种愁恨。同"绿惨红愁"。

销神流志：消耗精神，丧失意志。

志满气骄：形容得意骄傲。同"志骄意满"。

骄兵必败：骄兵，恃强轻敌的军队。骄傲的军队必定打败仗。

败材伤锦：比喻用非其人，伤害国家。

锦囊还矢：指凯旋告捷。

矢口否认：一口咬定，死不承认。

认鸡作凤：佛教语。指认凡庸为珍贵。

成语故事

骄兵必败

汉朝时，汉朝的军队经常在周边地区和匈奴的军队发生战争。在公元前68年，又发生了一次战争。汉军夺了车师，匈奴也派骑兵袭击车师。

听到这个消息，汉宣帝赶忙召集群臣商量对策。在群臣中有两种意见：将军赵充国主张攻打匈奴，使他们不再骚扰西域。而丞相魏丞则不以为然，他对汉宣帝说："近年来匈奴并没有侵犯我们的边境。我们边境上的老百姓生活困难，怎能为了一个小小的车师去攻打匈奴呢？况且，现在摆在眼前的事情不是去攻打匈奴，而是整顿朝政，治理官吏，这才是大事。"

接着，魏丞又指出了攻打匈奴的错误主张："如果我们出兵的话，即使是打了胜仗，也会后患无穷。仗着国大人多而出兵攻打别人，炫耀武力，这样的军队就是骄横的军队。而骄横的军队一定会灭亡。"

汉宣帝认为魏丞说的有道理，便采纳了他的意见。

 **成语练习**

1. 请在下面的括号里填上正确的数字。

举（ ）反（ ）　　闻（ ）知（ ）　　（ ）纲（ ）常
（ ）荒（ ）极　　（ ）情（ ）欲　　（ ）贞（ ）烈
（ ）牛（ ）毛　　（ ）嘴（ ）舌　　（ ）姑（ ）婆
（ ）花（ ）门　　（ ）言（ ）鼎　　（ ）从（ ）德
（ ）了（ ）了　　（ ）落（ ）丈　　（ ）万（ ）急

2. 请在下面的括号里填上恰当的人名。

吴下（ ）（ ）　　名落（ ）（ ）　　（ ）（ ）顾曲
（ ）（ ）才尽　　（ ）（ ）画眉　　（ ）寒（ ）瘦
（ ）（ ）知非　　（ ）谋（ ）断　　（ ）寒（ ）瘦
（ ）（ ）三迁　　（ ）（ ）知我　　（ ）（ ）刺秦

第二步

 成语接龙

凤箫龙管　管窥蛙见　见素抱朴　朴斵之材　材薄质衰　衰当益壮
壮发冲冠　冠冕堂皇　皇天上帝　帝辇之下　下陵上替　替天行道
道殣相枕　枕石寝绳　绳一戒百　百纵千随　随事制宜　宜家宜室
室如悬磬　磬竹难书　书读五车　车驰马骤　骤不及防　防不及防

防不胜防　防微杜衅　衅发萧墙　墙面而立　立地成佛　佛眼相看
看朱成碧　碧鬟红袖　袖里玄机　机杼一家　家贫如洗

成语解释

凤箫龙管：指笙箫一类管乐的吹奏声。

管窥蛙见：管窥，人从管中所见之天；蛙见，蛙从井中所见之天。比喻见识短浅，眼界狭窄。

见素抱朴：老子提出的治国的三项具体措施之一。是说要推举圣人，实行法治，即用"无为之治"取代"有为之治"。对应于"绝圣弃智"。

朴斲（zhuó）之材：加工治理而尚未成器之材。

材薄质衰：指才情资质薄弱。有时用为谦辞。

衰当益壮：犹老当益壮。

壮发冲冠：形容气概雄伟豪迈。

冠冕堂皇：冠冕，古代帝王、官吏的帽子；堂皇，很有气派的样子。形容外表庄严或正大。

皇天上帝：天帝，上帝。

帝辇之下：皇帝所在的地方。用指京都。

下陵上替：陵，通"凌"。在下者凌驾于上，在上者废弛无所作为。谓上下失序，纲纪废坠。

替天行道：代上天主持公道。封建社会里农民起义多以此作为动员、组织群众的口号。

道殣（jìn）相枕：道路上饿死的人到处都是。同"道殣相望"。

枕石寝绳：枕方石，睡绳床。同"枕方寝绳"。

绳一戒百：谓惩罚一人以警戒众人。

百纵千随：什么都顺从。形容一切都顺从别人。

随事制宜：根据事实，采取适当措施。

宜家宜室：形容家庭和顺，夫妻和睦。

室如悬磬（qìng）：指室中空无所有。比喻一贫如洗。亦作"室如悬罄"。

罄竹难书：罄，尽，完。形容罪行多得数不完。

书读五车：形容读书多，知识丰富。

车驰马骤：形容车马奔驰迅猛。

骤不及防：指事情来得突然，使人不及防备。

防不及防：防，防备。指想到防备却已来不及防备。

防不胜防：胜，尽。形容防备不过来。

防微杜衅：犹言防微杜渐。

衅发萧墙：衅，缝隙，引申为争端，事端。萧墙，古代宫室内当门的小墙，引申为内部。比喻事端或灾祸发生在内部。

墙面而立：指面对墙壁，目无所见。比喻不学无术。亦作"面墙而立"。

立地成佛：佛家语，禅宗认为人皆有佛性，弃恶从善，即可成佛。此为劝善之语。

佛眼相看：用佛的眼光去看。比喻好意对待，不加伤害。

看朱成碧：朱，大红色；碧，翠绿色。将红的看成绿的。形容眼睛发花，视觉模糊。

碧鬟（huán）红袖：指代年轻貌美的女子。

袖里玄机：暗中采取的玄妙决策。

机杼一家：指文章能独立经营，自成一家。

家贫如洗：家里穷得像水冲洗过一样。形容极度贫穷。

成语故事

罄竹难书

李渊自从在太原起兵以后，自任为大将军，积极地向隋军进攻。争取人心，李渊大开粮仓，救济灾民，并且乘机招募义兵。然而，这些义兵都是乌合之众，没有经过严格训练，所以带领起来万分辛苦。

此时，李密在现在的河南省东部，拥有极大的力量，而且发表了一篇著名的檄文声讨隋炀帝，其中的名句有"罄南山之竹，书罪无穷；决东海之波，流恶难尽"。意思是说用完南山的竹子做简策，也写不完炀帝的罪状，罄是用尽的意思；用东海的滔滔大水，也洗不完炀帝的罪恶。以后我们形容罪状之多，写都写不完，称之为"罄竹难书"。

这篇檄文一出，海内轰动，人人传阅，李密的声势如日中天，各地反隋的领袖纷纷上表，劝请李密即天子位。李密自以为力量雄厚，要求李渊率领步骑数千到河南来，当面缔结盟约，由李密自任盟主。

李渊不敢得罪李密，却又不想跑到河南去。他笑着对手下人说："李密这个人如此夸矜自大，我正准备进兵关中，如果一口回绝他，等于平白又多了一个敌人，不如拍拍他的马屁，使他更为骄傲，然后再慢慢观看鹬蚌相争，好来坐收渔利。"

于是，李渊命令温大雅回了一封书信给李密，信上说："天生万民，必有司牧，当今能为司牧，作为天子者，除了你还有什么人？老夫年逾知命（知命为五十岁），没有这个野心了。愿意跟着大弟你，攀鳞附翼。"

李密见到信，看得眉开眼笑，乐不可支。从此，对李渊深信不疑。

 **成语练习**

1. 请把下面的叠字成语补充完整。

多多（ ）（ ）　　官官（ ）（ ）　　赫赫（ ）（ ）

绰绰（ ）（ ）　　蠢蠢（ ）（ ）　　花花（ ）（ ）

寂寂（ ）（ ）　　岌岌（ ）（ ）　　茕茕（ ）（ ）

惺惺（ ）（ ）　　跃跃（ ）（ ）　　芸芸（ ）（ ）

2. 请将成语和它所对应的歇后语连线。

芭蕉插在古树上　　　　披星戴月

白骨精说人话　　　　　聚精会神

大公鸡吃米　　　　　　事出有因

晚上干活　　　　　　　一丝不挂

王母娘娘请客　　　　　粗枝大叶

无风不起浪　　　　　　不计其数

无弦的琵琶　　　　　　妖言惑众

第三步

 成语接龙

洗髓伐毛　毛手毛脚　脚忙手乱　乱作胡为　为人作嫁　嫁犬逐犬

犬马之恋　恋恋不舍　舍己为公　公正不阿　阿谀奉承　承前启后

后顾之忧　忧心如捣　捣虚撇抗　抗颜为师　师严道尊　尊俎折冲

冲云破雾　雾散云披　披发左衽　衽扱囊括　括目相待　待理不理

理屈词穷　穷鸟触笼　笼鸟槛猿　猿鹤沙虫　虫叶成字　字斟句酌

酌古沿今　今昔之感　感慨激昂　昂藏七尺　尺波电谢

成语解释

洗髓伐毛：清洗骨髓，削除毛发。比喻彻底涤除自身的污秽。有脱胎换骨的意思。

毛手毛脚：毛，举动轻率。做事粗心，不细致。

脚忙手乱：形容遇事慌张，不知如何是好。

乱作胡为：犹胡作非为。不顾法纪或舆论，毫无顾忌地做坏事。

为人作嫁：原意是说穷苦人家的女儿没有钱置备嫁衣，却每年辛辛苦苦地用金线刺乡，给别人做嫁衣。比喻空为别人辛苦。

嫁犬逐犬：指出嫁女子唯夫是从。

犬马之恋：比喻臣子眷恋君上。

恋恋不舍：恋恋，爱慕，留恋。原形容极其爱慕，不能丢开。现多形容非常留恋，舍不得离开。

舍己为公：为公共的利益而舍弃个人的利益。

公正不阿：公平正直而不曲意迎合。

阿谀奉承：阿谀，用言语恭维别人；奉承，恭维，讨好。曲从拍马，迎合别人，竭力向人讨好。

承前启后：承，承接；启，开创。承接前面的，开创后来的。指继承前人事业，为后人开辟道路。

后顾之忧：顾，回头看。来自后方的忧患。指在前进过程中，担心后方发生问题。

忧心如捣：忧愁得像有东西在捣心一样。形容十分焦急。

捣虚撇抗：指乘虚攻击。

抗颜为师：抗颜，不看别人脸色，态度严正不屈；为师，为人师表。不为他人所制约，不为潮流所左右，这种意志坚定的人可以作为学习的榜样。

师严道尊：本指老师受到尊敬，他所传授的道理、知识、技能才能得到尊重。后多指为师之道尊贵、庄严。

尊俎（zǔ）折冲：比喻在宴席谈判中制胜对方。

冲云破雾：冲破云层，突破迷雾。比喻突破重重障碍和困难。

雾散云披：比喻变化之快。

披发左衽（rèn）：左衽，衣襟向左掩。披头散发，衣襟左开，借指不同民族入侵。

衽扱（xī）囊括：比喻全部擒获或肃清。

括目相待：用不同于以前的新的眼光来看待。

穷鸟触笼：比喻处于困境而挣扎不脱。

笼鸟槛猿：笼中鸟槛中猿。比喻受拘禁没有自由的人。

猿鹤沙虫：指阵亡的将士或死于战乱的人民。

虫叶成字：指称谶纬。

字斟句酌：斟、酌，反复考虑。指写文章或说话时慎重细致，一字一句地推敲琢磨。

酌古沿今：指斟酌古今沿革，以明源流。

今昔之感：从今天的现实回忆过去的事。

感慨激昂：情绪激动，精神昂扬。

昂藏七尺：昂藏，雄伟、气度不凡的样子；七尺，七尺高的身躯。指轩昂伟岸的男子汉。

尺波电谢：波，水波。指人世短促，如波逝电闪。

成语故事

洗髓伐毛

西汉时期，东方朔说他认识一个仙人叫黄眉翁，三千年洗一次骨髓，两千年剥一次皮换一次毛，现在已经有九千多岁了，已经洗了三次骨髓，换了五次皮毛。

披发左衽

西衽，本义衣襟。左前襟掩向右腋系带，将右襟掩覆于内，称右衽。反之称左衽。古代中原汉族服装衣襟向右，以"右衽"谓华夏风习。"左衽"一般指中原地区以外少数民族的装束。一些历史时期，汉族受外族影响，也有着左衽的情况。另外，汉族传统习俗，死者之服（寿衣）用左衽，以示阴阳有别。

自古汉人的服饰规矩是生右死左，就是汉人的汉服交领的开口都是右衽，左衽压右衽，领子呈 y 形；发式是束发，不披发。只有死去的人才使用左衽、披发。另外披发左衽也是典型的少数民族装束。

成语练习

1. 猜一猜，下列谜语的谜底都是成语，请把它补充完整。

赤橙绿蓝紫——（　）（　）不接

自焚——（　）火（　）身

三人行必有我师——人（　）出（　）

遗物——人（　）物（　）

五指伸开——三（　）两（　）

生炉子——（　）风点（　）

2. 请用意思相近的词补充下面的成语。

朝（　）暮（　）　　　千（　）万（　）　　　（　）描（　）写

（　）人（　）马　　　兵（　）马（　）　　　（　）红（　）翠

登（　）入（　）　　　三（　）六（　）　　　（　）文（　）字

雕（　）画（　）　　　大（　）阔（　）　　　山（　）水（　）

奇（　）妙（　）　　　（　）善（　）施　　　只（　）片（　）

第四步

成语接龙

谢兰燕桂　桂林一枝　枝附叶连　连鳌跨鲸　鲸波鳄浪　浪酒闲茶

茶余饭饱　饱以老拳　拳打脚踢　踢天弄井　井底鸣蛙　蛙鸣鸥叫

叫苦不迭　迭床架屋　屋下架屋　屋如七星　星旗电戟　戟指怒目

目眩神醉　醉酒饱德　德容兼备　备位充数　数不胜数　数见不鲜

鲜车健马　马马虎虎　虎据龙蟠　蟠龙卧虎　虎视眈眈　眈眈逐逐

逐臭之夫　夫荣妻显　显祖荣宗　宗庙社稷　稷蜂社鼠

成语解释

谢兰燕桂：比喻能光耀门庭的子侄辈。

桂林一枝：桂花林中的一枝花。原为晋时郤诜的自谦语。后称誉人才学出众。

枝附叶连：比喻上下关系紧密。同“枝附叶著”。

连鳌（áo）跨鲸：以之表示超凡成仙。

鲸波鳄浪：犹言惊涛骇浪。

浪酒闲茶：指风月场中的吃喝之事。

茶余饭饱：泛指闲暇之时。

饱以老拳：饱，充分；以，用。痛打，尽情地揍。

拳打脚踢：用拳打，用脚踢。形容痛打。

踢天弄井：能上天，能入地。比喻本领极大。也形容顽皮到极点。

井底鸣蛙：指井中之蛙。

蛙鸣鸱（chī）叫：青蛙鸣，鸱鸟叫。比喻浅陋拙劣的文辞。

叫苦不迭：不迭，不停止。形容连声叫苦。

迭床架屋：床上搁床，屋上架屋。比喻重复、累赘。

屋下架屋：比喻机构或文章结构重叠。

屋如七星：形容住房破漏。

星旗电戟：军旗像繁星，剑戟如闪电。比喻军容之盛。

戟指怒目：指着人，瞪着眼。形容大怒时斥责人的神态。

目酣神醉：形容景色优美令人陶醉。

醉酒饱德：感谢主人宴请的客气话。

德容兼备：德容，指女子的品德和容貌；兼备，都具备。品德和容貌都非常好。

备位充数：备位，如同尸位，意即徒在其位，不能尽职；充数，用不够格的人来凑足数额。是自谦不能做事的话。

数不胜数：数，计算。数都数不过来。形容数量极多，很难计算。

数见不鲜：数，屡次；鲜，新杀的禽兽，引申为新鲜。本指对于常来之客，就不宰杀禽兽招待。后指常常见到，并不新奇。

鲜车健马：谓车辆鲜丽，辕马壮健。形容豪富。同"鲜车怒马"。

马马虎虎：指还过得去。亦形容做事不认真，不仔细。

虎据龙蟠：形容地势雄伟险要。同"虎踞龙盘"。

蟠龙卧虎：像盘绕着的蛟龙，像蹲卧着的猛虎。形容地势雄伟险要。同"蟠龙踞虎"。

虎视眈眈：眈眈，注视的样子。像老虎那样凶狠地盯着。形容心怀不善，伺机攫取。

眈眈逐逐：贪婪注视，急于攫取的样子。

逐臭之夫：追逐奇臭的人。比喻嗜好怪癖，与众不同的人。

夫荣妻显：荣，草木茂盛，比喻兴盛显达。指丈夫光荣，妻子也随之尊贵。

显祖荣宗：指使祖宗的名声显耀传扬。同"显祖扬宗"。

宗庙社稷（jì）：宗庙，祭祀祖先的场所；社稷，古代帝王诸侯所祭的土神和谷神。代表封建统治者掌握的最高权力。也借指国家。

稷蜂社鼠：稷，五谷之神；社，土地庙。谷神庙里的马蜂，土地庙里的老鼠。比喻倚势作恶的人。

成语故事

谢兰燕桂

南朝宋时期，窦仪学问优博，风度峻整。他的兄弟俨、侃（kǎn）、偁（chēng）、僖都相继榜上有名。冯道与窦仪的父亲窦禹钧关系要好，就送他"灵椿一株老，丹桂五枝芳"诗句，当时人们羡慕地称赞他们五兄弟为"燕山五龙"或比喻为"谢兰燕桂"。

屋下架屋

晋朝时期，庾（yǔ）仲初写了《扬都赋》送给庾亮，庾亮极力抬高其身价，说可以与张衡的《二京赋》以及左思的《三都赋》媲美。于是人人争相抄写。太傅谢安则认为评论过高，这是屋下架屋，处处模仿别人的作品，内容十分乏味。

马马虎虎

人们都喜欢用"马马虎虎"来形容某人办事草率或粗心大意，殊不知在这个成语的背后，原来有一个血泪斑斑的故事。

宋代时京城有一个画家，作画往往随心所欲，令人搞不清他画的究竟是什么。一次，他刚画好一个虎头，碰上有人来请他画马，他就随手在虎头后画上马的身子。来人问他画的是马还是虎，他答："马马虎虎！"来人不要，他便将画挂在厅堂。大儿子见了问他画里是什么，他说是虎，小儿子问他却说是马。

不久，大儿子外出打猎时，把人家的马当老虎射死了，画家不得不给马主赔钱。他的小儿子外出碰上老虎，却以为是马想去骑，结果被老虎咬死了。画家悲痛万分，把画烧了，还写了一首诗自责："马虎图，马虎图，似马又似虎，长子依图射死马，次子依图喂了虎。草堂焚毁马虎图，奉劝诸君莫学吾。"

诗虽然算不上好诗，但这教训实在太深刻了，从此，"马马虎虎"这个词就流传开了。

 **成语练习**

1. 成语连用，请根据已给出的成语填空，使意思连贯。

臭名昭著，（ ）贯满（ ）　　　　出人头地，（ ）宗（ ）祖

出双入对，（ ）（ ）不离　　　　耳听为虚，（ ）（ ）为（ ）

继往开来，与时（ ）（ ）　　　　苦海无边，（ ）（ ）是（ ）

2. 请根据下面的提示写出正确的成语。

吃饭，洗头发，周公　　　　　　　　　_____

夕阳，死胡同，处境艰难　　　　　　　_____

变化莫测，云彩，狗　　　　　　　＿＿＿＿＿

林逋，梅花，鹤　　　　　　　　　＿＿＿＿＿

后退，九十里，重耳　　　　　　　＿＿＿＿＿

廉颇，蔺相如，道歉　　　　　　　＿＿＿＿＿

第五步

成语接龙

鼠穴寻羊　羊头狗肉　肉眼惠眉　眉目如画　画龙刻鹄　鹄面鸠形

形孤影寡　寡凫单鹄　鹄形菜色　色如死灰　灰容土貌　貌合心离

离析涣奔　奔走钻营　营营逐逐　逐逐眈眈　眈眈虎视　视丹如绿

绿叶成阴　阴凝坚冰　冰解冻释　释回增美　美芹之献　献可替否

否终则泰　泰极而否　否极阳回　回筹转策　策无遗算　算沙抟空

空谷白驹　驹齿未落　落花时节　节用裕民　民胞物与

成语解释

鼠穴寻羊：比喻没有功效的做法。

羊头狗肉：比喻表里不一，明一套暗一套。

肉眼惠眉：比喻见识浅陋。

眉目如画：形容容貌端正秀丽。

画龙刻鹄：比喻好高骛远，终无成就。同"画虎刻鹄"。

鹄面鸠形：面容枯槁，形体瘦削。形容饥疲的样子。也用于指枯槁瘦削的人。

形孤影寡：形容孤独，没有同伴。同"形单影只"。

寡凫单鹄：原是古代的琴曲名。后比喻失去配偶的人。

鹄形菜色：形容面黄肌瘦的样子。

色如死灰：比喻脸色惨白难看。

灰容土貌：形容面容龌龊丑陋。

貌合心离：表面上关系很密切，实际上是两条心。

离析涣奔：形容国家、集团或组织分裂瓦解。同"离析分崩"。

奔走钻营：到处奔波，削尖脑袋谋求私利。

营营逐逐：忙忙碌碌的样子。也形容竞相追逐。

逐逐眈眈：觊觎的样子。

眈眈虎视：像老虎一般地威视着。

视丹如绿：丹，红。把红的看成绿的。形容因过分忧愁而目视昏花。

绿叶成阴：指女子出嫁并生了子女。

阴凝坚冰：阴气始凝结而为霜，渐积聚乃成坚冰。比喻小人渐渐得势，地位渐趋稳固。

冰解冻释：如同冰冻融化一般。比喻困难或障碍消除。

释回增美：回，指邪僻。指去除邪僻，增加美善。

美芹之献：用以自谦所献菲薄，不足当意。

献可替否：献，进；替，废。指劝善归过，提出兴革的建议。

否终则泰：指闭塞到极点，则转向通泰。

泰极而否：泰、否，《周易》卦名，泰吉否凶。指事物发展到极端，就会向其相反的方面转化，好事会变成坏事。

否极阳回：犹言否极泰来。《泰》卦内阳而外阴，故称阳。指坏运到了头好运就来了。

回筹转策：运筹决策。

策无遗算：所出的谋略周密准确，没有遗漏失算之处。

算沙抟（tuán）空：驾驭繁难，能人之所不能。

空谷白驹：驹，小壮的马。很好的一匹折马，却放在山谷里不用。比喻不能任用贤能。

驹齿未落：小马的乳齿尚未更换。比喻人尚年幼。

落花时节：指暮春季节。

节用裕民：裕，富足。节约用度，使人民过富裕的生活。

民胞物与：民为同胞，物为同类。泛指爱人和一切物类。

 成语故事

美芹之献

古人对自己的上书、建议表示自谦，称"芹献"或"献芹"。例如辛弃疾不顾自己官职低微，就宋金双方和与战的前途做具体分析，写成十篇论文，即名之为《美芹十论》。这里的"美芹之献"指的就是地位低微的人提出的好意见，用以自谦所献菲薄，不足当意。

落花时节

"落花时节"出自唐代杜甫的诗《江南逢李龟年》：

岐王宅里寻常见，

崔九堂前几度闻。

正是江南好风景，

落花时节又逢君。

成语练习

1.请根据下面的俗语补充成语。

伸手不见掌。——漆（　）一（　）

不吃苦中苦，难为人上人。——千（　）万（　）

近朱者赤，近墨者黑。——（　）移默（　）

说的比唱的好听。——巧舌（　）（　）

不费吹灰之力。——（　）而（　）举

众人拾柴火焰高。——群（　）群（　）

2.请将下面的成语补充完整。

问（　）问（　）　　问（　）问（　）　　闲（　）闲（　）

闲（　）闲（　）　　涎（　）涎（　）　　涎（　）涎（　）

相（　）相（　）　　相（　）相（　）　　相（　）相（　）

相（　）相（　）

第六步

成语接龙

与受同科　科头徒跣　跣足科头　头上安头　头昏脑眩　眩碧成朱

朱盘玉敦　敦默寡言　言笑不苟　苟且偷安　安贫乐贱　贱买贵卖

卖剑买琴　琴挑文君　君臣佐使　使愚使过　过桥抽板　板上钉钉
钉嘴铁舌　舌剑唇枪　枪林刀树　树德务滋　滋蔓难图　图财害命
命塞时乖　乖唇蜜舌　舌挢不下　下车作威　威凤祥麟　麟凤龟龙
龙骧凤矫　矫揉造作　作法自弊　弊衣疏食　食不下咽

成语解释

与受同科：行贿和受贿的人受到同等的处罚。

科头徒跣（xiǎn）：科头，不戴帽子；徒跣，光脚。光着头赤着脚。同"科头跣足"。

跣足科头：跣足，光脚。赤着脚光着头。

头昏脑眩：头部昏晕，脑子发胀。

眩碧成朱：比喻颠倒是非。

朱盘玉敦：朱盘，用珍珠装饰的盘子；玉敦，玉制的盛器。特指古代天子、诸侯歃血为盟时所用的礼器。

敦默寡言：稳重而少言语。

言笑不苟：不随便谈笑。形容态度严肃庄重。同"不苟言笑"。

苟且偷安：苟且，得过且过；偷安，只图眼前的安逸。只顾眼前的安逸，不顾将来。

安贫乐贱：安于贫贱，并以此为乐。

贱买贵卖：低价买进，高价售出。

卖剑买琴：指没有功名意识，志在归隐。

琴挑文君：挑，挑逗，挑引。比喻挑动对方的爱慕之情，并表达自己的爱意。亦作"琴心相挑"。

君臣佐使：原指君主、臣僚、僚佐、使者四种人分别起着不同的作用，后指中药处方中的各味药的不同作用。

使愚使过：使，用；愚，笨。用人所短，为己服务。也形容利用人的不同特点，以发挥他的长处。

过桥抽板：比喻目的达到后，就把帮助过自己的人一脚踢开。

板上钉钉：在石板上钉上铁钉。比喻事情已经决定，不能改变。

钉嘴铁舌：形容嘴硬，不认错，不服输。

舌剑唇枪：舌如剑，唇像枪。形容争辩激烈，言辞锋利，针锋相对，各不相让。

枪林刀树：犹言刀枪林立。形容激烈战斗的场面。

树德务滋：树，立；德，德惠；务，必须；滋，增益，加多。向百姓施行德惠，务须力求普遍。

滋蔓难图：本指野草滋生，难以消除。后以之比喻势力扩大了再要消灭它就很困难。

图财害命：图，谋取。为了劫夺财物，害人性命。

命蹇（jiǎn）时乖：蹇，一足偏废，引申为不顺利；乖，不顺利。指命运不济，遭遇坎坷。

乖唇蜜舌：形容口齿伶俐，惯于说讨人喜欢的甜言蜜语。

舌挢不下：挢，翘起。翘起舌头，久久不能放下。形容惊讶或害怕时的神态。

下车作威：原指封建时代官吏一到任，就显示威风，严办下属。后泛指一开头就向对方显示一点厉害。

威凤祥麟：麒麟和凤凰，古代传说是吉祥的象征，只有在太平盛世才能见到。后比喻非常难得的人才。

麟凤龟龙：此四种神灵动物，象征吉兆。比喻稀有珍贵的东西。也比喻品格高尚、受人敬仰的人。

龙骧凤矫：龙腾凤飞。喻指行动迅猛。

矫揉造作：矫，使弯的变成直的；揉，使直的变成弯的。比喻故意做作，不自然。

作法自弊：指自己立法反而使自己受害。

弊衣疏食：破旧的衣着，粗粝的饭食。谓生活清苦。

食不下咽：食物虽在口中但咽不下去。形容忧心忡忡，不思饮食。

成语故事

琴挑文君

西汉时期，辞赋家司马相如在梁孝王死后回到成都老家，他家十分贫寒，生活十分艰难。他的朋友邻邛（qióng）县令王吉邀请他去大财主卓王孙家去做客。他看上了卓王孙的寡妇女儿卓文君，两人以琴心相挑，最后私奔回到他那家徒四壁的家，开始过他们清苦的生活。

过桥抽板

宋太祖赵匡胤"陈桥兵变"后夺得帝位，任用赵普为枢密直学士，凡国家大事都与他商量。当时，禁军将领石守信、王审琦等人都是赵匡胤的亲信，是在"陈桥兵变"中拥立赵匡胤称帝的人，在军队中有很大的势力。

赵匡胤曾经问赵普说："唐末以来，几十年换了若干姓皇帝，天下不安，这到底是什么原因？欲使国家长治久安，卿又有何良策呢？"赵普回答说："天下不安的原因是将权重而君权轻。欲长治久安，就要夺其权，收其兵，控其钱谷。"心有灵犀一点通。赵普的话未说完，赵匡胤便止住了他。就在这年秋天的一个傍晚，赵匡胤准备了丰盛的筵席，特邀石守信、王审琦等人宴饮，酒至半酣，赵匡胤突然感叹说："我不是靠着诸位的力量就没有今天，但是做皇帝也难啊！反倒不如做个节度使快活。自从当了皇帝，我没有哪一个晚上睡安稳过！"

　　石守信等人听了急忙追问是为什么。赵匡胤回答说："你们想想看，皇帝的位置谁不想要呢？我时时刻刻担心着有人夺取帝位，能睡得安稳吗？"石守信等人连忙说："皇上怎么这样说呢？现在天下已定，谁敢图谋不轨呢？"赵匡胤冷冷一笑说："你们几位当然不会。但是，假如你们的部属硬要把黄袍加在你们的身上，逼你们造反，就像你们当初对我那样，那恐怕就由不得你们了吧！"石守信等人慌忙起身叩头，说："臣等愚昧，不曾想到这么远，还望皇上看在多年追随的情分上，给我们指一条生路吧。"赵匡胤满心欢喜，嘴上却只是缓一缓气说："唉，人生短促，不如及时行乐。我是没有办法的了，生就一世受苦的命，可你们还来得及。你们也算是功成名就了，何不放下兵权，选择藩镇大邑去多置田产，安享富贵。这样既可以使子孙后代无贫乏之忧，又可以使君臣之间无猜忌之疑，上下相安，那该有多好啊！"石守信等人听到这里，心头都明白了是为什么，不管乐意不乐意，都只好下跪谢恩说："皇上关心臣等到这个程度，真是生死骨肉之情啊！我们还有什么好说的呢？"第二天，石守信等人便当朝请病假请求免去军职。赵匡胤一一批准，个个给予重金赏赐，并把他们全封成节度使，一律出守外地。当时，地方的军权都归各州统辖，节度使不过是无权的虚衔。

 成语练习

1.请将下面的成语和与之相关的人物连线。

滥竽充数	晏婴
乐极生悲	周公
比肩继踵	田豫
吐哺握发	伍子胥
钟鸣漏尽	南郭先生
日暮穷途	淳于髡

2.请根据下面这首诗补充成语。

秋夜寄邱员外

唐·韦应物

怀君属秋夜，散步咏凉天。

空山松子落，幽人应未眠。

我醉欲（　）　　草创（　）就　　二三（　）（　）

（　）末（　）风　　胸（　）磊（　）　　（　）桑寓柳

（　）（　）耳目　　（　）谷（　）兰　　固（　）自封

（　）带衡门　　顺天（　）人　　皮里阳（　）

剑树刀（　　）　　　　（　　）不闭户　　　　鹤骨（　　）筋

第七步

 成语接龙

咽苦吐甘　甘井先竭　竭尽全力　力殚财竭　竭智尽力　力不胜任
任人唯亲　亲当矢石　石赤不夺　夺其谈经　经明行修　修桥补路
路不拾遗　遗编坠简　简要清通　通衢广陌　陌路相逢　逢场作乐
乐昌之镜　镜破钗分　分星拨两　两脚野狐　狐媚猿攀　攀龙附骥
骥服盐车　车无退表　表里如一　一点灵犀　犀颅玉颊　颊上添毫
毫毛不犯　犯而不校　校短量长　长辔远驭　驭风骖鹤

成语解释

咽苦吐甘：指母亲自己吃粗劣食物，而以甘美之物哺育婴儿。形容母爱之深。

甘井先竭：甜水井的水先枯竭。比喻有才能的人往往早衰。

竭尽全力：竭尽，用尽。用尽全部力量。

力殚财竭：殚，尽。力量和财物都已耗尽。

竭智尽力：用尽智慧和力量。

力不胜任：胜任，能担当得起。能力担当不了。

任人唯亲：任，任用；唯，只；亲，关系密切。指用人不问人的德才，只选跟自己关系亲密的人。

亲当矢石：指将帅亲临作战前线。

石赤不夺：石质坚硬，丹砂色鲜红，均不可改变。比喻意志坚定不移。

夺其谈经：比喻在辩论中压倒众人。

经明行修：旧指通晓经学，品行端正。

修桥补路：修建桥梁，补好道路。旧喻热心公益，解囊行善。

329

遗编坠简：指散佚而残缺不全的典籍。同"遗编断简"。

简要清通：指处事简练扼要，明白通达。

通衢（qú）广陌：四通八达的宽广大路。

陌路相逢：与陌生人相遇在一起。

逢场作乐：犹言逢场作戏。偶尔随俗应酬凑凑热闹。

乐昌之镜：比喻夫妻分离。同"乐昌分镜"。

镜破钗分：比喻夫妻失散、离异。

分星拨两：犹言斤斤计较。

两脚野狐：比喻奸诈的人。

狐媚猿攀：像狐狸那样善于迷惑人，像猿猴那样善于攀高。比喻不择手段地追求名利。

攀龙附骥：攀，攀附；骥，好马。比喻攀附圣贤，归附俊杰。

骥服盐车：骥，骏马；服，驾驭。让骏马驾盐车。比喻使用人才不当。

车无退表：兵车无后退的标志。引申为军队决不退却。

表里如一：表，外表；里，内心。表面和内心像一个东西。形容言行和思想完全一致。

一点灵犀：指犀角上有纹，两头感应通灵，故比喻心心相印。也用于指聪敏。

犀颅玉颊：额角骨突出如犀，脸颊洁白如玉。借指相貌不凡的年轻人。

颊上添毫：颊，面颊；毫，毫毛。给人画像时在脸上添上几根毫毛。比喻文章经润色后更加精彩。

毫毛不犯：指丝毫不侵占。

犯而不校：犯，触犯；校，计较。受到别人的触犯或无礼也不计较。

校短量长：指衡量人物的长处和短处。

长辔（pèi）远驭：用长缰绳远远地驾驭拉车的马。比喻远距离操纵，控制另外的人或物。

驭凤骖（cān）鹤：驾凤骑鹤。传说中仙人多驾鹤升天，故用以比喻仙人或得道之士。今常作为哀挽妇女用语。

成语故事

亲当矢石

公元550年，高洋取代东魏建立北齐，称文宣皇帝，他是鲜卑化了的汉人，好勇斗狠，连年出兵攻打突厥、契丹等部落，大获全胜。每次临阵作战都身先士卒，不怕牺牲，亲自阻挡敌人的箭和石头，他以骁勇善战而出名。

颊上添毫

东晋画家顾恺之画的裴楷，面颊上添了三根胡须。有人问他为何这样，顾恺之说："裴楷英俊爽朗，有见识，有才具，这三根胡须正是他的见识才具。"看画的人玩味他的话，忽然也觉得增加三根胡须好像就添了神韵，比没有时强多了。

 **成语练习**

1. 请用意思相反的词补充下面的成语。

（　）（　）交加　　　　（　）（　）分明　　　　（　）（　）维谷

（　）（　）如一　　　　（　）（　）缓急　　　　（　）（　）攸关

（　）（　）怪气　　　　（　）（　）垂成　　　　举足（　）（　）

礼尚（　）（　）　　　　颠倒（　）（　）　　　　无关（　）（　）

2. 趣味成语填空练习。

最坏的结局——不得（　）（　）

最红的心——（　）（　）之心

最爱学习的人——如（　）似（　）

最爱工作的人——（　）寝（　）食

最坏的名声——（　）（　）万年

最高明的指挥———一呼（　）（　）

第八步

成语接龙

鹤短凫长　　长枕大衾　　衾影独对　　对牛鼓簧　　簧口利舌　　舌尖口快

快人快语　　语四言三　　三复白圭　　圭璋特达　　达地知根　　根连株拔

拔树寻根　　根据盘互　　互剥痛疮　　疮好忘痛　　痛定思痛　　痛哭流涕

涕泗交颐　　颐养天年　　年谷不登　　登山小鲁　　鲁鱼亥豕　　豕亥鱼鲁

鲁卫之政　　政以贿成　　成家立计　　计出无聊　　聊以自娱　　娱心悦目

目断鳞鸿　　鸿案鹿车　　车载船装　　装怯作勇　　勇冠三军

成语解释

鹤短凫长：比喻颠倒是非，妄加评论。

长枕大衾：比喻兄弟友爱。

衾影独对：指独自一人。

对牛鼓簧：比喻对不懂事理的人讲理或言事。常含有徒劳无功或讽刺对方愚蠢之意。同"对牛弹琴"。

簧口利舌：形容善于言辞。多含贬义。

舌尖口快：尖，尖锐，锋利；快，锐利，爽快。形容口舌伶俐，说话爽快。也指说话尖刻，不肯让人。

快人快语：快，爽快，痛快。直爽的人说直爽的话。

语四言三：指信口乱说闲话。

三复白圭（guī）：指慎于言行。

圭璋特达：形容德才卓绝，与众不同。

达地知根：指根底清楚、明白。

根连株拔：指连根拔除。

拔树寻根：比喻追究到底。

根据盘互：指把持据守，互相勾结。同"根据槃互"。

互剥痛疮：比喻互揭隐私。

疮好忘痛：犹言好了伤疤忘了痛。

痛定思痛：指悲痛的心情平静以后，再追想当时所受的痛苦。常含有警惕未来之意。

痛哭流涕：涕，眼泪。形容伤心到极点。

涕泗交颐：眼泪鼻涕流满脸颊。形容哀恸哭泣。

颐养天年：指保养年寿。

年谷不登：年谷，一年收获的谷物；登，成熟，完成。指年成很差，荒年。

登山小鲁：比喻学问既高便能融会贯通，眼光远大。

鲁鱼亥豕：把"鲁"字错成"鱼"字，把"亥"字错成"豕"字。指书籍在传写或刻印过程中的文字错误。

豕亥鱼鲁：指书籍传写或刊印中的文字错误。

鲁卫之政：比喻情况相同或相似。

政以贿成：形容旧社会政治腐败，官场黑暗，不行贿就办不成事。

成家立计：犹言成家立业。

计出无聊：主意出于无可奈何。

聊以自娱：聊，姑且。姑且用以自我娱乐宽慰。

娱心悦目：娱、悦，使愉快。使心情愉快，耳目舒畅。

目断鳞鸿：鳞鸿，鱼和雁，比喻书信。形容望眼欲穿，盼望书信到来。

鸿案鹿车：比喻夫妻之间相互尊重，相互体贴，同甘共苦。

车载船装：形容数量很多。

装怯作勇：本来胆怯，却装出勇敢的样子。

勇冠三军：冠，位居第一；三军，军队的统称。指勇敢或勇猛是全军第一。

鸿案鹿车

东汉时期穷书生梁鸿与三十岁的孟光结婚,抛弃孟家的富裕生活,到霸陵山区隐居,帮皋伯通打短工,孟光给梁鸿送饭时把托盘举到和眉毛一样高,两人十分恩爱。

汉朝渤海人鲍宣的妻子姓桓,字少君。鲍宣曾经跟随少君的父亲学习,少君的父亲惊讶于鲍宣能守清苦,所以把女儿嫁给他,并送了他许多嫁妆。鲍宣不高兴,对少君说:"你生在富贵人家,习惯于穿好衣服、佩戴美饰,可是我家很贫穷,恐怕我们不合适。"少君说:"我父亲因为先生修德守约,故让我来为你侍巾持栉。既然奉承先生,当唯命是从。"妻子于是脱去身上的服饰,换上了一身粗布衣裳,和鲍宣一起拉着鹿车来到乡里,两人同甘共苦传为佳话。

成语"鸿案鹿车"就是根据这两个典故来的。

1.成语选择题。

（1）成语"天各一方"是刘备对谁说的？（　　）

A 关羽　　　　　　B 诸葛亮　　　　　　C 徐庶

（2）成语"歌声绕梁"说的是战国时期的歌女（　　）

A 韩娥　　　　　　B 薛涛　　　　　　C 绿珠

（3）成语"及瓜而代"中的"及"意思是（　　）

A 赶得上　　　　　B 和，与　　　　　C 到……的时候

（4）成语"章台杨柳"最初"柳"指的是（　　）

A 柳树　　　　　　B 一个姓柳的人　　　　　C 书信

2.请圈出下面成语中的错别字并写出正确的。

面壁工深（　　）　　独布天下（　　）　　波阑不惊（　　）　　伯舟之誓（　　）

初出矛庐（　）　　放荡不济（　）　　渐入佳镜（　）　　忠饱私囊（　）

北辕使楚（　）　　不言尔喻（　）　　额手成庆（　）　　来日方常（　）

第九步

成语接龙

军临城下　　下愚不移　　移罇就教　　教导有方　　方正不阿　　阿谀逢迎

迎刃而解　　解甲休兵　　兵销革偃　　偃革为轩　　轩然霞举　　举例发凡

凡才浅识　　识明智审　　审几度势　　势穷力屈　　屈艳班香　　香车宝马

马迟枚疾　　疾首嚬蹙　　蹙金结绣　　绣虎雕龙　　龙雏凤种　　种学绩文

文恬武嬉　　嬉笑怒骂　　骂天扯地　　地狱变相　　相知恨晚　　晚生后学

学以致用　　用逸待劳　　劳苦功高　　高举远蹈　　蹈机握杼

成语解释

军临城下：敌军已来到自己的城墙下面。比喻情势十分危急。

下愚不移：移，改变。下等的愚人，绝不可能有所改变。旧时儒家轻视劳动人民的观点。也指不求上进，不想学好。

移罇（zūn）就教：罇，古代盛酒器；就，凑近。端着酒杯离座到对方面前共饮，以便请教。比喻主动去向人请教。

教导有方：教育引导很有办法。

方正不阿：方正，品行正直；阿，阿谀，谄媚。指为人品行正直，不逢迎谄媚。

阿谀逢迎：阿谀，用言语恭维别人；逢迎，迎合别人的心意。奉承，拍马，讨好别人。

迎刃而解：原意是说，劈竹子时，头上几节一破开，下面的顺着刀口自己就裂开了。比喻处理事情、解决问题很顺利。

解甲休兵：指不再战斗。同"解甲休士"。

兵销革偃：销毁兵器，放下甲盾。指太平无战事。

偃革为轩：指停息武备，修治文教。

轩然霞举：轩然，高高的样子。像云霞高高飘举。形容人俊美潇洒。

举例发凡：发凡，揭示全书的通例。指分类举例，说明全书的体例。

凡才浅识：才能平庸，识见肤浅。

识明智审：识见明敏，智虑周详。

审几度势：省察事机，揣度形势。

势穷力屈：形势窘迫，力量衰竭。

屈艳班香：屈，指屈原；班，指班固。像《楚辞》、汉赋那样辞藻艳丽，情味浓郁。称赞诗文优美。

马迟枚疾：用于称赞各有长处。同"马工枚速"。

疾首顣（pín）蹙：犹言疾首蹙额。

蹙金结绣：形容文章精美，结构严密。

绣虎雕龙：比喻文章的辞藻华丽。

龙雏凤种：指帝王后裔。

种学绩文：培养学识，积累文才。

文恬武嬉：恬，安闲；嬉，玩乐。文官安闲自得，武官游荡玩乐。指官吏只知贪图安逸享受，吃喝玩乐，不关心国事。

嬉笑怒骂：嬉，游戏。比喻不论什么题材和形式，都能任意发挥，写出好文章来。

骂天扯地：不指明对象地诅咒漫骂。同"骂天咒地"。

地狱变相：旧时比喻社会的黑暗残酷。

相知恨晚：相知，相互了解。认识太晚了。形容新交的朋友十分投合。

晚生后学：泛指学习同一技艺或同一学问的后生晚辈。

学以致用：学习了要能用于实际。

用逸待劳：以逸待劳。谓作战时采取守势，养精蓄锐，待敌军奔走疲惫之后，乘机出击以取胜。

劳苦功高：出了很多力，吃了很多苦，立下了很大的功劳。

高举远蹈：举，起飞；蹈，踩上。指远离官场，隐居起来。

蹈机握杼：脚踩布机，手握筘梭。比喻掌握着事物发展变化的枢键。

成语故事

迎刃而解

公元280年，西晋镇南大将军杜预向晋武帝司马炎建议讨伐吴国，他调兵遣将，十天功夫就占领了长江流域的大片地方。当时有人建议收兵待来年春天再战。杜预认

为要乘胜追击，趁士气高涨时出兵就能迎刃而解，不久就一举占了吴国。

成语练习

1. 以"情"字开头的成语。

情窦（　）（　）　　　情不（　）（　）　　　情长（　）（　）

情深（　）（　）　　　情投（　）（　）　　　情急（　）（　）

情同（　）（　）　　　情文（　）（　）　　　情意（　）（　）

（　）（　）人情　　　（　）（　）人情　　　（　）（　）钟情

（　）（　）常情　　　（　）（　）含情　　　（　）（　）留情

第十步

成语接龙

杼柚其空	空腹便便	便还就孤	孤鸿寡鹄	鹄形鸟面	面面相窥
窥豹一斑	斑衣戏彩	彩云易散	散带衡门	门堪罗雀	雀马鱼龙
龙韬豹略	略窥一斑	班班可考	考绩幽明	明明赫赫	赫赫魏魏
魏紫姚黄	黄雀伺蝉	蝉蜕蛇解	解人难得	得意扬扬	扬厉铺张
张脉偾兴	兴利除弊	弊帚千金	金戈铁骑	骑者善堕	堕云雾中
中流一壶	壶浆箪食	食毛践土	土鸡瓦狗	狗苟蝇营	

成语解释

杼柚其空：形容生产废弛，贫无所有。

空腹便便：便便，肥胖的样子。比喻并无真才实学。

便还就孤：就撤回到我这里。

孤鸿寡鹄：孤，孤单；鸿，鸿雁；寡，失偶的妇人；鹄，天鹅。孤独失伴的天鹅。

比喻失去配偶的男女。

鹄形鸟面：指饥疲瘦削的样子。

面面相觑：相视无言。形容因紧张或惊惧而束手无策之状。

窥豹一斑：从竹管的小孔里看豹，只看到豹身上的一块斑纹。比喻只看到事物的一部分，指所见不全面或略有所得。

斑衣戏彩：指身穿彩衣，作婴儿戏耍以娱父母。后以之为老养父母的孝亲典故。

彩云易散：美丽的彩云容易消散。比喻美满的姻缘被轻易拆散。

散带衡门：指退官闲居或过隐居生活。

门堪罗雀：形容十分冷落，宾客稀少。同"门可罗雀"。

雀马鱼龙：泛指珍禽异兽。

龙韬豹略：指兵法。

略窥一斑：比喻大致看到一些情况，但不够全面。同"略见一斑"。

班班可考：班班，明显的样子。指事情源流始末清清楚楚，可以考证。

考绩幽明：考绩，考核官吏政绩；幽，昏暗；明，清白。指考核官吏政绩得失。

明明赫赫：形容光亮夺目，声势显赫。

赫赫魏魏：显赫高大的样子。同"赫赫巍巍"。

魏紫姚黄：魏紫，千叶肉红牡丹，出于魏仁溥家；姚黄，千叶黄花牡丹，出于姚氏民家。原指宋代洛阳两种名贵的牡丹品种。后泛指名贵的花卉。

黄雀伺蝉：螳螂正要捉蝉，不知黄雀在它后面正要吃它。比喻祸事临头还不知道。

蝉蜕蛇解：如蝉脱壳，如龙蛇换皮。比喻解脱而进入更高境界。后世道教多以指羽化成仙。

解人难得：解人，原指通达言语或文辞意趣的人，借指知己；难得，不易得到。比喻知己难得。

得意扬扬：形容非常得意的样子。

扬厉铺张：夸大渲染。

张脉偾（fèn）兴：张，通"胀"。血管膨胀，青脉突起。后以指因冲动而举措失宜。

兴利除弊：弊，害处，坏处。兴办对国家人民有益利的事业，除去各种弊端。

弊帚千金：对自家的破旧扫帚，也看成价值千金。比喻对己物的珍视。弊，也作"敝"。

金戈铁骑：比喻战争。也形容战士持枪驰马的雄姿。同"金戈铁马"。

骑者善堕：惯于骑马的人常常会从马上摔下来。比喻擅长某一技艺的人，往往因大意而招致失败。

堕云雾中：堕，落下。落入迷茫的云雾中间。比喻迷惑不解。

中流一壶：壶，指瓠类，系之可以不沉。比喻珍贵难得。

壶浆箪食：原谓竹篮中盛着饭食，壶中盛着酒浆茶水，以欢迎王者的军队。后多用指百姓欢迎、慰劳自己所拥护的军队。

食毛践土：毛，指地面所生之谷物；践，踩。原意是吃的食物和居住的土地都是国君所有。封建官吏用以表示感戴君主的恩德。

土鸡瓦狗：比喻徒有虚名而无实用的东西。同"土鸡瓦犬"。

狗苟蝇营：比喻为了名利不择手段，像苍蝇一样飞来飞去，像狗一样不知羞耻。

成语故事

黄雀伺蝉

春秋时期，吴王寿梦要攻打楚国，并禁止大臣提反对意见，有一个大臣的儿子听说后，想到一个办法，他带上弹弓到王宫花园去打鸟，然后就站在一棵大树下面不动了。吴王见了问他干什么呢，他说在看螳螂捕树上的蝉，而黄雀在后面等着吃螳螂。吴王听了一想觉得自己的处境同螳螂差不多，所以取消了攻打楚国的计划。

成语练习

1. 请分别用下面的成语造一个句子。

面面相觑：＿＿＿＿＿＿＿＿＿＿＿＿＿＿＿＿＿＿＿

得意扬扬：＿＿＿＿＿＿＿＿＿＿＿＿＿＿＿＿＿＿＿

生龙活虎：＿＿＿＿＿＿＿＿＿＿＿＿＿＿＿＿＿＿＿

乐此不疲：＿＿＿＿＿＿＿＿＿＿＿＿＿＿＿＿＿＿＿

名正言顺：＿＿＿＿＿＿＿＿＿＿＿＿＿＿＿＿＿＿＿

2. 请根据下面的要求将成语归类。

血浓于水　洛阳纸贵　恩重如山　语惊四座　草长莺飞　出口成章
烈日炎炎　口若悬河　冰天雪地　生死相依　指桑骂槐　得陇望蜀

描写四季气候：＿＿＿＿＿＿＿＿＿＿＿＿＿＿＿＿＿＿＿

描写人物口才：＿＿＿＿＿＿＿＿＿＿＿＿＿＿＿＿＿＿＿

描写人间情谊：＿＿＿＿＿＿＿＿＿＿＿＿＿＿＿＿＿＿＿

来自历史故事：＿＿＿＿＿＿＿＿＿＿＿＿＿＿＿＿＿＿＿

第一步

成语接龙

营私罔利	利市三倍	倍道而行	行动坐卧	卧不安枕	枕山臂江
江左夷吾	吾谁与归	归真返璞	璞玉浑金	金人之缄	缄口不言
言从计纳	纳谏如流	流离播越	越俎代谋	谋无遗策	策名委质
质非文是	是是非非	非池中物	物以类聚	聚少成多	多艺多才
才貌两全	全知全能	能者为师	师道尊严	严丝合缝	缝衣浅带
带砺河山	山栖谷隐	隐约其辞	辞不获命	命中注定	

成语解释

营私罔利：指谋求私利。

利市三倍：利市，利润；三倍，几倍。形容买卖得到的利润极多。

倍道而行：加快速度，一天走两天的行程。

行动坐卧：泛指人的举止和风度。

卧不安枕：睡不安宁。形容心事、忧虑重重。同"卧不安席"。

枕山臂江：指依山傍水。

江左夷吾：管夷吾，春秋时期政治家管仲，相齐桓公成霸业。后来诗文中多以之称有辅国救民之才的人。

吾谁与归：我同谁一起相处。指对志同道合者的寻求。

归真返璞：归，返回；真，天然，自然；璞，蕴藏有玉的石头，也指未雕琢的玉。去掉外饰，还其本质。比喻回复原来的自然状态。

璞玉浑金：比喻天然美质，未加修饰。多用来形容人的品质淳朴善良。

金人之缄（jiān）：比喻因有顾虑而闭口不说话。

缄口不言：缄，封闭。封住嘴巴，不开口说话。

言从计纳：讲的话、出的主意，都听从采纳。

纳谏如流：纳，采纳，接受；谏，旧指规劝君主或尊长，使改正错误；如流，迅速。接受劝谏就像流水那样自然。形容非常乐意听取别人意见。

流离播越：指流转迁徙。

越俎代谋：犹言越俎代庖。

谋无遗策：指谋划时没有遗漏的计策。形容谋划周密。

策名委质：用以指因仕宦而献身于朝廷之事。

质非文是：徒有华美的外表，而无相应的实质。

是是非非：把对的认为是对的，把错的认为是错的。比喻是非、好坏分得非常清楚。

非池中物：不是长期蛰居池塘中的小动物。比喻有远大抱负的人终究要做大事。

物以类聚：同类的东西聚在一起。指坏人彼此臭味相投，勾结在一起。

聚少成多：聚，集合，会合。一点一滴的积累，就会由少变多。

多艺多才：具有多方面的才能和技艺。同"多才多艺"。

才貌两全：才学相貌都好。同"才貌双全"。

全知全能：无所不知，无所不能。

能者为师：会的人就当老师。即谁会就向谁学习。

师道尊严：本指老师受到尊敬，他所传授的道理、知识、技能才能得到尊重。后多指为师之道尊贵、庄严。

严丝合缝：指缝隙严密闭合。

缝衣浅带：宽袖大带是古代儒者的服饰，借指儒者。

山栖谷隐：在山中栖身，到谷中喝水。形容隐居生活。

隐约其辞：隐约，不明显，不清楚。形容说话躲躲闪闪，使人不易完全明白。

辞不获命：指辞谢而未获允许。

命中注定：迷信的人认为人的一切遭遇都是命运预先决定的，人力无法挽回。

成语故事

江左夷吾

温峤（qiáo）出任刘琨的使者初到江南来。这时候，江南的政权刚开始建立，纲目法纪还没有制定。温峤初到，对这种种情况很是忧虑。随即拜见丞相王导，诉说晋帝被囚禁流放、社稷宗庙被焚烧、先帝陵寝被毁坏的惨状，表现出亡国的哀痛。温峤言语间忠诚愤慨、感情激烈，边说边涕泗横流，丞相王导也随着他一起哭泣。温峤叙述实际情况完毕后，便真诚地提出结交的意愿，王丞相也真诚地予以接纳。温峤出来后，高兴地说："江南自有像管夷吾那样的人，我还有什么担忧的呢？"

成语练习

1.请用数字把下面的成语补充完整。

( )( )成群　　　( )( )归一　　　( )( )大顺

( )( )雄兵　　　( )( )其德　　　( )( )而立

( )( )佳人　　　( )( )火急　　　( )( )寒冬

( )( )不通　　　( )( )之尊　　　( )( )金钗

2.请把下面的成语补充完整。

风雨( )( )　　　风雨( )( )　　　风雨( )( )

风雨( )( )　　　风雨( )( )　　　风雨( )( )

风雨( )( )　　　风雨( )( )　　　风雨( )( )

风雨( )( )　　　风雨( )( )　　　风雨( )( )

成语接龙

定于一尊　尊主泽民　民淳俗厚　厚貌深辞　辞微旨远　远见卓识

识才尊贤　贤妻良母　母以子贵　贵不可言　言简义丰　丰功懿德

德容言功　功高震主　主敬存诚　诚心诚意　意气自若　若释重负

负重涉远　远虑深谋　谋臣猛将　将遇良才　才子佳人　人欢马叫

叫苦连天　天生丽质　质而不野　野鹤孤云　云程万里　里勾外连

连战皆捷　捷报频传　传为佳话　话不投机　机变如神

成语解释

定于一尊：尊，指具有最高权威的人。旧指思想、学术、道德等以一个最有权威的人做唯一的标准。

尊主泽民：尊崇君主，泽惠生民。

民淳俗厚：民风质朴敦厚。

厚貌深辞：外貌厚道，内心不可捉摸。同"厚貌深情"。

辞微旨远：辞，文辞，言辞；微，隐蔽，精深；旨，意思，目的。言词隐微而表达的意思很深远。

远见卓识：有远大的眼光和高明的见解。

识才尊贤：能识别并尊重有才能的人。

贤妻良母：丈夫的好妻子，孩子的好母亲。

母以子贵：母亲因儿子的显贵而显贵。

贵不可言：旧时多用以称人贵有帝王、王后之相。此话不能直言，故婉称之。

言简义丰：语言简练，含意丰富。

丰功懿（yì）德：巨大的功勋，隆盛的德泽。同"丰功茂德"。

德容言功：封建礼教要求妇女应具备的品德。

功高震主：功，功劳，功勋；震，震动、威震；主，君主。功劳太大，使君主受到震动而心有疑虑。

主敬存诚：指恪守诚敬。宋儒以此为律身之本。

诚心诚意：形容十分真挚诚恳。

意气自若：自若，不改常态，还像原来的样子。神情自然如常。比喻遇事神态自然，十分镇静。亦作"意气自如"。

若释重负：形容紧张心情过去以后的轻松愉快。同"如释重负"。

负重涉远：背着重东西走远路。比喻能够负担艰巨任务。同"负重致远"。

远虑深谋：指计划周密，考虑深远。

谋臣猛将：善于谋划的文臣和勇猛善战的将帅。

将遇良才：将，将领；良才，高才。多指双方本领相当，能人碰上能人。

才子佳人：泛指有才貌的男女。

人欢马叫：人在呼喊，马在嘶鸣。形容一片喧闹声。

叫苦连天：不住地叫苦。形容十分痛苦。

天生丽质：天生，天然生成；丽质，美丽的姿容。形容女子妩媚艳丽。

质而不野：质，朴素、单纯；野，粗俗。质朴而不粗俗。同"质而不俚"。

野鹤孤云：比喻无拘无束、来去自如的人。同"闲云孤鹤"。

云程万里：形容前程非常远大。

里勾外连：内外勾结，串通一气。

连战皆捷：打仗接连取得胜利。今多指体育比赛或考试等接连取得好成绩。

捷报频传：捷报，胜利的消息；频，屡次。胜利的消息不断地传来。

传为佳话：指传扬开去，成为人们赞美、称颂的事情。

话不投机：投机，意见相合。形容话说不到一起。

机变如神：机变，机智，权变。机智权变，神奇莫测。

成语故事

母以子贵

母以子贵是中国传统儒学中重要的伦理准则之一，母亲的身份随儿子地位的提高而提高。《公羊传·鲁隐公元年》："子以母贵，母以子贵。"中国古代王位继承法规定，皇帝有嫡子，则立嫡不立长，母亲是否是皇后决定儿子能否做太子；皇帝无嫡子，则立长不立贤，庶子立为太子后，其母多半可以立为皇后，儿子地位提高使母亲地位提高。其他诸侯的世袭爵位基本依据这一原则。

这一制度对社会也产生普遍影响。在官场，儿子中举为官，或效命沙场得到升迁，其母就能受到社会普遍尊敬，甚至被皇帝封为"诰命"。在家庭中，妻子若不能生子，则地位低下，丈夫可以以此为理由纳妾甚至休妻。这一现象反映出封建时代对妇女的歧视，她们的价值不取决于自身的价值，而由其儿子的地位来决定。

成语练习

1. 请把下面的叠字成语补充完整。

( )( )迢迢 　　( )( )惶惶 　　( )( )眈眈

( )( )咄咄 　　( )( )辘辘 　　( )( )止止

( )( )吁吁 　　( )( )绵绵 　　( )( )籍籍

( )( )盈盈 　　( )( )佼佼 　　( )( )怡怡

2. 请将成语和它所对应的歇后语连线。

诸葛亮摆空城计　　　　异口同声

华佗治病　　　　　　　形影不离

电锯开木头　　　　　　顽固不化

千人大合唱　　　　　　取长补短

月光下跳舞　　　　　　化险为夷

北极上的冰川　　　　　妙手回春

矮子踩高跷　　　　　　当机立断

第三步

成语接龙

神采焕发　发愤图强　强兵富国　国富民安　安如泰山　山盟海誓
誓天指日　日久天长　长命富贵　贵在知心　心安理得　得心应手
手足之情　情不自禁　禁止令行　行成于思　思贤如渴　渴者易饮
饮食起居　居仁由义　义正词严　严霜烈日　日新月异　异草奇花
花街柳市　市道之交　交浅言深　深藏若虚　虚无恬淡　淡泊明志
志广才疏　疏财仗义　义形于色　色仁行违　违害就利

成语解释

神采焕发：神采，人的精神、神气和光彩；焕发，光彩四射。形容精神饱满，生气勃勃的风貌。

发愤图强：发愤，决心努力；图，谋求。决心奋斗，努力谋求强盛。

强兵富国：使兵力强大，国家富足。

国富民安：国家富强，人民安定。

安如泰山：形容像泰山一样稳固，不可动摇。

山盟海誓：盟，盟约；誓，誓言。指男女相爱时立下的誓言，表示爱情要像山和海一样永恒不变。

誓天指日：对着天、日发誓。

日久天长：时间长，日子久。

长命富贵：既长寿又富裕显贵。

贵在知心：以知心交心为贵，指朋友之间心心相印。

心安理得：得，适合。自以为做的事情合乎道理，心里很坦然。

得心应手：得，得到，想到；应，反应，配合。心里怎么想，手就能怎么做。比喻技艺纯熟或做事情非常顺利。

手足之情：手足，比喻兄弟。比喻兄弟的感情。

情不自禁：禁，抑制。感情激动得不能控制。强调完全被某种感情所支配。

禁止令行：指施禁则止，出令则行。同"令行禁止"。

行成于思：行，做事；思，思考。做事情成功是因为多思考，失败是由于不经心。指做事情要多思考，多分析。

思贤如渴：如渴，如口渴思饮那般，形容迫切。比喻迫切地想招纳有才德的人。

渴者易饮：口渴的人喝什么都觉得甘甜。旧时比喻久经苛政而最知对德政感恩。

饮食起居：指人的日常生活。

居仁由义：内心存仁，行事循义。

义正词严：义，道理。理由正当充足，措辞严正有力。

严霜烈日：比喻艰苦环境下的严峻考验或经受此考验的刚毅节操。亦作"烈日秋霜""秋霜烈日"。

日新月异：新，更新；异，不同。每天都在更新，每月都有变化。指发展或进步迅速，不断出现新事物、新气象。

异草奇花：原意是指稀奇少见的花草。也比喻美妙的文章作品等。

花街柳市：指妓院聚集的街市。

市道之交：指买卖双方的关系。比喻人与人之间以利害关系为转移的交情。

深藏若虚：虚，无。把宝贵的东西藏起来，好像没有这东西一样。比喻人有真才实学，但不爱在人前卖弄。

虚无恬淡：清虚淡泊，无所企求。亦作"虚无恬惔"。

淡泊明志：指不追求名利才能使志趣高洁。

志广才疏：犹志大才疏。

疏财仗义：疏财，以财物分人。讲义气，轻视钱财。多指出钱帮助遭难的人。

义形于色：形，表现；色，面容。仗义不平之气在脸上流露出来。

色仁行违：表面上主张仁德，实际行动却背道而驰。

违害就利：避开祸害，追求利益。

成语故事

贵在知心

春秋时期，齐国管仲与鲍叔牙关系特别好，他们合伙做生意，鲍叔牙总是多出本钱少分利，乐意帮助贫寒的管仲。管仲率军打仗兵败，只有鲍叔牙了解他的苦衷。小白执政齐国后，鲍叔牙把相国的位子让给管仲，管仲说："知我者鲍子也。"

 **成语练习**

1.猜一猜，下列谜语的谜底都是成语，请把它补充完整。

忐忑——上下（　）（　）

维他命——（　）己为（　）

钟馗巡街——神（　）鬼（　）

绞刑——（　）之以（　）

老师的教诲——（　）情（　）意

爱吃酸苦辣咸——食（　）（　）味

 成语接龙

利时及物	物归原主	主圣臣良	良辰美景	景升豚犬	犬马之诚
诚至金开	开诚布公	公私兼顾	顾名思义	义气相投	投木报琼
琼枝玉叶	叶落归根	根深蒂固	固步自封	封己守残	残缺不全
全心全意	意满志得	得意门生	生花妙笔	笔饱墨酣	酣歌恒舞
舞刀跃马	马耳春风	风轻云淡	淡妆浓抹	抹月批风	风行一世
世异时移	移商换羽	羽毛未丰	丰标不凡	凡夫肉眼	

成语解释

利时及物：指救世济物。

物归原主：归，还给。把物品还给原来的主人。

主圣臣良：君主圣明，臣下忠良。比喻上行下效。亦作"主明臣直""主圣臣直""主

347

贤臣良"。

良辰美景：良，美好；辰，时辰。美好的时光和景物。

景升豚犬：景升，东汉末年荆州牧刘表字。刘表和他的儿子刘琦、刘琮皆碌碌无为。故世人用"景升豚犬"谦称自己的子女。

犬马之诚：比喻诚心实意。一般谦称自己的诚意。

诚至金开：精诚所至，金石为开。

开诚布公：开诚，敞开胸怀，显示诚意。指以诚心待人，坦白无私。

公私兼顾：公家和个人双方的利益都得到照顾。

顾名思义：顾，看；义，意义，含义。从名称想到所包含的意义。

义气相投：彼此志趣、性格相投合。

投木报琼：原指男女相爱互赠礼品。后用以指报答他人对待自己的深情厚谊。

琼枝玉叶：琼，美玉。封建时代称皇家后裔。

叶落归根：树叶从树根生发出来，凋落后最终还是回到树根。比喻事物总有一定的归宿。多指作客他乡的人最终要回到本乡。

根深蒂固：比喻基础深厚，不容易动摇。

固步自封：比喻守着老一套，不求进步。同"故步自封"。

封己守残：指故步自封，抱残守缺。

残缺不全：残，残破；缺，缺少；全，完整。残破、缺少，很不完全。

全心全意：投入全部精力，一点没有保留。

意满志得：因愿望实现而心满意足。亦作"志得意满"。

得意门生：得意，称心如意；门生，亲授业的弟子或科举中试者对座师的自称。后泛指学生。最满意的弟子或学生。

生花妙笔：比喻杰出的写作才能。

笔饱墨酣（hān）：笔力饱满，用墨充足。形容诗文酣畅浑厚。

酣歌恒舞：形容纵情歌舞，耽于声色。

舞刀跃马：挥舞刀枪，纵跃战马。比喻奋勇作战。

马耳春风：比喻把别人的话当作耳边风。同"马耳东风"。

风轻云淡：微风轻拂，浮云淡薄。形容天气晴好。同"风轻云净""云淡风轻"。

淡妆浓抹：妆，装饰；抹，涂抹。形容素雅和艳丽两种不同的装饰。

抹月批风：抹，细切；批，薄切。用风月当菜肴。指吟啸风月，清高自赏。

风行一世：指一个时期在社会上盛行。

世异时移：世、时，社会、时代；异、移，不同、变化。社会变化了，时代不同了。

移商换羽："宫""商""羽"均为古代乐曲五音中之音调名。本指乐曲换调。

比喻事情起了变化。也比喻随声附和。

羽毛未丰：丰，丰满。指小鸟没长成，身上的毛还很稀疏。比喻年纪轻，经历少，不成熟或力量还不够强大。

丰标不凡：风度仪表不同于一般。形容风度出众。

凡夫肉眼：比喻缺乏观察人的眼光。也比喻平凡的见识。

 成语故事

景升豚犬

东汉末年，曹操率军进攻东吴，孙权亲率七万军队迎战，曹操打了败仗就屯兵江北不出战，孙权乘船刺探军情，曹操见孙权军纪严明，感慨地说："生子当如孙仲谋，刘表的儿子不过像猪狗罢了。"双方对峙一月，曹操就撤军回到了北方。

顾名思义

三国时，魏文帝曹丕的太子老师（史称太子文学）叫王咏，字文舒，是太原晋阳（故城即今山西省太原县）人。后任散骑侍郎、洛阳典农。明帝曹睿即位后，加封其为扬烈将军，赐爵关内侯。王咏为人孝敬仁义，十分注重名节。他在给儿子、侄子起名字时都非常讲求使用"遵从者之教，履道家之言"的词儿，例如他为儿子王沈起的字为处道。王咏告诫他的子侄说："我观往事之成败，察将来之吉凶，从未有逐名要利，欲而无厌，而能保世持家，永全福禄的。所以我想使你们立身正己，故且以玄默冲虚为名，就是欲使你们的'顾名思义'，不敢违越也！"

 成语练习

1.成语连用，请根据已给出的成语填空，使意思连贯。

窗明几净，（ ）（ ）不染　　　　九牛一毛，（ ）（ ）一粟

流水不腐，（ ）（ ）不蠹　　　　人尽其才，（ ）尽其（ ）

望子成龙，（ ）（ ）成（ ）　　　太公钓鱼，愿（ ）（ ）（ ）

2.请根据下面的提示写出正确的成语。

愤怒，帽子，蔺相如　　　　　　_____

文章，标点，一气呵成　　　　　_____

孔雀，求婚，李渊　　　　　　　_____

两种动物，勾结，同流合污　　　_____

牛棚，没有被子，哭泣　　　　　_____

大清官，袖子，风　　　　　　　_____

成语接龙

眼观六路	路柳墙花	花貌蓬心	心开目明	明月入怀	怀柔天下
下学上达	达权通变	变躬迁席	席卷八荒	荒诞不经	经天纬地
地大物博	博弈犹贤	贤身贵体	体大思精	精耕细作	作善降祥
祥云瑞气	气象万千	千载难逢	逢凶化吉	吉星高照	照章办事
事半功倍	倍道兼进	进退裕如	如鱼得水	水远山长	长虹贯日
日薄西山	山长水阔	阔步高谈	谈情说爱	爱憎分明	

成语解释

眼观六路：眼睛看到四面八方。形容机智灵活，遇事能多方观察，全面了解。

路柳墙花：路边的柳，墙旁的花。比喻不被尊重的女子，指妓女。

花貌蓬心：谓虚有其表。

心开目明：犹心明眼亮。形容看问题敏锐，能辨别是非。

明月入怀：比喻人心胸开朗。

怀柔天下：怀柔：旧指统治者用政治手腕笼络人心，使之归服。使天下归服。

下学上达：指学习人情事理，进而认识自然的法则。

达权通变：通、达，通晓，懂得；权、变，权宜，变通。做理能适应客观情况的变化，懂得变通，不死守常规。

变躬迁席：移动身体，离开席位。表示谦恭。

席卷八荒：席卷，像卷席子一样把东西卷起；八荒，八方荒远的地方。形容力量强大，控制整个天下。

荒诞不经：荒诞，荒唐离奇；不经，不合常理。形容言论荒谬，不合情理。

经天纬地：经、纬，织物的竖线叫"经"，横线叫"纬"，比喻规划。规划天地。

形容人的才能极大，能做非常伟大的事业。

地大物博：博，丰富。指国家疆土辽阔，资源丰富。

博弈犹贤：后指不要饱食终日无所事事。

贤身贵体：指身份高贵。

体大思精：体，体制，规模；思，思虑；精，精密。指著作规模宏大，思虑精密。

精耕细作：指农业上认真细致地耕作。

作善降祥：旧指平日行善，可获吉祥。

祥云瑞气：旧时认为天上彩色的云气为吉祥的征兆，故称祥云瑞气。亦作"祥云瑞彩"。

气象万千：气象，情景。形容景象或事物壮丽而多变化。

千载难逢：一千年里也难碰到一次。形容机会极其难得。

逢凶化吉：逢，遭遇；凶，不幸；吉，吉利、吉祥。遇到凶险转化为吉祥、顺利。这是带有迷信的说法。

吉星高照：吉星，指福、禄、寿三星。吉祥之星高高照临。也比喻交好运，吉事临门。

照章办事：按照规定办理事情。

事半功倍：指做事得法，因而费力小，收效大。

倍道兼进：倍，加倍；道，行程。形容加快速度行进。

进退裕如：指前进和后退均从容不费力。

如鱼得水：好像鱼得到水一样。比喻有所凭借。也比喻得到跟自己十分投合的人或对自己很合适的环境。

水远山长：形容路途遥远。也形容山河辽阔。

长虹贯日：谓白色长虹穿日而过。旧时以为这是一种预示人间将遇灾祸的天象。

日薄西山：薄，逼近。太阳快要落山。比喻事物接近衰亡或人到老年，接近死亡。

山长水阔：比喻道路遥远艰险。

阔步高谈：阔步，迈大步。潇洒地迈着大步，随意地高声交谈。比喻言行不受束缚。

谈情说爱：指谈恋爱。

爱憎分明：憎，恨。爱和恨的立场与态度十分鲜明。

成语故事

博弈犹贤

春秋时期，孔子经常教育他的学生向颜回学习，不要追慕富贵与享受，用心读书。孔子说如果一个人一天到晚吃得饱饱的没有事可干，不去用心思考问题，那就没有成

就了。世上下棋的人虽然悠闲但也要用心，比起那些饱食终日的人来真是强多了。

成语练习

1. 请根据下面的俗语补充成语。

司马昭之心，路人皆知。——人所（　）（　）

叫花子也有三个穷朋友。——人以（　）（　）

好死不如赖活着。——（　）辱（　）生

冰冻三尺非一日之寒。——日（　）月（　）

肥水不流外人田。——如意（　）（　）

推倒了油瓶却不扶。——若（　）（　）事

2. 请将下面的成语补充完整。

载（　）载（　）　　载（　）载（　）　　再（　）再（　）

再（　）再（　）　　足（　）足（　）　　足（　）足（　）

至（　）至（　）　　至（　）至（　）　　予（　）予（　）

予（　）予（　）　　亦（　）亦（　）　　亦（　）亦（　）

第六步

成语接龙

明公正义　　义海恩山　　山容海纳　　纳士招贤　　贤贤易色　　色若死灰

灰烟瘴气　　气宇轩昂　　昂首阔步　　步步登高　　高山仰止　　止戈为武

武艺超群　　群雄逐鹿　　鹿死谁手　　手疾眼快　　快人快事　　事预则立

立身处世　　世扰俗乱　　乱坠天花　　花颜月貌　　貌似强大　　大有裨益

益寿延年　　年深岁久　　久惯牢成　　成双作对　　对客挥毫　　毫厘丝忽

忽忽不乐　　乐行忧违　　违强凌弱　　弱管轻丝　　丝纷栉比

成语解释

明公正义：犹言正式；公开；堂堂正正。同"明公正气"。

义海恩山：情深似海，恩重如山。比喻恩情道义深厚。

山容海纳：形容胸怀宽广，能像山谷和大海一样容物。

纳士招贤：招，招收；贤，有德有才的人；纳，接受；士，指读书人。招收贤士，接纳书生。指网罗人才。

贤贤易色：本指对妻子要重品德，不重容貌。后多指尊重贤德的人，不看重女色。

色若死灰：面目惨白。原比喻面部没有什么表情。现形容十分害怕的神情。

灰烟瘴气：比喻污浊。

气宇轩昂：形容人精力充沛，风度不凡。

昂首阔步：昂，仰，高抬。抬起头迈开大步向前。形容精神抖擞，意气风发。

步步登高：登，升。一步步地升高。多形容仕途顺利，职位不断高升。

高山仰止：高山，比喻高尚的品德。比喻对高尚的品德的仰慕。

止戈为武：意思是武字是止戈两字合成的，所以要能止战，才是真正的武功。后也指不用武力而使对方屈服，才是真正的武功。

武艺超群：武艺，武术上的本领。也指军事、战斗的本领。形容武艺高强，超出一般人。

群雄逐鹿：群雄，旧指许多有军事势力的人；逐鹿，比喻争夺帝王之位。形容各派势力争夺最高统治地位。

鹿死谁手：原比喻不知政权会落在谁的手里。现在也泛指在竞赛中不知谁会取得最后的胜利。

手疾眼快：疾，迅速。动作迅速，眼光敏捷。形容机灵敏捷。

快人快事：爽快人办爽快事。

事预则立：指无论做什么事，事前有准备就会成功，没有准备就要失败。

立身处世：立身，做人；处世，在社会上活动，与人交往。指人在社会上待人接物的种种活动。

世扰俗乱：社会骚乱，风气败坏。

乱坠天花：比喻说话动人或文字精彩。多指话说得夸大或不切实际。

花颜月貌：形容女子的美丽。

貌似强大：表面好像强大，实际却很虚弱。

大有裨（bì）益：裨益，益处、好处。形容益处很大。

益寿延年：指延长寿命，增加岁数。同"延年益寿"。

年深岁久：深，久。形容时间久远。

久惯牢成：比喻深于世故。

成双作对：配成一对。

对客挥毫：毫，毛笔。比喻文思敏捷。

毫厘丝忽：古代"分"以下四个微小长度单位的并称。喻指极微细的事物。

忽忽不乐：忽忽，心中空虚恍惚的情态。形容若有所失而不高兴的样子。

乐行忧违：指所乐的事就去做，所忧的事则避开。

违强凌弱：避开强暴的，欺凌弱小的。

弱管轻丝：形容乐声轻柔细弱。

丝纷栉比：像丝一样纷繁，像梳齿一样排列。形容纷繁罗列。

成语故事

止戈为武

楚国大夫潘党，劝楚庄王把晋国军人的尸体堆积起来，筑成一座大"骨骸台"（叫作"京观"），作为战争胜利的纪念物，留给子孙后代看，借以炫耀楚国的武力，威慑诸侯。

楚庄王却不同意这种做法，他说："战争不是为了宣扬武功，而是为了禁止强暴，给百姓带来安定的生活。从文字组成上讲，这个'武'字是由'止'和'戈'两个字组成的，'止戈'才是'武'！止息兵戈才是真正的武功。武功应该具备七种德行：禁止强暴、消除战争、保持强大、巩固基业、安定百姓、团结民众、增加财富。这七种德行，我一种也没有，拿什么留给子孙！晋国的军卒是为了执行国君命令而战死的，他们也没有什么错。怎么可以用他们的尸体做京观呢？"

乱坠天花

两晋南北朝时佛教盛行，全国有寺庙三万多所，僧尼二百多万。

南朝的梁武帝带头求神拜佛，在全国大建寺庙。他还聘请古印度僧人波罗末到中国讲经。波罗末翻译了不少印度佛经，并培养了许多中国弟子。有了经书，讲经的风气更加兴盛。为了宣传民众，佛教徒编了许许多多讲经的传说。其中一则是：云光法师讲经，感动了上天，天上的鲜花纷纷坠落。

后来，佛教在中国分成许多宗派，影响最大的是"禅宗"。宋真宗时，道原和尚编了一本《景德传灯录》，记载了禅宗师徒的故事。书中讲到对佛意要真正领会，反对"讲得天花乱坠"。从此，人们用"天花乱坠"或"乱坠天花"来形容说话极其动听，但多指过分夸张，不切实际。

成语练习

1.请根据下面这首诗补充成语。

终南望馀雪

唐·祖咏

终南阴岭秀，积雪浮云端。

林表明霁色，城中增暮寒。

崇山峻（ ）　　　释回（ ）美　　　冰（ ）聪（ ）

（ ）（ ）捷径　　　（ ）（ ）洞肃　　　厚（ ）薄发

（ ）风朗月　　　（ ）湛连寒　　　舌（ ）月旦

（ ）（ ）可餐　　　车无退（ ）　　　（ ）凝坚冰

背（ ）借一　　　尚虚（ ）馈　　　（ ）（ ）春树

2.请将下面的成语和与之相关的人物连线。

得意忘形　　　　　　　　林逋

名正言顺　　　　　　　　钟弱翁

梅妻鹤子　　　　　　　　孔融

好为人师　　　　　　　　汲黯

才疏意广　　　　　　　　阮籍

后来居上　　　　　　　　孔子

成语接龙

比屋可封　封官许原（愿）　原原本本　本同末异　异口同辞　辞金蹈海

海涵地负　负乘斯夺　夺人所好　好问则裕　裕国足民　民心不壹

壹（一）败涂地　地覆天翻　翻衾倒枕　枕稳衾温　温席扇枕　枕冷衾寒

寒往暑来　来龙去脉　脉脉相通　通宵彻旦　旦夕之危　危于累卵

卵与石斗　斗媚争妍　妍姿艳质　质疑问难　难能可贵　贵耳贱目
目动言肆　肆虐横行　行思坐忆　忆苦思甜　甜言美语

成语解释

比屋可封：意思是在尧舜时代，贤人很多，差不多每家都有可以接受封爵的德行。后比喻社会安定，民风淳朴。也形容教育感化的成就。

封官许原：原，通"愿"。封赏官职和许诺报酬。现多指为了使他人为己所用而答应给以名利地位。

本同末异：本，本原；末，末流。比喻事物同一本原，而派生出来的末流则有所不同。

异口同辞：不同的嘴说出相同的话。指大家说得都一样。同"异口同声"。

辞金蹈海：比喻不慕富贵，慷慨有气节。

海涵地负：像大海一样能包容，像大地一样能负载。比喻才能特异。

负乘斯夺：指才德不称其职会招致祸患。

夺人所好：强夺别人所喜欢的人或物。

好问则裕：好，喜欢；裕，富裕。遇到疑难就向别人请教，学识就会渊博精深。

裕国足民：使人民富裕，国家丰足。同"裕民足国"。

民心不壹：人民的心意不一致。

壹败涂地：指彻底失败，不可收拾。同"一败涂地"。

地覆天翻：覆，翻过来。形容变化巨大。也形容闹得很凶。

翻衾倒枕：形容翻来覆去不能入睡。

枕稳衾温：形容生活舒适安逸。

温席扇枕：指侍奉父母无微不至。同"温枕扇席"。

枕冷衾寒：枕被俱冷。形容独眠的孤寂凄凉。

寒往暑来：盛夏已过，寒冬将至。泛指时光流逝。同"寒来暑往"。

来龙去脉：本指山脉的走势和去向。现比喻一件事的前因后果。

脉脉相通：血管彼此相通。比喻关系密切。

通宵彻旦：通宵，通夜，整夜；达，到；旦，天亮。整整一夜，从天黑到天亮。

旦夕之危：旦夕，比喻短时间内；危，危险。形容危险逼近。

危于累卵：比垒起的蛋还危险。比喻极其危险。

卵与石斗：鸡蛋碰石头。比喻自不量力，一定失败。

斗媚争妍：竞相比赛妩媚艳丽。

妍姿艳质：形容女子的体态容貌很美。

难能可贵：难能，极难做到。指不容易做到的事居然能做到，非常可贵。

贵耳贱目：比喻相信传说，不重视事实。

目动言肆：指神色不安，语调失常。

肆虐横行：肆虐，任意残杀或迫害；横行，仗势作恶，蛮横凶暴。随心所欲地为非作歹。

行思坐忆：走着坐着都在想。形容时刻在思考着或怀念着。

忆苦思甜：回忆过去的苦难，回想今天的幸福生活。

甜言美语：指说好听的话。也指好言好语。

成语故事

辞金蹈海

战国时期，秦国军队攻打赵国，齐人鲁仲连以利害劝说赵魏两国大臣，阻止秦昭王称帝，并表示如果秦昭王称帝，他就跳海而死。秦军败退后，赵国的平原君拿出千金酬谢他，他拒不接受，认为为人排难解纷而索取酬金是商人的作风。

壹败涂地

秦末，各地诸侯起兵反抗秦朝暴政，农民领袖陈胜在大泽乡也发动了起义。这时，沛县县令见局势不稳，心里恐慌。县吏萧何、曹参建议把逃亡在外的刘邦召回来。县令派人去请刘邦，可是当刘邦的人马来到城下时，县令又怕刘邦回来罢自己的官。因此，他不但下令关闭城门，还打算杀掉萧何、曹参。萧何、曹参逃出城外，得到了刘邦的保护。

刘邦写了一封信射进城里，号召百姓响应起义。城里百姓果然齐心响应，杀死了县令，打开城门迎接刘邦进城，并请他做县令。刘邦推辞说："现在天下大乱，如果当县令的人推举不当，一旦失败，就要肝脑涂在地上。请你们另外推举更合适的人吧。"虽然刘邦多次谦让，最后还是担任了县令，被尊为"沛公"。

难能可贵

子路、子贡和冉有都是孔子的弟子。子路很勇敢。子路六十三岁时是卫国大夫孔悝的家臣。鲁哀公十五年，卫国发生内乱，孔悝被劫持，子路知道消息后，马上赶往京城救难。到了城外，遇到卫国大夫高柴由城内逃出，高柴劝子路不要进去，子路说："我拿孔悝的俸禄，就应该救孔悝的难。"进城后被杀。

子贡的言语绝世无双。叔孙武叔说："子贡比孔子贤能。"子贡知道后，说："拿围墙来做比喻吧，我的墙齐肩高，站在墙外，就能看到我家里富丽堂皇;孔子的墙几丈高，如果找不到门进去，就看不见雄伟壮观、多姿多彩的景象。进得去门的人太少了，叔孙先生这么说，也是可以理解的！"

冉有有治国才能。鲁国的大夫季康子问孔子："冉有可以从政吗？"孔子说："冉

有多才多艺，从政有什么不可以的？"季康子就请冉有辅佐自己。鲁哀公十一年，齐国军队攻打鲁国，冉有力排众议，率领鲁国军队抵抗强敌，获得了胜利。

宋代的苏东坡说："子路之勇，子贡之辩，冉有之智，此三子者，皆天下之所谓难能而可贵者也。

成语练习

1.请用意思相反的词补充下面的成语。

（ ）而忘（ ）　　　（ ）里逃（ ）　　　（ ）嘲热（ ）

（ ）龙（ ）脉　　　（ ）尽（ ）来　　　（ ）腔（ ）调

（ ）罗（ ）网　　　（ ）因（ ）果　　　（ ）曲（ ）工

（ ）恃（ ）恐　　　（ ）思（ ）想　　　（ ）三（ ）四

2.趣味成语填空练习。

最难听的歌曲——（ ）词（ ）调

最难行的礼——五（ ）（ ）地

最漂亮的帽子——冠冕（ ）（ ）

最怕事的人——（ ）小如（ ）

最突然的变化——一（ ）（ ）态

最高超的技术——（ ）斧（ ）工

第八步

成语接龙

语重心沉　沉潜刚克　克传弓冶　冶容诲淫　淫词亵语　语不投机

机关算尽　尽美尽善　善罢甘休　休戚相关　关门打狗　狗盗鸡啼

啼饥号寒　寒蝉僵鸟　鸟惊鱼骇　骇人听闻　闻融敦厚　厚德载福

福不盈眦　眦裂发指　指桑骂槐　槐南一梦　梦中说梦　梦见周公

公私交困　困兽犹斗　斗挹箕扬　扬铃打鼓　鼓锣旗靡　靡靡之乐

乐不极盘　盘游无度　度日如岁　岁稔年丰　丰（风）度翩翩

成语解释

语重心沉：言辞恳切，心情沉重。

沉潜刚克：沉潜，深沉不露；刚克，以刚强见胜。形容深沉不露，内蕴刚强。

克传弓冶：犹克绍箕裘。比喻能继承父祖的事业。

冶容诲淫：冶容，打扮得容貌妖艳；诲，诱导，招致；淫，淫邪。指女子装饰妖艳，容易招致奸淫的事。

淫词亵（xiè）语：淫荡猥亵的言辞。亦作"淫词秽语"。

语不投机：佛教禅宗谓说法不契合时机或对方的根机。

机关算尽：机关，周密、巧妙的计谋。比喻用尽心思。

尽美尽善：尽，极。极其完善，极其美好。形容事物完美无缺。同"尽善尽美"。

善罢甘休：善，好好地；甘休，情愿罢休。好好地解决纠纷，不再闹下去，多用于否定。

休戚相关：休，欢乐，吉庆；戚，悲哀，忧愁。忧喜、福祸彼此相关联。形容关系密切，利害相关。

关门打狗：比喻将对方控制在自己势力范围内，然后进行有效打击。

狗盗鸡啼：比喻具有微末技能。同"狗盗鸡鸣"。

啼饥号寒：啼，哭；号，叫。因为饥饿寒冷而哭叫。形容挨饿受冻的悲惨生活。

寒蝉僵鸟：寒天的蝉和冻僵的鸟。比喻默不作声的人。

鸟惊鱼骇：像鸟、鱼那种受惊的样子。

骇人听闻：骇，震惊。使人听了非常吃惊、害怕。

闻融敦厚：待人温和宽厚。

厚德载福：后指有德者能多受福。

福不盈眦：指福禄富贵渺小而短暂。

眦裂发指：眼角裂开，头发上竖。形容愤怒到极点。

指桑骂槐：指着桑树骂槐树。比喻表面上骂这个人，实际上是骂那个人。

槐南一梦：比喻人生如梦，富贵得失无常。

梦中说梦：原为佛家语，比喻虚幻无凭。后也比喻胡言乱语。

梦见周公：周公，西周初著名政治家，孔子心目中的理想人物。原为孔子哀叹自己体衰年老的词句。后多作为瞌睡的代称。

公私交困：公家私人均陷困境。

困兽犹斗：被围困的野兽还要做最后挣扎。比喻在绝境中还要挣扎抵抗。

斗挹（yì）箕扬：比喻无实用。斗、箕皆星宿名，一像斗，一像箕，故以为名。

扬铃打鼓：比喻大声张扬。

鼓馁（něi）旗靡：鼓点无力，旗帜歪倒。形容军队士气不振。

靡靡之乐：指柔弱、颓靡的音乐。

乐不极盘：盘，乐。指享乐不能过分。

盘游无度：盘游，游乐；度，限度。耽于游乐，没有限度。

度日如岁：过一天像过一年那样长。形容日子很不好过。同"度日如年"。

岁稔年丰：稔，庄稼成熟。指农业丰收。同"岁丰年稔"。

丰度翩翩：丰度，风采气度；翩翩，洒脱的样子。形容神态举止文雅优美，超逸洒脱。同"风度翩翩"。

成语故事

骇人听闻

王劭（shào）是隋朝人，是隋文帝杨坚朝中的著作郎。主要的工作是负责撰述国家的历史。王劭这个著作郎当了二十多年，他做官做得与众不同。他老研究皇上心里想什么。历代的皇帝都有一个通病，就是希望自己能长命百岁，希望他的王朝能往下传万年。隋文帝杨坚当了皇上以后也是这样。王劭发现了杨坚这种心理后，就投其所好。

有一回，王劭弄来一只大乌龟。这只乌龟，翻过来一看，肚子的纹理上有字，写的是"杨氏千载"。隋文帝杨坚姓杨，就是说杨家要当一千年的皇帝。于是，王劭就把这事汇报给隋文帝了。隋文帝杨坚一听，当然非常高兴。

过了一段时间，隋文帝杨坚的皇后去世了。第二天早朝的时候，隋文帝当众宣布了这个消息。皇帝刚说完，王劭便说："臣有事启奏。""你有什么事？""昨天晚上，我听见有鼓乐之声，而且还看见天上有很多花飘落下来。据臣所知，皇后乃是妙善菩萨转世。皇后去世，其实乃是回天上了。这是回到极乐世界去了，这不是坏事，是好事。"这不是胡说八道吗？天上有下雪的，哪有下花的。因为隋文帝信佛，所以王劭就讲皇后是菩萨转世。这番话，又让隋文帝很高兴，心想：皇后既然是菩萨托生，那她肯定会在天上保佑我。

再有一回，有人从温泉里捡到了两块白石头。石头上面有纹理，好像是字，但是看不清，于是就拿给王劭。王劭端详半天后，说石头上写的是"杨百年、隋大吉"，就是说杨坚能活一百多岁，隋朝大吉大利。大家怀疑是他在石头上动了手脚。据说，就根据这两块石头和这几个字，他写了二百多首诗，赞美隋朝、赞美皇帝，连同石头一起上交给朝廷。隋文帝一看，非常高兴，立即赏给他二百匹彩缎。王劭得了赏赐，劲头更足。他干脆把佛经上的一些东西收集到一起，再加上点民间听来的东西，还有一些自己编造的东西，最后竟写出一本书来，叫《隋皇灵感志》。意思是隋朝皇帝有灵，连上天都有感应。这本书他也上交给皇帝。隋文帝很高兴，立即降旨，要求各州城府县和所有官员天天都要拜读《隋皇灵感志》，每天早晨起来，漱口洗脸之后要拜读。

王劭总弄这些糊弄人的事情，当时，有很多有识之士都耻笑他，鄙视他。大家都说，他整天不做什么正经事，净弄一些"骇人视听"的东西。"骇人视听"后来演化为"骇人听闻"这条成语，指社会上发生的坏事严重到听了以后让人非常震惊。

 **成语练习**

1.成语选择题。

（1）成语"明察秋毫"中的"秋毫"指的是（ ）

A 毛笔 　　　　B 鸟兽身上的毛 　　　　C 秋天的景色

（2）成语"顾影自怜"中的"顾"意思是（ ）

A 看 　　　　B 照顾 　　　　C 客人

（3）成语"人莫予毒"中的"毒"意思是（ ）

A 毒药 　　　　B 狠毒 　　　　C 伤害

（4）成语"敌不可假"中的"假"意思是（ ）

A 不是真的 　　　　B 宽恕 　　　　C 放假

2.请圈出下面成语中的错别字并写出正确的。

亦胆忠心（ ）　　数米而饮（ ）　　从常计议（ ）　　不共带天（ ）

不寒而粟（ ）　　不露生色（ ）　　步人后衬（ ）　　大家阁秀（ ）

残羹冷汁（ ）　　出言无壮（ ）　　弹完之地（ ）　　多是之秋（ ）

第九步

 成语接龙

翩翩年少　　少条失教　　教猱升木　　木梗之患　　患得患失　　失道寡助

助边输财　　财不露白　　白叟黄童　　童山濯濯　　濯污扬清　　清闲自在

在所难免　免怀之岁　岁在龙蛇　蛇蟠蚓结　结驷连骑　骑扬州鹤
鹤唳华亭　亭亭玉立　立此存照　照猫画虎　虎踞鲸吞　吞纸抱犬
犬马之报　报本反始　始终不易　易地而处　处安思危　危言耸听
听而不闻　闻风而动　动之以情　情真意切　切切私语

成语解释

翩翩年少：比喻男子年少俊秀，文采风流。

少条失教：指没规矩，无教养。

教猱（náo）升木：猱，猴子的一种。教猴子爬树。比喻指使坏人干坏事。

木梗之患：比喻客死他乡，不得复归故里。

患得患失：患，忧患，担心。担心得不到，得到了又担心失掉。形容对个人得失看得很重。

失道寡助：道，道义；寡，少。做事违反正义的人，一定得不到别人的支持和帮助。

助边输财：边，边防；输，捐献。捐献财物作巩固边防的费用。

财不露白：露，显露；白，银子的代称。旧指有钱财不能泄露给别人看。现指随身携带的钱财不在人前显露。

白叟黄童：白头发的老人和黄头发的孩子。泛指老老少少。

童山濯濯：没有树木，光秃秃的山。

濯污扬清：濯，洗。洗去污垢，激扬清澈。比喻扬善除恶。

清闲自在：清静空闲，无拘无束。形容生活安闲舒适。

在所难免：免，避免。指由于某种限制而难于避免。

免怀之岁：指三岁。

岁在龙蛇：岁，岁星；龙，指辰；蛇，指巳。后指命数当终。

蛇蟠蚓结：比喻互相勾结。

结驷连骑：驷，古时一乘车所套的四匹马；骑，骑马的人。随从、车马众多。形容排场阔绰。

骑扬州鹤：比喻欲集做官、发财、成仙于一身，或形容贪婪、妄想。同"骑鹤上扬州"。

鹤唳（lì）华亭：表现思念、怀旧之意。亦为慨叹仕途险恶、人生无常之词。

亭亭玉立：亭亭，高耸直立的样子。形容女子身材细长。也形容花木等形体挺拔。

照猫画虎：比喻照着样子模仿。

虎踞鲸吞：比喻豪强割据和相互兼并。

吞纸抱犬：吞纸充饥，抱犬御寒。形容家贫好学。

犬马之报：愿象犬马那样供人驱使，以报恩情。

报本反始：报，报答；本，根源；反，回到；始，开始。指受恩思报，不忘所自。

始终不易：易，改变，违背。自始至终一直不变。指守信用。

易地而处：换一换所处的地位。比喻为对方想一想。

处安思危：犹言居安思危。处在安乐的环境中，要想到可能会出现困难及危险。

危言耸听：危言，使人吃惊的话；耸，惊动；耸听，使听话的人吃惊。指故意说些夸大的吓人的话，使人惊疑震动。

听而不闻：闻，听。听了跟没听到一样。形容不关心，不在意。

闻风而动：风，风声，消息。一听到风声，就立刻起来响应。

动之以情：用感情来打动他的心。

情真意切：指情意十分真切。

切切私语：指私下小声说话。

吞纸抱犬

朱詹生活在南北朝时期，他小时候很好学，因为家里十分贫穷，经常几天没钱买米下锅做饭，但他还是坚持学习，饥饿时只有吞纸下去饱肚。冬天没有毡被盖，只有抱着狗取暖睡觉。由于勤奋学习，朱詹终于成为有用之才。

1. 以"乐"字开头的成语。

乐善（　）（　）　　　乐昌（　）（　）　　　乐此（　）（　）

乐极（　）（　）　　　乐山（　）（　）　　　乐于（　）（　）

乐道（　）（　）　　　乐而（　）（　）　　　乐不（　）（　）

乐不（　）（　）　　　乐不（　）（　）　　　乐天（　）（　）

2. 以"乐"字结尾的成语。

（　）（　）广乐　　　（　）（　）行乐　　　（　）（　）作乐

（　）（　）不乐　　　（　）（　）作乐　　　（　）（　）常乐

（　）（　）为乐　　　（　）（　）之乐　　　（　）（　）之乐

（　）（　）不乐　　　（　）（　）哀乐　　　（　）（　）后乐

第十步

成语接龙

语短情长	长夜难明	明镜高悬	悬而未决	决不待时	时运亨通
通真达灵	灵牙利齿	齿剑如归	归奇顾怪	怪诞不经	经邦纬国
国计民生	生花之笔	笔底春风	风和日美	美中不足	足智多谋
谋臣如雨	雨卧风餐	餐风宿露	露往霜来	来者可追	追根求源
源源本本	本乡本土	土崩鱼烂	烂若披锦	锦衣行昼	昼伏夜游
游戏三昧	昧己瞒心	心乔意怯	怯防勇战	战无不克	

成语解释

语短情长：语言简短，情意深长。

长夜难明：漫长的黑夜难以见到光明。比喻漫长的黑暗统治。

悬而未决：一直拖在那里，没有得到解决。

决不待时：指对已判死刑的重犯不待秋后而立即执行。封建时代处决死囚多在秋后，但案情重大者可立即处决。

时运亨通：指时运好，诸事顺利。

通真达灵：与神仙交往。

灵牙利齿：比喻善于说话的人。

齿剑如归：犹言视死如归。

归奇顾怪：归，清代归庄；顾，清代顾炎武。归庄奇特，顾炎武怪异。

怪诞不经：怪诞，离奇古怪；不经，不合常理。指言语奇怪荒唐，不合常理。

经邦纬国：经、纬，本指丝织物的纵线和横线，引申为治理、规划；邦，国家。指治理国家。

国计民生：国家经济和人民生活。

生花之笔：比喻杰出的写作才能。

笔底春风：形容绘画、诗文生动，如春风来到笔下。

风和日美：微风和畅，阳光明丽。同"风和日丽"。

美中不足：大体很好，但还有不足。

足智多谋：足，充实，足够；智，聪明、智慧；谋，计谋。富有智慧，善于谋划。形容人善于料事和用计。

谋臣如雨：形容智谋之士极多。

雨卧风餐：风口处吃饭，雨地里住宿。形容生活漂泊不定。

餐风宿露：形容旅途或野外生活的艰苦。

露往霜来：比喻岁月迁移，时光流逝。

来者可追：可追，可以补救。过去的事已无法挽回，但是未来的事还来得及赶上。

追根求源：指追溯事物发生的根源。同"追本溯源"。

本乡本土：指本地，家乡。

土崩鱼烂：鱼烂，鱼腐烂从内脏起。比喻国家内部发生动乱。

烂若披锦：形容文辞华丽。

锦衣行昼：富贵了须回归故里。

昼伏夜游：犹昼伏夜动。

游戏三昧：原为佛家语，意思是排除杂念，使心神平静。也比喻事物的精义、诀窍。后指用游戏的态度对待一切。

昧己瞒心：指违背自己的良心干坏事。

心乔意怯：指心神不定，感到害怕。

怯防勇战：小心设防，勇敢出战。

战无不克：攻战没有不取胜的。形容强大无比，可以战胜一切。

成语故事

明镜高悬

据《西京杂记》载，刘邦攻入秦都咸阳，进入咸阳宫，巡视秦王室存放珍宝的仓库，但见其中金银珠宝，不可胜数。但是其中最令刘邦惊异的，却是一面长方形的镜子。它宽四尺，长五尺九寸，正反两面都能照人。如果用平常姿势走近它，照出的人影是倒立的人像。如果用手捂着心口走近它，能照出人的五脏六腑，一部分一部分看得清清楚楚。如果有病的人捂着心口去照它，就会从中看到自身疾病所在的部位。如果女子的心术不正，被它一照就会发现她的胆特别大，心脏跳动也异于常人。据说秦始皇怕人怀有异心不忠于他,所以经常让宫女们照这面镜子,发现谁的胆特别大,谁的心脏跳得特别,就杀掉谁。

因为此镜功能奇特,后来人们以"秦镜高悬"来比喻当官的人明察是非,断狱清明。唐代诗人刘长卿在《避地江东留别淮南使院诸公》一诗中写道:"何辞向物开秦镜,却使他人得楚弓。"后来,许多当官的人为了标榜自己的清正廉明,都在公堂上挂起"秦镜高悬"的匾额。由于人们对"秦镜"的典故不太熟悉,所以就将"秦镜"改为"明镜","秦镜高悬"便演变为"明镜高悬"了。

烂若披锦

晋朝时期,人们善于清谈,经常评论别人的作品。孙兴公认为潘岳的文采灿烂,如同张挂的锦绣,没有一处不美;陆机的文采如同去掉流沙捡起金子,常常遇到闪光的瑰宝。

成语练习

1.请分别用下面的成语造一个句子。

风和日美:＿＿＿＿＿＿＿＿＿＿＿＿＿＿＿＿＿＿＿＿＿

美中不足:＿＿＿＿＿＿＿＿＿＿＿＿＿＿＿＿＿＿＿＿＿

战无不克:＿＿＿＿＿＿＿＿＿＿＿＿＿＿＿＿＿＿＿＿＿

足智多谋:＿＿＿＿＿＿＿＿＿＿＿＿＿＿＿＿＿＿＿＿＿

伶牙俐齿:＿＿＿＿＿＿＿＿＿＿＿＿＿＿＿＿＿＿＿＿＿

2.请根据要求将下面的成语归类。

料事如神　亡羊补牢　举一反三　落落大方　扶老携幼　容光焕发

欢呼雀跃　憨态可掬　手舞足蹈　画蛇添足　融会贯通　守株待兔

描写人物风貌:＿＿＿＿＿＿＿＿＿＿＿＿＿＿＿＿＿＿＿

描写人物动作:＿＿＿＿＿＿＿＿＿＿＿＿＿＿＿＿＿＿＿

描写人物智慧:＿＿＿＿＿＿＿＿＿＿＿＿＿＿＿＿＿＿＿

来自寓言故事:＿＿＿＿＿＿＿＿＿＿＿＿＿＿＿＿＿＿＿

第一步

成语接龙

克嗣良裘	裘弊金尽	尽忠竭力	力排众议	议论风发	发蒙振槁
槁木死灰	灰头土脸	脸红耳热	热可炙手	手不释卷	卷帙浩繁
繁弦急管	管秃唇焦	焦唇干肺	肺石风清	清微淡远	远求骐骥
骥子龙文	文房四侯	侯门如海	海北天南	南冠楚囚	囚首垢面
面授机宜	宜喜宜嗔	嗔目切齿	齿牙余惠	惠风和畅	畅所欲言
言之有理	理正词直	直上青云	云雨巫山	山长水远	

成语解释

克嗣（sì）良裘：比喻能继承父祖的事业。同"克绍箕裘"。

裘弊金尽：皮袍破了，钱用完了。比喻境况困难。

尽忠竭力：竭，尽。用尽气力，竭尽忠诚。

力排众议：力，竭力；排，排队；议，议论、意见。竭力排除各种议论，使自己的意见占上风。

议论风发：形容谈论广泛、生动而又风趣。

发蒙振槁：蒙，遮盖，指物品上的罩物；振，摇动。把蒙在物体上的东西揭掉，把将要落的树叶摘下来。比喻事情很容易做到。同"发蒙振落"。

槁木死灰：枯干的树木和火灭后的冷灰。比喻心情极端消沉，对一切事情无动于衷。

灰头土脸：指面容污秽。

热可炙手：火热可以灼手。比喻权势显赫。同"炙手可热"。

手不释卷：释，放下；卷，指书籍。书本不离手。形容勤奋好学。

卷帙（zhì）浩繁：卷帙，书籍或书籍的篇章。形容书籍很多或一部书的部头很大。

繁弦急管：形容各种乐器同时演奏的热闹情景。

管秃唇焦：笔写秃了，嘴唇说干了。比喻交涉过程中费了很大的气力。

焦唇干肺：指忧心如焚，肺为之枯干。

肺石风清：百姓可以站在上面控诉地方官。比喻法庭裁判公正。

清微淡远：清雅微妙，淡泊深远。

远求骐骥：骐骥，良马。到远方去寻求良马。比喻各处访求人才。

文房四侯：指笔、砚、纸、墨。古人戏称笔为管城侯毛元锐，砚为即墨侯石虚中，纸为好畤侯楮知白，墨为松滋侯易玄光，故称四侯。

海北天南：形容万里之遥，相距极远。亦形容地区各异。

南冠楚囚：南冠，楚国在南方，因此称楚冠为南冠。本指被俘的楚国囚犯。后泛称囚犯或战俘。

囚首垢面：像监狱里的犯人，好久没有理发和洗脸。形容不注意清洁、修饰。

面授机宜：授，给予，附于；机宜，机密之事。当面指示处理事务的方针、办法等。

宜喜宜嗔：指生气时高兴时都很美丽。同"宜嗔宜喜"。

嗔目切齿：嗔目，发怒时睁大眼睛。瞪大眼睛，咬紧牙齿。形容极端愤怒的样子。

惠风和畅：惠，柔和；和，温和；畅，舒畅。柔和的风，使人感到温暖、舒适。

畅所欲言：畅，尽情，痛快。畅快地把要说的话都说出来。

言之有理：说的话有道理。

理正词直：道理正当，言词朴直。

直上青云：直上，直线上升。比喻官运亨通，直登高位。

云雨巫山：原指古代神话传说巫山神女兴云降雨的事。后称男女欢合。

山长水远：比喻道路遥远艰险。

成语故事

发蒙振槁

西汉时，掌管封爵事务的主爵都尉汲黯，是位忠正耿直的大臣。他不考虑个人安危，经常向年轻的汉武帝直言进谏。有个名叫董仲舒的读书人向武帝提出建议，将诸子百家的学说予以禁止，独尊孔子及其儒家经典，以通过文化上的统治，达到政治上的统一。这就是所谓的"罢黜百家，独尊儒术"。后来，武帝采纳这个建议，到处表示要以仁义治天下。

汲黯觉得武帝这种表示是言不由衷的。有一次，他当着许多儒生的面批评武帝说："陛下内心的欲望很多，嘴上却说要以仁义治天下。这哪里像古代圣贤唐尧、虞舜的样子呢？"武帝听了无言以答，非常难堪地离去。

有人对汲黯说，你这样当面得罪皇帝，迟早会出事的，汲黯不以为然地说："皇帝设置百官，难道是为了让他们光说好话，而使皇帝陷入不义的污泥里去吗？"不久，淮南王刘安准备反叛。他对公孙弘并不放在眼里，怕的倒是汲黯。为此，特地告诫手下人千万不要在汲黯那里露了马脚。他说，汲黯此人爱好直言进谏，能为节义而死，很难迷惑他。至于丞相公孙弘，对付他就像揭开蒙盖在眼睛上的障碍，振落树上的枯叶那样容易。

成语练习

1. 请把下面以"一"字结尾的成语补充完整。

（　）（　）如一　　　（　）（　）如一　　　（　）（　）归一

（　）（　）归一　　　（　）（　）借一　　　（　）（　）不一

（　）（　）不一　　　（　）（　）失一　　　（　）（　）划一

（　）（　）第一　　　（　）（　）借一　　　（　）（　）为一

（　）（　）瑕一　　　（　）（　）当一　　　（　）（　）得一

2. 请把下面的成语补充完整。

（　）风（　）雨　　　（　）风（　）雨　　　（　）风（　）雨

（　）风（　）雨　　　（　）风（　）雨　　　（　）风（　）雨

（　）风（　）雨　　　（　）风（　）雨　　　（　）风（　）雨

（　）风（　）雨　　　（　）风（　）雨　　　（　）风（　）雨

第二步

成语接龙

远交近攻　攻心为上　上情下达　达官要人　人心不古　古往今来

来者勿拒　拒之门外　外柔内刚　刚愎自用　用其所长　长久之计

计功补过　过目不忘　忘年之交　交臂相失　失惊倒怪　怪力乱神

神奸巨蠹　蠹国病民　民脂民膏　膏火自煎　煎豆摘瓜　瓜瓞绵绵

绵里薄材　材茂行洁　洁身自好　好吃懒做　做刚做柔　柔肠百结

结不解缘　缘悭命蹇　蹇谔匪躬　躬行节俭　俭故能广

成语解释

远交近攻：联络距离远的国家，进攻邻近的国家。这是战国时秦国采取的一种外交策略。后也指待人处世的一种手段。

攻心为上：从思想上瓦解敌人的斗志为上策。

上情下达：下面的情况或意见能够通达于上。

达官要人：犹言达官贵人。指地位高的大官和出身侯门身价显赫的人。

古往今来：从古到今。泛指很长一段时间。

来者勿拒：对于有所求而来的人或送上门来的东西概不拒绝。同"来者不拒"。

拒之门外：拒，拒绝。把人挡在门外，不让其进入，形容拒绝协商或共事。

外柔内刚：柔，柔弱；内，内心。外表柔和而内心刚正。

刚愎自用：愎，任性；刚愎，强硬回执；自用，自以为是。十分固执自信，不考虑别人的意见。

用其所长：使用人的专长。

长久之计：计，计划，策略。长远的打算。

计功补过：计，考定；失，过失。考定一个人的功绩以弥补其过失。

过目不忘：看过就不忘记。形容记忆力非常强。

忘年之交：年辈不相当而结交为友。

交臂相失：犹言交臂失之。比喻遇到了机会而又当面错过。

失惊倒怪：犹失惊打怪。惊恐；慌张。

怪力乱神：指关于怪异、勇力、叛乱、鬼神之事。

神奸巨蠹（dù）：指有势力的奸狡恶人。

蠹国病民：危害国家和人民。同"蠹国害民"。

膏火自煎：比喻有才学的人因才得祸。

煎豆摘瓜：比喻亲属相残。

瓜瓞（dié）绵绵：瓞，小瓜；绵绵，延续不断的样子。如同一根连绵不断的藤上结了许多大大小小的瓜一样。引用为祝颂子孙昌盛。

绵里薄材：力量小，没有什么才能。

材茂行洁：才智丰茂，行为廉洁。

洁身自好：保持自己纯洁，不同流合污。也指怕招惹是非，只顾自己好，不关心公众事情。

好吃懒做：好，喜欢、贪于。贪于吃喝，懒于做事。

做刚做柔：指用各种方法进行劝说。

柔肠百结：柔和的心肠打了无数的结；形容心中郁结着许多愁苦。

结不解缘：缘，缘分。形容男女热恋，不能分开。也指两者有不可分开的缘分。

缘悭（qiān）命蹇：缘，缘分；悭，吝俭，欠缺；蹇，不顺利。缘分浅薄，命运不好。

蹇谔（è）匪躬：指为君国而忠直谏诤。同"蹇蹇匪躬"。

躬行节俭：躬行，亲自践行。亲自做到节约勤俭。

俭故能广：平素俭省，所以能够富裕。

成语故事

远交近攻

远交近攻，语出《战国策·秦策》。范雎曰："王不如远交而近攻，得寸，则王之寸；得尺，亦王之尺也。"这是范雎说服秦王的一句名言。远交近攻，是分化瓦解敌方联盟，各个击破，结交远离自己的国家而先攻打邻国的战略性谋略。

战国末期，七雄争霸。秦国经商鞅变法之后，势力发展最快。秦昭王开始图谋吞并六国，独霸中原。公元前270年，秦昭王准备兴兵伐齐。范雎此时向秦昭王献上"远交近攻"之策，阻止秦国攻齐。他说：齐国势力强大，离秦国又很远，攻打齐国，军队要经过韩、魏两国，军队派少了，难以取胜；多派军队，打胜了也无法占有齐国土地。不如先攻打邻国韩、魏，逐步推进。为了防止齐国与韩、魏结盟，秦昭王派使者主动与齐国结盟。其后四十余年，至秦始皇时继续坚持"远交近攻"之策，远交齐楚，首先攻下韩、魏，然后又从两翼进兵，攻破赵、燕，统一北方；攻破楚国，平定南方；最后把齐国也收拾了。秦始皇征战十年，终于实现了统一中国的愿望。

成语练习

1. 请把下面的叠字成语补充完整。

仪表（ ）（ ）　　野心（ ）（ ）　　议论（ ）（ ）

威风（ ）（ ）　　死气（ ）（ ）　　气势（ ）（ ）

俯仰（ ）（ ）　　血泪（ ）（ ）　　童山（ ）（ ）

气息（ ）（ ）　　鸿飞（ ）（ ）　　小时（ ）（ ）

第三步

 成语接龙

广结良缘	缘鹄饰玉	玉石俱焚	焚香膜拜	拜赐之师	师出无名
名标青史	史无前例	例行差事	事危累卵	卵覆鸟飞	飞米转刍
刍荛之见	见义必为	为丛驱雀	雀小脏全	全军覆没	没（莫）衷一是
是非口舌	舌锋如火	火烧火燎	燎若观火	火上加油	油光可鉴
鉴空衡平	平步青霄	霄壤之殊	殊路同归	归全反真	真才实学
学而不厌	厌故喜新	新陈代谢	谢庭兰玉	玉洁松贞	

成语解释

广结良缘：多做善事，以得到众人的赞赏。

缘鹄饰玉：以因缘时会而攀登高位。

玉石俱焚：俱，全，都；焚，烧。美玉和石头一样烧坏。比喻好坏不分，同归于尽。

焚香膜拜：烧香跪拜，以表尊敬服从之意。同"焚香礼拜"。

拜赐之师：用以讽刺为复仇而又失败的出兵。

师出无名：出兵没有正当理由。也引申为做某事没有正当理由。

名标青史：标，写明；青史，古代在竹简上记事，因称史书。把姓名事迹记载在历史书籍上。形容功业巨大，永垂不朽。

史无前例：历史上从来没有过的事。指前所未有。

例行差事：指按照规定或惯例处理的公事。

事危累卵：事情危险得像堆起来的蛋一样。形容形势极端危险。

卵覆鸟飞：鸟飞走了，卵也打破了。比喻两头空，一无所得。

飞米转刍：指迅速运送粮草。同"飞刍挽粟"。

刍荛（ráo）之见：刍荛，割草打柴的人。认为自己的意见很浅陋的谦虚说法。

见义必为：指看到正义的事情就去做。

为丛驱雀：丛，丛林；驱，赶。把雀赶到丛林。比喻不会团结人，把一些本来可以团结的人赶到敌对方面去。

雀小脏全：比喻事物体积或规模虽小，具备的内容却很齐全。

全军覆没：整个军队全部被消灭。比喻事情彻底失败。

没衷一是：不能决定哪个是对的。形容意见分歧，没有一致的看法。现写为"莫衷一是"。

是非口舌：因说话引起的误会或纠纷。

舌锋如火：比喻话说得十分尖锐。

火烧火燎：燎，烧。被火烧烤。比喻心里非常着急或身上热得难受。

燎若观火：指事理清楚明白，如看火一般。

火上加油：在一旁助威增加他人的愤怒或助长事态的发展。

油光可鉴：形容非常光亮润泽。

鉴空衡平：犹言明察持平。

平步青霄：指人一下子升到很高的地位上去。同"平步青云"。

霄壤之殊：霄，云霄，也指天；壤，土地。天和地不同。形容差别很大。

殊路同归：比喻采取不同的方法而得到相同的结果。同"殊途同归"。

归全反真：回归到完善的、原本的境界。

真才实学：真正的才能和学识。

学而不厌：厌，满足。学习总感到不满足。形容好学。

厌故喜新：讨厌旧的，喜欢新的。

谢庭兰玉：比喻能光耀门庭的子侄。

玉洁松贞：像玉一样洁净，如松一般坚贞。形容品德高尚。

成语故事

事危累卵

春秋时，晋国有个晋灵公，贪图安逸，讲究享乐。他有吃不尽的珍馐美味，穿不尽的绫罗绸缎，有很多美女侍奉，但他觉得还不够。一天，他突发奇想，想要修筑一个九层高台，用来登高望远，俯瞰全国各地。于是，他下旨把全国的财力、人力都集中起来修筑这个高台。农民都被征来修高台，连很多妇女也被征来搞后勤，做饭送水，这样土地就荒芜了。许多大臣认为，一个国家如果整天这样浪费国力，十分危险，都想向晋灵公进言，劝他别这么干。可是晋灵公早就下了口谕："谁敢进谏我修高台这件事，全部杀无赦！"这么一来，谁也不敢进言了，眼看着形势越来越严重。

这时，有个叫荀息的大臣说："我得向国君进言劝阻。"大家都说："这可是一件危险的事啊。""你们放心，我自有办法。"于是荀息就求见晋灵公。晋灵公知道荀息肯定是来阻止他修九层高台的，于是他摘下弓来，拿一支箭搭到弦上拉开，一手夹着箭，一手拿着弓，说："让他进来吧。"

荀息进来一看，晋灵公箭搭在弦上，看着他说："荀息，你来干什么？我知道你来干什么。""大王，您说我来干什么？""你是来谏阻我修九级高台的吧？你不要说，看见这支箭了吗？只要你一说这话，我这手一松就把你射死了。""大王，您怎么知道我是来劝阻您修高台的？我说了吗？没有呀。大王，我是有一项本领，能够逗您高兴，想在您面前展示展示，我是为了这个来的。"

晋灵公一听来了兴趣，马上把弓箭放到一边，说："你有什么可供我观赏的技能？让我看看。""大王，我可以把这十二个棋子摞起来，然后在这上边再摞九个鸡蛋，还能让它不倒下来，您信吗？"晋灵公当然不相信："你给试验试验。"

于是荀息就让手下人拿来十二个棋子，把它们摞了起来，又让人拿来一筐鸡蛋，一个接着一个往上摞，晋灵公看得全神贯注，情不自禁地说："危险！太危险了！"荀息说："您别急，还有比这更危险的呢。""还有什么比这更危险？""更危险的？晋国就快灭亡了。现在农民都不种地，女人们都在烧水送饭，粮食自然也就没了，国库空虚。邻国都知道我国的财力已经不行了，都在磨枪擦剑，准备要进攻我们。他们一兴兵我们晋国可就亡了。大王您说这不是更危险的事吗？"听了这一番话后，晋灵公突然醒悟过来，于是便立即降旨，不再修高台了。

（历史上晋灵公与荀息不在同一历史时期，这里仅作为成语故事了解。）

 **成语练习**

1. 猜一猜，下列谜语的谜底都是成语，请把它补充完整。

新纪录——史（　）（　）例

世界第二大洲——（　）（　）之地

且听下回分解——书不（　）（　）

口试——（　）而不（　）

青年——（　）（　）如春

冠亚军——数（　）数（　）

伴奏——（　）声（　）和

2. 请用意思相近的词补充下面的成语。

（　）奇（　）艳　　（　）油（　）醋　　（　）天（　）理

（　）山（　）野　　（　）江（　）海　　民（　）民（　）

无（　）无（　）　　火（　）火（　）　　报（　）雪（　）

山（　）地（　）　　千（　）百（　）　　五（　）六（　）

成语接龙

贞松劲柏　柏舟之节　节哀顺变　变动不居　居轴处中　中流一壶

壶浆箪食　食不充饥　饥不遑食　食不充口　口碑载道　道傍之筑

筑岩钓渭　渭阳之情　情不可却　却之不恭　恭而有礼　礼先一饭

饭来开口　口不二价　价廉物美　美益求美　美男破老　老泪纵横

横草之功　功败垂成　成名成家　家至户察　察察为明　明珠弹雀

雀目鼠步　步步高升　升堂拜母　母难之日　日不我与

成语解释

贞松劲柏：以松柏的坚贞劲直，比喻人的高尚节操。

柏舟之节：指妇女丧夫后守节不嫁。同"柏舟之誓"。

节哀顺变：节，节制；变，事变。抑制哀伤，顺应变故。用来慰唁死者家属的话。

变动不居：指事物不断变化，没有固定的形态。

居轴处中：指身居重要职位。

中流一壶：壶，指瓠类，系之可以不沉。比喻珍贵难得。

壶浆箪食：原谓竹篮中盛着饭食，壶中盛着酒浆茶水，以欢迎王者的军队。后多用指百姓欢迎、慰劳自己所拥护的军队。

食不充饥：犹言食不果腹。指吃不饱肚子。形容生活贫困。

饥不遑食：形容全神贯注地忙于事务。同"饥不暇食"。

食不充口：不能吃饱肚子。形容生活艰难困苦。

口碑载道：口碑，比喻群众口头称颂像文字刻在碑上一样；载，充满；道，道路。

形容群众到处都在称赞。

道傍之筑：比喻无法成功的事。

筑岩钓渭：指贤士隐居待时。

渭阳之情：渭阳，渭水的北边。传说秦康公送其舅重耳返晋，直到渭水之北。指甥舅间的情谊。

情不可却：情面上不能推却。

却之不恭：却，推却。指对别人的邀请、赠予等，如果拒绝接受，就显得不恭敬。

恭而有礼：恭，恭敬；礼，礼节。恭敬又有礼节。

礼先一饭：指在礼节上自己年岁稍长。一饭，犹言一顿饭，喻指极短的时间。也指在礼节上先有恩惠于人。同"礼先壹饭"。

饭来开口：指吃现成饭。形容不劳而获，坐享其成。同"饭来张口"。

口不二价：指卖物者不说两种价钱。

价廉物美：廉，便宜。东西价钱便宜，质量又好。

美益求美：好上更求好。

美男破老：利用年轻的外宠之臣以谗毁老成人。

老泪纵横：纵横，交错。老人泪流满面，形容极度悲伤或激动。

横草之功：横草，把草踩倒。如同将草踩倒的那样功劳。比喻轻微的功劳。

功败垂成：垂，接近，快要。事情在将要成功的时候遭到了失败。

成名成家：树立名声，成为专家。

家至户察：到每家每户去察看。

察察为明：察察，分析明辨；明，精明。形容专在细枝末节上显示精明。

明珠弹雀：用珍珠打鸟雀。比喻得到的补偿不了失去的。

雀目鼠步：比喻惶恐之极。

步步高升：步步，表示距离很短；高升，往上升。指职位不断上升。

升堂拜母：升，登上；堂，古代指宫室的前屋。拜见对方的母亲。指互相结拜为友好人家。

母难之日：指自己的生日。

日不我与：时日不等待我。极言应抓紧时间。

成语故事

却之不恭

战国时期，孟子的学生万章向孟子请教人际交往的问题，孟子认为对人应该恭敬。

万章说："一再推却，拒绝别人的礼物是不恭敬的，为什么？"孟子说："高贵的人送东西给你，你如果拒绝就是不恭敬的，因此你应该接受。"

成语练习

1.成语连用，请根据已给出的成语填空，使意思连贯。

当局者迷，（　）（　）者（　）　　　　空前绝后，（　）（　）无双

君子爱财，（　）之有（　）　　　　　　君子报仇，（　）（　）不（　）

皮之不存，（　）将焉（　）　　　　　　循环往复，（　）而（　）始

2.请根据下面的提示写出正确的成语。

苏武，吃雪，毛毡　　　　　　　　＿＿＿＿＿＿＿＿＿

王献之，管子，豹子　　　　　　　＿＿＿＿＿＿＿＿＿

乐昌公主，镜子，重聚　　　　　　＿＿＿＿＿＿＿＿＿

弹琴，知音，钟子期和俞伯牙　　　＿＿＿＿＿＿＿＿＿

赵高，鹿，马　　　　　　　　　　＿＿＿＿＿＿＿＿＿

搬家，邻居，孟子　　　　　　　　＿＿＿＿＿＿＿＿＿

竹子，书写，罪大恶极　　　　　　＿＿＿＿＿＿＿＿＿

第五步

成语接龙

与世沉浮　浮湛连蹇　蹇蹇匪躬　躬蹈矢石　石火电光　光宗耀祖

祖武宗文　文修武偃　偃兵修文　文不加点　点金成铁　铁中铮铮

铮铮铁骨　骨肉离散　散言碎语　语长心重　重气轻命　命若悬丝

丝竹筦弦　弦外之意　意出望外　外巧内嫉　嫉贤妒能　能言善辩

辩口利辞　辞严谊（义）正　正冠纳履　履盈蹈满　满腹经纶　纶音佛语

语近指远　远瞩高瞻　瞻望咨嗟　嗟来之食　食生不化

成语解释

与世沉浮：与，和，同；世，指世人；沉浮，随波逐流。随大流，大家怎样，自己也怎样。

浮湛连蹇：指宦海浮沉，遭遇坎坷。

蹇蹇匪躬：蹇，通"謇"。指为君国而忠直谏诤。亦作"蹇谔匪躬"。

躬蹈矢石：指将帅亲临前线，冒着敌人的箭矢礌石，不怕牺牲自己。

石火电光：形容事物像闪电和石火一样一瞬间就消逝。

光宗耀祖：宗，宗族；祖，祖先。指子孙做了官出了名，使祖先和家族都荣耀。

祖武宗文：祖袭武王，尊崇文王。指尊崇祖先。

文修武偃：礼乐教化大行而武力征伐偃息。指天下太平。

偃兵修文：停止武事，振兴文教。同"偃武修文"。

点金成铁：用以比喻把好文章改坏。也比喻把好事办坏。

铁中铮铮：铮铮，金属器皿相碰的声音。比喻才能出众的人。

铮铮铁骨：比喻人的刚正不阿、坚强不屈的骨气。

骨肉离散：骨肉，指父母兄弟子女等亲人。比喻亲人分散，不能团聚。

散言碎语：犹言闲言碎语。唠叨些与正事无关的话。

语长心重：言辞恳切，情意深长。

重气轻命：指看重义行而轻视生命。

命若悬丝：比喻生命垂危。

丝竹筦(guǎn)弦：丝，指弦乐器；竹，指管乐器。琴瑟箫笛等乐器的总称。也指音乐。同"丝竹管弦"。

弦外之意：弦，乐器上发音的丝线。比喻言外之意，即在话里间接透露，而不是明说出来的意思。

意出望外：出乎意料。

外巧内嫉：外貌乖巧，内心刻忌。犹言口蜜腹剑。

嫉贤妒能：对品德、才能比自己强的人心怀嫉妒。

能言善辩：能，善于。形容能说会道，有辩才。

辩口利辞：指善辩的口才，犀利的言辞。形容能言善辩。

辞严谊正：言辞严厉，义理正大。同"辞严义正"。

正冠纳履：端正帽子，穿好鞋子。古时讲李树下不要弄帽子，瓜田里不要弄鞋子，以避免有偷李摸瓜的嫌疑。亦作"正冠李下"。

履盈蹈满：指荣显至极。

满腹经纶：经纶，整理丝缕，引申为人的才学、本领。形容人极有才干和智谋。

纶音佛语：比喻不由得不服从的话。

语近指远：指，本旨。语言浅近，含意深远。

远瞩高瞻：犹言高瞻远瞩。

瞻望咨嗟（jiē）：咨嗟，赞叹。左顾右看，不停地赞美。形容感触颇深。

嗟来之食：指带有侮辱性的施舍。

食生不化：指生吞活剥，不善灵活运用。

成语故事

嗟来之食

战国时期，各诸侯国互相征战，老百姓不得太平，如果再加上天灾，老百姓就没法活了。这一年，齐国大旱，一连三个月没下雨，田地干裂，庄稼全死了，穷人吃完了树叶吃树皮，吃完了草苗吃草根，眼看着一个个都要被饿死了。可是富人家里的粮仓堆得满满的，他们照旧吃香的喝辣的。

有一个富人名叫黔敖，看着穷人一个个饿得东倒西歪，他反而幸灾乐祸。他想拿出点粮食给灾民吃，但又摆出一副救世主的架子，他把做好的窝窝头摆在路边，施舍给过往的饥民。每当过来一个饥民，黔敖便丢过去一个窝窝头，并且傲慢地叫着："叫花子，给你吃吧！"有时候，过来一群人，黔敖便丢出去好几个窝头让饥民互相争抢，黔敖在一旁嘲笑地看着他们，十分开心，觉得自己真是救苦救难的活菩萨。

这时，有一个瘦骨嶙峋的饥民走过来，只见他满头乱蓬蓬的头发，衣衫褴褛，一双破烂不堪的鞋子用草绳绑在脚上，他一边用破旧的衣袖遮住面孔，一边摇摇晃晃地迈着步，由于几天没吃东西了，他已经支撑不住自己的身体，走起路来东倒西歪。

黔敖看见这个饥民的模样，便特意拿了两个窝窝头，还盛了一碗汤，对着这个饥民大声吆喝着："喂，过来吃！"饥民像没听见似的，没有理他。黔敖又叫道："喂，听到没有？给你吃的！"只见那饥民突然精神振作起来，瞪大双眼看着黔敖说："收起你的东西吧，我宁愿饿死也不愿吃这样的嗟来之食！"最后那个人饥饿而死。

成语练习

1. 请根据下面的俗语补充成语。

一问摇头三不知。——三（　）其（　）

一人传虚，万人传实。——三人（　）（　）

重赏之下必有勇夫。——（　）（　）分明

上梁不正下梁歪。——上（　）下（　）

三人同行小的苦。——少不（　）（　）

宁为玉碎不为瓦全。——舍（　）取（　）

2. 请将下面的成语补充完整。

有（　）有（　）　　有（　）有（　）　　有（　）有（　）

有（　）有（　）　　有（　）有（　）　　有（　）有（　）

有（　）有（　）　　有（　）有（　）　　无（　）无（　）

无（　）无（　）　　无（　）无（　）　　无（　）无（　）

无（　）无（　）　　无（　）无（　）　　无（　）无（　）

成语接龙

化鸱为凤　　凤凰于飞　　飞短流长　　长辔远御　　御沟红叶　　叶瘦花残

残羹冷炙　　炙手可热　　热心苦口　　口诵心惟　　惟口起羞　　羞人答答

答非所问　　问安视寝　　寝皮食肉　　肉眼凡夫　　夫贵妻荣　　荣古陋今

今雨新知　　知止不殆　　殆无孑遗　　遗簪堕履　　履薄临深　　深谷为陵

陵谷变迁　　迁延羁留　　留连不舍　　舍短取长　　长斋绣佛　　佛口蛇心

心焦如焚　　焚林而狩　　狩岳巡方　　方枘圆凿　　凿龟数策

成语解释

化鸱（chī）为凤：鸱，猫头鹰，古人以为凶鸟。把猫头鹰变为凤凰。比喻能以德化民，变恶为善。

凤凰于飞：比喻夫妻和好恩爱。常用以祝人婚姻美满。

飞短流长：指散播谣言，中伤他人。

长辔（pèi）远御：放长缰绳，驾马远行。比喻帝王用某种政策、手段羁縻边远地区。也比喻驾驭创作手段从容达到写作的理想境界。

御沟红叶：御沟，流经宫苑的河道。指红叶题诗的故事，后用以比喻男女奇缘。

叶瘦花残：比喻女人的衰老。

残羹冷炙：指吃剩的饭菜。也比喻别人施舍的东西。

炙手可热：手摸上去感到热得烫人。比喻权势大，气焰盛，使人不敢接近。

热心苦口：形容热心恳切地再三劝告。

口诵心惟：诵，朗读；惟，思考。口中朗诵，心里思考。

惟口起羞：指言语不慎，招致羞辱。

羞人答答：答答，害羞的样子。形容自己感觉难为情。

答非所问：回答的不是所问的内容。

问安视寝：指古代诸侯、王室子弟侍奉父母的孝礼。同"问安视膳"。

寝皮食肉：形容仇恨之深。借指勇武的行为或精神。

肉眼凡夫：指尘世平常的人。

夫贵妻荣：指丈夫尊贵，妻子也随之光荣。见"夫荣妻贵"。

荣古陋今：推崇古代，苛责现今。同"荣古虐今"。

今雨新知：比喻新近结交的朋友。

知止不殆：殆，危险。知道适可而止的人就不会遇到危险。旧时劝人行事不要过分。

殆无孑（jié）遗：殆，几乎；孑遗，剩余。几乎没有一点余剩。

遗簪堕履：比喻旧物或故情。同"遗簪坠屦"。

履薄临深：比喻身处险境，必须十分谨慎。

深谷为陵：深谷变成山陵。比喻人世间的重大变迁。

陵谷变迁：陵，大土山；谷，两山之间的夹道。丘陵变山谷，山谷变丘陵。比喻世事变迁，高下易位。

迁延羁留：犹言拖延滞留。

留连不舍：依恋着不愿去。形容依依惜别的情貌。同"留恋不舍"。

舍短取长：短，短处，缺点；长，长处，优点。不计较别人缺点，取其长处，予以录用。

长斋（zhāi）绣佛：长斋，终年吃素；绣佛，刺绣的佛像。吃长斋于佛像之前。形容修行信佛。

佛口蛇心：佛的嘴巴，蛇的心肠。比喻话虽说得好听，心肠却极狠毒。

心焦如焚：心里焦躁，像着了火一样。形容心情焦灼难忍。

焚林而狩：比喻取之不留余地，只顾眼前利益，不顾长远利益。

狩岳巡方：指帝王巡狩方岳。

凿龟数策：龟，钻灼龟甲，看灼开的裂纹推测吉凶；数策，数蓍草的茎，从分组计数中判断吉凶。指古人用龟甲蓍草来卜筮吉凶。

成语故事

残羹冷炙

唐玄宗晚年，不理朝政，只是宠爱杨贵妃。天宝六载（公元747年），玄宗下诏，应试天下来选拔人才。

三十六岁的诗人杜甫正好在长安，听了消息很高兴。不料，考完后，主考官李林甫宣布无一人入选。李林甫回玄宗说："天下的英才早被我们网罗光了，没有漏掉一个。"玄宗听了很高兴。

杜甫没想到是这样的结果，十分苦闷。为了维持生计，他只得以"宾客"的身份，穿梭于达官贵人之间，过着寄人篱下的生活。汝阳王府、郑驸马府、韦丞相府都是杜甫经常出没的地方，他常常陪着王公大臣诗酒宴游，大家喝得高兴时，写首诗助助酒兴，大家玩得高兴时，写上首赋助助游兴，这样持续了九年。

在一首诗中他描述自己的生活："每天一大早就去敲富人的家门，每天晚上跟着人家的高头大马，风尘仆仆地回来。得到的每一碗剩菜和剩饭，都饱含着悲凉和辛苦。"不久安史之乱爆发，杜甫开始了更加凄凉的流亡生活。

炙手可热

唐玄宗李隆基年轻时是一个很有作为的皇帝，但是，后来任用李林甫为丞相，政治开始腐败。公元745年，他封杨玉环为贵妃，纵情声色，奢侈荒淫，政治越来越腐败了。杨贵妃有个堂兄叫杨钊。由于杨贵妃得宠，杨钊也平步青云，做了御史，唐玄宗还赐名"国忠"。不久，李林甫死了，唐玄宗便任命杨国忠做丞相，把朝廷政事全部交给杨国忠处理。一时之间，杨家兄妹权势熏天，他们结党营私，把朝廷搞得乌烟瘴气，以致不久以后就爆发了安禄山、史思明的叛乱。可当时，杨家兄妹过着花天酒地、穷奢极欲的生活。

公元753年3月3日，杨贵妃等人到曲江边游春野宴，轰动一时。诗人杜甫对杨家兄妹这种只顾自己享乐，不管人民死活的行为极为愤慨，写出了著名的《丽人行》一诗，大胆揭露和深刻讽刺了杨家兄妹生活的奢侈和权势的显赫。"炙手可热势绝伦，慎莫近前丞相嗔！"便是诗中的二句。这两句诗的意思是杨家权重位高，势焰的人，没有人能与之相比；你千万不要走近前去，以免惹得丞相发怒生气。

成语练习

1.请将下面的成语和与其相关的人物连线。

千载难逢	秦始皇
文不加点	诸葛亮
明镜高悬	柳公权

料事如神	曹植
瓜田李下	韩愈
下笔成章	祢衡

2. 请根据下面这首诗补充成语。

风

唐·李峤

解落三秋叶，能开二月花。

过江千尺浪，入竹万竿斜。

（　）（　）其德　　（　）（　）知秋　　揭（　）而起

春（　）（　）月　　（　）言（　）语　　知（　）（　）改

得寸进（　）　　心（　）目明　　胸有成（　）

（　）酒闲茶　　明（　）（　）怀　　（　）衣衣人

目不（　）视　　襟（　）带湖

第七步

成语接龙

策名就列	列土分茅	茅庐三顾	顾复之恩	恩不放债	债台高筑
筑舍道傍	傍花随柳	柳泣花啼	啼天哭地	地下修文	文婪武嬉
嬉皮笑脸	脸红筋暴	暴衣露冠	冠盖如云	云雾迷蒙	蒙昧无知
知我罪我	我负子戴	戴高帽儿	儿女姻亲	亲冒矢石	石火风灯
灯红酒绿	绿女红男	男婚女嫁	嫁狗随狗	狗续侯冠	冠履倒易
易于拾遗	遗珥坠簪	簪笔磬折	折腰五斗	斗米尺布	

成语解释

策名就列：书名于策，就位朝班。意指做官。

列土分茅：指受封为诸侯。古代天子分封诸侯时，用白茅裹着社坛上的泥土授予被封者，象征土地和权力，称为"列土分茅"。

茅庐三顾：刘备为请诸葛亮，三次到草庐中去拜访他。后用此典故表示帝王对臣下的知遇之恩。也比喻诚心诚意地邀请或过访。同"草庐三顾"。

顾复之恩：顾，回头看；复，反复。比喻父母养育的恩德。

恩不放债：恩，指亲人。对亲人不宜放债。意指免因钱财交往而致发生怨怼。

债台高筑：形容欠债很多。

筑舍道傍：傍，通"旁"。在路旁盖房子，同路人讨论事情。比喻人多口杂，办不成事。

傍花随柳：形容春游的快乐。

柳泣花啼：形容风雨中花柳憔悴、黯淡的情景。

啼天哭地：呼天叫地的哭号，形容非常悲痛。

地下修文：旧指有才文人早死。

文婪武嬉：指文武官员习于安逸，贪婪成性。

嬉皮笑脸：形容嬉笑不严肃的样子。

脸红筋暴：形容发急或发怒时面部涨红，青筋暴起的样子。

暴衣露冠：暴，晒。日晒衣裳，露湿冠冕。形容奔波劳碌。

冠盖如云：冠盖，指古代官员的冠服和车盖，用作官员代称。形容官吏到的很多。

云雾迷蒙：迷蒙，形容模糊不清的样子。云雾笼罩，使景物隐隐约约，看不清楚。

蒙昧无知：蒙昧，知识未开。没有知识，不明事理。指糊涂不懂事理。

知我罪我：形容别人对自己的毁誉。

我负子戴：指夫妻同安于贫贱。详"我黼子佩"。

戴高帽儿：吹捧、恭维别人。同"戴高帽子"。

儿女姻亲：儿女亲家。

亲冒矢石：指将帅亲临作战前线。同"亲当矢石"。

石火风灯：比喻为时短暂。

灯红酒绿：灯光酒色，红绿相映，令人目眩神迷。形容奢侈糜烂的生活。

绿女红男：服装艳丽的青年男女。

男婚女嫁：指儿女成家。

嫁狗随狗：比喻女子只能顺从丈夫。

狗续侯冠：犹狗续金貂。比喻滥封的官吏。

冠履倒易：比喻上下位置颠倒，尊卑不分。

易于拾遗：犹易如反掌。比喻事情非常容易做。

遗珥坠簪：形容欢饮而不拘形迹。同"遗簪堕珥"。

簪笔磬（qìng）折：古代插笔备礼，曲体作揖，以示恭敬。

折腰五斗：折腰，弯腰；五斗，五斗米。为五斗米而弯腰。比喻忍受屈辱。亦作"折腰升斗"。

斗米尺布：指少量的粮食与布匹。

成语故事

债台高筑

公元前256年，秦国大举进攻韩国，很快夺取了韩国的阳城、负黍（均在今登封市一带），斩首俘虏四万，已经逼近周赧王所居的王城（今王城公园一带）。周赧王和大臣一片慌乱，不知该如何对付强大的秦国。就在这时，楚国派遣的使者向周赧王献计说：秦国强大，单独一个国家难以对抗，只有以周天子的名义，召集六国联合攻秦才有可能自救。周赧王与大臣们觉得也只能这样了，于是便起草诏令，分发六国，约定时间集中兵力攻秦。此时周天子只剩下很小一块领土了，虽然反复动员，才集合了六千人马。为筹集这批人马的军费，只好向国内的富商大贾借债，并答应灭秦后还清本钱和利息。

到约定日期，周赧王把六千人马带到集合之地——伊阙（即龙门）。等了好些日子，除了楚、燕二国外，其余各国毫无音信。只靠这点力量，显然不是强秦的对手。此时，军费也所剩不多了，抗秦攻秦的计划只好作罢，已集中的人马也各自散去。

秦国得知周天子要联合关东六国抗秦伐秦，便命令大军攻打周天子。秦军打到王城，周赧王降秦，被秦赶到伊阙南边的新城。

众债主一齐赶到新城向赧王讨债，赧王无法招架，就躲进一处建在高台上的驿馆内，这处高台就被称为"逃债台""避债台"。成语"债台高筑"由此而来。

成语练习

1. 趣味成语填空练习。

最没有作为的人——一（　）（　）成

最错误的答案——一（　）（　）处

最长的棍子——一柱（　）（　）

最大的满足——天（　）人（　）

最好的记忆——过（　）成（　）

最厉害的举重运动员——拔（　）扛（　）

2.请用意思相反的词补充下面的成语。

弄（　）成（　）　　颂（　）非（　）　　挑（　）拣（　）

欺（　）瞒（　）　　拈（　）怕（　）　　声（　）击（　）

将（　）将（　）　　醉（　）梦（　）　　完（　）无（　）

尺（　）寸（　）　　起（　）回（　）　　（　）多（　）少

第八步

成语接龙

布被瓦器　器满将覆　覆车之鉴　鉴前毖后　后生可畏　畏首畏尾

尾大不掉　掉三寸舌　舌桥不下　下逐客令　令行禁止　止于至善

善贾而沽　沽誉买直　直木先伐　伐异党同　同美相妒　妒贤嫉能

能不称官　官卑职小　小试锋芒　芒屦布衣　衣弊履穿　穿花蛱蝶

蝶化庄周　周而不比　比比皆是　是非得失　失魂丧胆　胆颤心惊

惊才风逸　逸趣横生　生不遇时　时不可失　失惊打怪

成语解释

布被瓦器：布缝的被子，瓦制的器皿。形容生活俭朴。

器满将覆：比喻事物发展超过一定界限就会向相反方面转化。亦以喻骄傲自满将导致失败。同"器满则覆"。

覆车之鉴：覆，倾覆；鉴，镜子。把翻车作为镜子。比喻先前的失败，可以作为以后的教训。

鉴前毖（bì）后：指把过去的错误引为借鉴，以后谨慎行事，避免重犯。

后生可畏：后生，年轻人，后辈；畏，敬畏。年轻人是可敬畏的。形容青年人能超过前辈。

畏首畏尾：畏，怕，惧。前也怕，后也怕。比喻做事胆子小，顾虑多。

尾大不掉：掉，摇动。尾巴太大，掉转不灵。旧时比喻部下的势力很大，无法指挥调度。现比喻机构庞大，指挥不灵。

掉三寸舌：掉，摆动，摇。玩弄口舌。多指进行游说。

舌桥不下：形容惊讶的神态。

下逐客令：秦始皇曾下过逐客令，要驱逐从各国来的客卿。泛指主人赶走不受欢迎的客人。

令行禁止：下令行动就立即行动，下令停止就立即停止。形容法令严正，执行认真。

止于至善：止，达到；至，最，极。达到极完美的境界。

善贾而沽：贾，通"价"。善贾，好价钱；沽，出卖。等好价钱卖出。比喻怀才不遇，等有的赏识的人再出来做事。也比喻有了肥缺，才肯任职。

沽誉买直：故作正直以猎取名誉。同"沽名卖直"。

直木先伐：直，挺直。挺直成材的树木，最先被砍伐。比喻有才能的人会遭到迫害。亦作"直木必伐"。

伐异党同：伐，讨伐，攻击。指结帮分派，偏向同伙，打击不同意见的人。

同美相妒：妒，忌妒。指容貌或才情好的人互相忌妒。

妒贤嫉能：妒、嫉，因别人好而忌恨。对品德、才能比自己强的人心怀怨恨。

能不称官：才能跟职位不相称。

官卑职小：卑，职位低下。官位很低，职务也小。

小试锋芒：锋芒，刀剑的尖端，比喻人的才干、技能。比喻稍微显示一下本领。

芒屩（juē）布衣：芒屩，草鞋；布衣，麻布衣服。穿布衣和草鞋。指平民百姓。

衣弊履穿：衣服破败，鞋子穿孔。形容贫穷。

穿花蛱（jiá）蝶：穿戏花丛中的蝴蝶。

蝶化庄周：比喻事物的虚幻无常。同"蝶化庄生"。

周而不比：周，亲和、调和；比，勾结。关系密切，但不勾结。指与众相合，但不做坏事。

比比皆是：比比，一个挨一个。到处都是，形容极其常见。

是非得失：正确与错误，得到的与失去的。

失魂丧胆：形容极度恐慌。

胆颤心惊：颤，发抖。形容非常害怕。

惊才风逸：指惊人的才华像风飘逸。

逸趣横生：指超逸不俗的情趣洋溢而出。

生不遇时：生下来没有遇到好时候。旧时指命运不好。

时不可失：时，时机，机会；失，错过。抓住时机，不可错过。

失惊打怪：形容大惊小怪。也形容神色慌张或动作忙乱。

畏首畏尾

春秋时代，晋国和楚国都是大国，而郑国较弱小。晋和楚为了扩大自己的势力范围，都想把郑国变为自己的附庸。

有一次，晋灵公为了称霸诸侯，制造声势，就在郑国附近召集邻近小国开会。郑国因地处晋楚之间，既不愿得罪晋国，也不愿得罪楚国，所以只得找个借口不去参加。晋灵公没见郑穆公来，便以为郑国对晋国有二心。郑穆公得知后惶恐不安，急忙写信给晋灵公，陈述了郑国与晋国历史上的友好关系，说明郑国的处境，表明郑国的态度。信中还说："我们郑国位于晋、楚两大国之间，北边怕晋国，南边畏惧楚国，故而未应邀出席会议，这实在是无可奈何的事。古话说：'头也怕，尾也怕，全身上下还剩多少地方呢？'古话还说：'鹿到了快要死的时候，不选择庇荫的地方，只求有地方安身。'我们郑国，现在正是这样，如果把我们逼得无路可走了，那我们就只好去投靠楚国了，如果我们投靠了楚国，那是你们逼我们这样做的！"

晋灵公看完信以后，担心郑国真的去投靠楚国，就决定不向郑国兴师问罪了，于是派人和谈了事。

1. 成语选择题。

（1）成语"无的放矢"中的"矢"指的是（　　）

A 剑　　　　　　B 刀　　　　　　C 箭

（2）成语"青梅竹马"中的"竹马"指的是（　　）

A 竹子做的马　　B 板凳　　　　　C 竹竿

（3）成语"孺子可教"中的"孺子"指的是（　　）

A 小孩子　　　　B 迂腐的书生　　C 老人

（4）成语"下车伊始"中的"下车"指的是（　　）

A 从车上下来　　B 新官到任　　　C 被贬官

2. 请圈出下面成语中的错别字并写出正确的。

恒河砂数（　）　　终南捷经（　）　　荒谬绝论（　）　　毫无二至（　）

泾谓分明（　）　　枕戈待但（　）　　坐地分脏（　）　　养尊处犹（　）

孤掌难名（　）　　唇齿相倚（　）　　登峰造及（　）　　奉共守法（　）

第九步

成语接龙

怪声怪气	气充志骄	骄傲自满	满而不溢	溢于言外	外强中干
干巴利落	落地生根	根椽片瓦	瓦釜雷鸣	鸣鹤之应	应答如响
响彻云表	表里山河	河奔海聚	聚蚊成雷	雷奔云谲	谲而不正
正本澄源	源清流洁	洁己从公	公买公卖	卖犊买刀	刀头舔蜜
蜜口剑腹	腹心之患	患难与共	共挽鹿车	车水马龙	龙荒朔漠
漠不相关	关怀备至	至大至刚	刚直不阿	阿党比周	

成语解释

怪声怪气：形容声音、语调、唱腔等滑稽或古怪难听。

气充志骄：指心满意得，骄傲自大。

骄傲自满：看不起别人，满足于自己已有的成绩。

满而不溢：器物已满盈但不溢出。比喻有资财而不浪用，有才能而不自炫，善于节制守度。

溢于言外：溢，水满外流，引申为超出。超出语言之外。指某种意思、感情通过语言文字充分表露出来。亦作"溢于言表"。

外强中干：干，枯竭。形容外表强壮，内里空虚。

干巴利落：指干脆；爽快。

落地生根：比喻长期安家落户或切切实实、一心一意地做好所从事的工作。

根椽（chuán）片瓦：一根椽，一片瓦。指简陋的房舍。

鸣鹤之应：比喻诚笃之心相互应和。

应答如响：对答有如回声。形容答话敏捷流利。

响彻云表：形容声音响亮，好像可以穿过云层，直达高空。同"响彻云霄"。

表里山河：表里，即内外。外有大河，内有高山。指有山河天险作为屏障。

河奔海聚：比喻思路开阔，文辞畅达。

聚蚊成雷：许多蚊子聚到一起，声音会像雷声那样大。比喻说坏话的人多了，会使人受到很大的损害。

雷奔云谲（jué）：如雷奔行，如云翻卷。

谲而不正：谲，欺诈。诡诈而不正派。

正本澄源：犹正本清源。

源清流洁：源头的水清，下游的水也清。原比喻身居高位的人好，在下面的人也好。也比喻事物的因果关系。

洁己从公：保持自身廉洁，一心奉行公事。同"洁己奉公"。

公买公卖：公平合理地买卖。

卖犊买刀：指出卖耕牛，购买武器去从军。

刀头舔蜜：舔，用舌头接触东西或取东西。比喻利少害多。也指贪财好色，不顾性命。

蜜口剑腹：犹言口蜜腹剑。谓嘴甜心毒。

腹心之患：比喻严重的祸患。

患难与共：共同承担危险和困难。指彼此关系密切，利害一致。

共挽鹿车：挽，拉；鹿车，古时的一种小车。旧时称赞夫妻同心，安贫乐道。

龙荒朔漠：北方塞外荒漠之地。亦指在这些地方的少数民族国家。

漠不相关：形容彼此毫无关联。

关怀备至：关心得无微不至。

至大至刚：至，最，极。极其正大、刚强。

刚直不阿：阿，迎合，偏袒。刚强正直，不逢迎，无偏私。

阿党比周：指相互勾结，相互偏袒，结党营私。

成语故事

聚蚊成雷

西汉时期，吴楚七王叛乱之后，汉武帝采取种种限制诸侯的措施，官府的权力大过诸侯。他为了平衡诸侯王之间的关系，请他们在一块喝酒作乐，席间奏幽微哀伤的乐曲，中山靖王刘胜哀伤地倾诉，希望君王不要听信谗言，聚蚊成雷会使流言影响兄弟之间的关系。

成语练习

1. 以"悲"字开头的成语。

悲歌（　）（　）　　　悲歌（　）（　）　　　悲歌（　）（　）

悲声（　）（　）　　　悲天（　）（　）　　　悲欢（　）（　）

悲痛（　）（　）　　　悲喜（　）（　）　　　悲观（　）（　）

悲不（　）（　）　　　悲愤（　）又　　　悲愁（　）（　）

2. 以"悲"字结尾的成语。

（　）死（　）悲　　　（　）（　）生悲　　　（　）（　）大悲

（　）（　）慈悲　　　（　）（　）含悲　　　（　）（　）之悲

（　）（　）之悲　　　（　）（　）兴悲　　　（　）（　）之悲

（　）（　）则悲

第十步

成语接龙

周而复始　始末原由　由此及彼　彼倡此和　和蔼近人　人涉卬否

否极泰回　回肠百转　转忧为喜　喜不自胜　胜残去杀　杀鸡为黍

黍离麦秀　秀才人情　情面难却　却病延年　年高望重　重望高名

名不符实　实繁有徒　徒有虚名　名扬四海　海晏河清　清风亮节

节威反文　文韬武略　略不世出　出神入化　化若偃草　草木皆兵

兵贵先声　声名烜赫　赫赫有名　名山胜水　水涨船高

成语解释

周而复始：周，环绕一圈；复，又，再。转了一圈又一圈，不断循环。

始末原由：始末，事情从头到尾的经过；原由，缘由，来由。事情的经过和原因。同"始末缘由"。

由此及彼：此，这个；彼，那个。由这一现象联系到那一现象。

彼倡此和：和，附和，应和。比喻一方倡导，别一方效法；或互相配合，彼此呼应。

和蔼近人：和蔼，和善。态度温和，容易接近。

人涉卬否：别人涉水过河，而我独不渡。后用以比喻自有主张，不随便附和。

否极泰回：指坏运到了头好运就来了。同"否极泰来"。

回肠百转：形容内心痛苦焦虑已极。同"回肠九转"。

转忧为喜：由忧愁转为欢喜。

喜不自胜：胜，能承受。喜欢得控制不了自己。形容非常高兴。

胜残去杀：感化残暴的人使其不再作恶，便可废除死刑。也指以德化民，太平至治。

杀鸡为黍：指殷勤款待宾客。

黍离麦秀：哀伤亡国之辞。

秀才人情：秀才多数贫穷，遇有人情往来，无力购买礼物，只得裁纸写诗文。俗话说：秀才人情纸半张。表示馈赠的礼物过于微薄。

情面难却：由于面子、情分的关系，很难推却。

却病延年：指消除病痛，延长寿命。

年高望重：年纪大，声望高。

重望高名：拥有崇高的名望。

名不符实：名声与实际不符。

实繁有徒：实，实在；繁，多；徒，徒众，群众。实在有不少这样的人。

徒有虚名：空有名望。指有名无实。

名扬四海：四海，天下。名声传扬到天下。形容名声很大。

海晏河清：晏，平静。黄河水清了，大海没有浪了。比喻天下太平。

清风亮节：比喻人品格高尚，节操坚贞。

节威反文：节减威强，复用文理。

文韬武略：韬，指《六韬》，古代兵书，内容分文、武、龙、虎、豹、犬六韬；略，指《三略》，古代兵书，凡三卷。比喻用兵的谋略。

略不世出：谓谋略高明，世所少有。

出神入化：神、化，指神妙的境域。极其高超的境界。形容文学艺术达到极高的成就。

化若偃草：指教化推行如风吹草伏。形容教化之易推行。

草木皆兵：把山上的草木都当作敌兵。形容人在惊慌时疑神疑鬼。

兵贵先声：指用兵贵在先以自己的声势震慑敌人。

声名烜（xuǎn）赫：名声显赫。

赫赫有名：赫赫，显著盛大的样子。声名非常显赫。

名山胜水：风景优美的著名河山。同"名山胜川"。

水涨船高：水位升高，船身也随之浮起。比喻事物随着它所凭借的基础的提高而增长提高。

成语故事

草木皆兵

东晋时代，秦王苻坚控制了北部中国。公元 383 年，苻坚率领步兵、骑兵共 90 万，攻打江南的晋朝。晋军大将谢石、谢玄领兵八万前去抵抗。苻坚得知晋军兵力不足，就想以多胜少，抓住机会，迅速出击。

谁料，苻坚的先锋部队二十五万在寿春一带被晋军击败，损失惨重，大将被杀，士兵死伤万余。秦军的锐气大挫，军心动摇，士兵惊恐万状，纷纷逃跑。此时，苻坚在寿春城上望见晋军队伍严整，士气高昂，再北望八公山，只见山上一草一木都像晋军的士兵一样。苻坚回过头对他弟弟苻融说："这是多么强大的敌人啊！怎么能说晋军兵力不足呢？"他后悔自己过于轻敌了。

出师不利给苻坚心头蒙上了不祥的阴影，他令部队靠淝水北岸布阵，企图凭借地理优势扭转战局。这时晋军将领谢玄提出要求，要秦军稍往后退，让出一点地方，以便渡河作战。苻坚暗笑晋军将领不懂作战常识，想利用晋军忙于渡河难于作战之机，给它来个突然袭击，于是欣然接受了晋军的请求。

谁知，后退的军令一下，秦军如潮水一般溃不成军，而晋军则趁势渡河追击，把秦军杀得丢盔弃甲，尸横遍地，苻坚中箭而逃，其弟苻融也阵亡了。这就是历史上以少胜多的著名战役——淝水之战。

成语练习

1. 请分别用下面的成语造一个句子。

周而复始：_____

转忧为喜：_____

徒有虚名：_____

出神入化：_____

赫赫有名：_____

第一步

成语接龙

高谈弘论	论辩风生	生气勃勃	勃然大怒	怒发冲冠	冠盖相望
望梅止渴	渴而掘井	井井有条	条分缕析	析微察异	异口同声
声色俱厉	厉精图治	治病救人	人云亦云	云容月貌	貌合形离
离合悲欢	欢欣鼓舞	舞文弄法	法外施仁	仁民爱物	物极必返
返璞归真	真心诚意	意料之外	外刚内柔	柔能克刚	刚愎自用
用兵如神	神清气爽	爽然自失	失张失智	智勇双全	

成语解释

高谈弘论：弘，大。高深空洞不切实际的谈论。

论辩风生：议论辩驳，极生动而又风趣。

生气勃勃：勃勃，旺盛的样子。形容人或社会富有朝气，充满活力。

勃然大怒：勃然，突然。突然变脸大发脾气。

怒发冲冠：指愤怒得头发直竖，顶着帽子。形容极端愤怒。

冠盖相望：冠盖，指古代官员的冠服和车盖，用作官员代称；相望，互相看得见。形容政府的使节或官员往来不绝。

望梅止渴：原意是梅子酸，人想吃梅子就会流涎，因而止渴。后比喻愿望无法实现，用空想安慰自己。

渴而掘井：到口渴才掘井。比喻事先没有准备，临时才想办法。

井井有条：井井，形容有条理。形容说话办事有条有理。

条分缕析：缕，线；析，剖析。有条有理地细细分析。

析微察异：指仔细观察、辨别。

异口同声：不同的嘴说出相同的话。指大家说得都一样。

声色俱厉：声色，说话时的声音和脸色；厉，严厉。说话时声音和脸色都很严厉。

厉精图治：图，谋求，设法；厉，奋勉；治，治理。振奋精神，设法把国家治理好。

治病救人：治好病把人挽救过来。比喻帮助犯错误的人改正错误。

人云亦云：云，说；亦，也。人家怎么说，自己也跟着怎么说。指没有主见，只会随声附和。

云容月貌：比喻淡雅、飘逸的容貌。

貌合形离：貌，表面上。表面上很合得来，而行动上却又差异很大。

离合悲欢：泛指别离、团聚、悲哀、喜悦的种种遭遇和心态。

欢欣鼓舞：欢欣，欣喜；鼓舞，振奋。形容高兴而振奋。

舞文弄法：舞、弄，耍弄，玩弄；文，法令条文；法，法律。歪曲法律条文，舞弊徇私。

法外施仁：旧时指宽大处理罪犯。

仁民爱物：仁，仁爱。对人亲善，进而对生物爱护。旧指官吏仁爱贤能。

物极必返：事物发展到极点，会向相反方向转化。同"物极必反"。

真心诚意：心意真实诚恳，没有虚假。

意料之外：没有想到的。

外刚内柔：外表刚强而内在柔弱。同"内柔外刚"。

柔能克刚：指以柔弱的手段能够制服刚强的人。同"柔能制刚"。

刚愎自用：十分固执自信，不考虑别人的意见。

用兵如神：调兵遣将如同神人。形容善于指挥作战。

神清气爽：形容人神志清爽，心情舒畅。也形容人长得神态清明，气质爽朗。

爽然自失：形容茫无主见，无所适从。

失张失智：举止失措、失神落魄的样子。

智勇双全：又有智谋，又很勇敢。

成语故事

望梅止渴

有一年夏天，曹操率领部队去讨伐张绣，天气热得出奇，骄阳似火，天上一丝云彩也没有，部队在弯弯曲曲的山道上行走，两边密密的树木和被阳光晒得滚烫的山石，让人透不过气来。到了中午时分，士兵的衣服都湿透了，行军的速度也慢下来，有几个体弱的士兵竟晕倒在路边。

曹操看行军的速度越来越慢，担心贻误战机，心里很是着急。可是，眼下几万人

马连水都喝不上,又怎么能加快速度呢? 他立刻叫来向导,悄悄问他:"这附近可有水源?"向导摇摇头说:"泉水在山谷的那一边,要绕道过去还有很远的路程。"曹操想了一下说:"不行,时间来不及。"他看了看前边的树林,沉思了一会儿,对向导说:"你什么也别说,我来想办法。"他知道此刻即使下命令要求部队加快速度也无济于事。脑筋一转,办法来了,他一夹马肚子,快速赶到队伍前面,用马鞭指着前方说:"士兵们,我知道前面有一大片梅林,那里的梅子又大又好吃,我们快点赶路,绕过这个山丘就到梅林了!"士兵们一听,仿佛已经把梅子吃到了嘴里,精神大振,步伐不由得加快了许多。

成语练习

1. 请把下面以"数"字结尾的成语补充完整。

( )( )可数　　( )( )可数　　( )( )可数

( )( )胜数　　( )( )沙数　　( )( )充数

( )( )难数　　( )( )有数　　( )( )酒数

( )( )解数　　( )( )计数　　( )( )其数

2. 请把下面的成语补充完整。

日( )月( )　　日( )月( )　　日( )月( )

日( )月( )　　日( )月( )　　日( )月( )

日( )月( )　　日( )月( )　　日( )月( )

日( )月( )　　日( )月( )　　日( )月( )

日( )月( )　　日( )月( )　　日( )月( )

第二步

成语接龙

全民皆兵　兵无常势　势如破竹　竹报平安　安危与共　共为唇齿

齿少气锐　锐挫望绝　绝世独立　立足之地　地平天成　成算在心

心直口快　快心满志　志士仁人　人之常情　情同手足　足食丰衣
衣冠楚楚　楚楚动人　人面桃花　花枝招展　展翅高飞　飞珠溅玉
玉叶金枝　枝源派本　本小利微　微察秋毫　毫分缕析　析疑匡谬
谬想天开　开山鼻祖　祖宗家法　法无二门　门可罗雀

成语解释

全民皆兵：指把能参加战斗的人民全都武装起来，随时准备歼灭入侵之敌。

兵无常势：常，不变；势，形势。用兵没有一成不变的形势。用以说明办事要因时、因地制宜，具体问题要用具体办法去解决。

势如破竹：势，气势，威力。形势就像劈竹子，头上几节破开以后，下面各节顺着刀势就分开了。比喻节节胜利，毫无阻碍。

竹报平安：比喻平安家信。

安危与共：共同享受安乐，共同承担危难。形容关系密切，利害相连。

共为唇齿：比喻互相辅助。

齿少气锐：指年轻气盛，锐意进取。

锐挫望绝：指受挫而希望破灭。

绝世独立：绝世，当代独一无二。当世无双，卓然而立。多用来形容不同凡俗的美貌女子。

立足之地：站脚的地方。也比喻容身的处所。

地平天成：平，治平；成，成功。原指禹治水成功而使天之生物得以有成。后常比喻一切安排妥帖。

成算在心：心中早已经算计好了如何应付。

心直口快：性情直爽，有话就说。

快心满志：形容心满意足，事情的发展完全符合心意。同"快心遂意"。

志士仁人：原指仁爱而有节操，能为正义牺牲生命的人。现在泛指爱国而为革命事业出力的人。

人之常情：一般人通常有的感情。

情同手足：手足，比喻兄弟。交情很深，如同兄弟一样。

足食丰衣：丰衣足食。形容生活富裕。

衣冠楚楚：楚楚，鲜明、整洁的样子。衣帽穿戴得很整齐，很漂亮。

楚楚动人：形容美好的样子引人怜爱。

人面桃花：原指女子的面容与桃花相辉映。后泛指所爱慕而不能再见的女子，也形容由此产生的惆怅心情。

花枝招展：招展，迎风摆动的样子。形容打扮得十分艳丽。

展翅高飞：指鸟展开翅膀远远飞走了。亦比喻充分发挥才能，施展抱负。

飞珠溅玉：形容水的飞溅犹如珠玉一般。

玉叶金枝：封建时代称皇家后裔。

枝源派本：指寻根究源，寻求和追究事物的根本。

本小利微：微，薄。本钱小，利润薄。指买卖很小，得利不多。

微察秋毫：形容极细小的东西都看得很清楚。

毫分缕析：细致详尽的剖析。

析疑匡谬：解析疑义，纠正谬误。

谬想天开：形容想法非常荒谬。

开山鼻祖：比喻一个学术流派、技艺的开创者。

祖宗家法：封建时代祖先制定的家族法规。

法无二门：指法律统一，前后一致，不能随意变通。同"法出一门"。

门可罗雀：罗，张网捕捉。大门之前可以张起网来捕麻雀。形容十分冷落，宾客稀少。

成语故事

势如破竹

三国末年，晋武帝司马炎灭掉蜀国，夺取魏国政权以后，准备出兵攻打东吴，实现统一全国的愿望。他召集文武大臣们商量灭吴大计。多数人认为，吴国还有一定实力，一举消灭它恐怕不易，不如有了足够的准备再说。

大将杜预不同意多数人的看法，写了一道奏章给晋武帝。杜预认为，必须趁目前吴国衰弱，赶快灭掉它，不然等它有了实力就很难打败它了。司马炎看了杜预的奏章，下了决心，任命杜预做征南大将军。公元279年，晋武帝司马炎调动了二十多万兵马，分成六路水陆并进，攻打吴国。第二年就攻占了江陵，斩了吴国一员大将，并乘胜追击。在沅江、湘江以南的吴军听到风声吓破了胆，纷纷打开城门投降。司马炎下令让杜预从小路向吴国国都建业进发。此时，有人担心长江水势暴涨，不如暂收兵等到冬天进攻更有利。杜预坚决反对退兵，他说："现在趁士气高涨，斗志正旺，取得一个又一个胜利，像用快刀劈竹子一样，劈过几节后竹子就迎刃破裂，一举攻击吴国不会再费多大力气了！"晋军在杜预率领下，直冲向吴都建业，不久就攻占建业灭了吴国。晋武帝统一了全国。

绝世独立

在汉武帝宠爱的众多后妃中，最生死难忘的，要数妙丽善舞的李夫人。而李夫人的得幸，则是靠了她哥哥李延年这首名动京师的佳人歌：北方有佳人，绝世而独立。一顾倾人城，再顾倾人国。宁不知倾城与倾国？佳人难再得！

 **成语练习**

1. 请分别用同一个字补充下面的成语。

（ ）取（ ）夺　　（ ）夫（ ）妇　　（ ）张（ ）势

（ ）弃（ ）暴　　（ ）字（ ）句　　（ ）七（ ）八

（ ）条（ ）理　　（ ）己（ ）彼　　（ ）刀（ ）枪

（ ）门（ ）闾　　（ ）室（ ）家　　（ ）步（ ）趋

（ ）恩（ ）惠　　（ ）臂（ ）指　　（ ）宿（ ）飞

2. 请将成语和它所对应的歇后语连线。

棉花铺里打铁	高谈阔论
唐三藏取经	旁敲侧击
摩天轮上说书	悲喜交加
扭秧歌打腰鼓	自言自语
穿孝服拜天地	软硬兼施
对着镜子说话	好事多磨

第三步

 **成语接龙**

雀鼠之争　争前恐后　后进之秀　秀水明山　山高水险　险象环生

生死相依　依依惜别　别有洞天　天真烂漫　漫山遍野　野草闲花

花样新翻　翻天覆地　地瘠民贫　贫贱不移　移形换步　步月登云

云蒸雾集　集思广益　益国利民　民富国强　强食自爱　爱屋及乌

乌合之众　众星捧月　月夕花晨　晨参暮礼　礼尚往来　来情去意

意气用事　事必躬亲　亲如手足　足不出门　门庭若市

成语解释

雀鼠之争：指强暴侵凌引起的争讼。

争前恐后：抢着向前，唯恐落后。同"争先恐后"。

后进之秀：犹言后起之秀。后来出现的或新成长起来的优秀人物。

秀水明山：山光明媚，水色秀丽。形容风景优美。

山高水险：比喻前进路上的种种艰难险阻。

险象环生：危险的局面不断产生。

生死相依：在生死问题上互相依靠。形容同命运，共存亡。

依依惜别：依依，留恋的样子；惜别，舍不得分别。形容十分留恋，舍不得分开。

别有洞天：洞中另有一个天地。形容风景奇特，引人入胜。

天真烂漫：天真，指心地单纯，没有做作和虚伪；烂漫，坦率自然的样子。形容儿童思想单纯、活泼可爱，没有做作和虚伪。

漫山遍野：漫，满；遍，到处。山上和田野里到处都是。形容很多。

野草闲花：野生的花草。比喻男子在妻子以外所玩弄的女子。

花样新翻：指独出心裁，创造新花样。同"花样翻新"。

翻天覆地：覆，翻过来。形容变化巨大而彻底。也指闹得很凶。

地瘠民贫：土地瘠薄，人民贫穷。

贫贱不移：移，改变。不因生活贫困、社会地位低下而改变自己的志向。形容意志坚定。

移形换步：犹移步换形。形容变化多端。

步月登云：步上月亮，攀登云霄。形容志向远大。

云蒸雾集：如云雾之蒸腾会集。形容众多。

集思广益：集，集中；思，思考，意见；广，扩大。指集中群众的智慧，广泛吸收有益的意见。

益国利民：对国家、对人民都有利。

民富国强：人民富裕，国家强盛。

强食自爱：劝慰人的话。指努力加餐，保重身体。

爱屋及乌：因为爱一个人而连带爱他屋上的乌鸦。比喻爱一个人而连带地关心到与他有关的人或物。

乌合之众：像暂时聚合的一群乌鸦。比喻临时杂凑的、毫无组织纪律的一群人。

众星捧月：许多星星衬托着月亮。比喻众人拥护着一个他们所尊敬爱戴的人。

月夕花晨：月明的夜晚，花开的早晨。形容良辰美景。

晨参暮礼：指早晚参拜。

礼尚往来：尚，注重。指礼节上应该有来有往。现也指以同样的态度或做法回答对方。

来情去意：事情的内容和原因。

意气用事：意气，主观偏激的情绪；用事，行事。缺乏理智，只凭一时的想法和情绪办事。

事必躬亲：躬亲，亲自。不论什么事一定要亲自去做，亲自过问。形容办事认真，毫不懈怠。

亲如手足：像兄弟一样的亲密。多形容朋友的情谊深厚。

足不出门：不出大门一步。指闭门自守。

门庭若市：庭，院子；若，像；市，集市。门前和院子里人很多，像市场一样。原形容进谏的人很多。现形容来的人很多，非常热闹。

成语故事

争前恐后

春秋时代，赵襄子向王子期学习驾车。学了不久，便与王子期进行了一场比赛。他同王子期换了三次马，每次都落在了王子期的后面。

赵襄王责备王子期,说:"你教我驾车,为什么不将真本领教给我呢？"王子期说:"驾车的技术,我已经都教给你了,只是你运用上有毛病。驾车最重要的是协调好你的马和车,才能跑得快、跑得远。而你在比赛中,只要落后,就使劲鞭打马,拼命想超过我;一旦超过,又时时回头看我,怕我赶上你。其实,在比赛中,有时会在前,有时会落后,都是很自然的;可是,不论领先还是落后,你的心思都在我身上,你又怎么可能去协调好车和马呢？这就是你落后的原因。"

成语练习

1.猜一猜，下列谜语的谜底都是成语，请把它补充完整。

南极北极——（　）南（　）北

四海之内皆兄弟——天下（　）（　）

二斗——偷（　）减（　）

变"奏"为"春"——（　）天（　）日

十百千——（　）无（　）失

化妆——（　）脂（　）粉

选菜刀——唯（　）是（　）

2.请用意思相近的词补充下面的成语。

花（　）月（　）　　　身（　）力（　）　　　油（　）滑（　）

（　）土（　）民　　　时（　）境（　）　　　油（　）灯（　）

（　）三（　）四　　　能（　）巧（　）　　　心（　）手（　）

（　）言（　）行　　　（　）头（　）尾　　　伶（　）俐（　）

 成语接龙

市井之徒	徒劳无功	功德无量	量力而行	行易知难	难言之隐
隐姓埋名	名正言顺	顺天应人	人以群分	分庭抗礼	礼顺人情
情逐事迁	迁怒于人	人心所归	归之若水	水明山秀	秀才造反
反戈一击	击鼓鸣金	金枝玉叶	叶落知秋	秋月春花	花阶柳市
市井小人	人约黄昏	昏昏浩浩	浩气长存	存亡安危	危言高论
论议风生	生财之道	道听途说	说一不二	二三其德	

成语解释

徒劳无功：白白付出劳动而没有成效。

功德无量：功德，功业和德行；无量，无法计算。旧时指功劳恩德非常大。现多用来称赞做了好事。

量力而行：量，估量；行，行事。按照自己力量的大小去做，不要勉强。

行易知难：行，实施；知，知晓。实行容易，但通晓其道理却很困难。

难言之隐：隐藏在内心深处不便说出口的原因或事情。

隐姓埋名：隐瞒自己的真实姓名，不让别人知道。

名正言顺：名，名分，名义；顺，合理，顺当。原指名分正当，说话合理。后多指做某事名义正当，道理也说得通。

顺天应人：应，适应，适合。顺应天命，合乎人心。旧时常用于颂扬建立新的朝代。

人以群分：人按照其品行、爱好而形成团体，因而能互相区别。指好人总跟好人结成朋友，坏人总跟坏人聚在一起。

分庭抗礼：庭，庭院；抗礼，平等行礼。原指宾主相见，分站在庭的两边，相对行礼。现比喻平起平坐，彼此对等的关系。

礼顺人情：指礼是顺乎人之常情，人与人共处必须遵守的规范。

情逐事迁：情况变了，思想感情也随着起了变化。同"情随事迁"。

迁怒于人：受甲的气向乙发泄或自己不如意时拿别人出气。

人心所归：指众人所归向、拥护的。

归之若水：归附的势态就像江河汇成大海一样。形容人心所向。

水明山秀：形容风景优美。同"水秀山明"。

秀才造反：知识分子对现实不满，有所反抗、斗争。

反戈一击：掉转武器向自己原来所属的阵营进行攻击。

击鼓鸣金：古时两军作战时用鼓和金发号施令，击鼓则进，鸣金则退。

金枝玉叶：原形容花木枝叶美好。后多指皇族子孙。现也比喻出身高贵或娇嫩柔弱的人。

叶落知秋：看到树叶落，便知秋天到来。比喻从细微的变化可以推测事物的发展趋向。

秋月春花：春天的花朵，秋天的月亮。泛指春秋美景。

花阶柳市：指妓院聚集的街市。

市井小人：指城市中庸俗鄙陋之人。

人约黄昏：人在黄昏时约会。指情人约会。

昏昏浩浩：苍茫浩渺。

浩气长存：浩气，即正气，刚直正大的精神。浩然之气永远长存。

存亡安危：使将要灭亡的保存下来，使极其危险的安定下来。形容在关键时刻起了决定作用。

危言高论：正直而不同凡响的言论。

论议风生：形容谈论广泛、生动而又风趣。

生财之道：发财的门路。

道听途说：道、途，路。路上听来的、路上传播的话。泛指没有根据的传闻。

说一不二：说怎么样就怎么样。形容说话算数。

二三其德：二三，不专一。形容三心二意。

 成语故事

徒劳无功

古时候，有个鲁国人很会编织麻鞋，他的妻子善于织生绢。

有一天，他们夫妻俩商议着想要搬到越国去居住。有人对他们说："搬到越国去，你们将会变贫穷的。""为什么呢？"那人说："你织的麻鞋是要卖给别人穿的，可是越国人都习惯光着脚走路；你妻子织生绢是为了做帽子的，而越国人却习惯披头散发。无论你们俩怎样努力工作，再会做生意，都将徒劳无功，你说能不贫穷吗？"鲁国人连连点头，打消了搬家的念头。

 **成语练习**

1.成语连用，请根据已给出的成语填空，使意思连贯。

路不拾遗，夜不（　）（　）　　　乐而不淫，（　）而不（　）

雾里看花，（　）中望（　）　　　心比天高，（　）比纸（　）

晓之以理，（　）之以（　）　　　成事不足，（　）事（　）（　）

 成语接龙

德言容功　功标青史　史不绝书　书香世家　家学渊源　源源而来

来迎去送　送旧迎新　新亭对泣　泣不可仰　仰而赋诗　诗肠鼓吹

吹竹弹丝　丝恩发怨　怨家债主　主客颠倒　倒峡泻河　河清海晏

晏然自若　若隐若显　显而易见　见鞍思马　马齿徒增　增砖添瓦

瓦解冰消　消（逍）遥自在　在所不惜　惜玉怜香　香火因缘　缘木希鱼

鱼肠尺素　素不相能　能者多劳　劳民动众　众口交詈

成语解释

德言容功：德，妇德，品德；言，言辞；容，容貌；功，女红（旧指女子所做的针线活）。封建礼教要求妇女应具备的品德。

功标青史：标，写明；青史，古代在竹简上记事，因称史书为青史。功劳记在史书上。指建立了巨大功绩。

史不绝书：书，指记载。史书上不断有记载。过去经常发生这样的事情。

书香世家：指世代都是读书人的家庭。

家学渊源：家学，家中世代相传的学问；渊源，原指水源，比喻事情的本源。家世学问的传授有根源。

源源而来：原指诸侯相继朝觐一辈子。后形容接连不断地到来。

来迎去送：来者迎之，去者送之。

送旧迎新：送走旧的，迎来新的。

新亭对泣：新亭，古地名，故址在今南京市的南面；泣，小声哭。表示痛心国难而无可奈何的心情。

泣不可仰：哭泣得抬不起头。形容极度悲伤。

仰而赋诗：仰头歌唱作诗。

诗肠鼓吹：鼓吹，乐器合奏。特指听到黄鹂鸣声，可以引起诗兴。

吹竹弹丝：吹奏管乐器，弹拨弦乐器。

丝恩发怨：丝、发，形容细小。形容极细小的恩怨。

怨家债主：佛教指与我有冤仇的人。

主客颠倒：比喻事物轻重大小颠倒了位置。

倒峡泻河：比喻文笔酣畅，气势磅礴。

晏然自若：晏然，平静安定的样子；自若，不变常态。形容在紧张状态下沉静如常。

若隐若显：若，好像；隐，隐藏；显，显现。好像隐藏不露，又好像显现出来。形容隐隐约约，看不清楚的样子。

显而易见：形容事情或道理很明显，极容易看清楚。

见鞍思马：看见死去或离别的人留下的东西就想起了这个人。

马齿徒增：马的牙齿有多少，就可以知道它的年龄有多大。谦称自己虚度年华，学业或事业却没有什么成就。

增砖添瓦：犹添砖加瓦。比喻做一些工作，尽一点力量。

瓦解冰消：比喻完全消逝或彻底崩溃。

消遥自在：指逍遥自得。

在所不惜：决不吝惜。多用在付出大的代价。

惜玉怜香：惜、怜，爱怜；玉、香，比喻女子。比喻男子对所爱女子的照顾体贴。

缘木希鱼：缘木，爬树。爬到树上去找鱼。比喻方向或办法不对头，不可能达到目的。同"缘木求鱼"。

鱼肠尺素：指书信。

素不相能：能，亲善。指一向不和睦。

能者多劳：能干的人做事多、劳累也多。

劳民动众：动用众多民力去做某件事。

众口交詈：众人一致责骂。

成语故事

马齿徒增

春秋时期，晋献公一心想吞并虢（guó）国，苦于没有路到达。大夫荀息建议用骏马和美玉作为交换条件，换取虞国借道。晋献公忍痛割爱拿出骏马、美玉和虞国交换，虞国同意了让晋国的军队从自己境内通过。晋国轻而易举灭了虢国，荀息又建议马上灭掉虞国，于是晋献公夺回了美玉和骏马，玉还是原来的玉，只是骏马多长了几颗牙齿而已。

成语练习

1. 请根据下面的俗语补充成语。

三更灯火五更鸡。——深（　）（　）夜

君子爱财，取之有道。——生（　）有（　）

不孝有三，无后为大。——（　）儿（　）女

天下没有不散的筵席。——盛筵（　）（　）

一不做二不休。——始终（　）（　）

熟读唐诗三百首，不会作诗也会吟。——（　）能生（　）

成语接龙

詈夷为跖　跖狗吠尧　尧年舜日　日销月铄　铄懿渊积　积讹成蠹

蠹国残民　民生凋敝　敝衣枵腹　腹热肠慌　慌手忙脚　脚不沾地

地老天昏　昏定晨省　省事宁人　人神共愤　愤世疾邪　邪不敌正

正儿巴经　经纬万端　端本澄源　源清流清　清浑皂白　白白朱朱

朱陈之好　好梦难圆　圆凿方枘　枘凿方圆　圆木警枕　枕典席文

文采风流　流离颠顿　顿首再拜　拜倒辕门　门可张罗

成语解释

詈夷为跖（zhí）：詈，咒骂；夷，伯夷；跖，盗跖。指将伯夷责骂为盗跖。比喻颠倒黑白，诬蔑好人。

跖狗吠尧：比喻各为其主。

尧年舜日：比喻天下太平的时候。

日销月铄（shuò）：一天天一月月地销熔、减损。

铄懿（yì）渊积：指德行美好，学问渊博精深。

积讹成蠹（dù）：指谬误积久，败坏人心。

蠹国残民：危害国家和人民。同"蠹国害民"。

民生凋敝：民生，人民的生计；凋敝，衰败，艰苦。社会穷困，经济衰败，人民生活极端困苦。

敝衣枵（xiāo）腹：衣破肚饥。形容生活困顿。

慌手忙脚：形容动作忙乱。同"慌手慌脚"。

脚不沾地：形容走得非常快，好像脚尖都未着地。同"脚不点地"。

地老天昏：形容变化剧烈。

昏定晨省：昏，天刚黑；省，探望，问候。晚间服侍就寝，早上省视问安。旧时侍奉父母的日常礼节。

省事宁人：减少事务，使人安宁。

人神共愤：人和神都愤恨。形容民愤极大。

愤世疾邪：犹愤世嫉俗。

邪不敌正：犹言邪不犯正。指邪妖之法不能压倒刚正之气。

正儿巴经：正经的，严肃认真的。真正的，确实的。亦作"正儿八经"。

经纬万端：比喻头绪极多。

端本澄源：犹正本清源。从根本上加以整顿清理。

源清流清：源头的水清，下游的水自然就清。比喻因果相连，事物的本原好，其发展和结局也就好；或领导贤明，其下属也廉洁。源，也作原。亦作"源清流洁"。

清浑皂白：比喻事物的本来面目、是非、情由等。

白白朱朱：白的白，红的红。形容不同种类、色彩各异的花木。

朱陈之好：表示两家结成姻亲。

好梦难圆：比喻好事难以实现。

圆木警枕：用圆木做枕头，睡着时容易惊醒。形容刻苦自勉。

枕典席文：指以典籍为伴，勤于读书学习。

文采风流：横溢的才华与潇洒的风度。亦指才华横溢与风度潇洒的人物。

流离颠顿：形容生活艰难，四处流浪。同"流离颠沛"。

顿首再拜：顿首，以头叩地而拜；再拜，拜两次。古代的一种跪拜礼。亦指旧时信札中常用作向对方表示敬意的客套语。

拜倒辕门：辕门，将帅行辕或军营的大门。形容对别人佩服之至，自愿认输。

门可张罗：形容十分冷落，宾客稀少。同"门可罗雀"。

成语故事

跖狗吠尧

战国时期，齐国大臣田单没有和骂他的貂勃计较，而且还备酒宴向貂勃请教错在哪里。貂勃回答说跖犬吠尧并不是尧不圣明而是各为其主。田单把他推荐给齐王，齐王派他出使楚国，引起齐王九个宠臣的不满而攻击田单，貂勃慷慨陈词救了相国田单。

成语练习

1. 请将下面的成语和与其相关的人物连线。

天壤王郎	卢生
南柯一梦	陈琳
黄粱美梦	公孙无知
箭在弦上	陈寔
及瓜而代	谢道韫
梁上君子	淳于棼

第七步

成语接龙

罗雀掘鼠	鼠心狼肺	肺腑之言	言类悬河	河清海竭	竭忠尽智
智小谋大	大权独揽	揽权纳贿	贿货公行	行不贰过	过庭之训
训格之言	言行抱一	一瓡一契	契船求剑	剑树刀山	山呼海啸
啸傲风月	月夕花朝	朝成暮毁	毁誉参半	半筹不纳	纳垢藏污
污泥浊水	水底纳瓜	瓜分豆剖	剖蚌得珠	珠箔银屏	屏气敛息
息怒停瞋	瞋目竖眉	眉南面北	北辕适粤	粤犬吠雪	

成语解释

罗雀掘鼠：原指张网捉麻雀、挖洞捉老鼠来充饥的窘困情况，后比喻想尽办法筹措财物。

鼠心狼肺：形容心肠阴险狠毒。

肺腑之言：肺腑，指内心。出于内心的真诚的话。

言类悬河：形容能言善辩，说话滔滔不绝。

411

河清海竭：黄河水清，大海干涸。比喻难得遇到的事情。

竭忠尽智：毫无保留地献出一片忠诚和所有才智。

智小谋大：指能力低下而谋划很大。

大权独揽：揽，把持。一个人把持着权力，独断专行。

揽权纳贿（huì）：揽，把持；纳，接纳。把持权势，并接受贿赂。

贿货公行：指公开行贿受贿。同"贿赂公行"。

行不贰过：指犯过的错误不再犯。

过庭之训：用以指父亲的教诲。

训格之言：指可以奉为行为准则的教诲之言。

言行抱一：犹言言行一致。说的和做的完全一个样。

一夔（kuí）一契：夔契都是舜时贤臣，后因以之喻良辅。

契船求剑：比喻拘泥成法，不知变通。后多作"刻舟求剑"。

剑树刀山：佛教所说的地狱之刑。形容极残酷的刑罚。

山呼海啸：山在呼叫，海在咆哮。形容气势盛大。也形容极为恶劣的自然境况。

啸傲风月：啸傲，随意长啸吟咏游乐。在江湖山野中自由自在地吟咏游赏。

月夕花朝：月明的夜晚，花开的早晨。形容良辰美景。

朝成暮毁：形容翻新的速度很快。

毁誉参半：说坏话的和说好话的各占一半。表示对人的评价没有一致的意见。

半筹不纳：筹，古代计算工具，引申为计策；纳，缴纳。半条计策也拿不出来。比喻一点办法也没有。

纳垢藏污：垢、污，肮脏的东西。比喻隐藏或包容坏人坏事。

污泥浊水：比喻一切落后、腐朽和反动的东西。

水底纳瓜：形容不能容纳。

瓜分豆剖：瓜被剖开，豆从荚中分裂而出。比喻国土被并吞、分割。

剖蚌（bàng）得珠：比喻求取贤良的人才。同"剖蚌求珠"。

珠箔（bó）银屏：箔，帘子；屏，屏风。珠缀的帘子，银制的屏风。多形容神仙洞府陈设华美。

屏气敛息：屏，闭住；敛，收住。闭住气，收住呼吸。指因心情紧张或注意力集中，暂时止住了呼吸。

息怒停瞋（chēn）：瞋，发怒时睁大眼睛。停止发怒和生气。多用作劝说，停息恼怒之辞。

瞋目竖眉：瞪大眼睛，竖直眉毛。形容非常恼怒的样子。

眉南面北：形容彼此不和，合不来。形容分隔两地不能相见。

北辕适粤：犹北辕适楚。粤在南方。

粤犬吠雪：两广很少下雪，狗看见下雪就叫。比喻少见多怪。

成语故事

纳垢藏污

公元前594年，楚庄王率军攻打宋国。宋国派乐婴齐去晋国求救。晋景公看不惯楚国的恃强欺弱，准备出兵救宋。大夫伯宗认为晋国是鞭长莫及，他说："谚曰'高下在心'。川泽纳污，山薮藏疾，瑾瑜匿瑕，国君含垢，天之道也。"意思是河流湖泊能容纳污秽，山林草莽隐藏着毒虫猛兽，美玉隐匿着瑕疵，国君也可以含耻忍辱，这是上天的常规。

成语练习

1.请用意思相反的词补充下面的成语。

舍（　）求（　）　　善（　）善（　）　　（　）胜（　）汰

飞（　）流（　）　　假（　）济（　）　　（　）经（　）义

（　）名（　）实　　（　）（　）参半　　同（　）共（　）

自（　）至（　）　　返（　）还（　）　　（　）令（　）改

成语接龙

雪窗萤几　几尽一刻　刻薄寡思　思归其雌　雌雄未决　决一死战

战战业业　业业兢兢　兢兢战战　战战兢兢　兢兢干干　干霄蔽日

日堙月塞　塞上江南　南山可移　移天换日　日久年深　深山密林

林寒涧肃　肃然生敬　敬老怜贫　贫病交攻　攻苦食啖　啖以重利

利出一孔　孔席墨突　突飞猛进　进退荣辱　辱国殃民　民怨沸腾

腾蛟起凤　凤凰来仪　仪态万千　千锤百炼　炼石补天

成语解释

几尽一刻：几乎占了一刻的时间。

刻薄寡思：寡，少。待人说话冷酷无情，不厚道。

思归其雌：指退藏潜服。

雌雄未决：比喻胜负未定。

决一死战：决，决定；死，拼死。对敌人拼死决战。

战战业业：戒慎畏惧的样子。

业业兢兢：犹兢兢业业。小心谨慎、认真负责的样子。

兢兢战战：兢兢，小心谨慎的样子；战战，畏惧的样子。形容害怕而小心谨慎的样子。

战战兢兢：战战，恐惧的样子；兢兢，小心谨慎的样子。形容非常害怕而微微发抖的样子。也形容小心谨慎的样子。

兢兢干干：指敬慎自强。

干霄蔽日：犹干云蔽日。

日堙（yīn）月塞：一天天堵塞，不通畅。

塞上江南：原指古凉州治内贺兰山一带。后泛指塞外富庶之地。同"塞北江南"。

南山可移：南山，终南山。比喻已经定案，不可更改。

移天换日：改变天，更换日。比喻使用欺骗手段篡夺政权。

日久年深：指日子长，时间久。

深山密林：与山外、林外距离远的、人迹罕至的山岭、森林。

林寒涧肃：指秋冬间林木凋零、涧水枯落的景象。

肃然生敬：形容产生严肃敬仰的感情。同"肃然起敬"。

敬老怜贫：老，年老的人；怜，怜恤。尊敬老人，怜恤家境困苦的人。形容人有恭谨慈爱的美好品德。

贫病交攻：贫穷和疾病一起压在身上。同"贫病交迫"。

攻苦食啖：做艰苦的工作，吃清淡的食物。形容刻苦自励。啖，亦作"淡"。同"攻苦食淡"。

啖以重利：啖，吃，引诱；重，大、厚；利，利益、好处。用优厚的利益和好处引诱或收买人。

利出一孔：给予利禄赏赐只有一条途径，那是从事耕战。

孔席墨突：原意是孔子、墨子四处周游，每到一处，座席没有坐暖，灶突没有熏黑，又匆匆地到别处去了。形容忙于世事，各处奔走。

突飞猛进：突、猛，形容急速。形容进步和发展特别迅速。

进退荣辱：指仕途的迁升或降职，荣耀或耻辱。

辱国殃民：使国家受辱，人民遭殃。亦作"辱国殄民"。

民怨沸腾：人民的怨声就像开水在翻滚一样。形容人民对腐败黑暗的反动统治怨恨到了极点。

腾蛟起凤：蛟，蛟龙；凤，凤凰。宛如蛟龙腾跃、凤凰起舞。形容人很有文采。

凤凰来仪：仪，容仪。凤凰来舞，仪表非凡。古代指吉祥的征兆。

仪态万千：仪态，姿态，容貌。形容容貌、姿态各方面都很美。

千锤百炼：比喻经历多次艰苦斗争的锻炼和考验。也指对文章和作品进行多次精心的修改。

炼石补天：炼，用加热的方法使物质纯净或坚韧。古神话，相传天缺西北，女娲炼五色石补之。比喻施展才能和手段，弥补国家以及政治上的失误。

成语故事

炼石补天

传说盘古开天辟地之后，女娲继承皇位。镇守冀方的水神共工，乃是水之精华所生。他对女娲坐上皇位十分不满，于是就兴风作浪，向女娲示威挑衅。

女娲娇颜大怒，令助手火神祝融迎战。祝融乃是天火化孕而成，与共工是死对头，彼此都容不下对方。

经过"水火不容"的殊死搏斗，"浩浩洪水奔流不息，熊熊烈火燃烧不灭"。这场烽火争斗几万年，最后两败俱伤。恼羞成怒的共工将擎天柱不周山撞折。在这场权力之争中，火神祝融被不周山砸灭元神；共工大伤，逃到天边隐匿起来。

不周山被触断，霎时天塌地陷，天倒下半边，出现一个大窟窿；地也陷出许多大裂纹；山林烧起了大火；洪水从地底下喷涌出来；龙蛇猛兽也出来吞食人民。人类面临着空前的大灾难。女娲看见她的子民们生活在水深火热之中，痛心无比。她决心终止这场灾难，拯救受苦受难的人们。于是，女娲开始争分夺秒地炼石补天。她在天台山挑选出许多五彩缤纷的石头，把它们放在熔炉里熔化。经过九九八十一天，炼出一块厚十二丈、宽二十四丈的五色巨石。依照此法，用整整四年时间，炼出三万六千五百块五色石，连同前面的那块共三万六千五百零一块。

众神仙和众将官都帮女娲补天，经过九天九夜，天空终于被补好。大地放晴，天边出现五色云霞（据说现在雨过天晴后出现的彩霞，就是当年女娲用五彩石炼成的）。女娲接着收集大量芦草，把它们烧成灰，填平地上洪水泛流的沟壑。补好天地，天空比以前更灿烂绚丽，女娲很欣慰地微笑起来。

成语练习

1. 成语选择题。

（1）成语"满城风雨"中的"风雨"指的是（　　）

A 天气　　　　　　　B 世事沧桑　　　　　C 谣言

（2）成语"喜从天降"最初降下来的是（　　）

A 大雁　　　　　　　B 蜘蛛　　　　　　　C 喜鹊

（3）提出"温故知新"的学者是（　　）

A 孔子　　　　　　　B 孟子　　　　　　　C 庄子

（4）成语"我醉欲眠"出自谁之口（　　）

A 范仲淹　　　　　　B 欧阳修　　　　　　C 陶渊明

成语接龙

天地诛戮	戮力同心	心谤腹非	非分之财	财大气粗	粗衣淡饭
饭糗茹草	草行露宿	宿水飡风	风餐雨宿	宿水飧风	风尘碌碌
碌碌无能	能谋善断	断袖余桃	桃弧棘矢	矢死不二	二童一马
马空冀北	北叟失马	马革裹尸	尸位素餐	餐风沐雨	雨栋风帘
帘窥壁听	听其自便	便辞巧说	说东谈西	西鹣东鲽	鲽离鹣背
背曲腰躬	躬逢其盛	盛筵难再	再接再厉	厉戈秣马	

成语解释

天地诛戮：犹天诛地灭。比喻为天地所不容。同"天地诛灭"。

戮力同心：戮力，并力；同心，齐心。齐心合力。

心谤腹非：口里不说，心里谴责。指暗地里反对。

非分之财：不是自己应得的钱财。指本身不应该拿的钱财。

财大气粗：指富有财产，气派不凡。也指仗着钱财多而气势凌人。

粗衣淡饭：粗，粗糙、简单；淡饭，指饭菜简单。形容饮食简单，生活简朴。

饭糗茹草：饭、茹，吃；糗，干粮；草，指野菜。吃的是干粮、野菜。形容生活清苦。

草行露宿：走在野草里，睡在露天下。形容走远路的人艰苦和匆忙的情形。

宿水飡（cān）风：形容旅途或野外生活的艰苦。同"宿水餐风"。

风餐雨宿：在风中进餐，在雨中住宿。形容旅途或野外生活的艰辛。

宿水飱（sūn）风：形容旅途或野外生活的艰苦。同"宿水餐风"。

风尘碌碌：碌碌，辛苦忙碌的样子。形容在旅途上辛苦忙碌的样子。

碌碌无能：碌碌，平庸、无能的。平平庸庸，没有能力。

能谋善断：善，擅长；断，决断。形容人能不断思考，并善于判断。

断袖余桃：指男性之间的同性恋。同"断袖之癖"。

桃弧棘矢：桃木做的弓，棘枝做的箭，古人认为可避邪。

矢死不二：发誓宁死不变。同"矢死无贰"。

二童一马：用以指少年时代的好友。

马空冀北：伯乐将冀北之良马搜选一空。比喻执政者善选贤才，无所遗漏。

北叟失马：比喻祸福没有一定。

马革裹尸：马革，马皮。用马皮把尸体裹起来。指英勇牺牲在战场。

尸位素餐：尸位，空占职位，不尽职守；素餐，白吃饭。空占着职位而不做事，白吃饭。

餐风沐雨：餐，吃；沐，洗。以风充饥，用雨水洗浴。形容旅行或野外生活的艰辛。

雨栋风帘：形容高敞华美的楼阁。

帘窥壁听：帘，布帘；窥，偷看；壁，墙壁；听，偷听。指窃听与偷看。

听其自便：听凭其任意行动。

便辞巧说：指牵强附会、巧为立说。

说东谈西：形容没有中心地随意说。同"说东道西"。

西鹣（jiān）东鲽（dié）：代称四海珍异之物。

鲽离鹣背：比喻夫妻或恋人分离。

背曲腰躬：腰背弯曲。常指坐久或年老。

躬逢其盛：亲身经历那种盛况。

盛筵难再：比喻良机不易重逢。

再接再厉：接，交战；厉，砺，磨快。原指鸡相斗时，在每次交锋前要先磨嘴。后用以指继续努力，坚持不懈。

厉戈秣马：磨戈喂马。比喻做好战斗准备。

成语故事

北叟失马

古代塞北一位老汉家的马跑到长城外面胡人那边去了，乡亲们安慰他，他说这不一定是坏事，几天后走失的马带回几匹烈马回来。这次乡亲们都对老翁表示羡慕，老翁却说这不一定是好事，几天后，老翁的儿子因为骑胡马摔断了腿，老翁又认为这不一定是坏事，果然，朝廷下令征兵，年轻的人都被抓去战场了，而老翁的儿子却因为腿伤躲过了战祸。这就是所谓的"塞翁失马，焉知非福"。

成语练习

1. 以"马"字开头的成语。

马不（　）（　）　　　马不（　）（　）　　　马勃（　）（　）

马尘（　）（　）　　　马齿（　）（　）　　　马到（　）（　）

马耳（　）（　）　　　马革（　）（　）　　　马工（　）（　）

马首（　）（　）　　　马翻（　）（　）　　　马鹿（　）（　）

2. 以"马"字结尾的成语。

（　）（　）失马　　　（　）（　）拍马　　　（　）（　）匹马

（　）（　）一马　　　（　）（　）云马　　　（　）（　）非马

（　）（　）跃马　　　（　）（　）归马　　　（　）（　）之马

（　）（　）买马　　　（　）（　）万马　　　（　）（　）竹马

第十步

成语接龙

马首欲东　东挪西撮　撮科打哄　哄动一时　时乖运蹇　蹇人上天

天渊之别　别鹤孤鸾　鸾歌凤舞　舞裙歌扇　扇枕温被　被发缨冠

冠绝一时　时乖命蹇　蹇视高步　步履维艰　艰苦奋斗　斗粟尺布

布衣韦带　带砺山河　河清海宴　宴安鸩毒　毒手尊前　前功尽弃

弃同即异　异路同归　归心如箭　箭不虚发　发扬蹈厉　厉兵秣马

马革盛尸　尸禄素餐　餐风啮雪　雪案萤灯　灯尽油干

成语解释

马首欲东：指东归，返回。

东挪西撮（cuō）：指各处挪借，凑集款项。同"东挪西凑"。

撮科打哄：犹言插科打诨。戏曲、曲艺演员在表演中穿插进去的引人发笑的动作或语言。

哄动一时：在一个时期内惊动很多人。

时乖运蹇：时，时运，时机；乖，不顺利；蹇，一足偏废，引申为不顺利。时运不好，命运不佳。这是唯心主义宿命论的观点。

蹇人上天：比喻不可能之事。亦作"蹇人升天"。

天渊之别：天和地，一极在上，一极在下。比喻差别极大。

别鹤孤鸾：别，离别；鸾，凤凰一类的鸟。离别的鹤，孤单的鸾。比喻远离的夫妻。

鸾歌凤舞：比喻美妙的歌舞。

舞裙歌扇：歌舞的装束、用具，即指歌舞。也指能歌善舞的人。同"舞衫歌扇"。

扇枕温被：形容对父母十分尽心。

被发缨冠：来不及将头发束好，来不及将帽带系上。形容急于去救助别人。

冠绝一时：冠绝，遥遥领先，位居第一。形容在某一时期内超出同辈，首屈一指。

时乖命蹇：同"时乖运蹇"。

蹇视高步：犹言昂首阔步。

步履维艰：指行走困难行动不方便。

艰苦奋斗：不怕艰难困苦，坚持英勇斗争。

斗粟尺布：比喻兄弟间因利害冲突而不和。

布衣韦带：原是古代贫民的服装，后指没有做官的读书人。

毒手尊前：泛指无情的打击。

前功尽弃：功，功劳；尽，完全；弃，丢失。以前的功劳全部丢失。也指以前的努力全部白费。

弃同即异：指抛弃同姓同族而亲近异姓异族。也指丢掉共同之说而接近新奇之说。

异路同归：通过不同的道路，到达同一个目的地。比喻采取不同的方法而得到相同的结果。

归心如箭：想回家的心情像射出的箭一样快。形容回家心切。

箭不虚发：虚，空。形容箭术高超，百发百中。

发扬蹈厉：原指周初《武》乐的舞蹈动作。手足发扬，蹈地而猛烈，象征太公望辅助武王伐纣时勇往直前的意志。后比喻精神奋发，意气昂扬。

厉兵秣马：指磨好刀枪，喂饱战马，准备战斗。

马革盛尸：用马皮把尸体裹起来。指英勇牺牲在战场。同"马革裹尸"。

尸禄素餐：指空食俸禄而不尽其职，无所事事。

餐风啮（niè）雪：形容野外生活的艰苦。

雪案萤灯：比喻勤学苦读。同"雪窗萤几"。

灯尽油干：灯光尽灭，灯油耗干。比喻人的精力或财力都消耗一空。

成语故事

斗粟尺布

西汉时期，汉文帝的弟弟淮南厉王刘长因为谋反事败后，被汉文帝贬放蜀郡，他在路上绝食而死。人们对此大发感慨，流传一首民谣："一尺布，尚可缝；一斗粟，尚可舂；兄弟二人不相容。"来讽刺兄弟不和。

成语练习

1. 请分别用下面的成语造一个句子。

天渊之别：_____

步履维艰：_____

艰苦奋斗：_____

前功尽弃：_____

归心似箭：_____

牙牙学语一

第一步

1. 五光十色　三心二意　七上八下　一言九鼎　四平八稳　九霄云外
六六大顺　八拜之交　十全十美
2. 花红柳绿　一清二白　蓝田生玉　万紫千红　雨过天青　黄道吉日
昏天黑地　心灰意冷　青黄不接

第二步

1. 井底吹喇叭　　　　　　　　一步登天
火烧眉毛　　　　　　　　　低声下气
孙大圣翻跟头　　　　　　　任重道远
叫花子跳崖　　　　　　　　迫在眉睫
演古戏打破锣　　　　　　　穷途末路
挑着扁担长征　　　　　　　陈词滥调
2. 彬彬有礼　影影绰绰　姗姗来迟　文质彬彬　忙忙碌碌　剑戟森森
默默无闻　衣冠楚楚　喜气洋洋

第三步

1. 富甲一方　富可敌国　恣意妄为　胡作非为　真心实意　情真意切
天长地久　地老天荒　夕阳西下　日薄西山　怒发冲冠　勃然大怒
2. 论功行赏　来龙去脉　正中下怀　设身处地　缘木求鱼

第四步

1. 春：春暖花开　李白桃红　草长莺飞
夏：烈日炎炎　骄阳似火　暑气熏蒸
秋：秋高气爽　北雁南飞　枫林如火
冬：鹅毛大雪　冰天雪地　数九寒天

第五步

1. 辞旧迎新 —— 过年
   雕梁画栋 —— 房屋
   山清水秀 —— 风景
   姹紫嫣红 —— 花园
   偃旗息鼓 —— 战争
   悬梁刺股 —— 学习
   目瞪口呆 —— 惊讶

2. 长生不老　出人意料　措手不及　耳聪目明

第六步

1. 狼心狗肺　守株待兔　对牛弹琴　猪狗不如　杯弓蛇影　马到成功
   贼眉鼠眼　闻鸡起舞　龙飞凤舞　尖嘴猴腮　顺手牵羊　虎落平阳

第七步

1. 最牛的整容术 —— 改头换面
   最长的口水 —— 垂涎三尺
   最强的记忆力 —— 过目不忘
   最大的脚步 —— 一步登天
   最厉害的贼 —— 偷天换日
   最长的一天 —— 度日如年
   最狼狈的士兵 —— 丢盔弃甲

2. 十万火急　不紧不慢　鸦雀无声　人声鼎沸　笑口常开　愁眉苦脸
   重于泰山　轻于鸿毛　无法无天　奉公守法　流芳百世　遗臭万年

第八步

1. 狂风暴雨　大雪纷飞　冷若冰霜　雾里看花　大雨倾盆　暴跳如雷
   风云变幻　吞云吐雾　冰雪聪明

2. 山崩地（裂、列）　怀（壁、璧）其罪　心如（止、只）水
   迫不得（已、巳）　眉（飞、韭）色舞　九（霄、宵）云外

穷途日（暮、慕）　　池鱼之（殃、秧）

1. 吞吞吐吐　原原本本　堂堂正正　昏昏沉沉　郁郁葱葱　朝朝暮暮
　战战兢兢　期期艾艾　林林总总　洋洋洒洒

2. 朝秦暮楚　三更半夜　晨钟暮鼓　美人迟暮　夜深人静　朝气蓬勃
　晨昏定省　朝花夕拾

1.（1）问心无愧　（2）针锋相对　（3）胸有成竹　（4）落井下石　（5）齐心协力

2. 代表高兴的成语：眉开眼笑　欢天喜地　欣喜若狂　欢歌笑语　喜上眉梢
　代表悲伤的成语：泫然欲泣　悲痛欲绝　泪如雨下　悲愁垂涕
　代表害怕的成语：毛骨悚然　胆战心惊　惊恐万分　谈虎色变　惶恐不安
　代表愤怒的成语：大发雷霆　怒火冲天　怒目切齿　雷霆之怒

牙牙学语二

1. 一败涂地　二八佳人　三足鼎立　四海为家　五谷丰登　六道轮回
　七月流火　八面威风　九霄云外　十万火急　百依百顺　千载难逢
　万贯家财　（答案仅供参考，只要符合要求即可）

2. 天长地久　天荒地老　天翻地覆　天崩地裂　青山绿水　高山流水
　明山秀水　游山玩水　十风五雨　狂风暴雨　春风化雨　和风细雨
　（答案仅供参考，只要符合要求即可）

1. 上行下效　瞻前顾后　左右逢源　大同小异　辞旧迎新　淡妆浓抹
　僧多粥少　是非曲直　眼高手低　哭笑不得　来去自知　少年老成

1. 金榜题名　长歌当哭　跃然纸上　花枝招展　惊弓之鸟　扬眉吐气

刚正不阿　海枯石烂

2. 花好月圆　张冠李戴　草木皆兵　食古不化　得寸进尺　百花齐放

任水自流　化为乌有

第四步

1. 乱七八糟　杂乱无章　七零八落　　精神抖擞　容光焕发　神采飞扬

名垂后世　青史留名　流芳千古　　独占鳌头　名列前茅　金榜题名

急如星火　迫在眉睫　火烧眉毛　　画蛇添足　徒劳无功　多此一举

2. 匹夫无罪，怀璧其罪　　　　　　二人同心，其利断金

知己知彼，百战不殆　　　　　　塞翁失马，焉知非福

八仙过海，各显神通　　　　　　生于忧患，死于安乐

第五步

1. 有什么病吃什么药　　　　　　　　　得过且过

无事家中坐，祸从天上来　　　　　　各持己见

做一天和尚撞一天钟　　　　　　　　对症下药

公说公有理，婆说婆有理　　　　　　胡说八道

神不知，鬼不觉　　　　　　　　　　飞来横祸

睁眼说瞎话　　　　　　　　　　　　鬼神莫测

2. 朝气蓬勃

老当益壮

天真烂漫　　　　　　儿童

身强体壮

鹤发鸡皮　　　　　　青年

风华正茂

老态龙钟　　　　　　老人

乳臭未干

后生可畏

第六步

1. 重庆——双喜临门　　旅顺——一帆风顺　　宁波——风平浪静

开封——完好无缺　　桂林——金枝玉叶　　洛阳——夕阳西下

新疆——开疆拓土　　青岛——绿水青山　　长春——长生不老
太原——方寸已乱

2.春回大地　眠花宿柳　不知不觉　晓以利害　夜以继日　礼尚往来
风吹雨打　忍气吞声　落花流水　知书达理　少见多怪

 第七步

1.玩火自焚　无所不知　一无所有　画地为牢　一网打尽　悬梁刺股　顶天立地
2.另眼相看——一视同仁　　赫赫有名——默默无闻　　面面俱到——顾此失彼
良师益友——狐朋狗友　　情同手足——不共戴天　　宽宏大量——小肚鸡肠
锄强扶弱——恃强凌弱

 第八步

1.天上飞的：鸠占鹊巢　鸾凤和鸣　狂蜂浪蝶　鸿鹄之志
水里游的：鱼死网破　池鱼之殃　虾兵蟹将　鲸波鳄浪
地上跑的：指鹿为马　狼狈为奸　九牛一毛　亡羊补牢
2.归心似剑　箭　　落花留水　流　　株光宝气　珠　　歌舞生平 升
心恢意冷 灰　　价值连成 城　　用心恨苦 良　　纸上谈冰 兵
山穷水近 尽　　一针见雪 血　　周中敌国 舟　　目不识盯 丁
（带颜色的为错别字，后面是正确的）

 第九步

1.浩浩荡荡　冷冷清清　慌慌张张　轰轰烈烈　勤勤恳恳　风风雨雨
是是非非　吹吹打打　上上下下

第十步

1.（1）势不两立　（2）照本宣科　（3）火烧眉毛　（4）难言之隐　（5）去粗取精
2.描述人物的：风流倜傥　玉树临风　沉鱼落雁
描述天气的：风和日丽　风雨交加　风轻云淡
描述食物的：山珍海味　饕餮大餐　龙肝凤髓
描述建筑的：飞阁流丹　富丽堂皇　亭台楼阁

话语连篇一

 第一步

1. 千山万水　千变万化　千差万别　千军万马　千秋万代　千丝万缕
   千辛万苦　千门万户　千刀万剐　千红万紫　千真万确　千头万绪
   千呼万唤　千叮万嘱　千言万语
   （答案仅供参考，只要符合要求即可）

2. 挤眉弄眼　拳打脚踢　张牙舞爪　抓耳挠腮　手舞足蹈　举手投足
   盲人摸象　提心吊胆　掩耳盗铃　拔苗助长　饮水思源　狼吞虎咽

 第二步

1. 心事重重　想入非非　摇摇欲坠　小心翼翼　众目睽睽　神采奕奕
   人才济济　含情脉脉　无所事事　色色俱全　息息相关　念念不忘

2. 十拿九稳　扶老携幼　多此一举　谋财害命　咬文嚼字　路人皆知

 第三步

1. 忘恩负义：背信弃义　恩将仇报　　　　锦上添花：精益求精　如虎添翼
   趁火打劫：落井下石　浑水摸鱼　　　　袖手旁观：冷眼旁观　漠不关心
   洗心革面：改过自新　痛改前非　　　　家喻户晓：妇孺皆知　众所周知
   （答案仅供参考，符合要求即可）

2. 好高骛远　鸟语花香　绝处逢生　难解难分　日暮穷途　神魂颠倒

 第四步

1. 惊弓之鸟　凿壁偷光　以卵击石　余音绕梁　入木三分　三顾茅庐

 第五步

1. 日积月累　分道扬镳　高瞻远瞩　光明正大　祸不单行　宽宏大量

2. 凿壁偷光   曹植
黄袍加身   荆轲
怒发冲冠   秦始皇
才高八斗   匡衡
图穷匕见   刘禅
焚书坑儒   蔺相如
草船借箭   赵匡胤
乐不思蜀   诸葛亮

 第六步

1. 一石二鸟   鸦雀无声   风声鹤唳   鸟尽弓藏   鹤长凫短   狂蜂浪蝶
雀屏中选   黄雀伺蝉   庄周梦蝶   小鸟依人   焚琴煮鹤   招蜂引蝶
2. 发人深省   春风得意   别有天地   出将入相   中流砥柱   春色满园、红杏出墙

 第七步

1. 无孔不入   斩草除根   举棋不定   一目十行   包罗万象   笑里藏刀

 第八步

1. 手忙脚乱   头昏脑涨   耳聪目明   脚踏实地   出人头地   垂头丧气
束手就擒   绞尽脑汁   耳提面命   脚不点地   举目无亲   耳目一新
七手八脚   琳琅满目   脑满肠肥
2. 脱（颖、影）而出   （平、凭）心而论   话不投（机、讥）
信笔涂（鸦、鸭）   （屈、曲）打成招   （负、付）荆请罪
博大（精、经）深   破（釜、斧）沉舟   小家（碧、璧）玉

第九步

1. 不屈不挠   不卑不亢   不明不白   不骄不躁   自由自在   自生自灭
自高自大   自吹自擂   大风大浪   大起大落   大仁大义   大吉大利
一心一意   一板一眼   一草一木   一唱一和
（答案仅供参考，符合要求即可）
2. 翻江倒海   河清海晏   五湖四海   湖光山色   天涯海角   过江之鲫

砺带河山　江山如画　襟江带湖　海枯石烂　过河拆桥　浪迹江湖

1. 大地回春　亭亭玉立　绿草如茵　枝繁叶茂　枯枝败叶　纷纷扬扬　冰天雪地

2. 风华正茂　　　　　勤奋

　　门可罗雀　　　　　信用

　　闻鸡起舞　　　　　谨慎

　　一诺千金　　　　　年轻

　　巧夺天工　　　　　冷清

　　如履薄冰　　　　　医术

　　妙手回春　　　　　技艺

话语连篇二

1. 闻一知十　身怀六甲　网开一面　八拜之交　九九归一　二三其德
志在四方　四大皆空　约法三章　七月流火　二分明月　低三下四
九月授衣　十拿九稳　二八佳人

1. 跃跃欲试　闷闷不乐　振振有词　沾沾自喜　娓娓道来　念念不忘
依依不舍　窃窃私语　默默无闻　字字珠玑　丝丝入扣　绵绵不绝
步步高升　奄奄一息　栩栩如生

2. 顾此失彼　文人相轻　微不足道　立竿见影　苦口婆心　化为乌有
满面春风　一举两得

1. 鬼斧神工　巧夺天工　匠心独运　墨守成规　食古不化　泥古不化
信口雌黄　胡言乱语　信口开河　众望所归　人心所向　深得人心
喜新厌旧　见异思迁　朝三暮四　悬梁刺股　凿壁偷光　孙康映雪

2. 原封不动　孤芳自赏　一帆风顺　投笔从戎　格格不入　后来居上

429

第四步

1. 家徒四壁　杯弓蛇影　卧薪尝胆　画饼充饥　断鹤续凫　刻舟求剑
2. 无人不知，无人不晓　上不着天，下不着地　逢凶化吉，遇难呈祥
　　大事化小，小事化了　国有国法，家有家规　君子一言，快马一鞭
　　以其昏昏，使人昭昭　老骥伏枥，志在千里　飞蛾扑火，自取灭亡
　　上有政策，下有对策

第五步

1. 自卖自夸　坐享其成　自作聪明　有苦难言　因地制宜　官官相护

第六步

1. 无依无靠　无忧无虑　无法无天　无穷无尽　无声无息　无影无踪
　　无拘无束　无时无刻　一言一行　一丝一毫　一张一弛　一朝一夕
　　一点一滴　一生一世　一模一样　一颦一笑　（答案仅供参考，符合要求即可）

第七步

1. 普天同庆　饮鸩止渴　天涯海角　空中楼阁　挑肥拣瘦　黄道吉日
2. 小巧玲珑　硕大无朋　无价之宝　一文不值　忘恩负义　结草衔环
　　小肚鸡肠　宽宏大量　天长地久　转瞬即逝　一往情深　恨之入骨

第八步

1. （1）A　（2）B　（3）A　（4）B　（5）C
2. 鱼龙（混、浑）杂　　寄人（篱、离）下　　死不（瞑、暝）目
　　扬（汤、烫）止沸　　约法三（章、张）　　乳（臭、嗅）未干
　　博（闻、文）强识　　（市、世）井之徒　　明察秋（毫、豪）
　　生（财、才）之道　　邪门歪（道、到）　　宾（至、致）如归

第九步

1. 后继无人　旁若无人　目中无人　仗势欺人　借刀杀人　暗箭伤人

人心不古　人心所向　人心向背　人山人海　人言可畏　人烟稀少

 第十步

1.（1）怨天尤人　（2）厚此薄彼　（3）冰雪聪明　（4）事不关己　（5）望子成龙

能说会道一

 第一步

1. 一见钟情　一蹴而就　一本万利　一臂之力　一败涂地　一笔勾销
　　一尘不染　一成不变　一触即发　一发千钧　一筹莫展　一锤定音
　　一笑而过　一日千里　一念之差
2. 颠倒黑白　灯红酒绿　红叶题诗　紫气东来　粉墨登场　青红皂白
　　月白风清　紫绶金章　青出于蓝　灰头土脸　绿肥红瘦　黄粱一梦
　　粉妆玉琢　姹紫嫣红　万念俱灰

 第二步

1. 隐隐约约　营营逐逐　影影绰绰　病病歪歪　安安稳稳　白白朱朱
　　抽抽搭搭　大大咧咧　风风雨雨　服服帖帖　鼓鼓囊囊　卿卿我我
2. 癞蛤蟆想吃天鹅肉　　　　　　　　此起彼伏
　　被打败的公鸡　　　　　　　　　好高骛远
　　按下葫芦浮起瓢　　　　　　　　捷足先登
　　骑上马背想飞天　　　　　　　　痴心妄想
　　进了地府再伤心　　　　　　　　藕断丝连
　　爬山比赛第一名　　　　　　　　垂头丧气
　　钝刀子切藕　　　　　　　　　　后悔莫及

 第三步

1. 无独有偶　胸有成竹　溜之大吉　甜言蜜语　在所不辞　自我陶醉　斤斤计较
2. 视财如命——一毛不拔　　安之若素——随遇而安　　按部就班——循序渐进
　　本末倒置——舍本逐末　　比比皆是——俯拾皆是　　别具一格——别开生面

第四步

1. 路见不平，拔刀相助　　心事重重，郁郁寡欢　　内外交困，危机四伏
　　十恶不赦，死有余辜　　朝思暮想，牵肠挂肚　　枝繁叶茂，生机勃勃
2. 胸有成竹　口蜜腹剑　为人作嫁　论功行赏　火烧眉毛　落井下石

第五步

1. 百口莫辩　百足不僵　冰清玉洁　本性难移　鞭长莫及　博闻多识
2. 闻所未闻　神乎其神　贼喊捉贼　痛定思痛　举不胜举　微乎其微
　　精益求精　床上叠床　防不胜防　国将不国　冠上加冠　话里有话

第六步

1. 退避三舍　　　　　　　　赵括
　　纸上谈兵　　　　　　　　蔡桓公
　　负荆请罪　　　　　　　　勾践
　　讳疾忌医　　　　　　　　重耳
　　卧薪尝胆　　　　　　　　廉颇

2. 芒寒色正　绝世独立　志气凌云　枝附叶连　梅妻鹤子　童牛角马
　　数米量柴　逍遥自在　笑逐颜开　祸起萧墙　明来暗往　困知勉行
　　断香零玉　雪操冰心　为期不远　言必有中　师心自是

第七步

1. 光辉灿烂——暗淡无光　　　釜底抽薪——抱薪救火
　　难能可贵——不足为奇　　　锦衣玉带——荆钗布裙
　　寸草不生——草长莺飞　　　荒无人烟——车水马龙
　　事不关己——唇齿相依　　　精雕细刻——粗制滥造

第八步

1.（1）B　（2）A　（3）B　（4）A
2. 岁寒三有　友　　风齐云涌　起　　大刀阔釜　斧　　然眉之急　燃
　　相倚为命　依　　作恶多瑞　端　　中西合壁　璧　　望陈莫及　尘

432

解假归田 甲　　火中取粟 栗　　枯木缝春 逢　　光怪路离 陆

（带颜色的为错别字，后面是正确的）

第九步

1. 春风得意　春风化雨　春风满面　春风和气　春风沂水　春暖花开
　　春和景明　春树暮云　春雨如油　春诵夏弦　春花秋月　春华秋实
　　春兰秋菊　春蛇秋蚓　春露秋霜

2. 大地回春　妙手回春　寒谷回春　万象回春　一室生春　触手生春
　　枯木逢春　粉面含春　少女怀春　有脚阳春　万古长春　柳暖花春

第十步

1.（1）耳熟能详　（2）百依百顺　（3）一呼百应　（4）料事如神　（5）见风使舵

2. 形容炎热的：骄阳似火　烈日炎炎　暑期熏蒸
　　形容寒冷的：冰天雪地　数九寒天　滴水成冰
　　形容疼痛的：切肤之痛　痛入骨髓　头痛脑热
　　形容快乐的：兴高采烈　喜笑颜开　欢声笑语
（答案仅供参考，符合要求即可）

能说会道二

第一步

1. 二八佳人　二惠竞爽　二分明月　二龙戏珠　二三其德　二心三意
　　二话不说　二人同心　二童一马　二姓之好　二缶钟惑　二心两意

2. 碧血丹心　白纸黑字　黄金时代　面红耳赤　火树银花　炉火纯青
　　红颜薄命　青面獠牙　灰飞烟灭　黄旗紫盖　朱楼碧瓦　筚路蓝缕

第二步

1. 傲骨铮铮　白发苍苍　白雪皑皑　波光粼粼　薄暮冥冥　不过尔尔
　　不甚了了　长夜漫漫　大腹便便　大名鼎鼎　风尘仆仆　风度翩翩
　　风雨凄凄　福寿绵绵　负债累累

2. 诸葛亮做丞相   毛手毛脚

孙猴子摘桃   四面楚歌

烧香遇到活菩萨   殊途同归

二十岁的老头   鞠躬尽瘁

长江黄河流入海   求之不得

楚霸王被困垓下   少年老成

第三步

1. 纸上谈兵　言之无物　鬼话连篇　高朋满座　不言而喻　面面俱到　喜出望外

2. 彬彬有礼——文质彬彬　　　不可救药——病入膏肓　　　捕风捉影——无中生有

不识时务——不识抬举　　　见多识广——博闻多识　　　不闻不问——漠不关心

第四步

1. 山光水色，风土人情　　　战战兢兢，如履薄冰　　　游人如织，熙熙攘攘

畏首畏尾，优柔寡断　　　不劳而获，坐享其成　　　国有国法，家有家规

2. 来龙去脉　屈打成招　招摇过市　返老还童　孙康映雪　道不拾遗　食日万钱

第五步

1. 不顾一切　秘而不宣　不可偏废　不伦不类　不偏不倚　不置可否

2. 见所未见　将门有将　相门有相　精益求精　举不胜举　轮扁斫轮

梦中说梦　忍无可忍　日复一日　年复一年　人无完人　神乎其神

第六步

1. 鞠躬尽瘁   曹操

七步成诗   马谡

刮目相看   曹植

乐不思蜀   诸葛亮

望梅止渴   吕蒙

言过其实   刘禅

2. 天未凉风　日暮穷途　蜀犬吠日　白屋寒门　人心归向　白云苍狗

峰回路转　闻风远扬　润屋润身　柴米夫妻　风花雪夜　贫贱骄人

第七步

1. 心满意足——大失所望　　漏洞百出——天衣无缝　　凤毛麟角——多如牛毛

　　感激涕零——恩将仇报　　闻所未闻——耳熟能详　　水乳交融——格格不入

　　开诚布公——各怀鬼胎　　众志成城——孤掌难鸣

2. 无边无际　一览无余　狼心狗肺　异想天开　神出鬼没　一毛不拔　尽人皆知

第八步

1. （1）A　（2）B　（3）B　（4）C　（5）B

2. 康壮大道　庄　　桌尔不群　卓　　唱所欲言　畅　　棉里藏针　绵

　　豁然开郎　朗　　为富不任　仁　　千均一发　钧　　精神抖数　擞

　　防徽杜渐　微　　书香门弟　第　　星罗棋步　布　　甘之如怡　饴

　（带颜色的为错别字，后面是正确的）

第九步

1. 雨愁烟恨　雨打风吹　雨凑云集　雨断云销　雨栋风帘　雨覆云翻

　　雨过天青　雨后春笋　雨泣云愁　雨沐风餐　雨散云收　雨丝风片

　　雨宿风餐　雨收云散　雨约云期

2. 巴山夜雨　暴风骤雨　餐风沐雨　巫山云雨　础润而雨　春风化雨

　　翻云覆雨　和风细雨　呼风唤雨　枯苗望雨　梨花带雨　满城风雨

　　凄风苦雨　挥汗如雨　枪林弹雨

第十步

1. （1）成功在望　（2）镜花水月　（3）口口声声　（4）债台高筑　（5）一时冲动

第十一步

1. 嗷嗷待哺　班班可考　比比皆是　咄咄怪事　泛泛之交　耿耿于怀

　　落落寡合　翩翩起舞　朗朗乾坤　闷闷不乐　津津乐道　步步莲花

　　步步为营　草草了事　草草收兵

出口成章一

第一步

1. 三盈三虚　三熏三沐　三吐三握　三般两样　三曹对案　三榜定案
　　三病四痛　三心二意　三番五次　三头六臂　三魂七魄　三教九流

2. 杀鸡取卵　白云苍狗　非马非驴　老态龙钟　歧路亡羊　画蛇添足
　　龟龄鹤寿　兔丝燕麦　兔死狐悲　骑虎难下　目无全牛　童牛角马
　　龙章凤姿　鸦雀无声　抱头鼠窜

第二步

1. 支支吾吾　原原委委　郁郁苍苍　哭哭啼啼　忐忐忑忑　结结实实
　　形形色色　唯唯诺诺　口口声声　婆婆妈妈　生生世世　纷纷扰扰

2.

泥菩萨过河　——　自身难保
黄鼠狼给鸡拜年　——　不安好心
上天摘星星　——　异想天开
火箭上天　——　远走高飞
踩着冰过河　——　战战兢兢
大河里洗手　——　一干二净
饭来张口，衣来伸手　——　坐享其成

第三步

1. 一面之词　同甘共苦　多此一举　开门见山　不留余地　皮开肉绽
2. 不由自主——情不自禁　　惨绝人寰——惨无人道　　畅所欲言——各抒己见
　　陈词滥调——老生常谈　　出尔反尔——言而无信　　出神入化——炉火纯青

第四步

1. 前功尽弃，付诸东流　　举案齐眉，相敬如宾　　名垂青史，万古流芳
　　一则以喜，一则以惧　　蝉翼为重，千钧为轻　　人心所向，大势所趋
2. 远交近攻　芒刺在背　程门立雪　井底之蛙　对牛弹琴　班门弄斧　鸠占鹊巢

1. 陈词滥调　成人之美　见兔放鹰　出尔反尔　串通一气　吹毛求疵

1. 入木三分　　　　　　　　项羽
　　举案齐眉　　　　　　　　文与可
　　四面楚歌　　　　　　　　祖狄
　　胸有成竹　　　　　　　　匡衡
　　闻鸡起舞　　　　　　　　王羲之
　　凿壁偷光　　　　　　　　梁鸿

2. 风清月明　霜露之思　疑信参半　光前裕后　他乡故知　出人头地
　　倚间望切　浅斟低唱　共商国是　床上叠床

1. 云泥之别——毫无二致　　　不慌不忙——顾此失彼　　　画龙点睛——画蛇添足
　　大惑不解——恍然大悟　　　礼贤下士——嫉贤妒能　　　自立门户——寄人篱下

1.（1）A　（2）B　（3）A　（4）B

2. 礼上往来　尚　　投鼠计器　忌　　车栽斗量　载　　剑在弦上　箭
　　人言可谓　畏　　明火执杖　仗　　莫齿难忘　没　　青灯黄券　卷
　　海钠百川　纳　　药到病锄　除　　一贫如洗　洗　　巾国英雄　帼

第九步

1. 风兵草甲　风波平地　风不鸣条　风浪水宿　风餐露宿　风尘之变
　　风尘仆仆　风尘物表　风尘外物　风尘之会　风吹草动　风吹雨打
　　风吹马耳　风吹日晒　风吹云散

2. 明月清风　两袖清风　高节清风　林下清风　朗月清风　八面威风
　　满面春风　虎虎生风　苦雨凄风　甘拜下风　弱不禁风　上雨旁风
　　十雨五风　树大招风　一路顺风

第十步

1.（1）人云亦云 （2）慕名而来 （3）石沉大海 （4）栋梁之材 （5）立足之地
2. 形容愤怒的：怒发冲冠　勃然大怒　大发雷霆
　　形容刻苦的：悬梁刺股　凿壁偷光　闻鸡起舞
　　描写天气的：万里无云　秋高气爽　狂风骤雨
　　描写风景的：山清水秀　鸟语花香　湖光山色

出口成章二

 第一步

1. 四面楚歌　四分五裂　四通八达　四脚朝天　四海为家　四平八稳
　　四大皆空　四季如春　四方八面　四海飘零　四海升平　四书五经
2. 尖嘴猴腮　城狐社鼠　笔走龙蛇　蜗行牛步　得兔忘蹄　蛇鼠一窝
　　东风马耳　气冲斗牛　画虎类犬　一箭双雕　羊头狗肉　猪狗不如

 第二步

1. 七窍通了六窍　　　　　　有口无心
　　板凳上钻窟窿　　　　　　冤家路窄
　　小和尚念经　　　　　　　自吹自擂
　　中秋节吃粽子　　　　　　仗势欺人
　　小胡同里见仇人　　　　　一窍不通
　　衙门里的狗　　　　　　　与众不同
　　唱戏的喝彩　　　　　　　有板有眼

2. 字字珠玑　铮铮铁骨　孜孜不倦　沾沾自喜　盈盈一水　落落寡欢
　　寥寥无几　历历在目　谆谆教导　牙牙学语　循循善诱　冤冤相报
　　遥遥无期　啧啧称赞　依依惜别

 第三步

1. 力争上游　据为己有　乐极生悲　入木三分　藏污纳垢　此起彼伏　有机可乘
2. 唇亡齿寒——殃及池鱼　　大发雷霆——怒不可遏　　公正无私——铁面无私

大庭广众——众目睽睽　　得寸进尺——得陇望蜀　　低声下气——低三下四

第四步

1.横行乡里，鱼肉百姓　　卖国求荣，认贼作父　　明枪易躲，暗箭难防
乘风破浪，勇往直前　　大汗淋漓，气喘吁吁　　山清水秀，鸟语花香
2.沉鱼落雁　黄袍加身　举案齐眉　爱屋及乌　望梅止渴

第五步

1.答非所问　大权在握　当家作主　得过且过　栋梁之才　耳闻目睹
2.楚楚动人　楚楚可怜　楚楚不凡　楚楚可人　泛泛之交　泛泛之辈
咄咄逼人　咄咄怪事　井井有条　井井有方　井井有序　井井有法

第六步

1.三顾茅庐　　　　　　汉武帝
　才高八斗　　　　　　黄忠
　金屋藏娇　　　　　　俞伯牙
　投笔从戎　　　　　　刘备
　宝刀不老　　　　　　曹植
　高山流水　　　　　　班超
2.今非昔比　挥戈返日　顺水人情　玉漏犹滴　胆寒发竖　怒发冲冠
老当益壮　折节下士　田月桑时　方寸已乱　月没参横　立此存照
伏地圣人　共枝别干　兔丝燕麦

第七步

1.何足挂齿——津津乐道　　当机立断——藕断丝连　　货真价实——滥竽充数
破镜重圆——劳燕分飞　　比比皆是——寥寥无几　　临危不惧——临阵脱逃
2.日理万机　面目全非　一本万利　点石成金　与虎谋皮　天壤之别

第八步

1.（1）C　（2）A　（3）B　（4）C
2.暗剑伤人　箭　　刚复自用　愎　　依山旁水　傍　　动辄得咎　辄

嗅味相投 臭　　媒灼之言 妁　　味同嚼腊 蜡　　运筹唯幄 帷
玉石具焚 俱　　出类拨萃 拔　　屈打成召 招　　原头活水 源
（带颜色的为错别字，后面是正确的）

 第九步

1. 月坠花折　月中折桂　月值年灾　月晕而风　月圆花好　月盈则食
　　月异日新　月夜花朝　月下老人　月夕花朝　月缺花残　月落星沉
　　月明千里　月没参横　月貌花容
2. 众星拱月　羞花闭月　旷日引月　成年累月　壶中日月　流星赶月
　　九天揽月　披星戴月　蹉跎岁月　风花雪月　芳年华月　春花秋月
　　镜花水月　晓风残月　无边风月

 第十步

1. （1）十全十美　（2）一心一意　（3）善罢甘休　（4）人各有志　（5）停滞不前
2. 形容沮丧的心情：垂头丧气　灰心丧气　无精打采
　　形容人漂亮的：闭月羞花　眉清目秀　如花似玉
　　形容忙碌的：脚不点地　夜以继日　废寝忘食
　　形容清闲的：无所事事　清闲自在　无忧无虑
　　（答案仅供参考，只要符合要求即可）

妙语连珠一

 第一步

1. 五谷不分　五彩缤纷　五尺之童　五大三粗　五毒俱全　五湖四海
　　五脏六腑　五侯七贵　五花八门　五风十雨　五子登科　五马分尸
　　五谷丰登　五味俱全　五体投地

 第二步

1. 忧心忡忡　余音袅袅　衣冠楚楚　仪表堂堂　信誓旦旦　兴致勃勃
　　雄心勃勃　羞人答答　万里迢迢　桃之夭夭　天理昭昭　心事重重
　　妙手空空　磨刀霍霍　目光炯炯

2. 墙角上开门　　　　　　　和盘托出
　　剪不断，理还乱　　　　为所欲为
　　服务员端菜　　　　　　尸位素餐
　　稻草人救火　　　　　　难分难解
　　被宠坏的公主　　　　　歪门邪道
　　戴着纱帽不上朝　　　　同归于尽

第三步

1. 土生土长　深不可测　有伤风化　死心塌地　白玉无瑕　闻风而动　脱口而出
2. 五体投地——顶礼膜拜　　一意孤行——独断专行　　咄咄逼人——盛气凌人
　　耳濡目染——耳闻目睹　　防患未然——未雨绸缪　　锋芒毕露——崭露头角

第四步

1. 只可意会，不可言传　　臭味相投，狼狈为奸　　逢山开路，遇水搭桥
　　为虎作伥，助纣为虐　　桃李不言，下自成蹊　　浮光掠影，走马观花
2. 画地为牢　草船借箭　囫囵吞枣　门可罗雀　铁杵成针　黄粱美梦

第五步

1. 法不阿贵　翻云覆雨　防患未然　扶摇直上　各尽所能　亘古奇闻
2. 历历在目　历历可数　历历可考　历历可辨　碌碌无为　碌碌无奇
　　碌碌寡合　碌碌无能　赫赫有名　赫赫之功　斤斤计较　斤斤自守

第六步

1. 惊弓之鸟　　　　　廉颇
　　图穷匕见　　　　　张良
　　负荆请罪　　　　　苻坚
　　江郎才尽　　　　　荆轲
　　孺子可教　　　　　更羸
　　草木皆兵　　　　　江淹
2. 盛况空前　停滞不前　高山流水　万里迢迢　长风破浪　属辞比事
　　飞将数奇　叶落归根　枕山臂江　悲天悯人　冢木已拱　私心杂念

第七步

1. 高朋满座——门可罗雀　　多多益善——宁缺毋滥　　轻描淡写——浓墨重彩
   省吃俭用——铺张浪费　　高深莫测——浅显易懂　　相敬如宾——琴瑟不调

2. 万寿无疆　多事之秋　万紫千红　千钧一发　起死回生　晴天霹雳

第八步

1. （1）B　（2）A　（3）C

2. 端泥可察 倪　　　相儒以沫 濡　　　梨花戴雨 带　　　安图索骥 按
   梁孟相傲 敬　　　迷途知反 返　　　侍才傲物 恃　　　馈不成军 溃
   厉害得失 利　　　散兵犹勇 游　　　气焰器张 嚣　　　声名显郝 赫

   （带颜色的为错别字，后面是正确的）

第九步

1. 日月如梭　日月无光　日月交食　日月蹉跎　日月如流　日居月诸
   日升月恒　日往月来　日削月割　日积月累　日新月异　日省月试
   日复一日　日以继夜　日不暇给

2. 暗无天日　长虹贯日　不可终日　浮云蔽日　光天化日　国无宁日
   黄道吉日　和风丽日　夸父逐日　蜀犬吠日　青天白日　偷天换日
   夜以继日　有朝一日　挥戈返日

第十步

1. （1）多此一举　（2）兴师问罪　（3）珠联璧合　（4）势均力敌　（5）守口如瓶

2. 描写风的：春风拂面　风不鸣条　狂风怒号
   描写雨的：大雨倾盆　瓢泼大雨　牛毛细雨
   描写云的：浮云蔽日　云蒸霞蔚　云雾迷蒙
   描写雪的：鹅毛大雪　冰天雪地　白雪皑皑

   （答案仅供参考，只要符合要求即可）

妙语连珠二

 第一步

1. 六出奇计　六合之内　六根清静　六马仰秣　六尺之孤　六亲不认
　 六街三陌　六尘不染　六道轮回　六月飞霜　六畜兴旺　六朝金粉
　 六问三推　六神无主　六出纷飞

2. 飞檐走壁　走马看花　挑肥拣瘦　披荆斩棘　扬眉吐气　打情骂俏
　 披星戴月　呼朋唤友　大摇大摆　挤眉弄眼　浮想联翩　笑傲风月
　 健步如飞　绞尽脑汁　挖空心思

 第二步

1. 刚出水的荷花　　　　　　　　　闻所未闻
　 叫花子坐上金銮殿　　　　　　　无济于事
　 寒冬腊月桃花开　　　　　　　　强人所难
　 打蛇打七寸　　　　　　　　　　一尘不染
　 拉肚子吃补药　　　　　　　　　一步登天
　 让林黛玉耍大刀　　　　　　　　恰到好处

2. 阿猫阿狗　挨家挨户　轻手轻脚　卜夜卜昼　毕恭毕敬　非驴非马
　 非亲非故　患得患失　蹑手蹑脚　有声有色　采葑采菲　彻头彻尾
　 糊里糊涂　呆头呆脑　来来往往

第三步

1. 非驴非马　残茶剩饭　有声有色　半推半就　水落石出　一往无前　接二连三
2. 改过自新——痛改前非　　改邪归正——弃暗投明　　得过且过——苟且偷安
　 固步自封——墨守成规　　光明磊落——光明正大　　隐约其辞——闪烁其词

第四步

1. 风调雨顺，国泰民安　　千军易得，一将难求　　人之将死，其言也善
　 水能载舟，亦能覆舟　　不共戴天，势不两立　　跌宕起伏，扣人心弦
2. 开天辟地　洛阳纸贵　抛砖引玉　买椟还珠　人琴俱亡　水落石出

第五步

1. 公正无私　功成身退　故弄玄虚　官逼民反　官官相护　毫不讳言
2. 落落大方　落落寡欢　脉脉含情　脉脉相通　喃喃自语　喃喃细语
　　默默无闻　默默无声　窃窃私语　窃窃私议　仆仆风尘　仆仆道途

 第六步

1. 如鱼得水　　　　　　　项羽
　　东窗事发　　　　　　　诸葛亮
　　破釜沉舟　　　　　　　左思
　　出奇制胜　　　　　　　秦桧
　　七擒七纵　　　　　　　刘备
　　洛阳纸贵　　　　　　　田单

2. 蜗舍荆扉　公子王孙　绿草如茵　欲罢不能　水来土掩　山明水秀
　　壶中日月　年华垂暮　传经送宝　刚柔相济　干柴烈火　实至名归

 第七步

1. 貌合神离——情真意切　百年大计——权宜之计　万籁俱寂——人声鼎沸
　　粗茶淡饭——山珍海味　司空见惯——大惊小怪　薄情寡意——全心全意
2. 驾轻就熟　不败之地　弥天大谎　铜墙铁壁　无米之炊　削铁如泥

 第八步

1.（1）C　（2）A　（3）C　（4）A
2. 进退帏谷　维　英姿枫爽　飒　天道畴勤　酬　危如磊卵　累
　　市井之徙　徒　瑕不掩玉　瑜　陋洞百出　漏　简以养德　俭
　　别俱一格　具　粉默登场　墨　尔虞我炸　诈　宽泓大量　宏
　　（带颜色的为错别字，后面是正确的）

第九步

1. 云悲海思　云布雨润　云朝雨暮　云泥之别　云程万里　云愁雨怨
　　云窗月户　云淡风轻　云翻雨覆　云飞雨散　云谲波诡　云开见日

云兴霞蔚　　云期雨约　　云集景从

2. 宾客如云　　胜友如云　　观者如云　　不知所云　　步月登云　　月露风云

　　春树暮云　　高耸入云　　风卷残云　　富贵浮云　　壮志凌云　　过眼烟云

　　人云亦云　　大旱望云　　平步青云

 第十步

1. （1）点石成金　（2）斤斤计较　（3）不足为奇　（4）反目成仇　（5）江郎才尽

2. 描写清冷场面的：门可罗雀　寥寥无几　门可张罗

　　描写热闹景象的：车水马龙　欢声笑语　熙熙攘攘

　　（答案仅供参考，只要符合要求即可）

博古通今一

 第一步

1. 七情六欲　　七窍玲珑　　七窍冒烟　　七行俱下　　七零八落　　七青八黄

　　七上八下　　七拼八凑　　七手八脚　　七嘴八舌　　七长八短　　七老八十

2. 朝秦暮楚　　围魏救赵　　秦晋之好　　光明磊落　　周而复始　　完璧归赵

　　宋画吴冶　　冯唐易老　　山清水秀　　楚河汉界　　乐不思蜀　　四面楚歌

　　共商国是　　举案齐眉　　隋珠和璧

 第二步

1. 人言啧啧　　杀气腾腾　　神采奕奕　　生机勃勃　　逃之夭夭　　剑戟森森

　　空腹便便　　苦海茫茫　　来势汹汹　　泪眼汪汪　　两手空空　　书声琅琅

2. 电线杆子当筷子　　　　　　不识抬举

　　阎王出告示　　　　　　　　恩将仇报

　　醉翁之意不在酒　　　　　　大材小用

　　敬酒不吃吃罚酒　　　　　　不攻自破

　　杀鸡给猴看　　　　　　　　鬼话连篇

　　治好了病打医生　　　　　　别有用心

　　肥皂泡泡　　　　　　　　　杀一儆百

第三步

1. 六神无主　始终如一　三言两语　置之脑后　花言巧语　不识大体　四分五裂

2. 厚颜无耻——恬不知耻　　望梅止渴——画饼充饥　　荒诞无稽——荒诞不经

　　挥金如土——一掷千金　　回味无穷——耐人寻味　　见利忘义——利令智昏

第四步

1. 赴汤蹈火，在所不辞　　临危不惧，视死如归　　一言既出，驷马难追

　　青梅竹马，两小无猜　　生龙活虎，朝气蓬勃　　人无远虑，必有近忧

2. 乐不思蜀　庄周梦蝶　闻鸡起舞　投笔从戎　梁上君子　一箭双雕

第五步

1. 合情合理　和颜悦色　后悔莫及　患难与共　祸不单行　积习难改

2. 拳拳在念　拳拳之枕　拳拳盛意　拳拳服膺　区区小事　区区之众

　　生生世世　生生不息　娓娓道来　娓娓动听　遥遥无期　遥遥领先

第六步

1. 黄袍加身　　　　　商纣王
　　指鹿为马　　　　　于谦
　　一鸣惊人　　　　　商汤
　　助纣为虐　　　　　赵匡胤
　　两袖清风　　　　　楚庄王
　　网开一面　　　　　赵高

2. 落花流水　人去楼空　夜深人静　惊弓之鸟　蹄间三寻　月中折桂

　　春山如笑　迁乔出谷　林寒涧肃　河清社鸣　切中时弊

第七步

1. 奉若神明——视如草芥　　困兽犹斗——坐以待毙　　漏洞百出——滴水不漏

　　患难与共——同床异梦　　坚如磐石——危如累卵　　非同寻常——视如敝履

2. 长篇大论　惨淡经营　不足为据　一劳永逸　一刻千金　自投罗网

第八步

1.（1）B　（2）B　（3）A　（4）C

2. 历精图治 励　　笪刺在背 芒　　光前欲后 裕　　越祖代庖 俎

　　前朴后继 仆　　闲情毅致 逸　　奴颜俾膝 婢　　工历悉敌 力

　　水汝交融 乳　　舌战群濡 儒　　极思广益 集　　故计重演 伎

（带颜色的为错别字，后面是正确的）

 第九步

1. 山包海容　山崩地陷　山河表里　山南海北　山长水远　山公倒载

　　山光水色　山呼海啸　山盟海誓　山明水秀　山栖谷饮　山长水阔

　　山清水秀　山摇地动　山珍海味

2. 重于泰山　砺带河山　火海刀山　愚公移山　水漫金山　半壁江山

　　逼上梁山　调虎离山　纵虎归山　堆积如山　日落西山　万水千山

　　云雨巫山　绿水青山　名落孙山

 第十步

1.（1）天不绝人　（2）据为己有　（3）机关算尽　（4）井井有条　（5）因小失大

博古通今二

 第一步

1. 举一反三　闻一知十　三纲五常　四荒八极　七情六欲　三贞九烈

　　九牛一毛　七嘴八舌　三姑六婆　五花八门　一言九鼎　三从四德

　　一了百了　一落千丈　十万火急

2. 吴下阿蒙　名落孙山　周郎顾曲　江郎才尽　张敞画眉　灌夫骂座

　　伯玉知非　房谋杜断　郊寒岛瘦　孟母三迁　鲍子知我　荆轲刺秦

 第二步

1. 多多益善　官官相护　赫赫有名　绰绰有余　蠢蠢欲动　花花公子

　　寂寂无闻　岌岌可危　茕茕孑立　惺惺相惜　跃跃欲试　芸芸众生

2. 芭蕉插在古树上　　　　披星戴月
　　白骨精说人话　　　　聚精会神
　　大公鸡吃米　　　　　事出有因
　　晚上干活　　　　　　一丝不挂
　　王母娘娘请客　　　　粗枝大叶
　　无风不起浪　　　　　不计其数
　　无弦的琵琶　　　　　妖言惑众

第三步

1. 青黄不接　引火烧身　人才出众　人亡物在　三长两短　煽风点火
2. 朝经暮史　千言万语　轻描淡写　盲人瞎马　兵强马壮　依红偎翠
　　登堂入室　三宫六院　咬文嚼字　雕梁画栋　大刀阔斧　山穷水尽
　　奇思妙想　好善乐施　只言片语

第四步

1. 臭名昭著，恶贯满盈　　出人头地，光宗耀祖　　出双入对，形影不离
　　耳听为虚，眼见为实　　继往开来，与时俱进　　苦海无边，回头是岸
2. 握发吐哺　日暮穷途　白云苍狗　梅妻鹤子　退避三舍　负荆请罪

第五步

1. 漆黑一团　千辛万苦　潜移默化　巧舌如簧　轻而易举　群策群力
2. 问长问短　问寒问暖　闲言闲语　闲是闲非　涎脸涎皮　涎言涎语
　　相辅相成　相亲相爱　相生相克　相安相受

第六步

1. 滥竽充数　　　　晏婴
　　乐极生悲　　　　周公
　　比肩继踵　　　　田豫
　　吐哺握发　　　　伍子胥
　　钟鸣漏尽　　　　南郭先生
　　日暮穷途　　　　淳于髡
2. 我醉欲眠　草创未就　二三君子　天末凉风　胸怀磊落　咏桑寓柳

属人耳目　空谷幽兰　固步自封　散带衡门　顺天应人　皮里阳秋
剑树刀山　夜不闭户　鹤骨松筋

1. 悲喜交加　黑白分明　进退维谷　表里如一　轻重缓急　生死攸关
　　阴阳怪气　功败垂成　举足轻重　礼尚往来　颠倒是非　无关痛痒
2. 不得善终　赤子之心　如饥似渴　废寝忘食　遗臭万年　一呼百应

1.（1）C　（2）A　（3）C　（4）B
2. 面壁工深　功　　独布天下　步　　波阑不惊　澜　　伯舟之誓　柏
　　初出矛庐　茅　　放荡不济　羁　　渐入佳镜　境　　忠饱私囊　中
　　北辕使楚　适　　不言尔喻　而　　额手成庆　称　　来日方常　长
　　（带颜色的为错别字，后面是正确的）

![第九步]

1. 情窦初开　情不自禁　情长纸短　情深似海　情投意合　情急生智
　　情同手足　情文并茂　情意绵绵　不近人情　风土人情　一见钟情
　　人之常情　脉脉含情　手下留情

![第十步]

1. 参见成语解释，符合句意即可。
2. 描写四季气候：草长莺飞　烈日炎炎　冰天雪地
　　描写人物口才：语惊四座　出口成章　口若悬河
　　描写人间情谊：血浓于水　恩重如山　生死相依
　　来自历史故事：洛阳纸贵　指桑骂槐　得陇望蜀

一代宗师

1. 三五成群　九九归一　六六大顺　百万雄兵　二三其德　三十而立

二八佳人　十万火急　数九寒冬　一窍不通　九五之尊　十二金钗
2. 风雨同舟　风雨交加　风雨凄凄　风雨如晦　风雨不测　风雨对床
风雨无阻　风雨飘摇　风雨不透　风雨时若　风雨如磐　风雨不改

 第二步

1. 千里迢迢　人心惶惶　虎视眈眈　书空咄咄　饥肠辘辘　吉祥止止
气喘吁吁　情意绵绵　人言籍籍　秋波盈盈　庸中佼佼　兄弟怡怡

2. 诸葛亮摆空城计　　异口同声
华佗治病　　形影不离
电锯开木头　　顽固不化
千人大合唱　　取长补短
月光下跳舞　　化险为夷
北极上的冰川　　妙手回春
矮子踩高跷　　当机立断

 第三步

1. 上下一心　舍己为人　神出鬼没　绳之以法　诗情画意　食不甘味

第四步

1. 窗明几净，一尘不染　　九牛一毛，沧海一粟　　流水不腐，户枢不蠹
人尽其才，物尽其用　　望子成龙，望女成凤　　太公钓鱼，愿者上钩
2. 怒发冲冠　文不加点　雀屏中选　狼狈为奸　牛衣对泣　两袖清风

第五步

1. 人所共知　人以类聚　忍辱偷生　日积月累　如意算盘　若无其事
2. 载歌载舞　载沉载浮　再三再四　再接再厉　足衣足食　足食足兵
至善至美　至大至刚　予取予求　予智予雄　亦步亦趋　亦庄亦谐

第六步

1. 崇山峻岭　释回增美　冰雪聪明　终南捷径　林寒涧肃　厚积薄发
雾风朗月　浮湛连蹇　舌端月旦　秀色可餐　车无退表　阴凝坚冰

背城借一　　尚虚中馈　　暮云春树

2. 得意忘形　　　　　　林逋

　　名正言顺　　　　　　钟弱翁

　　梅妻鹤子　　　　　　孔融

　　好为人师　　　　　　汲黯

　　才疏意广　　　　　　阮籍

　　后来居上　　　　　　孔子

第七步

1. 公而忘私　死里逃生　冷嘲热讽　来龙去脉　苦尽甘来　南腔北调

　天罗地网　前因后果　异曲同工　有恃无恐　前思后想　朝三暮四

2. 陈词滥调　五体投地　冠冕堂皇　胆小如鼠　一反常态　鬼斧神工

第八步

1.（1）B　（2）A　（3）C　（4）B

2. 亦胆忠心　赤　　数米而饮　炊　　从常计议　长　　不共带天　戴

　不寒而粟　栗　　不露生色　声　　步人后衬　尘　　大家阁秀　闺

　残羹冷汁　炙　　出言无壮　状　　弹完之地　丸　　多是之秋　事

（带颜色的为错别字，后面是正确的）

第九步

1. 乐善好施　乐昌分镜　乐此不疲　乐极生悲　乐山乐水　乐于助人

　乐道安贫　乐而忘返　乐不思蜀　乐不可支　乐不可言　乐天知命

2. 钧天广乐　及时行乐　寻欢作乐　闷闷不乐　苦中作乐　知足常乐

　助人为乐　天伦之乐　于飞之乐　郁郁不乐　喜怒哀乐　先忧后乐

第十步

1. 参见成语解释，符合句意即可。

2. 描写人物风貌：落落大方　容光焕发　憨态可掬

　描写人物动作：扶老携幼　欢呼雀跃　手舞足蹈

　描写人物智慧：料事如神　举一反三　融会贯通

451

来自寓言故事：亡羊补牢　画蛇添足　守株待兔

一代宗师二

 第一步

1. 始终如一　表里如一　九九归一　归十归一　背城借一　言行不一
　　心口不一　百不失一　整齐划一　天下第一　凭城借一　合二为一
　　瑜百瑕一　百不当一　有一得一

2. 暴风骤雨　餐风沐雨　春风化雨　和风细雨　见风是雨　凄风苦雨
　　呼风唤雨　狂风暴雨　腥风血雨　栉风沐雨　祥风时雨　吞风饮雨

 第二步

1. 仪表堂堂　野心勃勃　议论纷纷　威风凛凛　死气沉沉　气势汹汹
　　俯仰唯唯　血泪斑斑　童山濯濯　气息奄奄　鸿飞冥冥　小时了了

 **第三步**

1. 史无前例　不食之地　书不尽言　述而不作　四季如春　数一数二　随声附和
2. 争奇斗艳　添油加醋　伤天害理　漫山遍野　翻江倒海　民膏民脂
　　无忧无虑　火烧火燎　报仇雪恨　山崩地裂　千奇百怪　五脏六腑

第四步

1. 当局者迷，旁观者清　　空前绝后，举世无双　　君子爱财，取之有道
　　君子报仇，十年不晚　　皮之不存，毛将焉附　　循环往复，周而复始
2. 啮雪餐毡　管中窥豹　破镜重圆　高山流水　指鹿为马　孟母三迁　罄竹难书

第五步

1. 三缄其口　三人成虎　赏罚分明　上行下效　少不更事　舍生取义
2. 有板有眼　有声有色　有始有终　有钱有势　有勇有谋　有头有脸
　　有来有往　有利有弊　无法无天　无忧无虑　无穷无尽　无拘无束
　　无声无息　无时无刻　无影无踪　无依无靠

452

第六步

1.
千载难逢　　　　　　秦始皇
文不加点　　　　　　诸葛亮
明镜高悬　　　　　　柳公权
料事如神　　　　　　曹植
瓜田李下　　　　　　韩愈
下笔成章　　　　　　祢衡

2. 二三其德　叶落知秋　揭竿而起　春花秋月　千言万语　知过能改
得寸进尺　心开目明　胸有成竹　浪酒闲茶　明月入怀　解衣衣人
目不斜视　襟江带湖

 第七步

1. 一事无成　一无是处　一柱擎天　天遂人愿　过目成诵　拔山扛鼎
2. 弄巧成拙　颂古非今　挑肥拣瘦　欺上瞒下　拈轻怕重　声东击西
将信将疑　醉生梦死　完整无缺　尺短寸长　起死回生　凶多吉少

 第八步

1.（1）C（2）C（3）B（4）B
2. 恒河砂数 沙　　终南捷经 径　　荒谬绝论 伦　　毫无二至 致
泾谓分明 渭　　枕戈待但 旦　　坐地分脏 赃　　养尊处犹 优
孤掌难名 鸣　　唇齿相倚 依　　登峰造及 极　　奉共守法 公
（带颜色的为错别字，后面是正确的）

 第九步

1. 悲歌击筑　悲歌慷慨　悲歌易水　悲声载道　悲天悯人　悲欢离合
悲痛欲绝　悲喜交加　悲观厌世　悲不自胜　悲愤填膺　悲愁垂涕
2. 兔死狐悲　乐极生悲　大慈大悲　大发慈悲　风含含悲　风木之悲
霜露之悲　见哭兴悲　狐兔之悲　乐极则悲

第十步

1. 参见成语解释，符合句意即可。

成语之王

 **第一步**

1. 历历可数　寥寥可数　屈指可数　数不胜数　恒河沙数　滥竽充数
   更仆难数　心中有数　金谷酒数　浑身解数　不可计数　不计其数
2. 日升月恒　日积月累　日新月异　日居月诸　日就月将
   日濡月染　日久月深　日来月往　日益月滋　日陵月替
   日新月著　日增月盛　日征月迈　日引月长　日削月割

 **第二步**

1. 予取予夺　愚夫愚妇　做张做势　自弃自暴　逐字逐句　杂七杂八
   有条有理　知己知彼　真刀真枪　倚门倚闾　宜室宜家　亦步亦趋
   小恩小惠　使臂使指　双宿双飞
2. 棉花铺里打铁　　　　　高谈阔论
   唐三藏取经　　　　　　旁敲侧击
   摩天轮上说书　　　　　悲喜交加
   扭秧歌打腰鼓　　　　　自言自语
   穿孝服拜天地　　　　　软硬兼施
   对着镜子说话　　　　　好事多磨

 第三步

1. 天南地北　天下一家　偷工减料　偷天换日　万无一失　涂脂抹粉　唯利是图
2. 花容月貌　身单力薄　油腔滑调　广土众民　时过境迁　油干灯尽
   颠三倒四　能言巧辩　心灵手巧　谨言慎行　街头巷尾　伶牙俐齿

 第四步

1. 路不拾遗，夜不闭户　　乐而不淫，哀而不伤　　雾里看花，水中望月
   心比天高，命比纸薄　　晓之以理，动之以情　　成事不足，败事有余

454

1.深更半夜　生财有道　生儿育女　盛筵难再　始终如一　熟能生巧

1.

天壤王郎 —— 卢生
南柯一梦 —— 陈琳
黄粱美梦 —— 公孙无知
箭在弦上 —— 陈寔
及瓜而代 —— 谢道韫
梁上君子 —— 淳于棼

1.舍近求远　善始善终　优胜劣汰　飞短流长　假公济私　天经地义
有名无实　疑信参半　同甘共苦　自始至终　返老还童　朝令夕改

第八步

1.（1）C　（2）B　（3）A　（4）C

第九步

1.马不停蹄　马不解鞍　马勃牛溲　马尘不及　马齿徒长　马到成功
马耳东风　马革裹尸　马工枚速　马首是瞻　马翻人仰　马鹿易形
2.北叟失马　溜须拍马　单枪匹马　二童一马　风车云马　非驴非马
横刀跃马　放牛归马　害群之马　招兵买马　千军万马　青梅竹马

第十步

1.参见成语解释，符合句意即可。

455